Jürgen Henkys

Geheimnis der Freiheit

Die Gedichte
Dietrich Bonhoeffers
aus der Haft

Biographie | Poesie | Theologie

Gütersloher Verlagshaus

Bibliografische Information Der Deutschen Bibliothek

Die Deutsche Bibliothek verzeichnet diese Publikation in der
Deutschen Nationalbibliografie; detaillierte bibliografische Daten
sind im Internet über http://dnb.ddb.de abrufbar.

ISBN 3-579-01891-4
© Gütersloher Verlagshaus GmbH, Gütersloh 2005

Umschlag: Init GmbH, Bielefeld
Satz: SatzWeise, Föhren
Druck und Bindung: GGP Media GmbH, Pößneck
Printed in Germany

www.gtvh.de

IN MEMORIAM OTTO DUDZUS
1912-2000

Inhalt

Paul Gerhardt – jetzt im Gefängnis (75) – Sturm und
Storm (79) – Bücher (82) – Das Gespräch mit Maria über Rilke (86) – Der Übergang zu eigenen Gedichten (88)

Zweiter Teil
Die Haftgedichte Dietrich Bonhoeffers

Der Text (93) – Erste Fragen (96) – Verlobung und Verhaftung,
Sprecherlaubnisse und erstes Gedicht (97) – Sinnlich-anschauli-
che Rede und thematische Konzentration (99) – Die Vergangenheit in den Briefen an Maria (101) – Psalm aus der Zelle: Wider
den Verlust der Vergangenheit (104) – Zur Kritik des Freundes (108) – Das erste und das letzte Gedicht (109)

Der Text (110) – Überschrift, Aufbau, Wortgebrauch (111) –
Ethikzettel, Romanfragment, Losungsspruch (113)

Nicolai Hartmann: Liebe jenseits von Glück und Unglück (113) –
Der Major: Wider das Liebäugeln mit dem Unglück (114) – Joseph:
Glück, Unglück, Seligkeit (115)

»Glück und Unglück« als weltliches Gedicht (117) –
Iphigenie (119)

Der Text (121) – Rezeptionsvorteile (122) – Aufbau und Sprache (123) – Lebens- und werkgeschichtliche Kontexte (125)

Berlin 1932/33 (125) – Zingst und Finkenwalde 1935/36 (127) –
Tegel 1944 (129)

Hingabe – oder: Wessen statt Wer (130)

Exkurs: Die Deutung der Gedichte Bonhoeffers durch Michael
Moll (132)

Anhang

Einführung

Bonhoeffer lesen

Seit Dietrich Bonhoeffers kurzer Lebenszeit (1906-1945) sind sechs Jahrzehnte vergangen. Für junge Leute, die sich in der Welt des 21. Jahrhunderts zurechtfinden, ist sein gewaltsamer Tod schon dämmrige Vergangenheit, und auch für die Generation ihrer Mütter und Väter war dieses Ende kaum noch ein Moment der Zeitgeschichte.

Gewiß, da ist der berühmte Name. Kirchen, Straßen, Schulen, Krankenhäuser sind nach Bonhoeffer benannt. Und immer wieder taucht er in den Predigten auf. Die akademische Bonhoefferforschung reißt nicht ab. Es finden sich auch noch Arbeitsgruppen und Gesprächskreise zusammen, um zu verstehen, was Bonhoeffer geschrieben, was er getan und gewollt hat. Aber wer nicht Experte ist, hat es mit der Lektüre schwer. Liegt es an Bonhoeffers geistiger Welt? Oder mehr daran, daß er einen geistlichen Maßstab setzt, der schnell in eine Abwehrhaltung führen kann? Liegt es an der Zeitbezogenheit seiner Schriften? Oder mehr an der Grundsätzlichkeit seiner Stellungnahmen, die keinerlei Ermäßigung des Wahrheitsanspruchs zuläßt?

Der beste Zugang zu Bonhoeffers Schriften bleibt sein Leben. Es wurde zu einem Leben in der »Nachfolge« Jesu. Zu diesem Leben gehörte der Widerstand gegen den von Anfang an wahnhaft und gottlos agierenden Nationalsozialismus, bis zur Inhaftierung und grausamen Hinrichtung. Dieses Buch will helfen, Bonhoeffer von seinem Leben her zu lesen. Dabei lenkt es den Blick auf sehr bestimmte späte Lebensdokumente, auf Niederschriften, die ihn, den Autor, selbst überrascht haben. Sie fallen in sein 39. Lebensjahr. Es war das letzte, das ihm noch als ganzes und abgeschlossenes vergönnt war.

Partikel eines Nachlasses

Der Häftling Dietrich Bonhoeffer hat *auch Gedichte* verfaßt. Sie stammen aus den Monaten Juni bis Dezember 1944. Ein Zyklus war nicht beabsichtigt. Zehn Gedichte passen in ein dünnes Heft. Sie sind eine literarische Kleinigkeit – jedenfalls der Menge nach. Bonhoeffers Gesamtwerk, kritisch ediert, umfaßt 17 Bände.[1] Auch verglichen nur mit

1. Dietrich Bonhoeffer Werke, Gütersloh 1986-1999 (vgl. das Quellenverzeichnis). Die auf diese Edition bezüglichen Nachweise im laufenden Text und in

den anderen Dokumenten aus der Haft, mit den Briefen und den theologischen Entwürfen vor allem, nehmen die Gedichte nicht viel Raum ein. Aber sie stehen in höchstem Ansehen. Schon der erste Druck von Bonhoeffertexten nach dem Zweiten Weltkrieg, im Dezember 1945, enthielt einige Proben. Eine fast vollständige Wiedergabe folgte 1946. Was hat diese Texte so berühmt gemacht? Was könnte ihnen noch heute die Aufmerksamkeit einer aufgeschlossenen Leserschaft sichern? Die Antwort mag vorläufig in drei Richtungen gesucht werden. Hängt die Bedeutung der Gedichte am Martyrium ihres Autors? An seinem vom Ja zu Jesus Christus gestärkten Nein zum Nationalsozialismus? An seinem Widerstand bis hin zur ›letzten Stufe‹?[2] So verstanden sind sie das Vermächtnis des treuen Bekenners, des »Zeugen einer besseren Welt«.[3] Dann wäre verständlich, daß sie mehr rezitiert als interpretiert werden, und die Auslegung hätte womöglich hinter der dankbaren Bewunderung zurückzutreten.

Eine andere Antwort schließt sich an die Vorstellung vom klassisch gewordenen Kunstwerk an. Ein solches Werk spricht für sich selbst. Die neue Hinwendung zu ihm bedarf keiner eigenen Rechtfertigung. Es überbrückt die Zeiten aus eigenem Vermögen, und der gleichen Kraft, die es einst *ent*stehen ließ, verdankt sich auch der Antrieb, es heute zu *ver*stehen. Die Rückfrage auf diese Antwort ist allerdings unüberhörbar: Können Bonhoeffers Gedichte sich vor den Maßstäben des literarischen Kunstverstandes wirklich behaupten? Und müssen sie es denn? Haben sie es nötig?

Schließlich drittens: In den Gedichten Bonhoeffers kommt sinnfällig zueinander, was allzu oft auseinanderstrebt: Theologie und Biographie, Reflexion und Konfession, christliches Urteil und persönlicher Glaubensakt, Humanität und Frömmigkeit. So wollte ja auch das Gesamtwerk, das aus diesem besonderen Leben hervorgegangen ist, immer schon aus solcher Zusammengehörigkeit heraus gedeutet werden. Um Bonhoeffers Gedichte aufzunehmen, muß man Leben und Werk nicht schon im Einzelnen kennen. Aber sie machen auf ihre besondere Art auf das Lebenswerk aufmerksam. Und indem sie von dorther Licht empfangen (wie in diesem Buch beabsichtigt), weisen sie auch darin ein.

den Anmerkungen dieses Buches erscheinen in der Regel nur als Band- (römisch) und Seitenziffer (arabisch), ohne das übliche Kürzel DBW.

2. »Die letzte Stufe« ist der deutsche Titel des Films »Bonhoeffer: Agent of Grace«; als DVD bzw. VHS-Video erschienen im Gütersloher Verlagshaus, Gütersloh 2005 (Uraufführung 2000).

3. K.-J. Hummel und C. Strohm (Hg.), Zeugen einer besseren Welt. – Die vollständigen bibliographischen Angaben sind für diese und alle späteren Anmerkungen dem Literaturverzeichnis, ggf. dem Abkürzungsverzeichnis zu entnehmen.

Lyrik der Freiheit

Gedichte hat *auch der Häftling Dietrich Bonhoeffer* verfaßt. Mit diesem
Satz ändert sich der Kontext. »Lyrik der Freiheit 1933-1945« hieß der
Untertitel einer Anthologie von 1960. Der Herausgeber Manfred
Schlösser hatte eine umfassende, gerechte Auswahl angestrebt. Das
Buch vereint Stimmen aus dem politischen Widerstand, aus dem Exil
und aus der inneren Emigration. In der zweiten, konzentrierteren Ausgabe von 1962[4] kommen immer noch 134 Autoren zu Wort. Nach dem
Urteil Schlössers stehen sie »für Tausende, die im dichterischen Wort
gegen die Barbarei gekämpft haben und gestorben sind«. Um »Zeugnisse« sollte es gehen, und so hatte denn »die Frage nach dem künstlerischen Wert eines Gedichtes vor dem dokumentarischen Appell an
unser vergeßliches Gewissen zurückzutreten«. Neben großen Lyrikern
aus der Mitte des 20. Jahrhunderts stehen ganz unbekannte Namen,
neben den Dichterinnen und Dichtern von Rang stehen viele andere,
die nur in der Bedrängnis der Haft zur Form des Gedichtes gefunden
haben: Gestaltete Sprache bietet Halt inmitten der phrasenhaft ver-
tuschten Auflösung aller Rechtsverhältnisse.

In diese Anthologie hat Schlösser damals auch zwei Bonhoeffer-Texte
aufgenommen. »Nächtliche Stimmen« ist das Gedicht Bonhoeffers, das
sich deutlicher als alle anderen der Widerstandsliteratur zuordnen läßt.
Platz gefunden hat allerdings nur sein Anfang, der vom dramatischen
Fortgang der großen Komposition noch nichts ahnen läßt. »Von guten
Mächten« dagegen zeigt sich so privat, daß man es unter dem Titel »Lyrik der Freiheit« nicht ohne weiteres erwarten würde. Gleichwohl
druckte der Herausgeber alle sieben Strophen ab – mit Recht, wenn
Freiheit nicht nur als politisches Programm gelten soll, sondern zuerst
als persönlich verpflichtende Gewißheit. Hatte doch gerade Bonhoeffer
bedacht, welche »Stationen auf dem Wege zur Freiheit« zu passieren
seien. Bloße Erwägungen in Sachen Freiheit ohne die Übernahme des
Weges verfehlen sie.

Das vorliegende Buch gilt allein Dietrich Bonhoeffer. Umso mehr ist
zu unterstreichen, woran Anthologien wie die erwähnte erinnern: Bonhoeffer war einer von vielen. Das kann uns vor Verengung des Blicks
schützen. Diese vielen dauernd auch kontextuell ins Spiel zu bringen,
geht allerdings über unser Vorhaben hinaus. Nur gelegentlich kann ein
solcher Zusammenhang berührt werden.

---

4. M. Schlösser (Hg.), An den Wind geschrieben. Lyrik der Freiheit 1933-1945.

Theologische und literarische Interpretation

Auch Gedichte – schon diese einfache Feststellung verpflichtet, die theologische Interpretation mit einer literarischen zu verknüpfen. Und umgekehrt: *Auch Bonhoeffer* – bei der literarischen Interpretation dieser Beispiele aus dem deutschen Widerstand ist energisch einzubringen, was sich erst der theologischen Betrachtung erschließt. Glaube äußert sich als Dichtung, Dichtung wird zum Medium des Glaubens. Wenden wir uns Bonhoeffers Gedichten zu, dann sind beide Ratgeber vonnöten: die Literaturwissenschaft und die Theologie. In diesem Buch nimmt ein Theologe das Wort. Aber er will zugleich dem literarischen Aspekt seiner Aufgabe gerecht werden. Das schließt selbstverständlich den Wunsch ein, dass – im günstigen Fall mit ähnlicher Doppelverpflichtung – auch die Literaturwissenschaft das Thema aufgreift.

Für sie gibt es seit einiger Zeit das Sondergebiet der »Gefangenenliteratur.« Zum Antrieb für entsprechende Forschungen gehört das Bestreben, etwas zur Gefängnisreform beizutragen.[5] Anders steht es bei der Interpretation literarischer Dokumente aus Kerkern und Lagern der NS-Zeit. Hier stellt sich literaturwissenschaftliche Forschung der moralisch-politischen Verantwortung, die aus dem Rückblick auf SS-Staat und Holocaust erwächst. So heißt eine große Studie von Michael Moll »Lyrik in einer entmenschlichten Welt«. Sie fußt auf einer Sammlung von 1193 deutschsprachigen Gedichten, die in »nationalsozialistischen Gefängnissen, Ghettos und KZ's« entstanden sind. Das Buch endet mit einer »prinzipiellen Verteidigung dieser Literatur, die auch dort noch Existenz- und Erinnerungsberechtigung behält, wo sie unter literarisch-ästhetischen Kriterien als zeitbedingt dem Vergessen preisgegeben wäre«.[6]

Als Bonhoeffer seine »Stationen auf dem Wege zur Freiheit«, das Werk mehrerer Abendstunden, am Morgen nach der Niederschrift wieder las, empfand er die Schwächen des Gedichts. Er müsse die Verse noch einmal ganz umbauen. Aber die Zeit dazu reichte nicht, der Brief sollte fort. So beließ er es beim »Rohbau« und rechtfertigte sich vor seinem Freund Eberhard Bethge mit dem Satz: »Ich bin ja kein Dichter!« Das Laienhafte als das durch Umlauf in Kraft Gesetzte, das Unfertige als das im Rückblick Gültige – gerade diese widerspruchsvolle Erscheinung ist literarisch zu würdigen. Zur Literatur gehört auch das gleichsam authentisch Imperfekte.

Ebenso verbietet es sich für die Theologie, eine bestimmte Höhenlage

---

5.   U. Klein und Helmut H. Koch (Hg.), Gefangenenliteratur, 1988; N. Kessler, Schreiben, um zu überleben. Studien zur Gefangenenliteratur, 2001.
6.   M. Moll, Lyrik in einer entmenschlichten Welt, 10.

oder Stoßrichtung der theologischen Reflexion – hier: Bonhoeffers Haftfragmente über Glaube, Kirche, Welt in einer (wie er meinte) nachreligiösen Situation – geradezu zur Auslegungsnorm der Gedichte zu machen. Es muss sich von Fall zu Fall erst zeigen, welches Maß an Übereinstimmung zwischen den theologischen Fragmenten von 1944 und den zeitgleichen Gedichten besteht. Jedenfalls hat Bonhoeffers Theologie die Frömmigkeit nicht um ihr eigenes Wort bringen wollen. Und die Frömmigkeit wiederum hat eine ursprünglichere Nähe zur Dichtung als der theologische Traktat.

Auf den folgenden Seiten sollen Bonhoeffers poetische Versuche nicht nur belegen oder beleuchten oder verstärken, was er sonst zu Papier gebracht hat – obwohl die Kenntnis entsprechender Werkpassagen für das Verständnis der Gedichte ungemein förderlich, ja in fachlicher Hinsicht unentbehrlich ist. Sie sollen zuallererst für sich selbst und also in ihrer eigenen Art sprechen dürfen. Um diesem Ziel nahe zu kommen, habe ich mich auch nicht vor philologischer Pedanterie gescheut. Überhaupt war mir daran gelegen, vor jeder Einzelinterpretation die Quellen- und Überlieferungsfragen offenzulegen. Jedes Gedicht soll den Lesern als ein gesichertes Dokument begegnen, das vor aller Auslegung und Wertung zunächst einmal den Respekt verdient, den die Nachfahren der Hinterlassenschaft eines Dahingegangenen schulden.

Auf der anderen Seite hat die Aufgabe, jedes der zehn Gedichte ausführlich zu kommentieren, den Autor natürlich auch als Forscher herausgefordert. Die Experten werden erkennen, wo überall ich neue Momente der Auslegung eingebracht habe. Manche Umständlichkeit in der Darstellung geht darauf zurück, dass es mir nicht auszureichen schien, nur den bisherigen Konsens der Bonhoeffer-Interpretation nachzuzeichnen. Anstöße für neues Verstehen, wie sie sich in der Auseinandersetzung mit den Texten ergaben, wollten geprüft und weitergereicht werden. Dennoch hatte ich nicht zuerst die Fachkollegen im Sinn, sondern ich habe an Leserinnen und Leser gedacht, die an Theologie wie an Literatur interessiert sind und die selbst entscheiden, wo sie verweilen und wo sie den einen oder anderen Abschnitt überschlagen wollen.

Quellen, Ausgaben, Vorarbeiten

Dietrich Bonhoeffers Gedichte wurden seit 1952 in »Widerstand und Ergebung« eingeordnet, in das weltberühmte, von Eberhard Bethge betreute Nachlaßwerk.[7] In neuer Bearbeitung und Erweiterung, verantwortet durch Christian Gremmels, Eberhard Bethge und Renate Beth-

7. Neuausgabe München 1970.

ge, erschien »Widerstand und Ergebung« als Band 8 der Bonhoeffer-Gesamtausgabe (DBW). Das vorliegende Buch folgt den Gedichtfassungen dieser Edition. Sie sind an den Kopien der Originalhandschriften überprüft worden, die Eberhard Bethge mir bereits 1984 für frühere Studien übergeben hatte. Die Niederschriften Bonhoeffers von »Der Tod des Mose« und »Jona«, die den Herausgebern bei Erscheinen von Band 8 noch nicht zur Verfügung standen, habe ich inzwischen ebenfalls über Kopien vergleichen können. Meine Wiedergabe der Texte weicht in der Interpunktion manchmal von den handschriftlichen Vorlagen ab, aber nur dann, wenn es wegen der Vereinheitlichung und der besseren Lesbarkeit vertretbar erscheint. Bonhoeffers Texte sind grundsätzlich in der ›alten‹ Rechtschreibung wiedergegeben, auch wenn in seinen lateinischen Reinschriften und in frühen Abschriften mit der Schreibmaschine statt »ß« immer »ss« steht.

Es gab auch schon Ausgaben von Gedichten Bonhoeffers vor und dann neben »Widerstand und Ergebung«. Grundlegend war das von Eberhard Bethge unter dem Titel »Auf dem Wege zur Freiheit« herausgegebene Heft, das kurz nach dem Krieg in mehreren Auflagen herauskam. Ein weit verbreitetes Bändchen von Johann Christoph Hampe bietet neben den Texten auch eingehende, im Umgang mit Dichtung und Dichtern gereifte Interpretationen.[8] Ich selbst habe einst vier Aufsätze über die Gefängnisgedichte zu einem Büchlein zusammengefaßt. Sie führten in die zehn Gedichte ein, die dort erstmals in vollständiger Anzahl und ungekürzt versammelt waren.[9]

Jene frühere Veröffentlichung ist seit vielen Jahren vergriffen. Sie behält ihr eigenes Recht und wird durch die neue nicht einfach ersetzt. Es ist seither ein ganz anderes Buch entstanden, die Anlage hat sich völlig verändert. Ein erster Teil verfolgt Bonhoeffers Stellung zu weltlicher und geistlicher Dichtung bis zur Haft. Der zweite Teil bietet in zeitlicher Reihenfolge alle eigenen Gedichte Bonhoeffers aus dem Gefängnis. Jedem Einzeltext folgt eine ausführliche Darstellung, mit der ich ihn als Gattung und Form, als besonderen Ausdruck der erlittenen Haft und als Moment in Bonhoeffers Werk interpretiere. Das Buch ist so angelegt, dass man auch mit dem zweiten Teil beginnen kann. Von jeder beliebigen Einzelinterpretation aus lassen sich auch die anderen Stücke erreichen.

---

8. Dietrich Bonhoeffer. Von guten Mächten. Gebete und Gedichte, interpretiert von J. C. Hampe, München 1976.
9. J. Henkys, Dietrich Bonhoeffers Gefängnisgedichte, 1986.

Widmung und Dank

Beim Schreiben ist mir oft die Gestalt von Otto Dudzus vor Augen gewesen. Seit der gemeinsamen Verpflichtung im Rahmen der großen Bonhoeffer-Werkausgabe durfte ich seine Freundschaft erfahren. In seiner letzten Lebenszeit hat er mich mehrfach gedrängt, die Arbeit an Bonhoeffers Gedichten wieder aufzunehmen und weiterzuführen. Er selbst, fast auf den Tag sechs Jahre nach Bonhoeffer geboren und Bonhoeffers Schüler seit 1933, ist bis ins hohe Alter ein umsichtiger Interpret seines geliebten Lehrers geblieben. Von ihm stammt das »Bonhoeffer Brevier« (1963), das »Lesebuch« zu Dietrich Bonhoeffer (1985) und die erste mehrbändige »Bonhoeffer Auswahl« (³1982). Die reifsten Früchte dieses Schaffens sind die ausführlich eingeleitete Herausgabe sämtlicher Predigten, Andachten und Meditationen Bonhoeffers in zwei Teilen (1984/ 85) und der Band 14 der Werkausgabe, zu dessen Erarbeitung er den umfangreichsten Teil beitrug: »Illegale Theologenausbildung Finkenwalde 1935-1937« (1996). Pfarrer Otto Dudzus ist vor fünf Jahren in Köln gestorben. Seinem Andenken sind diese Blätter gewidmet.

Den tiefen Dank an Eberhard Bethge übergebe ich seiner Frau Renate, geb. Schleicher. Wenn es um die Erschließung und Betreuung des Bonhoeffer-Nachlasses im Hause der Eheleute ging, pflegte Bethge in Brief und Rede nur »wir« zu sagen. Hinter diesem Wir steht ein gemeinsames Lebenswerk. Dessen Ausmaße und dessen biographische Fundamente wahrzunehmen hat bei mir, der ich mit der Bonhoefferforschung immer nur periodisch beschäftigt war, viele Jahre gebraucht. Die Arbeit am vorliegenden Buch gab mir oft genug Anlass, bewundernd und dankbar an Renate und Eberhard Bethge zu denken.

An der Spitze derer, die mir durch Gespräch oder Brief mit Hinweisen und Auskünften, auch mit kritischem Echo nach Lektüre eines jeweiligen Probekapitels, geholfen haben, steht Albrecht Schönherr. Bonhoeffers Finkenwalder Schüler und Mitarbeiter ist der Erste gewesen, der mich in die Schriften seines Lehrers eingeführt hat. Unser Bonhoeffer-Gespräch begann vor einem halben Jahrhundert in Brandenburg/H. Damals lebte noch Hilde Schönherr, geb. Enterlein, einst Teilnehmerin an der ökumenischen Konferenz in Fanø.

Hans Pfeifer hat den Nachlass von Maria v. Wedemeyer-Weller in der Newton Library, Havard University (Cambridge MA), eingesehen und mich freundlicherweise in Stand gesetzt, für drei Gedichte Bonhoeffers die kopierte Originalhandschrift mit den bisher veröffentlichten Varianten zu vergleichen. Dankbar nenne ich weiterhin Gottfried Beesk, Elisabeth Bethge-Vibrans, Martin Hüneke, Ulrich Kabitz, Heinrich v. Kleist-Retzow, Wolf Krötke, Bernhard Leube, Gisela Opitz, Martin Rößler, Ferdinand Schlingensiepen und Wilfried Schulz.

Zum Schluss danke ich Christian Gremmels und Diedrich Steen. Der Vorsitzende der deutschen Sektion der Internationalen Bonhoeffer-Gesellschaft hat mich mit einem energischen Impuls veranlasst, diese Arbeit wirklich zu beginnen, und der Programmleiter im Wissenschafts- und Sachbuchlektorat des Gütersloher Verlagshauses hat mit ansteckender Erwartung und wohltuender Geduld dafür gesorgt, dass ich sie zu Ende gebracht habe.

Erster Teil

Dietrich Bonhoeffer
und die Poesie

Wenn ich Gedichte von Dichtern lese
Tegeler Zettelnotiz (VIII, 507)

1. Umgang mit Gedichten – der junge Bonhoeffer

Auftrag oder Ausdruck. Vorbemerkungen

Die letzten genau durchdachten und sorgfältig geformten Zeugnisse, die Bonhoeffer der Nachwelt hinterlassen hat, waren Gedichte. Am 30. September 1944 bestätigt Eberhard Bethge den Empfang von »Der Tod des Mose« und nennt zugleich ein weiteres Gedicht (»das mit dem abstrakten Zukunftsbegriff«), das später verloren gegangen ist (VIII, 604). Wenige Tage später, am 5. Oktober, verlässt »Jona« die Tegeler Zelle, zusammen mit einigen Zeilen für Maria von Wedemeyer. Dem Brief vom 19. Dezember, jetzt schon aus dem Kellergefängnis des Reichssicherheitshauptamtes in der Prinz-Albrecht-Straße geschrieben und wieder an die Braut gerichtet, liegt »Von guten Mächten« bei.

Den Traktat über den christlichen Glauben in der Gegenwart, an dem er im Sommer 1944 schrieb und dessen Kern als »Entwurf für eine Arbeit« bekannt geworden ist (VIII, 556-561), erwähnt Bonhoeffer dagegen letztmals am 23. August: Er schreibe nun an der »Bestandsaufnahme des Christentums« (VIII, 576). Wir wissen, dass er daran bis in den Januar 1945 weiter geschrieben hat[1], aber nichts davon ist erhalten. Diesem ganzen Komplex vorausgegangen war im Juni und Juli 1944 die zur Ethik gehörige Ausarbeitung über das Erste bis Dritte Gebot (XVI, 658-672). Seine geballten Schriftauslegungen schließlich enden mit den Spruchmeditationen über die Losungsworte vom 28.-30. Mai (Pfingsttage) und vom 7. und 8. Juni (XVI, 651-658). Anders gesagt: Im Haftjahr 1944 hat Bonhoeffer abgesehen von den persönlichen und theologischen Briefen vier Gattungen schriftlichen Schaffens gewählt, nämlich biblische Auslegungen, Beiträge zur Ethik, theologische Entwürfe zur Krise und Möglichkeit des christlichen Glaubens in der Moderne, Gedichte. Aber die poetischen Lebenszeugnisse, die das übrige Schaffen zunächst nur begleitet hatten, trotzten den sich rapide verschlimmernden Verhältnissen ebenso lange wie die theologischen Versuche zum Christentum in der Gegenwart.

Diese chronologische Beobachtung regt zu allerlei Fragen an. Aufs Erste ist nur diese aufzugreifen: Wie war Bonhoeffer eigentlich auf das »Dichten« vorbereitet? Welche Rolle hat Dichtung in seinem Leben gespielt, bevor er, im letzten Jahr seines Lebens, selber zum Verfasser von

---

1. E. Bethge, Dietrich Bonhoeffer (= DB), 1017.

Gedichten wurde? Der Freund Eberhard Bethge hat schon 1947, im Nachwort zur 2. Auflage der »Gedichte aus der Haft«, festgestellt: »Es mag noch darauf hingewiesen werden, daß Dietrich Bonhoeffer früher keine Gedichte aufgeschrieben hat.« Und er fügte Sätze hinzu, die Bonhoeffers Zurückhaltung wohl begründen sollten: »Er stellte an diese persönlichste und empfindlichste Form der Sprache die höchsten Ansprüche. Er meinte, daß selten alle Eigenschaften zusammentreffen, die diese Sprache mit Gültigkeit rechtfertigen: Die Kraft zur Form und zum Aufbau, die Musikalität, die Leidenschaft der Empfindungen, die Klarheit der Gedanken, der Reichtum einer reizbaren Fantasie, Charakter und Haltung, das zwingende Thema – und aus allem das Muß eines Auftrags.«[2]

Was alles gehört dazu, damit ein gültiges Gedicht entstehen kann? Bethge lässt den Freund ein poetologisches Credo sprechen. Die Latte liegt hoch. Nur wenige sollten den Anlauf wirklich wagen. Gern wüßte man die Quelle für diese Liste der Anforderungen. In den erhaltenen Briefen gibt es eine solche Passage nicht. Vermutlich konnte Bethge sich auf Gespräche mit Bonhoeffer berufen. Aber es wird bei der Niederschrift auch das eigene Ideal mitgewirkt haben. Auffällig ist zweierlei: Erst im »Muß eines Auftrags« kommen die aufgezählten Qualifikationen zur Dichtung ans Ziel. Dagegen ist der Drang des Dichtenden, sich selbst auszudrücken, um so durch verstehende Leser ein bestätigendes Echo zu empfangen, nicht eigens betont (aber in der Formulierung »diese persönlichste und empfindlichste Form der Sprache« vielleicht mit gemeint). Lässt sich in den Gedichten Bonhoeffers »das Muß eines Auftrags« erkennen? Keinesfalls in allen. In Bethges Ideal von 1947 ist eine Verkündigungskomponente eingeflossen, die Bonhoeffers schmales Gedichtwerk selbst nicht durchweg nahelegt.

Ganz anders liest man es dort, wo Eberhard Bethge am 26. August 1944 unmittelbar auf »Stationen auf dem Wege zur Freiheit« reagiert. Bonhoeffer hatte ihm das Gedicht zum Geburtstag geschickt. Sind es nicht gerade solche Strophen, die einem »Auftrag« folgen? Die den Dichter als Botschafter ausweisen? Aber Bethges Dank spricht davon nicht. Er hebt umgekehrt das Persönliche hervor: »Eigeneres als ein Gedicht kannst Du ja nicht geben [...]. Es gibt wohl kaum eine größere ›Selbstpreisgabe‹, Sich-Eröffnen, Sich-wirklich-Kundmachen in sonst unerreichbarer Nähe als in einem *Gedicht*. Und es ist wohl *die* Form, weil sich das Innere, darin gebändigt und gebunden, sichtbar macht. Ungebundene Preisgabe der Seele ist unkeusch und erweckt Angst im Empfänger oder gar Abscheu. Diese gebundene Preisgabe aber scheint

---

2.   Dietrich und Klaus Bonhoeffer. Auf dem Wege zur Freiheit. Gedichte und Briefe aus der Haft, hg. von E. Bethge, 47.

mir ein höchstes Maß an Freundschaft und Verstehen zu sein. Empfänger zu sein hat darum etwas sehr Beglückendes und Aufregendes. Das
berührt länger und anhaltender und weitgreifender noch, scheint mir,
als ein Brief es schon tut.« (VIII, 582) Verallgemeinert man diesen
Dank, dann ist ein Gedicht Selbstpreisgabe, sein Sinn: suchende Mitteilung des Inneren, seine Leistung: intime Kommunikation. Sprachliche
Gestaltung (die »Form«) ermöglicht Berührung und Austausch, das
aber auf eine Weise, die Angst und Abwehr ausschließt und Schreibende
wie Empfangende in tiefem Verstehen vereinigt sein lässt.

So verstanden sind Bonhoeffers Verse »Gedichte *aus* der Haft«, nicht
in der Haft. Ihre reflexive und meditative Kraft ist eingebettet in ihre
kommunikative Bestimmung. Darin unterscheiden sie sich von den
»Moabiter Sonetten« des wie Bonhoeffer gefangenen und getöteten
Albrecht Haushofer[3], auch vom gleichzeitigen Sonettwerk des freien,
aber isolierten Reinhold Schneider[4].

Die beiden Auffassungen von Dichtung, die wir bei Eberhard Bethges
Deutung der letzten literarischen Lebensfrucht seines Freundes ange-
troffen haben, begleiten uns bei der Frage, wie Bonhoeffer auf sein eigenes Dichten vorbereitet war. Insgesamt aber geht es uns weder in diesem ersten noch im zweiten Teil des Buches um so etwas wie eine
›Theologie der Dichtung‹ im Rahmen von Bonhoeffers Gesamtwerk.
Eine »Theologie der Musik« bei Bonhoeffer sucht Andreas Pangritz
auf.[5] Dabei verbindet er die biographische mit der systematischen Perspektive: Die Entwicklung der Theologie Bonhoeffers wird durch den
Wandel in seiner Musikauffassung begleitet. Mit den folgenden Skizzen
und Studien orientiere ich mich zwar ebenfalls an Bonhoeffers Lebenslauf. Aber das systematisch-theologische Interesse tritt zurück. Ich
möchte verstehen, wie Bonhoeffer bestimmte Dokumente der Dichtung verstanden, in sein Leben aufgenommen und für eine jeweilige
Situation bzw. Aufgabe bewertet hat.

Der Abitursaufsatz: Catull vor Horaz

Der Schüler Dietrich Bonhoeffer hat in Berlin zwei Gymnasien besucht:
von 1913 bis Ostern 1919 das Friedrich-Werder'sche, danach bis zum
Abitur im März 1923 das Grunewald-Gymnasium. Der Wechsel hing

3. A. Haushofer, Moabiter Sonette, erstmals veröffentlicht 1946 in Berlin.
4. Die verschiedenen Sammlungen in R. Schneider, Gedichte. Auswahl und
   Nachwort Christoph Perels, 1987. Vgl. dort die Sonettgruppe »Waffen des
   Lichts« von 1944.
5. A. Pangritz, Polyphonie des Lebens. Zu Dietrich Bonhoeffers »Theologie der
   Musik«, 1994. ²2000.

mit dem Umzug der Eltern in eine geräumige Gartenvilla des Berliner
Westens zusammen. Den Bildungsweg über ein »humanistisches«, ein
altsprachliches Gymnasium verfügte der Vater für alle seine Söhne, obwohl er selbst, Professor für Psychiatrie und Neurologie, ein durchaus
naturwissenschaftlich orientierter Mediziner war. Es gibt ein Klassen-
photo mit Dietrich von 1920/21.[6] Mit seiner Atmosphäre und den
zwölf sitzenden Personen (ein Lehrer, vier Mädchen, sieben Jungen)
erinnert es an die idealen Bedingungen klassischer Schulbildung in
einer versunkenen Bürgerwelt.

Als Abgänger des Berliner Grunewaldgymnasiums hat Dietrich Bonhoeffer eine Abitursarbeit zur klassischen lateinischen Dichtung vorgelegt. Sehr bemerkenswert ist, dass er diese Aufgabe freiwillig übernahm. Auch das Thema scheint er selbst gewählt zu haben: »Catull
und Horaz als Lyriker« (IX, 201-218). Selbstverständlich erscheinen alle Zitate nur im originalen Latein. Zwischen Gymnasium und Universität gibt es in der Prima nur eine fließende Grenze. Dietrichs Lehrer,
Dr. Walther Kranz, kritisiert zwar die Gliederung der Arbeit, er streicht
auch Übertreibungen und zahlreiche verunglückte Formulierungen an.
Dennoch spart er nicht mit Lob: Die typische Anfängerarbeit sei »voll
von Temperament, von guten Einfällen und hübschen Einzelheiten«.
Aber »das Wertvollste« daran sei der Nachweis, »daß der Verfasser sich
mit Hingabe und Ernst seinem sehr schwierigen Thema zuwenden und
seine Arbeit durchführen kann.«[7]

Dietrichs eigener Entschluß, zum Abitur mit einer Hausarbeit über
lateinische Lyrik aufzuwarten, kann schwerlich nur mit der Verehrung
des Lehrers und der Liebe zum Latein erklärt werden. Die persönliche
Hinneigung zur Sache, zur lyrischen Dichtung, muss ebenfalls mitgewirkt haben, und das nicht an letzter Stelle. Das bestätigt sich darin,
wie Bonhoeffer in jugendlichem Überschwang den Vergleich der beiden
antiken Klassiker durchführt und wie er am Ende sein persönliches Urteil (es scheint in der Abhandlung immer schon durch) zusammenfasst:
»Wenn ich einem der Dichter den Vorzug geben sollte, so wäre es ohne
Zweifel Catull. Eine Gedankenlyrik im Sinne [des] Horaz ist für mich
rein gefühlsmäßig ein Unding und eine Züchtung späterer Kultur. Reflexionen haben noch nie die Welt erobert, aber Gefühle. Selbst die
größten Gedanken müssen vergehen, große Gefühle bleiben ewig.« (IX,
218)

Zu Grunde legt er folgende Begriffe: »Ich nenne Lyrik die Wieder-

6. Dietrich Bonhoeffer. Sein Leben in Bildern und Texten, hg. von E. Bethge,
    R. Bethge, Chr. Gremmels, München 1986, 44. Das gleiche Bild ohne Angabe
    der Schülernamen DB, Abb. 9, im Bildteil nach S. 480.
7. Das Gesamturteil von Dr. Kranz IX, 218, Anm. 154.

gabe einer eigenen Stimmung in möglichst vollkommenem, geprägten Ausdruck. Die Stimmung kann jeder Art sein, auch philosophischer. So können wir eine Skala aufstellen, die mit dem Pol der reinen Gefühlslyrik beginnt, dann, allmählich fortschreitend, bis zur reinen Gedankenlyrik übergeht.« (IX, 204) Der Verfasser räumt ein: »Es gibt natürlich keinen Vertreter der Pole selbst, aber einige, die sehr in der Nähe stehen, und zu denen gehören [ergänze: auf der einen Seite] Catull und [auf der anderen] Horaz.« Der relative Gegensatz zeigt sich beim näheren Vergleich der Dichter als ein Schaffen, das vornehmlich bestimmt ist durch die Unmittelbarkeit eines einzelnen Erlebnisses und das darin ausgelöste »Gefühl« – oder durch die auf Abstand bedachte Betrachtung und die damit einhergehende »Reflexion«. Der Abiturient weiß wohl den gedanklichen Reichtum, die kompositorische Kraft und die sentenzhafte Knappheit des Horaz zu bewundern. Seine Sympathie liegt aber bei der Erlebnisdichtung des durch Leidenschaft und Schmerz bewegten Catull.

Dietrich Bonhoeffer war, als er diese Arbeit schrieb, gerade 17 Jahre alt. Natürlich wird niemand den 39jährigen Häftling auf die Typisierung und Parteinahme des Primaners festlegen wollen. Aber einfach übergehen läßt sich jener Anfang keinesfalls. Der leidenschaftliche Ausbruch in »Vergangenheit«, dem ersten der zehn Haftgedichte, das der Herausgeber Eberhard Bethge mit guten Gründen lange zurückgehalten hatte[8], mußte ja viele Zeitzeugen und Leser des Autors befremden. War das wirklich der gleiche Bonhoeffer, den sie aus der »Nachfolge« und dem »Gemeinsamen Leben« zu kennen meinten? Der disziplinierte Theologe, der seinen Finkenwalder Kandidaten in allen inneren Belangen so entschieden sachlich wie zurückhaltend vornehm entgegentrat und der noch in den Haftbriefen vor der seelischen Selbstentblößung warnte? Ganz anders das Urteil über die »Stationen auf dem Wege zur Freiheit«: Die sorgfältige Komposition, der Zug spiritueller Pädagogik, der Ausdruck souveräner Askese am Anfang und verhaltener Ekstase am Ende konnten das längst bekannte Bild des verehrten Autors nur noch schärfen, nicht sprengen. Nach dem Schülerschema ›hie mehr Catull, dort mehr Horaz‹ lassen sich die Haftgedichte natürlich nicht ordnen. Aber ihre Bildungsmitgift verleugnen sie nicht, und die geht über die Reminiszenzen antiker Versbildung hinaus bis in das abgewogene Verhältnis von Gedanklichem und Emotionalem.

Als theologischer Mentor ist der Bonhoeffer der Kirchenkampfjahre schroff antisubjektiv gewesen. In Sachen Berufung und Dienst, war er überzeugt, habe das innere Erlebnis den ersten Platz zu räumen. So for-

---

8.   »Vergangenheit« wurde erstmals 1970 in der »Neuausgabe« von WE veröffentlicht, also fast 25 Jahre nach den anderen Gedichten.

derte es eine kampfbereite Wort-Gottes-Theologie im Gegenüber zu dem völkischen Offenbarungsanspruch, der auch die Kirche emotional überschwemmte. Aber der humane und kulturelle Rang des Fühlens durfte damit ja nicht grundsätzlich zurückgestuft werden. Als Musiker hat Bonhoeffer mit dem künstlerisch produktiven Gefühl nie gebrochen.[9] Auch dem Dichter sollte man einen solchen Bruch nicht unterstellen.

Gesellschaftsspiel im Gästebuch

Der junge Bonhoeffer war ein gebildeter, er war obendrein ein musischer und ein sehr geselliger Mensch. Er feierte gern Feste. Er sang zur Gitarre, er begleitete die Lieder von Beethoven, Hugo Wolf und anderen am Klavier. Schon als Vierzehnjähriger hatte er sich im Komponieren versucht.[10] Zu den Geschwisterhochzeiten dichtete er »im Goetheschen Hexenküchenstil« (Eberhard Bethge).[11]

Gelegenheitsgedichte Bonhoeffers haben sich nicht erhalten – bis auf zwei Ausnahmen, die erst kürzlich aufgetaucht sind. Wenn sie in diesem Abschnitt aufgegriffen werden, so nicht etwa als Vorläufer der Dichtung des letzten Lebensjahres. Sie sollen nur zeigen, wie der gesellige Bonhoeffer seine Verse schmiedete. Fundort ist das Gästebuch von Johannes und Marie Dreier, Eltern des Tübinger Studienkameraden Wilhelm Dreier. Die Dreiers hatten ein Sommerhaus, nördlich von Bremen an der Lesum gelegen. Dort war Bonhoeffer 1925 und 1926 zu Gast. Die beiden Eintragungen erschienen 2001 unter dem Titel »Pegasus im Joch«.[12] Die erste spielt mit der Vorstellung vom ungeduldigen und auf regelhafte Verse bedachten Dichterross, das ein »ungestümer Reiter« auf den Holperkurs des eigenen Vorhabens zwingt.

> Pegasus im Start –
> scharrt –
> wart, wart!
> Hart
> wird die Fahrt!

9. Vgl. zu Bonhoeffers musikalischer Biographie A. Pangritz, 10-15.
10. S. Leibholz-Bonhoeffer, vergangen erlebt überwunden, 55.
11. DB, 73.
12. Pegasus im Joch. Zwei Gelegenheitsgedichte des jungen Bonhoeffer, BRB Nr. 64, Februar 2001, 23-27. Dort auch die Wiedergabe der Handschrift (Ausschnitt) und eines Fotos, das den Studenten Dietrich mit Gitarre im Boot auf der Lesum zeigt

10 Tage, nicht wahr?
Ganz offenbar!
Ein Tag mirs war
kaum sonderbar –
Beim Rückblick zwar:
Wars nicht beinah ein Jahr?
Freude ist zeitlos,
umgibt uns neidlos.
(Hört Ihrs, wie Pegasus ächzt,
nach gerundeten Strophen lechzt?)

Regen und Sonnenschein
lang schlafen, im Wasser sein
Gespräche groß und klein
Spiel und Musik, ich mein'
die Freude wär' rein.

– Pegasus stöhnt
nach Hause sich sehnt,
er kennt das Versmaß nicht
aber das stört mich nicht. –

Fröhliche Feste
zahlreiche Gäste
aber das Beste
die Familie im Neste – –
– Pegasus fällt mir ins Wort mit dem Reste
an Geduld und ruft mit zorniger Geste:
›Genug, genug mit deinem Flug.
Nie wieder lade ich dich ein,
mein ungestümer Reiter zu sein!‹
– – – – –
Was sag ich zum Danken?:
Erinnernder Gedanken
unzählbare Ranken,
durchbrechend zeit- u. örtliche Schranken,
nie sollen sie wanken![13]

Der Verseschmied rettet sich in die Ironisierung seines Tuns. Er weiß
wohl, was an Glätte und Rundung erfordert wäre, wollte er ein im Sinne
des Pegasus richtiges Gedicht abliefern. Aber das will er ja gar nicht
(zeigt auch, dass er es jetzt nicht kann). Ulk ist ihm lieber als die aufs
Gästebuchniveau herabgestufte lyrische Konvention. Die erste Strophe
wirkt wie eine Parodie auf die zerhackten Sätze, die es in der expressio-

---

13. Interpunktion nicht korrigiert.

nistischen Lyrik gibt. Im Übrigen versucht er es noch einmal auf die Weise, die Bethge wohl mit »Hexenküchenstil« [14] bezeichnete: Kurzverse, zwei- oder dreihebig, die den lästigen Reimzwang vorführen, indem sie durch eine ganze Strophe hin den gleichen Ausklang bedienen. Am Ende kann man wählen, ob der Autor mit dem Bild der Ranken, die nie schwankend alle Schranken durchbrechen, völlig verunglückt ist oder doch nur das allzu Übliche verspotten will.

Das Gedicht von 1926 bewegt sich in längeren und kürzeren jambischen Versen. In gesuchter Umständlichkeit geht der kritische Gast drei Fragen nach, die er im Gästebuch nicht beantwortet findet: Warum verfliegt die Zeit in Lesum so rasch, ist der Tag ein rumpfloses Ungetüm aus Morgen und Abend, will der Abschied einfach nicht gelingen? Fazit:

> Noch nirgend fand in diesem Buche
> ich Antwort auf das vorwurfsvolle Fragen, die ich suche.
> Nicht nur durch langes Loben
> wirst Lesum, du recht erhoben
> ich wollte durch Tadeln
> dich adeln.

In den Gästebüchern gehobener Kreise fand ein Gesellschaftsspiel statt. Der junge Bonhoeffer hat mitgespielt – mit einigem Vergnügen, aber ohne könnerischen Ehrgeiz. Sein Sprachvermögen sollte sich mit dem Ende des Studiums auf anderen Feldern zeigen.

---

14. Vgl. die Verse des Katers und der Hexe in Goethes Faust, Erster Teil, Hexenküche.

2. Dichter und Dichtung in Bonhoeffers Predigten (1928-1934)

Ein lebendiges Verhältnis zur Literatur bleibt nicht verborgen. Handelt es sich um einen praktizierenden Theologen, so darf man sicher sein, dass diese Vorliebe sich auch in seinen Predigten verrät. Öffentliche Rede aus Glauben und über den Glauben weiß sich ja ohnehin auch anderen Stimmen, die das Leben deuten, kritisch verpflichtet. So lässt sie sich, sofern Situation und Text es nahe legen, auch auf das Literaturgespräch ein. Ist, wer zu predigen hat, auch ein Leser, braucht er die Frucht seiner Lektüre vor der Gemeinde nicht zu verstecken.

Im Falle des Predigers Dietrich Bonhoeffer muß man freilich mit besonderer Zurückhaltung rechnen. Die bloß schmückende Aufbereitung der Kanzelrede durch literarisches Bildungsgut liegt unter seinem rhetorischen Niveau. Und seine Sicht der Selbsterschließung Gottes im WORT (in der Menschwerdung des Wortes, das Gott selbst ist, und in dem durch gemeindliche Christusverkündigung zur Geltung gebrachten Zeugnis des Bibelwortes) verbietet ihm bald jeden Rückgriff auf Literatur, der die Erwartung bestätigen könnte, hier werde aus einer zweiten Quelle der Offenbarung geschöpft. So ist das Dichterzitat für Bonhoeffers Predigt eher untypisch. Umso genauer hat man hinzusehen, wenn es dennoch auftaucht: Welche Stellung hat es im Ganzen einer Predigt, und wie belastbar ist es im Blick auf ihre Intention? Das sei an drei Beispielen erläutert.

Johann Wolfgang Goethe:
Der Gott und die Bajadere

Kurz vor seinem 22. Geburtstag legt der schon zum lic. theol. promovierte Absolvent Dietrich Bonhoeffer vor dem Prüfungsamt seiner Kirche das Erste Theologische Examen ab. Unmittelbar danach wird er durch den Evangelischen Oberkirchenrat in Berlin in ein Lehrvikariat nach Barcelona entsandt. Das Tagebuch und die Briefe, dazu die regelmäßigen Predigten und drei große Gemeindevorträge spiegeln wider, was er erlebt und wie er sich theologisch weiterentwickelt. Die Erfahrungen in der kirchlichen Praxis und die Lebensart der südlichen Menschen wirken lockernd auf die theologische Selbstbeschränkung des jungen Barthianers ein. Er kann die »Berliner Wintertheologie« (XVII,

71) hinter sich lassen und sieht sich zu einer unbefangeneren Wahrnehmung menschlicher, auch religiöser Wirklichkeit veranlasst.[1]

Die Zeit in Barcelona hat den jungen Bonhoeffer besonders durch religionspädagogische Impulse bereichert. Sie gehen von der Verantwortung für den Kindergottesdienst aus, den er neu eingerichtet hat. Das Gleiche gilt vom weihnachtlichen Krippenspiel. Dazu kommt der Umgang mit den Heranwachsenden in der Gemeinde. Der Primanerabend, ein freiwilliges Treffen im privaten Kreis, aber mit striktem Programm, gehört zu Bonhoeffers Vorhaben, für die deutsche Schule in Barcelona einen Religionsunterricht anzubahnen. Auch Schüler aus anderen Klassen hat er auf diese Weise gesammelt.

In solche pädagogischen Verantwortungsfelder gerufen predigte Bonhoeffer am 21. Oktober 1928 über die Seele – ausnahmsweise in der deutschen Gemeinde Madrid, wo er eine Woche lang den zuständigen Pfarrer vertreten musste. Zum Text wählte er Lukas 17,33:»Wer da suchet seine Seele zu erhalten, der wird sie verlieren; und wer sie verlieren wird, der wird ihr zum ewigen Leben verhelfen.« Das Jesuswort schien ihm geeignet zu sein, die Seelennöte Jugendlicher zu thematisieren, den humanistischen Appell zur Seelenbildung kritisch zu durchleuchten und die christliche Botschaft von der Erlösung der Seele auszurichten. So jedenfalls der Aufbau der Predigt. Sie setzt psychologisch ein, fährt pädagogisch fort und kommt theologisch zum Ziel.

Die Schlusssätze dieser schwunghaft ausformulierten Kanzelrede sind verloren. Aber was vom letzten Teil erhalten ist, zeigt überraschend genug, dass der junge Bonhoeffer die Spitze seiner Predigt ausgerechnet mit Goethe veranschaulicht:»Von Erlösung des Ich wollten wir reden; haben wir schon gesagt, was das christlich bedeutet? Wir haben von mancherlei geredet, an das man seine Seele verlieren kann, das alles aber ist beschlossen in dem einen: seine Seele an Gott verlieren, an den Willen Gottes. [...] Meine Seele verlieren: das heißt meinen Willen verlieren, meine Pläne und Gedanken an Gottes Willen, Pläne und Gedanken. Nur hier findet das Erlösungsdrama seinen Höhepunkt und sein Ende. Die Leidenschaft des Ich, dies überwältigend furchtbar Dämonische, sie wendet sich auf Gott, in Leidenschaft wirft das Ich sich Gott hin, opfert sich ihm, seinem Willen, *aber es ist, wie in jenem Gedicht Goethes, wo sich vom Feueraltar des Selbstopfers eines Menschenlebens aus den Wolken des Rauches ein neuer Mensch erhebt.* Das Ich, das sich weggeworfen, geopfert hat, ohne Rücksicht auf sich selbst, zum Heil des anderen, zu Gottes Ehre, es ist in Gott hineingesunken und von ihm

---

1.   R. Staats und M. Wünsche (Hg.), Dietrich Bonhoeffers Abschied von der Berliner »Wintertheologie« – Neue Funde aus seiner Spanienkorrespondenz 1928, Zeitschrift für neuere Theologiegeschichte 1 (1994), 179-200.

berührt; es hat die Ewigkeit gekostet und ist neu geworden. Es ist erlöst – nicht durch sich selbst, nur durch Gott; […] es ist erlöst mitten in der Welt, denn nur in der Welt lebt man Gott, nur in der Welt opfert man Gott, in der Welt, das heißt eben am Nächsten. Du, der du dich gibst ganz und gar deinem Nächsten, du gibst dich Gott; du wirst durch deinen Nächsten von Gott erlöst werden. […] du bist – nein Gott ist Herr geworden über dein Ich, du hast deine Seele an Gott – nein Gott hat seine Liebe an dich verloren, du bist in Gottes – nein Gott ist in dein Leben eingedrungen. Du hast dich befreit – nein Gott hat dich gebunden […]«.[2]

Der Prediger zitiert Goethes Ballade nicht. Er erwähnt sie nur. Er meint wohl, dass viele in der Kirche, jedenfalls solche, auf die es ihm jetzt besonders ankommt[3], parat haben, was der Dichter erzählt. Das Bildungsgut aus der klassischen deutschen Literatur scheint auf Zuruf präsent zu sein. Das hat für den Prediger den Vorteil, nicht erst erläutern zu müssen, was er ja nur zur Veranschaulichung ins Spiel bringen will. Ob Bonhoeffer mit dieser Vormeinung Recht hatte, kann jetzt dahin stehen. Eine andere Frage ist, in welchem Verhältnis er selbst zu jener Dichtung stand. Was hat er ihr abgewonnen und seinem Predigtanliegen dienstbar gemacht, ohne eigens darauf hinzuweisen, so und so stehe es ja auch bei Goethe? Die Antwort lässt sich aus den Formulierungen erschließen, die der Prediger *unmittelbar vor und nach* dem Hinweis auf die »Indische Legende« (Untertitel) gewählt hat. Anders gesagt: Ohne »Der Gott und die Bajadere« wäre der Schlussabschnitt der Predigt vermutlich anders ausgefallen. Aber *mit* diesem Gedicht war für Bonhoeffer mehr abgedeckt als die allgemeine Wahrheit, dass der Mensch sich gerade im Opfer seiner selbst neu gewinnt.[4]

Drei Motive über den ethischen Allgemeinplatz hinaus sind es, die der Predigt durch dieses Gedicht zugeführt, die in der Predigt durch dieses Gedicht gestützt werden: 1. Das Opfer, von dem die Rede ist, wird in »Leidenschaft« dargebracht. 2. In diesem Opfer wirft das Ich sich weg – es »wirft sich Gott hin« und erfährt Erlösung. 3. Das Opfer vollzieht sich gleichwohl »am Nächsten« und »mitten in der Welt«. Die Leidenschaft jugendlich-idealistischen Hingabewillens zur religiösen Leidenschaft zu erhöhen und schließlich in der alles verwandelnden Gottesliebe zergehen zu lassen – das ist schon eine riskante Predigtbewegung. Unterlegt man sie mit der ›indischen Legende‹, wie es der Pre-

---

2. X, 520 f. Hervorhebung von mir. Die erhaltene Niederschrift bricht mitten im Satz ab.
3. Die Herausgeber kommentieren: »Unter den Gottesdienstbesuchern waren Jungen, die B direkt ansprach.« (X, 517, Anm. 1)
4. Von dieser Wahrheit war schon im zweiten Teil der Predigt die Rede.

diger für sich selbst offenkundig getan hat, erscheint sie noch anstößi-
ger. Denn die Ballade erzählt ja vom Gott Mahadö, der incognito die
Erde besucht (»Soll er strafen, soll er schonen/ Muß er Menschen
menschlich sehn«), der eine Jungfrau grüßt, die ihn aber (»mit gemal-
ten Lippen/ ein verlornes schönes Kind«) in ihr Freudenhaus lädt. »Der
Göttliche lächelt: er siehet mit Freuden/ Durch tiefes Verderben ein
menschliches Herz.« Er stellt die Bajadere auf die Liebesprobe, stirbt in
ihrem Bette und wird der öffentlichen Feuerbestattung zugeführt. Indes
hat das rasende Mädchen nur noch Eines im Sinn: zusammen mit ihm
verbrannt zu werden. Von niemandem mehr gehalten, auch nicht vom
drohenden Chor der Priester (»Nur die Gattin folgt dem Gatten«),
springt sie »in den heißen Tod«.

> Doch der Götterjüngling hebet
> Aus der Flamme sich empor,
> Und in seinen Armen schwebet
> Die Geliebte mit hervor.

> Es freut sich die Gottheit der reuigen Sünder;
> Unsterbliche heben verlorene Kinder
> Mit feurigen Armen zum Himmel empor.

Noch einmal: Der junge Vikar erzählt die Geschichte nicht. Er bringt
nur ihren Schluss in Erinnerung. Aber für sich selbst gewinnt er daraus
die Verstärkung der ihm ohnehin nahe liegenden Akzente: radikale
Hingabe an Gott, so leidenschaftlich sie sich auch missverstehe, verwandelt sich in Gottes reinigender Liebe und wird in der liebenden Zu-
wendung zum Nächsten sichtbar. Die Sphäre solchen Gottesdienstes ist
nämlich die zweideutige, aber leibhaftige Welt.

Hat der Prediger mit solcher Inanspruchnahme Goethes seine offenbarungstheologische Position verraten? Willentlich gewiß nicht. Der
Sturzbach der paradox formulierten Sätze nach dem Muster ›Du – nein
Gott!‹, mit denen sein Manuskript endet, zeigt, dass er am Primat des
göttlichen Gnadenhandelns festhält. Andererseits ist es aber kaum vorstellbar, dass er sein mit Lukas 17,33 verknüpftes Anliegen vortragen
konnte, wie er es getan hat, ohne selber von Goethes Gedicht tief angerührt worden zu sein. Goethe keine Offenbarungsquelle – aber ein für
den jungen Mann hoch willkommener Hinweis auf die Menschlichkeit
des Gottes, den das Evangelium Jesu bezeugt.

Gottfried Benn: Das Unaufhörliche

Vom September 1930 bis Mai 1931 war Dietrich Bonhoeffer Stipendiat
am Union Theological Seminary in New York. Dort nahm er auch an
einem Seminar von Reinhold Niebuhr teil, das im theologischen Lehr-
betrieb einer deutschen Universität jener Zeit keine Parallele gehabt haben dürfte: »Ethical Viewpoints in Modern Literature«. Man las und
besprach nordamerikanische und europäische Autoren, darunter die
deutschen Ernst Toller (Masse – Mensch, 1920; Maschinenstürmer
1922)[5], Ludwig Renn (Krieg, 1928), Erich Maria Remarque (Im Westen
nichts Neues, 1929). Alle Teilnehmer hatten über ihre Lektüre zur jeweiligen Seminarsitzung einen knappen Bericht zu schreiben.[6] Dass der
Umgang mit zeitgenössischer Literatur zur theologischen, hier: ethischen Urteilsbildung beiträgt, ist die selbstverständliche Voraussetzung
dieser Lehrveranstaltung gewesen. Man darf annehmen, dass Bonhoeffer sie teilte.[7] Zwar dürften weder der proletarische Expressionist
Toller noch die Exponenten der zehn Jahre nach Kriegsende aufkommenden Antikriegsliteratur Renn und Remarque in den Gesellschafts-
kreisen, denen Bonhoeffer der Herkunft nach verpflichtet war, große
Wertschätzung erfahren haben. Er selber fragt im Blick auf die Bücher
von Renn und Remarque, ob es sich nicht womöglich doch um eine
verdeckte Idealisierung oder Romantisierung der Kriegesschrecken
handelt. So meint er jedenfalls die Wirkung auf junge Berliner Leser
(und Kinogänger) deuten zu können. Er vermißt in dieser Literatur,
wie es scheint, einen deutlichen pazifistischen Grundzug. Aber wie immer sein Lektüreurteil für diese und die anderen behandelten Bücher
ausfällt: Generell hat er die Relevanz von Gegenwartsliteratur für die
Klärung der Situation des Glaubens bejaht. Besonders deutlich wird
das an seiner Besprechung von Sinclair Lewis' »Elmer Gantry« (1927):
Dieser in nordamerikanischen Kirchenkreisen heftig abgelehnten Darstellung des Frömmigkeitsbetriebes pietistischer Denominationen gesteht er allgemeine Gültigkeit auch für die Zustände in Europa zu. Ja,
er empfiehlt den Kirchen, statt den Wert des Buches zu bestreiten, »ex
officio« zu bestätigen, dass es den Glaubenden mit seiner Kritik einen
großen Dienst tut. Es könne für viele Pfarrer dienlich sein – als Entsprechung des katholischen Beichtspiegels![8] Vor dem Hintergrund des Se-

5. Bonhoeffers Titelangaben sind ungenau.
6. Bonhoeffers Kurzreferate in X, 390-398.
7. Schon in Barcelona hatte er »die sogenannte schöne Literatur« der Nach-
   kriegsjahre gegen den ungerechten Vorwurf verteidigt, sie sei in ethischer
   Hinsicht völlig haltlos (X, 324 f.).
8. X, 395. Vgl. die Übersetzung ebd. 656 f.

minars mit R. Niebuhr wird das Urteil, Bonhoeffer habe die Autoren
des Expressionismus wie Trakl, Lasker-Schüler und Benn »lebenslang
gemieden«, wohl ermäßigt werden müssen.[9] Literarische Vorliebe ist
Eines, literarische Empfänglichkeit und Aufmerksamkeit ein Anderes.
Damit sind wir bei Gottfried Benn und seiner Dichtung »Das Unaufhörliche«. Nur ein halbes Jahr nach ihrer Veröffentlichung spielt sie in
Bonhoeffers Predigt eine wichtige Rolle.

1931 war bei B. Schott's Söhne in Mainz »Das Unaufhörliche. Oratorium. Text von Gottfried Benn. Musik von Paul Hindemith« erschienen. Drei Bücher gab es unter diesem Titel: Partitur, Klavierauszug und
Textbuch. Benn hat zwar später die wichtigsten Stücke seiner Dichtung
zu einem Zyklus gleicher Überschrift zusammengestellt. Aber bis zur
Veranstaltung der Gesammelten Werke in vier Bänden durch Dieter
Wellershoff war der gesamte Text nur in jenem Textbuch zu finden, für
das der Dichter auch eine kommentierende Einleitung geschrieben hatte.[10] Uraufgeführt wurde das Werk am 21. November 1931 durch das
Berliner Philharmonische Orchester und den Philharmonischen Chor
unter Otto Klemperer. Bonhoeffer hat es vermutlich bei einem Besuch
der Philharmonie kennen gelernt. »Es war das Berlin der großen Kunst-
ausstellungen, der Philharmonie und der Singakademie – und natürlich
das der Inszenierungen Max Reinhardts, die er sich nicht entgehen
ließ«, heißt es bei Eberhard Bethge über den Tübinger Studenten, der
1924 nach Berlin zurückkehrte.[11] So wird es auch noch für den Privat-
dozenten und Studentenpfarrer von 1932 gelten. Was er aus dem Oratorium zitiert oder durch Anspielung vergegenwärtigt, kann nur aus
dem Programmheft oder aus dem Textbuch stammen.

Im Sommer 1932 hat Dietrich Bonhoeffer in der Berliner Kaiser-
Wilhelm-Gedächtnis-Kirche an zwei Sonntagen nacheinander über
den gleichen Text gepredigt. Seine Wahl war auf Kolosser 3, 1-4 gefallen: »Seid ihr nun mit Christo auferstanden, so suchet, was droben ist,
da Christus ist, sitzend zur Rechten Gottes. Trachtet nach dem, was
droben ist, nicht nach dem, was auf Erden ist. Denn ihr seid gestorben,
und euer Leben ist verborgen mit Christo in Gott. Wenn aber Christus,
euer Leben, sich offenbaren wird, dann werdet ihr auch offenbar wer-

---

9. Vgl. die Herausgeberanmerkung in X, 325.
10. Siehe Gottfried Benn, Gedichte. Gesammelte Werke in vier Bänden, hg. von
    Dieter Wellershoff. Dritter Band, Wiesbaden 1960, 475-498. Einleitung ebd.
    594-599 (nach dem Textbuch von 1931, 3-6). Im Band II dieser Werkausgabe
    steht auch ein Auszug Gottfried Benns aus seinem Libretto (492-515). Darauf
    bezieht sich die Anmerkung der Herausgeber von DBW XI (440). Aber das
    Studium muss sich an den Gesamttext halten.
11. DB, 93.

den mit ihm in der Herrlichkeit.« Am 12. Juni[12] kam der Prediger über den Anfang nicht hinaus und machte aus der Not eine Tugend: »Es muß ja wohl so sein, daß wir für heute hier abbrechen. Es ist uns besser und heilsamer, einmal in aller Schärfe zu sehen, wie fern unser privates und öffentliches Leben von diesen Erkenntnissen ist; als wenn wir im Handumdrehen erklären würden, es sei eigentlich ein leichtes, diese Erkenntnisse wieder zurückzugewinnen.«[13] Eine Woche später, am 19. Juni[14], setzte er sogleich positiv ein (was lange kritische Passagen allerdings nicht ausschloß). Es gab, anders als am Sonntag vorher, auch einen Durchgang durch die einzelnen Aussagen des Bibelabschnitts. Gottfried Benns Oratorientext aber hat Bonhoeffer nur in der ersten der beiden Predigten ausdrücklich angeführt. In der zweiten bleibt die Dichtung im Hintergrund, ist aber bei genauem Lesen noch deutlich erkennbar,.

Du bist mit Christus auferstanden – so lässt sich heute kein Gespräch mehr beginnen. Auch unter Christen nicht. Lange verweilt Bonhoeffer dabei, der Predigtgemeinde die Befremdlichkeit, die Abständigkeit der Voraussetzung vor Augen zu führen, unter der die Briefempfänger damals angeredet und zu einem entsprechenden Verhalten aufgefordert wurden. Christentum und Glaube sind gemessen an ihren Anfängen ungeheuer verarmt. Das gilt auch für den neuerlichen Versuch, wieder an den christlichen Konservativismus jener Zeiten anzuknüpfen, da »unsere Väter« noch sagten: »Im Namen Gottes. Amen.«[15] Die Entwicklung aller gesellschaftlichen Verhältnisse ist längst über ein Christentum hinweggegangen, in dem die Berufung auf den Namen Gottes zwar noch unanstößig, aber doch mehr Formel als glaubend verantwortetes Leben war. Jetzt aber geht es den Menschen darum, endlich die ideale Form des Warenaustauschs, der Hygiene, der Erziehung, der Seelenanalyse usw., schließlich auch der Philosophie, der Kunst, gar der Religiosität zu finden. Je heftiger die Krisen sind, umso lauter der Ruf nach Fachleuten, die Ordnung in das Chaos bringen. »Wie viel vertrauenswürdiger, wie viel aussichtsreicher ist doch dieser fieberhaft vorwärtsdrängende Wissenschaftsbetrieb auf allen Geleisen des menschlichen Lebens als jenes nüchterne, nichtssagende: ›Im Namen Gottes,

12. Datum der ersten Predigt (XI, 435-443).
13. XI, 443. In einem Brief vom Anfang August heißt es, er »komme schlechterdings nicht über diese Art Predigt hinaus, in der man versucht alles zu sagen, und am Ende immer den grauenhaften Druck hat, ganz an der Sache vorübergeredet zu haben« (XI, 100).
14. Datum der zweiten Predigt (XI, 444-453).
15. Otto Dudzus merkt an: »Am 1. Juni 1932 löste die Regierung Papen mit derartigen Parolen das Kabinett Brüning ab« (PAM I, 300).

Amen‹. Und gar als jenes verstaubte, längst vergessene: ›So ihr denn mit Christus auferstanden seid‹.« (XI, 339)

Der Prediger macht sich also das Überbietungsurteil der selbst-bewußten, vorwärtsstrebenden Zeitgenossen zu Eigen, an denen er nicht vorbeireden will – um dann eben auch sie auf die Tragfähigkeit all dessen hin zu befragen, dem sie vertrauen: »Und doch, ist sie wirklich so vertrauenswürdig und aussichtsreich, diese Welt, der wir da entgegenjagen?« Kann es uns wirklich gelingen, Erkenntnis und Wissen, Wirken und Arbeit aus ihrem vielfältigen Gegeneinander fruchtbar zusammenzuführen? »Und wenn es uns auch gelänge: Wohin dann mit dem allen? Ist's wirklich so, daß wir ins Endlose taumeln, ins ›Unaufhörliche‹, wie ein moderner Dichter das nennt? Das ›Unaufhörliche‹, darob uns nur das Grauen packen könnte – es ist uns ja *zu* leer, *zu* dunkel, *zu* abgründig, was da vor uns liegt.« Immerhin: »Auch das Sinnloseste läßt sich ja steigern zu Pathos und Kunst, zu Leben und Antrieb. Aber sobald wir innehalten und nüchtern werden von unserem Rausch […], da wird es unheimlich leer in uns: ›Schmeckt ihr den Becher Nichts, den dunklen Trank?‹«

Bis zu diesem Punkt ist Bonhoeffer nach fünf gedruckten Seiten der Predigtniederschrift gekommen. Was zitiert er da? Die von Paul Hindemith vertonte Dichtung Gottfried Benns tritt Lesern und Hörern in drei Teilen entgegen, die, wie im Oratorium üblich, für einzelne musizierende Gruppen und Einzelstimmen eingerichtet sind und eine vielfach gegliederte Gesamtkomposition darstellen. »Das Unaufhörliche« ist der Titel, »Das Unaufhörliche« ist aber auch das immer neu wiederholte poetische Hauptmotiv. So gleich eingangs im gemischten Chor:

> Das Unaufhörliche:
> Großes Gesetz.
>
> Das Unaufhörliche
> Mit Tag und Nacht
> ernährt und spielt es sich
> von Meer zu Meer,
> mondlose Welten überfrüht
> hinan, hinab.
>
> Es beugt die Häupter all,
> es beugt die Jahre […]
> es beugt auch dich […]

Und sogleich nach dem großem Eingangschor übernehmen Sopran- und Tenorsolo das Hauptmotiv, im Wechsel und gemeinsam, und führen es weiter:

Es beugt die Häupter all,
es beugt die Jahre,
wie dunkel ist sein Farb und Angesicht.

Das Unaufhörliche.
Ein dunkler Trank,
eine dunkle Stimme
Und nur ein Laut.
Wie bitter ist sein Farb und Angesicht.

Es beugt die Berge,
Opferhöhn.

Hier also zum ersten Mal »dunkler Trank«. Im Übrigen zeigen schon diese Zitate, dass Benn seine Verse gelegentlich bibelsprachlich einfärbt, oder vorsichtiger: für biblische Assoziationen öffnet: »Opferhöhn« und »Angesicht«. »Wie bitter« erinnert an Sirach 41,1, einen Spruch, den Brahms in seinen Ernsten Gesängen vertont hat: »O Tod, wie bitter bist du, wenn an dich gedenkt ein Mensch, der gute Tage und genug hat und ohne Sorge lebt.« Dagegen wird ›ewig‹ und ›das Ewige‹ zu Gunsten des Unaufhörlichen strikt vermieden. Das Unaufhörliche vernichtet. Es vernichtet durch anfangs- und endlose »Verwandlung«. Ihr unterliegt alles, was aus Kosmogenese und Evolution bekannt ist, alles in der Menschheits- und Völkergeschichte, alles in der Kultur- und Wissenschaftsgeschichte. So singt im zweiten Teil der Baß:

Im Kern der Dinge,
im Herz der weiten,
gelassnen Reihen,
wo Schlamm und Feuer,
wo Uraltes zerbirst der Rinde
ordnendes Sein,
zerreißt der Worte
herrliche Formeln,
Zählen der Sterne,
der Blumen Namen
Verwandlung,
unaufhörlich,
reicht ihren Becher Nichts,
den dunklen Trank.[16]

Von dieser Stelle an fungieren die letzten beiden Zeilen als eine Art Refrain. In leichten Abwandlungen kehrt er mehrfach wieder, so auch in einem kurzen Gesang des Chores, den Bonhoeffer zitiert:

16. *Verwandlung* ist im Textbuch gesperrt gedruckt, in der Werkausgabe kursiv. Am Ende der vorigen Zeile ist ein Doppelpunkt zu denken.

Schmeckt ihr den Becher Nichts,
den dunklen Trank?

Bezeichnend für den zweiten Teil des Oratoriums sind die unterschiedlichen Einreden gegen die verschlingende Dauer. »Aber der Tag, der
helle Tag!/ Soll man denn keine Kinder gebären,/ weil sie vergehn […]«,
singt der Sopran. »Aber die Wissenschaft« macht der Tenor geltend,
»Aber die Fortschritte« der Bass, »Aber die Kunst« wieder der Sopran,
»Aber die Götter« der Chor. Doch jede Einrede wird alsbald zurück-
gewiesen. Am Fels des Unaufhörlichen scheitern die wie Wellen an-
rollenden Einsprüche. Ist in dieser Brandung gar kein Halt zu finden?
Teil III: Die Lösung, wenn es denn eine gibt, liegt nicht im Rückgang
auf die bloß tierischen Bedürfnisse, auf »Fraß und Paarung«. Das Unaufhörliche will in gefaßter Trauer und aufrecht angenommen sein. Der
Parole im Männerchor »So sprach das Fleisch zu allen Zeiten:/ nichts
gibt es als das Satt- und Glücklich-sein!« antwortet ein Knabenchor:

Uns aber soll ein andres Wort begleiten:
das Ringende geht in die Schöpfung ein.
Das Ringende, von dem die Glücke sinken,
das Schmerzliche, um das die Schatten wehn,
die Lechzenden, die aus zwei Bechern trinken,
und beide Becher sind voll Untergehn. […]
Das Leidende wird es erstreiten,
das Einsame, das Stille, das allein
die alten Mächte fühlt, die uns begleiten –:
und dieser Mensch wird unaufhörlich sein.

Bonhoeffer bringt an einem Wendepunkt der Predigt das »Unaufhörliche« von Gottfried Benn ein. Er führt den Gedanken auf das einzige
Zitat zu, die refrainartige Doppelzeile. Darf man voraussetzen, dass er
den tragischen Nihilismus dieser Dichtung nicht nur als homiletisches
(zur Predigtkunst gehöriges) Kontrastmittel gebraucht hat, sondern
davon auch persönlich bewegt, ja herausgefordert war? Dafür sprechen
drei Gründe. Der erste: Nach dem Aufweis der als unüberbrückbar gel-
tenden Kluft zwischen biblischem Damals und säkularem Heute und
nach der anschließenden Zurückweisung einer neu aufgelegten Parole
vom christlich-bürgerlichen Konservativismus skizziert der Prediger
die Suchbewegungen seiner Gegenwart, die alle ins Leere laufen. Dieser
letztere Predigtzug (XI, 439 f.) läßt sich als Anklang an den Mittelteil
des Oratoriums verstehen.[17]
Der zweite Grund: Überraschenderweise spricht auch Bonhoeffer

17. Vgl. auch Benns nachzeichnende Deutung im Textbuch (3-6) bzw. in der
    Werkausgabe (594-599).

von *zwei* Bechern; ganz anders natürlich als der Knabenchor, aber doch in auffälliger Entsprechung: »Und jetzt fällt's uns erst wie Schuppen von den Augen, jetzt überfällt uns erst die Gewißheit jenes ganz Ungeheuerlichen – daß wir auf der Flucht sind vor Gott. Ob wir es wagen, jenen Becher Nichts, den dunklen Trank, zu trinken – oder ob wir vor ihm ausweichen in religiöses Getriebe und Gerede hinein – wir sind auf der Flucht vor jenem *andern Becher*, den die Bibel geschmeckt hat und den sie der Welt verkündigt in gewaltigen Tönen. Den Becher des Zornes Gottes, den Becher des verzehrenden Feuers des lebendigen Gottes.«[18] Daß der Prediger hier von dem »Becher Nichts« des Dichters auf den »Becher des Zornes Gottes« im Prophetenspruch kommt, muß zwar nicht zwingend durch »die Lechzenden, die aus zwei Bechern trinken,/ und beide Becher sind voll Untergehn« angeregt sein. Doch eine solche Anregung in unserer Bonhoeffer-Interpretation wenigstens zu erwägen ist sachgemäßer als den Bennschen Doppelbecher einfach zu übergehen.

Der dritte Grund: Bonhoeffer beschließt seinen Rückgriff auf Benn mit einem unerwarteten Urteil, nämlich mit einem gleichzeitigen Ja in zwei Richtungen: »Diesen Becher Gottes trinken, wenn man denn wirklich weiß, was man tut, ist Ernst. Und jenen Becher Nichts trinken, den dunklen Trank, wenn man denn wirklich weiß, was man tut, ist auch Ernst – und denen, die solches tun, ist der ewige Gott mit seiner leuchtenden Verheißung unendlich viel näher als sie es von ferne ahnen können.«(XI, 441 f.) In der Auseinandersetzung mit einem unernsten Religionsbetrieb verbleibt die Stimme des nihilistischen Dichters auf gleicher Höhe wie die Stimme des prophetischen Drohers. Der Dichter und die ihm folgen sind, ohne es zu wollen und zu wissen, von Gottes Verheißung für alle Aufrechten umschlossen.

Im Textbuchkommentar hat Gottfried Benn den Sinn seiner zum Oratorium gefügten Gedichte beiläufig auch einmal »Lehre« genannt: »Was ergibt sich nun also aus dieser Lehre? Das Unaufhörliche, mit Tag und Nacht genährt, in seinem Lauf durch Milchstraßen und Jahrmillionen über Individuen, Völker, Rassen, Kontinente hinwegschauend – wie soll man ihm begegnen?« Hätte Bonhoeffer das Werk Benns nur unter dem Geltungsaspekt *Auftrag* (Botschaft, Lehre) aufgenommen, wäre er in der Predigt anders mit ihm umgegangen, kritischer. Aber der Wirkungsaspekt *Ausdruck* ist in der Begegnung wohl der stärkere gewesen.[19] Nicht einfach was hier gesagt wird, sondern wie es ins Wort drängt und in dieser Gestalt für sich und zu den Lesern und Hörern spricht, ließ es in den Resonanzraum Predigt eintreten. Bonhoeffer

---

18. XI, 441 (Hervorhebung von mir); vgl. Jer. 25,15-29.
19. Vgl. o. den Abschnitt »Auftrag oder Ausdruck«.

hätte mit dem Subtext »Das Unaufhörliche« nicht so predigen können, wenn der nicht als Ausdruck, als die der Wirklichkeitserfahrung eines Einzelnen abgerungene Form zu ihm gekommen wäre. Für sie war er empfänglich.

Matthias Claudius: Kriegslied

Es ist nichts Ungewöhnliches, wenn eine Predigt mit einer Lied- oder Gedichtstrophe schließt. Auch bei Bonhoeffer finden sich mehrere Beispiele dafür. Im Falle seiner Ansprache am 28. August 1934 bei einer ökumenischen Konferenz auf der dänischen Nordseeinsel Fanø (XII, 298-305) lohnt sich dennoch eine besondere Nachfrage. Was leistet in dieser Rede, deren Anliegen in dauernder Steigerung, von Stufe zu Stufe, deutlicher und dringlicher wird, das Dichterzitat? Welchen Blick auf das Verhältnis des Redners zu seiner Sache gibt es frei? Was lässt sich über Bonhoeffers Beziehung zu dem ganzen Gedicht ermitteln oder vermuten, auch wenn er nur die Schlussstrophe zitiert? Hier zunächst der vollständige Wortlaut:

Kriegslied

's ist Krieg! 's ist Krieg! O Gottes Engel wehre,
    Und rede du darein!
's ist leider Krieg – und ich begehre
    Nicht Schuld daran zu seyn!

Was sollt' ich machen, wenn im Schlaf mit Grämen
    Und blutig, bleich und blaß,
Die Geister der Erschlagnen zu mir kämen,
    Und vor mir weinten, was?

Wenn wackre Männer, die sich Ehre suchten,
    Verstümmelt und halb todt
Im Staub sich vor mir wälzten, und mir fluchten
    In ihrer Todesnoth?

Wenn tausend Väter, Mütter, Bräute,
    So glücklich vor dem Krieg,
Nun alle elend, alle arme Leute,
    Wehklagten über mich?

Wenn Hunger, böse Seuch' und ihre Nöthen
    Freund, Freund und Feind in's Grab
Versammleten, und mir zu Ehre krähten
    Von einer Leich' herab?

Was hülf' mir Kron' und Land und Gold und Ehre?
Die könnten mich nicht freun!
's ist leider Krieg – und ich begehre
Nicht Schuld daran zu seyn.[20]

Konferenzvortrag oder Predigt? Heute weiß man, dass es sich um das dritte von vier Vormittagsreferaten zum Thema »Kirche und Völkerwelt« gehandelt hat.[21] Wenn Otto Dudzus, selber studentischer Teilnehmer und Referent bei der gleichzeitig tagenden Jugendkonferenz, die Bezeichnung »Morgenandacht« wählte, lag wohl eine Verwechslung vor.[22] Dennoch war Bonhoeffers Konferenzvortrag durch und durch geistliche Anrede, Ausrichtung des Wortes Gottes für gerade diese Stunde, also Predigt. Sie wurde »zu dem möglicherweise entscheidenden, sicher aber zu dem erregendsten Augenblick der Konferenz. [...] Vom ersten Augenblick an lag eine atemlose Spannung über der Versammlung. Viele werden geahnt haben, daß sie das soeben Gehörte nie wieder würden vergessen können.«[23]

Ende August 1934 tagten auf Fanø, getrennt und gemeinsam, drei eng miteinander verbundene Gremien der ökumenischen Bewegung: der christliche Weltrat für Leben und Werk, der Arbeitsausschuss des Weltbundes für internationale Freundschaftsarbeit der Kirchen und die Jugendkonferenz dieses Weltbundes. Dietrich Bonhoeffer, seit einiger Zeit Pfarrer einer deutschen Gemeinde in London, war an der Vorbereitung der Fanø-Konferenzen in unterschiedlicher Zuständigkeit beteiligt. Durch Briefe und Beratungen arbeitete er unermüdlich auf das Ziel hin, »Fanø« möge in der gegenwärtigen welt- und kirchenpolitischen Lage allein Christus bekennen und ein Richtung weisendes Zeichen setzen. Diese Lage war gespannt, verwirrend, überaus gefährlich. Das belegen eine Reihe von Sachverhalten, die in die Vorbereitungszeit von »Fanø« fallen: Deutschland tritt aus dem Völkerbund aus und kündigt die Verträge über Rüstungsbeschränkung. Die Einführung des Arierpragraphen, von den allermeisten Christen protestlos hingenom-

---

20. ASMUS omnia sua SECUM portans oder Sämmtliche Werke des Wandsbecker Bothen, Vierter Theil, Wandsbeck 1783, 80 f., in: Matthias Claudius Werke. Erster Band. Original-Ausgabe. Siebente wohlfeile Auflage Hamburg und Gotha 1844.
21. Vgl. die Herausgeberbemerkungen in XIII, 298, Anm. 1; außerdem das Protokoll der Jugendkonferenz, deren Teilnehmer auch bei einigen Veranstaltungen der Hauptkonferenz anwesend waren, ebd. 197, Anm. 26.
22. Otto Dudzus, Dem Rad in die Speichen fallen, in: Wolf-Dieter Zimmermann (Hg.), Begegnungen mit Dietrich Bonhoeffer, ²1965, 73 f. Vgl. PAM I, 461. Zur Aufklärung des Mißverständnisses s. XIII, 5 f.
23. O. Dudzus, Dem Rad in die Speichen fallen, 73 f.

men, legitimiert die systematische Verfolgung der deutschen Judenheit. Mit dem Auftreten der »Deutschen Christen« kommt es auch zu inner-kirchlichen Rechtsbrüchen, die weit über die bisherige Erfahrung hinausgehen. Die Konflikte um das rechte Kirchenregiment sind in vollem Gange. In Barmen tritt die erste reichsweite Bekenntnissynode zusammen. Der »Reichsbischof« Ludwig Müller droht allen Pfarrern, die im Ausland über Kirchenkampffragen informieren, ein Verfahren wegen Hochverrats an. Als Antwort auf den von Hitler inszenierten Röhm-Putsch werden auf seinen Befehl hin zahlreiche Morde verübt. Der Tod des Reichspräsidenten Hindenburg bringt Hitler weiteren Machtzuwachs.

In Bonhoeffers Initiativen trafen sich zwei Bestrebungen: Die Christenheit in Deutschland braucht Rückhalt aus der ökumenischen Bewegung – und die Ökumene muss am Beispiel der deutschen Dinge lernen, dass sie etwas Anderes ist als ein religiöser Interessenverband auf internationalem Parkett, nämlich Kirche. Beide Bestrebungen beruhten und bestanden auf einer Theologie, der zu Folge nur schlichter Gehorsam gegen das in Christus lebendig begegnende Gebot Gottes (Bergpredigt!) auf den Weg des rettenden, Zukunft eröffnenden Glaubens führt.

Rhetorik stand bei Bonhoeffer je länger je weniger in Achtung. Er meinte mit vielen Anderen seines Bildungskreises, dass es sich dabei um die Wahl der Redezutaten handele, mit denen eine Zuhörerschaft für welches Ziel auch immer gewonnen werden kann. Versteht man den rhetorischen Anspruch dagegen vom Gewicht der kritisch zu erwägenden Sache her, also als die Verpflichtung der Redenden, allen verständlich, dringlich und entscheidbar zu machen, was ihnen hier für ihr Leben entgegentritt, dann ist der Prediger Bonhoeffer oft auch ein eindrucksvoller Rhetor gewesen. Seine Fanø-Rede ist ein Muster des Einklangs von dringender Glaubensbotschaft und rednerischem Einsatz. Das wäre im Einzelnen aufzuweisen, ist hier aber nicht erfordert. Stattdessen zur Erinnerung nur eine berühmte Passage im Wortlaut:

»Wie wird Friede? Wer ruft zum Frieden, daß die Welt es hört, zu hören gezwungen ist? […] Nur das Eine *große ökumenische Konzil der Heiligen Kirche Christi* aus aller Welt kann es so sagen, daß die Welt zähneknirschend das Wort vom Frieden vernehmen muß und die Völker froh werden, weil diese Kirche Christi ihren Söhnen im Namen Christi die Waffen aus der Hand nimmt und ihnen den Krieg verbietet und den Frieden Christi ausruft über die rasende Welt. […] Das ökumenische Konzil ist versammelt, es kann diesen radikalen Ruf zum Frieden an die Christusgläubigen ausgehen lassen. Die Völker warten darauf […] Die Stunde eilt – […] worauf warten wir noch?« (XIII, 301) – »Die Zeit drängt«: Ein halbes Jahrhundert nach ihrer Niederschrift hat Bonhoeffers Rede in dem Ruf zu einer »Weltversammlung der Christen für Friede, Gerechtigkeit und Bewahrung der Schöpfung« ein erstaunliches Echo gezeitigt.[24]

Welche Rolle spielt nun das »Kriegslied« von Matthias Claudius in der Fanø-Rede? Hier müssen zuvor die erhaltenen Dokumente gesichtet werden.

Exkurs: Die Schriftfassungen der Fanø-Rede

An der Fanøer Jugendkonferenz hatte auch die Philosophiestudentin Hilde Enterlein teilgenommen. Bonhoeffer kannte sie aus einigen seiner Lehrveranstaltungen, die er als Privatdozent an der Berliner Friedrich-Wilhelm-Universität gehalten hatte. Nach Schluss der Konferenz schrieb Hilde Enterlein an ihren Verlobten Albrecht Schönherr: »Gestern hat Bonhoeffer in der Hauptkonferenz *das* Wort gesagt, was gesagt werden mußte, ob es gehört worden ist, will ich nicht entscheiden – es ist vielleicht auch nicht menschliche Sache, das Wort zu Gehör zu bringen.«[25] Die bisherigen deutschen Veröffentlichungen von Bonhoeffers Rede gehen sämtlich auf einen Schriftsatz zurück, den Hilde Enterlein aus Fanø mitgebracht hatte. Dieser Schriftsatz gehört aber mit weiteren Fanø-Papieren aus dem Nachlass von Hilde Schönherr, geb. Enterlein, zusammen, die von der Forschung und Editionsarbeit bisher nicht hinreichend berücksichtigt wurden. Sie erlauben den Versuch der folgende Rekonstruktion.[26]

Zu unterscheiden sind vier schriftliche Redefassungen. Fassung A: Bonhoeffer, der sich schon seit dem 18. August auf Fanø aufhielt, stellte zuerst eine maschinenschriftliche Fassung seiner Rede her, vielleicht im Blick auf das der Hauptkonferenz vorgeschaltete Referententreffen. Der erhaltene Durchschlag zeigt im Schriftbild die typischen Flüchtigkeiten eines Autors, der normalerweise handschriftlich produziert. An zwei Stellen gibt es in Klammern gesetzte Notizen für Redeeinschübe. Der eine Einschub betrifft die Geschichte der Vorbereitung Gideons auf den Kampf mit den Midianitern (Richter 7, 2 ff.). Der andere Einschub ist ein dem Wortlaut und dem Metrum nach fehlerhaftes, wohl aus dem Gedächtnis niedergeschriebenes Zitat der letzten Strophe des Matthias-Claudius-Gedichtes. Orthographisch verbessert lautet das Zitat so: »Was nützt mir Kron und Land und Volk und Ehr, die können mich nicht freun – 's ist leider Krieg im Land, und ich begehr, nicht schuld daran zu

24. C. F. von Weizsäcker, Die Zeit drängt, 1986.
25. Unveröffentlichter Brief aus dem Privatarchiv Albrecht Schönherr. Die Hervorhebung stammt aus dem Original, dagegen wurde eine Abkürzung aufgelöst und die Zeichensetzung ergänzt.
26. Ausführlicher dazu: J. Henkys, Die schriftlichen Fassungen von Bonhoeffers Fanø-Rede. Meine Rekonstruktion zeigt, dass ich mich nicht der Darstellung von Otto Dudzus anschließen kann, der die gesamte Überlieferung der Fanørede von einer (nicht nachgewiesenen) stenographischen Mitschrift ausgehen lässt: A. Schönherr (Hg.), Lass es uns trotzdem miteinander versuchen. Brautbriefe aus der Zeit des Kirchenkampfes 1935-1936, 12.

sein.« Die Abweichungen vom authentischen Text können im Vergleich mit dem oben abgedruckten Gedicht leicht festgestellt werden. Besonders interessant: Für »Gold« hat sich das in der damaligen Lage viel beziehungsreichere »Volk« eingeschlichen. – Fassung B: Professionell hergestellt, und zwar schon in Fanø, ist eine hektographierte Reinschrift der Rede. Sie war wohl das offizielle Konferenzpapier, das an die Teilnehmer verteilt wurde. Hier aber sind die beiden eben genannten Redeeinschübe nicht mit gedruckt. An ihrer Stelle stehen jeweils drei Auslassungspunkte, die darauf hinweisen, dass der Redner sich hier Ergänzungen vorbehalten hat. – Fassung C: Eine dritte Schriftfassung der Rede, wiederum für den Konferenzgebrauch hektographiert, liegt in englischer Sprache vor. In DBW XIII ist sie gleich nach der deutschen Fassung abgedruckt. Denn die Herausgeber halten es mit guten Gründen für möglich, dass diese Übersetzung von Bonhoeffer selber stammt. In dieser Fassung ist der Hinweis auf Gideon ganz entfallen, es gibt auch keine Auslassungspunkte. Die Claudiusstrophe dagegen ist vorhanden, ohne Klammern. Sie wird sogar typographisch in Gedichtform wiedergegeben. Was besonders auffällt: Dem Wortlaut und dem Metrum nach entspricht diese englische Strophe der fehlerhaften Gedächtnisform von Fassung A! Auch hat man ihr ein tadelloses, poetisch angemessenes Englisch bescheinigt.

> What use to me are crown, land, folk and fame?
> They cannot cheer my breast.
> War's in the land, alas, and on my name
> I pray no guilt may rest.

Wenn Bonhoeffer selbst der Übersetzer ins Englische war, dann zeigt die Strophe, wie gut er mit einem poetischen Text umgehen konnte, und dass ihm daran lag, Dichtung in der ihr eigenen Kraft wirken zu lassen. – Fassung D: Sie liegt in Hilde Enterleins Mappe als Durchschlag einer erst nach dem Krieg für die künftige Veröffentlichung hergestellten Reinschrift der Fassung A vor. Gedruckt wurde die Fanø-Rede erstmals in einer evangelischen Monatsschrift der DDR, und zwar korrekt nach dieser Vorlage.[27] Bei den späteren Publikationen hat man das Claudius-Zitat von seinen Klammern befreit und auch dem Original angepasst.[28] Erst in der Werkausgabe ist die fehlerhafte Gedächtnisfassung wieder hergestellt worden. Aber die Klammern sind auch hier entfallen. So gibt auch es keinen Hinweis mehr darauf, dass der Redner etwas im Vorrat hatte, das er frei einzusetzen gedachte: ein Moment seiner Rede, an dem ihm besonders lag.

Das Ergebnis dieses Versuches, vier schriftlich überlieferte Fassungen mit-

---

27. Der Friede muß gewagt werden. Rede Dietrich Bonhoeffers auf der ökumenischen Konferenz in Fanö, August 1934, ZdZ 11 (1957), 1 f. Reinschrift und Druck sind offenbar von Albrecht Schönherr, damals Brandenburg/H., veranlasst worden.
28. So im 1. Band der Gesammelten Schriften, 1958 hg. von E. Bethge (GS I, 216-218).

einander zu vergleichen und dadurch ihren dokumentarischen Status festzustellen, ist völlig nebensächlich, wenn es um die theologische Qualität und die geschichtliche Nachwirkung der Fanø-Rede geht. Nicht ganz unwichtig dagegen ist das Ergebnis für die allgemeine Quellenbewertung im Bereich dieses Überlieferungskomplexes. Und wirklich aufschlussreich ist es unter der Frage, wie Dietrich Bonhoeffer, der Prediger des sich selbst Raum schaffenden Wortes Gottes, mit Dichtung umgeht. Hier waren im Blick auf meine frühere Erwägung des Problems Ergänzungen und Korrekturen anzubringen,[29] und hier gilt es nun, auf gesicherterer Quellenbasis weiter zu fragen.

Die Fanø-Rede beginnt mit Psalm 85,9: »Ach daß ich hören sollte, was der Herr redet, daß er Frieden zusagte seinem Volk und seinen Heiligen.« Damit sind die Töne ›Frieden‹ und ›Kirche‹ angeschlagen. Sie werden das Folgende bestimmen. Aber es sollte nicht übersehen werden, dass es eine Person ist, die hier ihren sehnlichen Wunsch nach Gottes Friedenswort ausspricht. Sie sagt dabei ›ich‹. Wo bleibt das Psalmen-Ich in Bonhoeffers Rede? Wo bleibt sein eigenes Ich? Es spricht nicht von sich. Das Ich geht darin auf, dem Gebot Gottes in dringlicher Stunde die eigene Sprache mitzugeben. Am Ende allerdings tritt es doch hervor, versteckt, im geliehenen Gewand der Dichtung und unbekümmert darum, dass die meisten der nicht-deutschen Zuhörer mit Matthias Claudius kaum etwas verbinden werden: »Was hülf' mir Kron' und Land und Gold und Ehre«. Verständlich, dass dem zitierenden Ich aus dem nationalsozialistisch gewordenen Deutschland im Katalog der trügerischen Werte für »Gold« das klangverwandte »Volk« unterläuft! »Land« und »Ehre« dagegen sprechen auch in der jetzigen Situation noch ganz für sich. Landesverräterisch, ehrlos, so lauten ja die Vorwürfe.

Dietrich Bonhoeffer war in Fanø ein Prophet, aber ein tief angefochtener, wie die zu Jahresbeginn in London gehaltene Predigt über Jeremia 20,7 erkennen lässt (XIII, 347-351). Er war ein Christ in Gemeinschaft, aber doch zugleich gefährdet in seiner aus Glaubensgehorsam jetzt und erst recht künftig riskierten Vereinzelung. Davon sprechen bestürzend hellsichtige Briefe aus jener Zeit über die Bekennende Kirche und den Kirchenkampf. In einem heißt es: »Ich glaube [...], was bisher geschah, ist Vorgeplänkel, der 2. eigentliche Kampf kommt und entbrennt an ganz anderer Stelle [...] dieser 2. Kampf um das Christentum wird von dem gewonnen, der ihn ganz erleidet. Er wird zur völligen Zerspaltung und Zertrümmerung der sog. oppositionellen Fronten, derer, die Christen sein wollen, führen. Er wird in die völlige Vereinzelung führen, er wird die Verwechslung von Kirche und kirchenpolitischer

29. J. Henkys, Dietrich Bonhoeffers Gefängnisgedichte, 14-17.

Gemeinschaft unmöglich machen, es wird wieder alles auf dem Einzelnen stehen wie zum Beginn. Man wird den Einzelnen wieder entdecken und mit dem Einzelnen [...], was Nachfolge heißt. Und erst dann wird wieder klar werden, was Bekenntnis heißt.«[30]

Matthias Claudius, der seinen Lesern als »Wandsbecker Bote« begegnen wollte, hatte sein »Kriegslied« geschrieben, als fern von Hamburg und Holstein der Bayrische Erbfolgekrieg (1778/79) ausgebrochen war. Wir wissen nicht, wann Bonhoeffer es zum ersten Mal für sich persönlich wahrgenommen hat. Bei einem anderen Claudiusgedicht ist das bekannt: »Ich werde nie vergessen,« schrieb Bonhoeffer nach dem Soldatentod seines Freundes Gerhard Vibrans, »daß er mich das Claudiuslied: ›Ich danke Gott und freue mich ...‹ gelehrt hat und mir mit seinem Leben eine überzeugende Auslegung dieses Liedes gegeben hat.«[31] Das Gedächtnis an den Freund und der bleibende Dank für ein Gedicht fallen hier ineinander. Ein verborgen gewesenes Stück Poesie ist zum Moment der Biographie beider geworden: eingetreten in das Leben des Einen, bewahrheitet durch das Leben des Anderen. Vibrans gehörte zum 1. Kurs des Finkenwalder Predigerseminars. Die Begegnung mit dem von J. A. P. Schulz vertonten Lied »Ich danke Gott und freue mich«, das Claudius mit »Täglich zu singen« überschrieben hatte[32] und das in der evangelischen Jugend durch Otto Riethmüllers auch in Finkenwalde intensiv benutztes Liederbuch »Ein neues Lied« bzw. »Der helle Ton«[33] bekannt wurde, fällt in das Sommerhalbjahr 1935. Das ist ein Jahr nach der Konferenz auf Fanø. Einen dritten poetischen Claudiustext, das Gedicht »Der Mensch«, wird Bonhoeffer noch kurz vor der Verhaftung in das Manuskript seiner »Ethik« einfügen (VI, 387):

> Empfangen und genähret
> vom Weibe wunderbar
> Kömmt er und sieht und höret,
> Und nimmt des Trugs nicht wahr [...][34]

Für Dietrich Bonhoeffer, der in der Jugendkonferenz eine Resolution zu Gunsten der Kriegdienstverweigerung befürwortete,[35] muß schon die Überschrift »Kriegslied« wichtig gewesen sein. Denn sie schickt sich an, etwas zu enthüllen, was den sonst unter dieser Gattung kursieren-

---

30. XIII, 177. Vgl. auch ebd. 128 und 171.
31. XVI, 240. Zu Gerhard Vibrans vgl. D. Andersen u. A. (Hg.), So ist es gewesen. Briefe im Kirchenkampf 1933-1942 von Gerhard Vibrans, aus seinem Familien- und Freundeskreis und von Dietrich Bonhoeffer, Gütersloh 1995.
32. Matthias Claudius, Sämmtliche Werke (s. o.), Dritter Theil, 71.
33. XIV, 64 f. Die erste Auflage war 1932 erschienen.
34. Matthias Claudius, Sämmtliche Werke (s. o.), Vierter Theil, 98.
35. GS I, 209 f.

den Liedern schlechterdings widerspricht. Dazu kommt der Verzicht
dieser Verse auf jegliches Räsonnement über Kriegsgründe und Kriegs-
ziele. Durch sechs Strophen hindurch geht das Ich des Gedichts einem
einzigen Thema nach: der um Himmels willen zu vermeidenden und
doch so nahe liegenden persönlichen Schuld (nicht einmal nur *Mit*-
schuld) am kriegerischen Töten und seinen entsetzlichen Folgen. Vor
der Anklage durch die Getöteten und ihre ins Elend gestürzten Angehörigen gibt es keine Ausflüchte. Zunichte gemacht wird vor allem das
Scheinargument der Ehre (Str. 3,5,6). Die anstehende Laudatio der
Kriegsleute werden die Dämonen übernehmen, und sie werden die ins
Feld geführte Ehre statt von einem Podium »von einer Leich' herab«
auskrähen.

Das Wort des Friedens zu hören, begehrt das Psalm-Ich am Anfang
der Rede. »Die Kriegsfanfare kann morgen geblasen werden – worauf
warten wir noch? Wollen wir mitschuldig werden wie nie zuvor?« Am
Krieg nicht schuld zu sein, begehrt das hier eingeführte Gedicht-Ich
unmittelbar vor dem Ende der Rede. Also: »Wir wollen reden zu dieser
Welt, kein halbes, sondern ein ganzes Wort, ein mutiges Wort, ein
christliches Wort. Wir wollen beten, daß uns dieses Wort gegeben werde, – heute noch – wer weiß, ob wir uns im nächsten Jahr noch einmal
wiederfinden?« (XIII, 301)

Zur Vorbereitung der Fanø-Konferenz waren von den Referenten
theologische Überlegungen zum Thema »Die Kirche und die Welt der
Nationen« erbeten worden. Bonhoeffers Thesenpapier (XIII, 295-297)
setzt mit der Forderung ein, der Weltbund für Freundschaftsarbeit unter den Kirchen müsse sich selber als Kirche verstehen, nicht als Zweck-
verband. Dann geht er zu Kirche, Frieden und Krieg über. Als was muß
der Krieg verstanden werden? An die Spitze seiner Antworten (und das
ist ein entscheidendes kontextuelles Moment im Blick auf das »Kriegslied«) setzt er die These, der Krieg sei »bewußte Tat des menschlichen
Willens, für die dieser in vollem Umfang verantwortlich ist«. Die zweite
Antwort heißt dann: »Werk der gottfeindlichen dämonischen Mächte
dieser Welt, wie Krankheit, Katastrophen etc.«. Die willentliche Tat
und somit die Verantwortung gehen voran. Die dämonischen Mächte
sind kein Gegenargument, sie sind die in verweigerter Verantwortung
inbegriffene Wirklichkeit. Darum gilt: »Der menschliche Wille muß
konfrontiert werden mit dem göttlichen Gebot: Du sollst nicht töten.«
Der Übertreter wird vor Gott schuldig. Wer richtet ihn? »Der Gott der
Bergpredigt«. Den Einwänden, die den Krieg verteidigen (Bonhoeffer
läßt sie einzeln zu Wort kommen), tritt die Kirche entgegen. Der letzte
Einwand ist eine Frage: »Was soll ich [!] denn tun?« Die Kirche antwortet: »Habe Glauben an Gott und sei gehorsam!« (XIII, 296 f.)

Aus dieser einfachen Theologie erwächst die Fanø-Rede. In dieser

einfachen Frömmigkeit spricht das »Kriegslied«. Wir wissen durch eine
von Wolf-Dieter Zimmermann festgehaltene Erinnerung, dass Bonhoeffer später, im Kreis der illegalen Kandidaten, oft das ganze Gedicht
gesprochen hat.[36] Natürlich kann der Redner vor der ökumenischen
Versammlung höchstens eine Strophe zitieren. Aber indem er sie zu
Hilfe ruft, ist für ihn selbst auch das Nicht-Zitierte gegenwärtig. Das
Ganze ist ein Kunstwerk, sonst wäre es längst versunken. Es überlebt,
weil das Einfache Ergebnis eines komplexen Gestaltungsvorgangs und
nicht nur dahergeredet ist. So kann es sich als Ausdruckshilfe und Glau-
bensanhalt in einer komplizierte Situation erweisen. Der biblische Gideon (erster Zusatz) muß die Konkurrenz des poetischen Boten (zweiter Zusatz) nicht fürchten. Beide stehen sie einem jungen Gelehrten
und Prediger zur Seite, der sich um des glaubenden Gehorsams willen
weit ins Ungesicherte hinauswagt.

36. W.-D. Zimmermann, Wir nannten ihn Bruder Bonhoeffer, 94. Vor dem Ab-
    druck des ganzen Gedichts:»Oft hat Bonhoeffer uns – angesichts der drohen-
    den Kriegsgefahr – das ›Kriegslied‹ von Matthias Claudius vorgetragen. Das
    Grauen, das in verschiedenen Versen zum Ausdruck kommt, hat er dann mit
    eindrucksvoller Lautmalerei verdeutlicht.«

3. Das gesungene Wort im Lied der Kirche (1935-1939)

Zugänge zum Kirchenlied

Geht es um das Verhältnis des Theologen und Pfarrers Dietrich Bonhoeffer zur Dichtung, so darf der Blick auf Kirchenlied und Gesangbuch nicht fehlen. Unter diesem neuen Gesichtspunkt halten wir uns an Quellen, die Bonhoeffers nächstem Lebensabschnitt zugehören. Zunächst jedoch eine knappe Vorverständigung.

In jedem Lied des Gesangbuchs wartet ein Stück vertonter geistlicher Poesie darauf, als gottesdienstlicher Gemeindegesang zu erklingen. Dass das Lied wirklich angesetzt wird, hängt von der Erfahrung und dem Urteil der Verantwortlichen ab. Hymnologisch betrachtet sind immer mehrere Wege da, sich einem Kirchenlied zu nähern. Als *überlieferte Gestalt* ist es uns grundsätzlich doppelt gegeben: in seinen Worten und in seiner Weise. Es ist eine bestimmte, erinnerbare Text-Ton-Einheit, fixiert für den Gebrauch im Gottesdienst und in seinem Umkreis. Als *klingendes Ereignis* jedoch wirkt das Lied auch durch die Situation, in der es angestimmt, und ebenso durch die Art, in der es gesungen wird. Mit erhobener Stimme (also zugleich leiblich und seelisch beansprucht) drücken die Singenden zu bestimmter Zeit aufs Neue aus, was der Glaube Gott zu jeder Zeit schuldet. Ihr Lied ist das gleiche und doch nicht das gleiche (wie niemand zweimal in den gleichen Fluss steigt). Es gewährt einen Zeit-Raum symbolischer Teilhabe und Teilgabe, der sich auch zu denen hin öffnen kann, die noch nicht mitsingen.

Wort und Musik, Situation und Vollzug sind die vier Zugänge zum Kirchenlied – wenn es denn zum Gegenstand eingehender Untersuchung und differenzierenden Urteils wird. Natürlich werden nicht immer alle Zugänge gleichermaßen berücksichtigt. Theologen pflegen beim Wort anzusetzen. Das verdichtete Wort ist es auch, das die Kirchenlieder in unseren Zusammenhang eintreten lässt. Das Gesangbuch versammelt ja geistliche Poesie aus vielen Jahrhunderten. Aber es wird sich zeigen, dass die anderen Zugänge ebenfalls ihr Recht fordern. Bonhoeffers Theologie des Wortes Gottes, das in Christus Mensch geworden ist und die Sozialität der sichtbaren Kirche begründet, spricht jedenfalls gegen die Abtrennung der Wörtersprache von den übrigen Sprachen, in denen das Leben nach Verständigung sucht.

Ein Kirchenlied ist also ein gemeinsam gesungenes Gedicht des Glaubens, das verfasst und vertont ist für die zum Gottesdienst gerufene

Gemeinde und von ihr nach freiem Ermessen in öffentlichen Gebrauch genommen wird. Selbstverständlich hatte Bonhoeffer für die Gottesdienste und Andachten, die von ihm zu verantworten waren, immer schon Lieder ausgewählt und angesetzt: als Vikar in Barcelona (1928-29), als Studentenpfarrer an der Technischen Hochschule Berlin-Charlottenburg (1931-33), als Pfarrer der deutschen Gemeinden Sydenham und St. Paul in London (1933-35), zwischendurch auch im Konfirmandenunterricht der Berliner Zionsgemeinde und bei ökumenischen Gelegenheiten. Aber die Quellen geben für die darauf folgende Zeit ein viel deutlicheres Bild von dieser Seite seiner Praxis. Es ist die Zeit von 1935-1940, als er Direktor eines in Pommern eingerichteten illegalen Predigerseminars der Bekennenden Kirche war. Das Seminar begann in Zingst, wurde kurz darauf nach Finkenwalde bei Stettin verlegt und nach der 1937 erfolgten polizeilichen Auflösung unter der verdeckten Form von »Sammelvikariaten« in den hinterpommerschen Kirchenkreisen Köslin und Schlawe (dort in den Dörfern Groß Schlönwitz und Sigurdshof) weitergeführt. Am 18. März 1940 machte die Geheime Staatspolizei Bonhoeffers Ausbildungsarbeit für die Bekennende Kirche ein unwiderrufliches Ende.[1] Wir halten uns im Folgenden hauptsächlich an ein Finkenwalder Tagebuch aus dem Wintersemester 1935/36; an den Gemeindevortrag über das »innere Leben der deutschen evangelischen Kirche«, den Bonhoeffer während der Berliner Olympiade hielt; und an seine Schrift »Gemeinsames Leben«, die im Herbst 1938, zwischen Sommer- und Winterkurs des Sammelvikariats, entstand und 1939 erschien.

Lieder in Finkenwalde

Über das geistliche Leben im Predigerseminar Finkenwalde gibt es manche Berichte der damaligen Kandidaten.[2] Der durch zwei Andachten und eine Meditationszeit, durch Vorlesungen und Übungen, Einzelstudium und Diskussionsrunden bestimmte Tageslauf folgte keiner örtlichen Tradition. Wo sollte sie auch herkommen? Das Seminar war in einem ehemaligen Pädagogium untergebracht. Die Turnhalle wurde zur Kapelle. Was darin geschah, war durch Bonhoeffers mitgebrachte Entscheidung festgelegt. In den Morgen- und Abendandachten werden die Psalmen – ohne Auslassung – im Wechsel gesprochen. Es gibt eine lange Lesung aus dem Alten und aus dem Neuen Testament. Es gibt

1.   Vgl. in DB die Kapitel 9-11, außerdem die Vorworte von DBW XIV (Otto Dudzus) und XV (Dirk Schulz).
2.   Vgl. auch das Nachwort zu DBW V und das Vorwort zu DBW XIV.

keine Auslegung, aber ein ausführliches Gebet des Direktors. Am Anfang, am Ende und zwischen den Lesungen erklingen Lieder. Einige stehen an ihrem Ort für längere Zeit fest, die anderen wechseln von Andacht zu Andacht. Heutige Predigerseminare bzw. die ihnen entsprechenden Ausbildungssequenzen zwischen dem ersten und zweiten theologischen Examen verfügen über einen Mitarbeiterstab, zu dem in jedem Fall auch eine Kirchenmusikerin oder ein Kirchenmusiker gehört. In Finkenwalde gab es nur den Direktor lic. Bonhoeffer und den Studieninspektor Wilhelm Rott. Einen Kantor gab es nicht, wohl aber regelmäßige Singstunden. Die Leitung lag, von Kurs zu Kurs wechselnd, bei einem Kandidaten oder bei einem Mitglied des »Bruderhauses« (das alsbald aus dazu berufenen Absolventen entstand), jedenfalls bei einem kirchenmusikalischen Laien, der genug Erfahrung und Begeisterung dafür mitbrachte. Bonhoeffer sang mit, und in Verständigung mit dem Singleiter legte er fest, welche Lieder neu einzusingen waren.

Auf seine Initiative hin wurde neben dem eingeführten provinzialkirchlichen Gesangbuch für Brandenburg und Pommern[3] auch das »Neue Lied« angeschafft und in Gebrauch genommen. Das war das in Fachkreisen noch heute berühmte »Liederbuch für die deutsche evangelische Jugend«, hinter dessen Konzeption der Leiter des Evangelischen Reichsverbandes weiblicher Jugend Otto Riethmüller stand.[4] 1935 wurde Riethmüller zum Vorsitzenden der Jugendkammer der Bekennenden Kirche berufen. Aber das hymnologisch, katechetisch und buchkünstlerisch hervorragend angelegte »Neue Lied«, ein Buch mit Chorälen, eingestreuten Tonsätzen und geselligen Liedern, war schon drei Jahre zuvor erschienen.[5]

Im Rundbrief an die Freunde und Förderer des Seminars vom Oktober 1935, verfasst wahrscheinlich von Albrecht Schönherr, hieß es:

3. Evangelisches Gesangbuch für Brandenburg und Pommern, Berlin und Frankfurt/Oder 1931 bzw. Stettin 1931. Sein erster Teil (Nr. 1-342) stimmt überein mit »Deutsches evangelisches Gesangbuch für die Schutzgebiete und das Ausland«, Berlin 1915. Insofern war es wie viele andere provinzial- oder landeskirchliche Gesangbücher, die um 1930 mit diesem Stammteil eingeführt wurden, von der Singbewegung der zwanziger Jahre noch unberührt.

4. Dieses Liederbuch war um 1930 »von einer gemeinsamen Kommission für den Reichsverband der evangelischen Jungmännerbünde und den Reichsverband weiblicher Jugend erarbeitet worden« (Impressum). Es erschien für den erstgenannten Verband unter dem Titel »Der helle Ton« (o. J.), für den zweiten unter dem Titel »Ein neues Lied« (1932). Eine Ausgabe für die Schülerbibelkreise, deren Verband sich, um der »Eingliederung« in die Hitler-Jugend zu entgehen, selbst aufgelöst hatte, schloss sich 1937 unter dem Titel »Jungenwacht-Lieder« an.

5. Für Finkenwalde hatte man die 2. Auflage von 1933 angeschafft. Die 3. Auflage erschien 1936.

»Den Abschluß der Vormittagsarbeit bildet das halbstündige Choral-
singen. Dabei haben wir das Gesangbuch kennengelernt und viele
mehrstimmige Lieder aus dem ›Neuen Lied‹ geübt [...].« (XIV, 91).
Gerhard Vibrans, Absolvent des 1. Kurses, schrieb aus der Jugendarbeit
seiner schwierigen Gemeinde: »Wir singen recht viel; ich zehre vom im
Predigerseminar erlernten Liedgut des Neuen Liedes [...].« (XIV, 173)
In ganz anderer Weise sollte Jahre später Bonhoeffer selbst davon zeh-
ren. Aus der Tegeler Zelle erfuhr Eberhard Bethge schon im ersten ge-
schmuggelten Brief (November 1943), den der Freund ihm schicken
lassen konnte: »Das ›Neue Lied‹, das ich erst seit ein paar Tagen hier
habe, läßt unzählige schönste Erinnerungen wach werden.« (VIII, 199)
Diese Erinnerungen beginnen 1935 in Finkenwalde!

Einen Überblick über die Finkenwalder Lieder im Zeitraum des
2. Kurses (Winter 1935/36) kann man aus dem ungedruckten Tagebuch von Friedrich Trentepohl gewinnen.[6] Trentepohl, ein Kandidat
aus der Oldenburgischen Landeskirche, war Finkenwalder Seminarist
vom 4. November 1935 bis zum 15. März 1936. In seinem Kalender
hat er sehr häufig, zeitweise auch täglich vermerkt, welche Lieder in
den Andachten vorkamen und was in den Singstunden geübt wurde.
Sehr oft sind die Namen der Textdichter hinzugefügt. Eignes Interesse
scheint hier durch Seminarimpulse belebt worden zu sein. Der Chro-
nist hielt gelegentlich auch fest, welche Lieder oder Strophen für längere
Zeit gleich blieben und wann ein Wechsel eintrat. Die Weihnachtsferien
und die zwölftägige Seminarreise nach Schweden sind abzuziehen. In
den verbleibenden 15 Wochen verzeichnet das Tagebuch 106 geistliche
Lieder und Gesänge! 70 davon stehen in beiden Büchern, 23 nur im
Gesangbuch, 13 nur im »Neuen Lied«.

Die Auszählung lohnt sich, weil sie ergibt: Weitgehend hat der text-
liche und musikalische Qualitätsmaßstab des »Neuen Liedes« die Auswahl bestimmt. Bevorzugt wurden anspruchsvolle Lieder des 16. und
17. Jahrhunderts, doch die beiden folgenden Jahrhunderte sind ebenfalls vertreten. Aus dem Liederschatz, der beiden Büchern gemeinsam
war, wurden z. B. angesetzt »Herr Gott, dich loben wir« (Tedeum/
M. Luther), »Christ, der du bist der helle Tag« (altkirchlich/E. Alber),
»Ach Gott, vom Himmel sieh darein« (M. Luther), »Es wolle Gott uns
gnädig sein« (M. Luther), »Allein zu dir, Herr Jesu Christ« (K. Hubert),
»Christe, du Beistand deiner Kreuzgemeine« (A. v. Löwenstern), »Gib
dich zufrieden und sei stille« (P. Gerhardt), »Du meine Seele, singe«
(P. Gerhardt), »Der Tag ist hin; mein Jesu, bei mir bleibe« (J. Neander),
»Dir, dir, Jehova, will ich singen« (B. Crasselius), »Einer ist's, an dem

6. Finkenwalder Tagebuch. Übertragung stenografischer Notizen [...] von
   Friedrich Trentepohl.

wir hangen« (A. Knapp), »Brich herein, süßer Schein« (M. Schmalen-
bach). Unter den gesungenen Liedern, die nur im regulären Gesangbuch standen, sind so gewichtige wie »Schon rötet sich des Tages
Pracht« (nach Ambrosius), »Herr, nun selbst den Wagen halt«
(H. Zwingli), »Gott ist mein Lied« (C. F. Gellert), »Dein König kommt
in niedern Hüllen« (F. Rückert). Aus dem Überschuss des »Neuen Liedes« hat Bonhoeffer den Kandidaten die Weihnachtslieder »Der Tag,
der ist so freudenreich« (vorreformatorisch) und »Singet frisch und
wohlgemut« (Böhm. Brüder) zugetraut. Vor allen Dingen aber wurden
daraus mehrstimmige Kompositionen gesungen: die anspruchsvollen
Kanons aus dem 16. Jahrhundert »Agnus Dei« (A. Gumpelzhaimer),
»Es ist ein Ros entsprungen« (M. Vulpius), »Gelobet seist du, Jesu
Christ« (M. Agricola) sowie die zwei- bzw. dreistimmigen Sätze »Ge-
born ist uns ein Kindelein« (16. Jh./A. Stier), »Ich steh an deiner Krippen hier« (nach J. S. Bach), »In dulci jubilo« (M. Prätorius) und
»Wohlauf, wohlauf mit hellem Ton« (16. Jh./A. Stier).

Überschwänglich klingen Bonhoeffers Worte aus der Gefängniszelle:
»unzählige schönste Erinnerungen« seien mit dem »Neuen Lied« wach
geworden. Was sind das für Erinnerungen? Sie schließen alles in sich,
was den gemeinsamen Gesang geistlicher Lieder auszeichnen kann: eine
besondere musikalische Erfahrung, eine sich im Singen vertiefende Zusammengehörigkeit, die durch den Gesang aufgeschlossenen Worte,
den Reichtum des darin verborgenen Bekenntnisses, die Übernahme
des alten Glaubens für heute.

Im »Neuen Lied«, inspiriert von Otto Riethmüller und musikalisch
bearbeitet durch Alfred Stier und Gottfried Grote, treffen drei kulturelle
Ströme aus den zwanziger Jahren des 20. Jahrhunderts zusammen: Jugendbewegung, Singbewegung und reformatorisch orientierte Theologie. Die Bedeutung der Jugendbewegung für Bonhoeffer ist offenkundig.[7] Den Kontakt zum Stilideal der Singbewegung hat er wohl erst
durch das »Neue Lied« gewonnen.[8] Die Praxis des wortbetonten einstimmigen Singens und die Hochschätzung der Musik aus der Zeit vor
J. S. Bach wirkte zeitweise auch auf sein Urteil über das evangelische
Kirchenlied ein.

---

7. H. Pfeifer, Die Bedeutung der Jugendbewegung für Dietrich Bonhoeffer, in:
   Dietrich Bonhoeffer Jahrbuch 2003, 74-92.
8. Vermittler dürften Eberhard Bethge, Jochen Kanitz und Gerhard Vibrans,
   Kandidaten des ersten Finkenwalder Kurses, gewesen sein. Sie hatten an Singwochen unter Kantor Alfred Stier teilgenommen. Zur Praxis der Singwochen
   vgl. A. Stier, 216-220. Zeitgenössische Texte zur Singbewegung in: Chr. Möller (Hg.), Kirchenlied und Gesangbuch. Quellen zu ihrer Geschichte, 272-
   281.

Der Olympiadevortrag

Erst kurz vor Beginn der Olympiade 1936 wurde Bonhoeffer von der Bekennenden Kirche aufgefordert, im Olympischen Dorf einen Gottesdienst und in einer großen Berliner Kirche einen halbstündigen Gemeindevortrag zu halten. Für den Gottesdienst konnte er absagen, für den Vortrag nicht. In der gleichen Veranstaltungsreihe sprachen auch Gerhard Jacobi, Hans Asmussen, Otto Dibelius und Martin Niemöller. Von den Zahlen aus gesehen wurde das bekenntniskirchliche Unternehmen ein Riesenerfolg. Die Apostel-Paulus-Kirche war Abend für Abend überfüllt, die Vorträge mußten in der nahe gelegenen Zwölf-Apostel-Kirche wiederholt werden. Insgesamt nahmen über 3000 Menschen teil.[9] Bonhoeffer erzählt von einem bezeichnenden Nazi-Echo auf die Vortragsreihe: »In der einen Gemeinde, in der ich sprach, hängt jetzt ein Schild an einem Buchladen: ›nach der Olympiade hauen wir die bekennende Kirche zu Marmelade‹ ›dann schmeißen wir die Juden raus, dann ist die bekennende Kirche aus.‹ Schöne Poesie, nicht wahr?« (XIV, 217)

Als Thema war Bonhoeffer zugeteilt worden: »Das innere Leben der deutschen evangelischen Kirche seit der Reformation«. (XIV, 209). Bei ›inneres Leben‹ dachten die Veranstalter wohl an die evangelische Frömmigkeit. Dafür schien der Finkenwalder Seminardirektor, von dem man ja wusste, welches Gewicht er auf die gemeinschaftliche Übung des geistlichen Lebens legte, besonders geeignet zu sein. Bonhoeffer entschied sich für ein Beispielfeld, das ihm »nicht leicht« wurde und, wie er dem Freunde schrieb, von diesem »vielleicht besser« vorgeführt werden könnte als von ihm selbst: das Kirchenlied und seine Wandlungen von Luther bis zur Gegenwart. (XIV, 209 f.) Umso bezeichnender, dass er gerade diese Wahl getroffen hatte. Zwar fühlte er sich in fachlicher Hinsicht nicht besonders kompetent. Aber am Lied der Gemeinde, so meinte er offenbar, müsse sich besonders gut verdeutlichen lassen, wie es in einer jeweiligen Zeit um den Glauben der Kirche steht. Was er dann im Berliner Olympiadevortrag wirklich gesagt hat, wissen wir nur, weil er, nach Finkenwalde zurückgekehrt, den Kandidaten sein Manuskript noch einmal vorlas, und einer von ihnen mitstenographiert hat. (XIV, 714-720)

Bonhoeffer geht in Jahrhundertschritten vor, aber er hält keinen kirchengeschichtlichen Vortrag. Das Publikum versteht von Anfang an, dass es sich um eine erweckende Darstellung handelt, die eine Entschei-

9.   Die entsprechenden Veranstaltungen des »Reichskirchenausschusses« waren dagegen schlecht besucht. Vgl. zum ganzen Vorgang XIV, 189. 209 f. 714 (Anm. 1). 720 (Anm. 37).

dungssituation deutet. Der Vortragende bietet vier bis auf die scharfen Konturen zurückgenommene Stufenbilder, angesichts derer die angefochtene und kämpfende Kirche sich selbst zu befragen hat. Verlässt sie sich auf Gottes Wort oder bemäntelt sie mit diesem Wort nur ihren menschlichen Eigensinn? Luthers in der Türkengefahr geschriebenes Kinderlied »Erhalt uns, Herr, bei deinem Wort« stehe auch für seine anderen Lieder. Sie seien »ausnahmslos Lieder des Worts«, die besonderen Situationen der Gemeinde seien für sie nicht maßgeblich gewesen. – An Paul Gerhardt erinnert der Vortragende mit mehreren Liedern. Er würdigt ihn als den großen »Prediger des Trostes und der Freude« seiner Zeit. Aber im Vergleich mit Luther fällt das Urteil über Gerhardts Texte so aus: »Es ist kein unechtes Wort darin. Und doch ist es nicht mehr die Stimme der Reformation, der Kirche, die um Tod und Teufel kämpft und der Wiederkunft ihres Herrn gewiß ist.« Damit ist der weitere Weg des Vortrags entschieden. Die Jahrhundertstufen sind ein Abstieg vom Gipfel des Ausgangspunktes. – Für das 18. Jahrhundert stehen Zinzendorf und Gellert. »Der Pietist sucht das fromme Leben, der Aufklärer das vernünftige Leben.« Zum Beleg dienen bei Zinzendorf »Herz und Herz vereint zusammen«[10] und bei Gellert (nur angedeutet) »Wie groß ist des Allmächtgen Güte« und »Gott ist mein Lied«. – Länger verweilt Bonhoeffer beim 19. Jahrhundert. Philipp Spittas »O komm, du Geist der Wahrheit« ist ihm ein »Lied des kirchlichen Aktivismus«. Wohl weil dieses Pfingstlied gerade in der Bekennenden Kirche gern und kraftvoll gesungen wird, befragt es Bonhoeffer recht kritisch auf die Substanz des darin thematisierten Bekennens. Als Dokument einer ganz anders gestimmten Christentums greift er »So nimm denn meine Hände« auf. Dieses »Lied der innerlichen Frömmigkeit« ist das einzige in der Beispielreihe, das von einer Frau stammt – aber das bleibt unerwähnt, den Namen der Verfasserin, Julie von Hausmann, nennt Bonhoeffer nicht. »Wer singt hier? Nicht die Gemeinde, sondern eine einzelne Seele, die ihren Frieden sucht.« Obwohl das Wort »Friede« gar nicht vorkommt, wird das Lied der Kritik des »harten Friedens« unterworfen, der nur am Kreuz Christi geschlossen wurde und nur in der Vergebung der Sünden besteht. Zusammengefasst: »Diese beiden Lieder entspringen aus derselben Wurzel. Es ist erwachtes religiöses Leben. Aber es geht neben der Kirche her. Es ist fromme Poesie,

---

10. Vgl. aber das vernichtende Urteil über das, was er in der Vorbereitung sonst noch bei Zinzendorf gefunden hatte. »Ja, das ist der Mensch! der fromme Mensch! Es graut einen vor den Folgen des finitum capax infiniti! Es muß die reine und wahrhaftige Luft des Wortes um uns sein. Und doch, wir können nicht über uns hinwegspringen. Aber bloß weg mit den Augen vom Menschen! Es ist widerlich!« (XIV, 210)

aber nicht gepredigtes Wort.« Wenn einmal die große Anfechtung über die Kirche kommt – »wie wird dieser Glaube des 19. Jahrhunderts bestehen«? »Die Anfechtungen kamen, und die Antwort war der Kirchenkampf.«

Bonhoeffer ist einseitig, er ist ungerecht. Aber er weiß wie wenige, was in den nächsten Jahren der Hitlerherrschaft auf dem Spiel steht. »Die alten Christen sangen noch, als sie den Löwen vorgeworfen wurden.« Das war sein erster Satz vor dem größten Publikum, das er je hatte! Mit welchen Liedern kann der Kampf durchgestanden werden? Am Schluß des Vortrags: »Die Mächte, die die Kirche bedrohen, sind ungeheuer. Hier lernen wir wieder: das Gebet muß es tun, auch das Gebet der Kinder. Darum hat die Bekennende Kirche wieder beten gelernt. Auch Anfänge neuer Lieder sind da (Heinrich Vogel). Noch wissen wir nicht, was Gott vorhat mit seiner Bekennenden Kirche. Kein Blick zurück ist uns erlaubt, es sei denn der eine auf das Kreuz Christi.« (Das relativiert auch den kritischen Rückblick auf vierhundert Jahre Protestantismus.) »Kein Blick in die Zukunft ist uns erlaubt, es sei denn der eine auf den Jüngsten Tag.« (Das verbietet auch, die genannten »Anfänge« mit höchsten Erwartungen zu befrachten.) »So sind wir frei gemacht zum Loben und Singen.«

Der Name Heinrich Vogel steht nur in Klammern da. Ein Liedbeispiel fehlt. Woran hat Bonhoeffer gedacht? Heinrich Vogel (1902-1989) war schon als Achtundzwanzigjähriger mit neuen Kirchenliedern an die Öffentlichkeit getreten.[11] Dieser Anfang neuer Kirchenlieddichtung vor R. A. Schröder und J. Klepper ist heute vergessen. Vogel fuhr bis in seine späten Jahre fort, für den Gemeindegesang zu dichten und zu komponieren. Nur ganz wenige seiner Texte haben die heutigen Gesangbücher erreicht. Ein zu oft unkritisch übernommener altväterischer Lutherstil und wohl auch die kämpferische Gebärde haben seine Lieder behindert. Trotzdem: Wenn es einen Liederdichter des Kirchenkampfes 1933 ff. gegeben hat, dann war es Heinrich Vogel! Der BK-Pfarrer in Dobbrikow und Dozent der illegalen Kirchlichen Hochschule Berlin (nach dem Krieg in beiden Teilen der Stadt Professor für Systematische Theologie) ließ den Bekenntniskampf in seinen Liedern ganz unmittelbar widerklingen. Als Otto Riethmüller 1935 das Heft »Wehr und Waffen«[12] herausgab, nahm er auch drei Lieder Vogels auf: »Hie Wort des Herrn und Christenschwert« (Nr. 17), »Wir sind die Bruderschaft der Not« (Nr. 24) und »Gott ruft dich, priesterliche Schar« (Nr. 31). Die

11. Zwölf neue Kirchenlieder. In Wort und Weise von Heinrich Vogel, Bad Freienwalde 1930.
12. O. Riethmüller (Hg.), Wehr und Waffen. Lieder der kämpfenden Kirche, 1935.

wird Bonhoeffer gekannt haben, vielleicht auch schon einige der Psalm-
lieder Vogels.[13] Im Vortrag kennzeichnet Bonhoeffer die aus dem
19. Jahrhundert gewählten Beispiellieder mit der kritischen Alternative
»fromme Poesie, aber nicht gepredigtes Wort«. Man darf vermuten,
dass sein Urteil über die Lieder Vogels umgekehrt lautet: gepredigtes
Wort, und nicht (nur) fromme Poesie.[14]

> Beschämt nicht Gottes Heil und Hort,
> Er will sich selbst erbarmen,
> Nehmt ihn getrost bei seinem Wort
> Und ausgereckten Armen.
>
> Kein ander Waffe hie noch Schwert
> Hilft wider die Dämonen,
> Das Wort allein dem Feinde wehrt,
> Der niemand will verschonen.
>
> Verlacht getrost den Arm der Welt,
> Die falschen Bundsgenossen;
> Es hat ein andrer Herr und Held
> Den Bund mit euch geschlossen.

Das sind Strophen aus Vogels Lied »Gott ruft dich, priesterliche Schar«
von 1933.[15] Die Berufung auf »das Wort« ist überdeutlich, ebenso dessen Bezeugung und Zuspitzung als »gepredigtes«. Muss da noch nach
der »Poesie« gefragt werden: ob sie fromm oder kirchlich, traditions-
verhaftet oder zeitgemäß ist? Was am inhaltlich wahren und situativ
treffenden Kirchenlied das Poetische ist, war für Bonhoeffer im Olympiadevortrag 1936 kein Thema. Entscheidend war für ihn nicht der
Ausdruck, sondern der Auftrag.

»Unser armes Lied rühmt dich«

»Gemeinsames Leben« entstand im September/Oktober 1938 zwischen
zwei Vikarskursen. Bonhoeffers Zwillingsschwester Sabine und ihr
nicht-»arischer« Mann Gerhard Leibholz waren soeben in die Schweiz
entkommen. Dietrich und Eberhard hatten die beiden und ihre Kinder
so weit wie möglich begleitet.[16] Im verlassenen Göttinger Haus der Fa-

---

13. Psalmen, nachgedichtet von Heinrich Vogel, München 1937; dass., Neue Folge, München 1938.
14. Vgl. H. Vogel, Die Krisis des Schönen, Berlin o. J., 61-64: »Über den substan-
tiellen und expressionistischen Gebrauch des Wortes in einem Kirchenlied«.
15. Hier zitiert nach H. Vogel, Rühmung, Psalmen und Kirchenlieder, 154.
16. S. Leibholz-Bonhoeffer, vergangen erlebt überwunden, 113-117.

milie Leibholz verbrachten sie dann die wenigen Ferienwochen, in denen Bonhoeffer die Summe der reflektierten Erfahrungen aus dem Projekt des kommunitären Lebens im illegalen Predigerseminar zog. Es war die dramatische Zeit des Konflikts mit der Tschechoslowakei um das Gebiet der Sudetendeutschen, vor und nach dem Münchener Abkommen. In das Buch ist davon nichts eingedrungen, der Verfasser und sein Freund aber waren völlig aufgewühlt. Am 1. Oktober schrieb Bethge: »Man ist nach der wahnsinnigen Spannung noch ganz erschöpft, und viele sind noch gar nicht ganz fähig, sich der Ruhe zu freuen.«[17] »Gemeinsames Leben« erschien 1939, im Jahr des Kriegsbeginns. 1940 kam schon die 4. Auflage heraus. In Krisen geboren und von Bibelsprüchen und Strophen des »Neuen Liedes« durchzogen, ist diese Schrift ein pastoraltheologischer Klassiker geworden – ein einsamer Klassiker, dessen evangelischer Rigorismus Staunen und Befremden auslöst.

Bei der Besprechung der täglichen Andacht behandelt Bonhoeffer auch das gemeinsame Lied. (V, 49-53) Die erste Besinnung gilt dem Ort des Gemeindeliedes. Es ist einbezogen in das ewige Gotteslob vor der Schöpfung und in den endzeitlichen Jubel der Erretteten. Aber verbunden zunächst mit dem Exoduslied Israels, dem Magnifikat der Maria und dem mitternächtlichen Gesang der eingekerkerten Apostel ist es doch das Lied der »Gemeinde auf Erden«.

> Des Morgens, Gott, dich loben wir,
> Des Abends auch beten vor dir.
> Unser armes Lied rühmt dich
> Jetzund, immer und ewiglich.

Dieses Motto vor dem Kapitel »Der gemeinsame Tag« ist eine Strophe aus Luthers Übertragung des ambrosianischen »O lux beata trinitas«.[18] Voll zur Geltung kommt es erst im Abschnitt über das Kirchenlied. Immer wird der dreieinige Gott und sein Werk gepriesen, aber: »Anders klingt dieses Lied auf Erden und anders im Himmel. [...] auf Erden ist es ein Lied in armen Menschenworten [...] Unser irdisches Lied ist gebunden an Gottes Offenbarungswort in Jesus Christus. Es ist das schlichte Lied der Kinder dieser Erde, die zu Gottes Kindern gerufen sind, nicht ekstatisch, nicht entrückt, sondern nüchtern, dankbar, andächtig auf Gottes offenbares Wort gerichtet.« (V, 49 f.)

Bonhoeffers Kriterium »irdisch« ist nicht zu verwechseln mit weltlich. Dem stünde ja die andächtige Ausrichtung auf das offenbare, in

---

17. E. Bethge zitiert aus einem eigenen Brief im Nachwort der 18. Auflage von »Gemeinsames Leben«, München 1982, 109.
18. V, 34. Ein neues Lied, Nr. 231, Str. 2.

Jesus Christus zur Welt gekommene und in der Heiligen Schrift be-
zeugte Wort Gottes entgegen. Irdisch singen heißt: nicht weltentrückt,
nicht hingerissen, nicht besinnungslos singen; sondern beim Singen
»schlicht« und »nüchtern« bleiben, »andächtig« im Sinne von achtsam
und aufmerksam für das Gesungene, eben für das Wort. »Unser Lied
auf Erden ist Rede«, prägt Bonhoeffer mit Epheser 5,19 ein. »Es ist gesungenes Wort.« Dass das Wort gesungen und nicht nur gesprochen
wird, begründet er doppelt: Im gemeinsamen Singen können alle dasselbe Wort zu gleicher Zeit sagen und beten. Wir singen »um der Vereinigung im Worte willen. Alle Andacht, alle Sammlung gilt dem Wort
im Lied.« Der andere Grund: Wir singen, weil »unsere gesprochenen
Worte nicht hinreichen, das auszusprechen, was wir sagen wollen«; weil
»der Gegenstand unseres Singens weit über alle menschlichen Worte
hinausgeht«. »So steht das Musikalische ganz im Dienste des Wortes.
Es verdeutlicht es in seiner Unbegreiflichkeit.« (V, 50 f.)

Unbegreiflich ist das Wort Gottes. Haben auch schon die Liedworte
an jener Unbegreiflichkeit teil? Bonhoeffer unterscheidet zwischen den
(gesungenen) menschlichen Worten, aus denen die Lieder bestehen,
und dem (besungenen) göttlichen Wort, das in ihnen zu Ehren kommt.
Aber trotzdem fließen in seinem Sprachgebrauch beide Bedeutungen
von »Wort« manchmal ineinander. Das liegt an dem theologischen
Rang, den er und viele reformatorisch orientierte Theologen jener Tage
der Predigt gaben.[19] Ganz leicht läuft in Texten wie dem unseren bei
»Wort« die Konnotation »Wort Gottes« mit. So auch bei Bonhoeffers
energischem Eintreten für den einstimmigen Gesang. »Weil ganz ans
Wort gebunden, darum ist das gottesdienstliche Lied der Gemeinde,
besonders der Hausgemeinde wesentlich einstimmiges Lied. Hier verbinden sich Wort und Ton in einzigartiger Weise. Der freischwebende
Ton des einstimmigen Gesangs hat seinen einzigen und wesentlichen
Halt an dem Wort, was gesungen wird. [...] Die Reinheit des einstimmigen Singens, unberührt von fremden Motiven musikalischer Schwel-
gerei, die Klarheit, ungetrübt von dunklem Verlangen, dem Musikalischen ein Eigenrecht neben dem Wort zu verleihen, die Schlichtheit
und Nüchternheit, die Menschlichkeit und Wärme dieses Singens ist
das Wesen des irdischen Gemeindegesangs überhaupt.« Dieses Wesen
erschließt sich nur »in geduldiger Übung. Es wird eine Frage der geistlichen Urteilskraft sein, ob eine Gemeinschaft zum rechten einstimmi-

---

19. Im Konfirmandenunterrichtsplan von 1936 heißt es: »*Wie sollst du die Predigt
    hören?* Ich soll die Predigt des Evangeliums hören als Gottes eigenes Wort und
    mich gewiß darauf verlassen, daß mir hier Gott selbst gebietet und mich trö-
    stet.« (XIV, 817)

gen Singen kommt.« »Das einstimmige Singen ist, so schwer es ist, viel weniger eine musikalische als eine geistliche Sache.«[20]

Aber wie passt zu dieser These die Empfehlung »Für die Übung des einstimmigen Singens werden in erster Linie die reformatorischen Choräle, dann die Lieder der Böhmischen Brüder und die altkirchlichen Stücke in Betracht kommen«? Bonhoeffer meint offenbar: Vorbildlich ist die Wortbezogenheit des spätmittelalterlichen und reformatorischen Kirchengesangs, und dabei handelt es sich nicht um ein strittiges Geschmacksurteil. Aus dem Übungsfeld ist keine problematische Bindung an einen Epochenstil zu folgern. Denn er fährt fort: In solchem Üben »wird sich ganz von selbst das Urteil darüber bilden, welche Lieder unseres Gesangbuchs sich darüber hinaus zum gemeinsamen einstimmigen Singen eignen und welche nicht. Jeder Doktrinarismus, der uns auf diesem Gebiet heute so häufig begegnet, ist hier von Übel.[21] Die Entscheidung kann hier wirklich nur von Fall zu Fall getroffen werden, und wir sollen hier auch nicht bilderstürmerisch werden.« Von Fall zu Fall, so darf man ergänzen, heißt auch: von Situation zu Situation. Also darf kein vorgängiges Geschmacksurteil über Texte und Töne einen unverlierbaren Maßstab liefern. Selbst das geistliche Urteil steht nicht ein für allemal fest! Denn Bonhoeffer schließt: »Es ist die Stimme der Kirche, die im gemeinsamen Singen hörbar wird«, und alles rechte gemeinsame Singen müsse dazu dienen, »daß der geistliche Blick sich weitet [!]«. Es kommt darauf an, »daß wir uns willig und freudig mit unserem schwachen oder guten Gesang einordnen in das Lied der Kirche«.

Bonhoeffer erkennt dem Musikalischen im Kirchenlied kein »Eigenrecht neben dem Wort« zu. Die Frage eines Eigenrechtes des Poetischen im Kirchenlied hat er nicht angesprochen. Aber dass er auch hier ein Dienstverhältnis voraussetzt, ist selbstverständlich. »Unser *armes* Lied rühmt dich« – dieses Lied dürfte also keinesfalls ein kunstreiches sein? Weil es dann in der Gefahr stünde, für sich selbst und nicht für Gottes Wort zu sprechen? In der Schrift »Gemeinsames Leben« sieht Bonhoeffer sich nicht genötigt, auch darüber zu reflektieren, dass und wie die Kunst in der Kirche teilhat an all der Kunst, die ihr Wesen außerhalb des ausdrücklichen Gotteslobes der Gemeinde realisiert. Wenn er aber so stark unterstreicht, dass im Gottesdienst »das schlichte Lied der Kinder dieser Erde« erklingt und dass auch das »neue Lied« der Gemeinde

---

20. Interessant ist, dass Alfred Stier, der das Musikvorwort zum »Neuen Lied« geschrieben hat, das einstimmige Singen nur mit musikalischen Argumenten würdigt.

21. Anspielung auf die liturgische Bewegung in den Kreisen der Berneuchener und Alpirsbacher, vielleicht auch auf die Singbewegung.

noch »ein irdisches Lied« ist, dann lässt sich ja das Künstlerische im Lied ganz unterschiedlich werten. Entweder: Kunst im Lied gilt als Konkurrentin des Offenbarungswortes. Sie tendiert zum Überirdischen, sie überblendet das Wort, sie setzt sich an dessen Stelle und begünstigt Trennungen nach Geschmack, Bildung und Meinung. Dann ist kritische Wachsamkeit erfordert. Oder: Kunst gilt als Gabe des in Christus offenbaren und im Geist wirkenden Schöpfers, sie ist Auszeichnung gerade der irdischen Existenz und hat als solche auch dort Zutritt, wo Menschen in ihrer weltlichen Diversität und geschichtlichen Bedingtheit vor Gott stehen, um durch sein Wort die eine Kirche zu sein. Dann ist Offenheit und geistlicher Weitblick erfordert. An Bonhoeffers eigener Kirchenliedpraxis lässt sich kein theologischer Rigorismus ablesen, wohl aber ein sicheres Urteil über die Liedqualität und die Liedsituation. Dafür innerhalb des nächsten Kapitels ein ausführlicher Beleg.

4. Sprache, Kunst und Kirche
(1940-1942)

Die neue Situation

Am 18. März 1940 schließt die Geheime Staatspolizei die letzte Bleibe des »Sammelvikariats« im hinterpommerschen Sigurdshof. Bonhoeffers Ausbildungswerk für die Bekennende Kirche und sein »gemeinsames Leben« mit künftigen Pfarrern ist endgültig beendet. Im August wird ein Redeverbot über ihn verhängt. Er darf keine Vorträge mehr halten. Aus Berlin ist er längst ausgewiesen. Aber der altpreußische Bruderrat lässt ihn durch Propst Staemmler wissen, man erwarte, dass er für die Kirche nunmehr wissenschaftlich tätig werde. Im September nimmt er bei Ruth v. Kleist-Retzow in Klein-Krössin die Arbeit an seiner »Ethik« auf. Vom Wehrdienst ist er freigestellt. Das »Amt Canaris«, das im Oberkommando der Wehrmacht für Auslandskontakte und Spionageabwehr zuständig ist, hat ihn, den Theologen mit vielfältigen ökumenischen Beziehungen, für unabkömmlich erklärt – und zwar in konspirativer Absicht. Im Hintergrund steht die Fühlungnahme zwischen Bonhoeffer und zivilen wie militärischen Verschwörern gegen Hitler. So fängt im Jahre 1940 sein Doppelleben als Theologe und Agent an. Die Rolle in der Opposition wirkt auf seine Theologie ein, seine Theologie wird wichtig für die ethische Begründung und die politischen Folgen der Verschwörung. Bonhoeffer denkt immer noch von seinem Mittelpunkt Jesus Christus her, aber seine »jetzige Tätigkeit auf dem weltlichen Sektor« veranlasst ihn, mit seinem Denken einen viel weiteren Kreis als bisher in den Blick zu nehmen. (XVI, 325) Das führt zu neuen Akzenten. Dieser Übergang sei durch einen Vergleich von zwei Passagen verdeutlicht, in denen er sich mit dem Fragenkreis Kirche und Kunst befasst. Dazwischen (um die Zeitfolge einzuhalten) beschäftigen wir uns mit Bonhoeffers letztem Gottesdienst vor seiner Verhaftung, in den er ein langes geistliches Gedicht eingefügt hat.

Verleugnete Schönheit?

Vermutlich am 23. März 1940 beantwortete Bonhoeffer einen Brief von Ruth Roberta Stahlberg. Sie ist eine Enkeltochter von Ruth von Kleist-

Retzow.[1] Die Korrespondenz hatte einen literarischen Anlass. Frau von Kleist wies ihren Freund Dietrich auf eine Veröffentlichung ihrer Enkelin über Adalbert Stifter hin, und Bonhoeffer reagierte mit einer kritischen Stellungnahme. Es ging um die Spannung zwischen humanistischem und christlichem Urteil. Den Brief von Frau Stahlberg, auf den Bonhoeffer kurz nach Schließung von Sigurdshof eingeht, kennen wir nicht. Aber Vieles läßt sich aus der Antwort erschließen. Erhalten ist ein unvollständiges und ein vollständiges Konzept, beide mit besonders sorgfältigen stilistischen Korrekturen.[2] Es muss Bonhoeffer viel daran gelegen gewesen sein, seine Gedanken einer künstlerisch engagierten Adressatin verständlich zu machen, die bei allem christlichen Interesse der vorfindlichen Kirche kritisch gegenübersteht. Für Bonhoeffers Bemühen spricht auch die ungewöhnliche Länge des Briefes.[3] Er behandelt drei Fragen: Mit welchem Maßstab kann ermittelt werden, was in der Kirche als echt und rein, gut und schön zu gelten hat? Diskreditieren die einfachen Christen die Kirche durch kleinbürgerlichen Geschmack? Steht die Sprache der Kirche ihrem Auftrag, das Wort Gottes zu bezeugen, im Wege? Alle Fragen kreisen (noch) um die Kirche. Aber Bonhoeffer argumentiert nicht (mehr) vor einem innerkirchlichen Hörer- bzw. Leserkreis, sondern er nimmt die Anliegen einer distanziert-kirchlichen Dame seines eigenen Bildungskreises auf. Das besagt in diesem Falle aber auch, dass er sich auf das Feld einer religiösen Ästhetik einläßt.

Frau Stahlberg hat offenbar viele Vorbehalte gegenüber dem Erscheinungsbild der Kirche. Bonhoeffer kann ihr nur Recht geben. Aber ihren Reformeifer teilt er nicht. Er gibt zu bedenken, dass das Ursprüngliche, Echte, Reine, dem der Weg freigemacht werden sollte, »nicht mit irgendwelchen vorgefaßten künstlerischen oder allgemein menschlichen Maßstäben« zu fassen ist. »Auch die besten Maßstäbe können dem echten Leben der Kirche sehr hinderlich werden. Das ›Schlechte‹, das vermieden werden soll, wie Sie sagen, ist eben wirklich nur dies, was dem Ursprünglichen, Echten, sagen wir ruhig deutlicher, was Christus selbst in den Weg tritt.« Zugespitzt: »Gut und schön ist in der Kirche, was Christus dient.«[4]

Müssen also »die vielen Möglichkeiten, die dem Menschen im Schöpferischen gegeben sind« (R. R. Stahlberg), um Christi willen ver-

1. Über Ruth von Kleist-Retzow mehr im nächsten Abschnitt.
2. Vgl. die Anmerkung 1 zur Edition des Briefes (XVI, 18).
3. XVI, 18-25. Zur Adressatin vgl. außer Anm. 1 auch das Biogramm »Heckscher, Ruth Roberta«, XVI, 873.
4. Mit Fragen zur griechischen Formel »kalos k'agathos« eröffnet Heinrich Vogel seinen Traktat »Die Krisis des Schönen«. Das Büchlein stand in Bonhoeffers Bibliothek.

leugnet werden? Bonhoeffer antwortet: *Neben* Christus kann dieses schöpferische Potential in der Kirche nicht stehen. Dort ist Platz allein für ihn. *In* ihm freilich – »aber wirklich nur in ihm!« – hat auch die ganze Herrlichkeit der Erde mitsamt dem Schöpferischen im Menschen Raum. Erst wo wir das von unseren Maßstäben her geltende Schöne fahren gelassen, verleugnet haben, »kann das christlich Schöne, Echte usw. entstehen. [...] Alles Schöne, Gute, Wahre, das wir an die Kirche von außen herantragen, hindert in Wirklichkeit den Durchbruch des von Gott her Schönen, Guten und Wahren.« Die soeben wieder gehörte Matthäuspassion von J. S. Bach und das »Soli Deo Gloria« über dessen ganzem Schaffen gilt Bonhoeffer als Stützung seiner These: »Die verleugnete ›Schönheit‹ ist die echte und allein mögliche Schönheit in der Kirche.« Die streng wortgebundene Musik der Zeitgenossen Hugo Distler und Ernst Pepping zeigt ihm, dass seine These nicht im Widerspruch zur Musikentwicklung als ganzer stehen muss. »Von der bildenden Kunst verstehe ich zu wenig, ebenso von der Dichtung. Aber daß Anfänge da sind, die sich von den Leistungen des ausgehenden 19. Jahrhunderts sehr wesentlich und vorteilhaft unterscheiden, läßt sich wohl nicht bestreiten. Es ist vielmehr wieder die starke Sammlung auf die Sache selbst, auf das Wort Gottes und die Heilige Schrift, die uns etwas ›schön‹ oder ›unschön‹ erscheinen läßt.« (XVI, 20-22)[5]

Für unseren Zusammenhang müssen wir sehr bedauern, dass Bonhoeffer sich nicht auch zur Dichtung äußert. Er meint, zu wenig davon zu *verstehen*. Andererseits steckt in dieser Zurückhaltung ja auch das Zugeständnis: Das bloße theologische Postulat einer Verleugnung des Schönen bringt noch nicht weiter. Sondern wenn man unter diesem Gesichtspunkt über die Entwicklung der Kunst in der Kirche urteilen will, ist auch Kunst*verstand* vonnöten. Dann aber kommen geschichtliche Verflechtungen in den Blick, die mit einem bloßen Lehrsatz nicht zu meistern sind. Kurzum: Frau Stahlberg wird (wie Bonhoeffer selbst vermutet) die Verleugnungsthese als doktrinär empfunden haben. Aber in deren Durchführung wäre es nicht ohne Gespräch abgegangen: Was ist es denn eigentlich, »was sich Ihnen als schön und echt erwiesen hat«? Und das »uns [!] etwas ›schön‹ oder ›unschön‹ erscheinen läßt«?

Im zweiten Gedankenkreis kommt Bonhoeffer seiner Briefpartnerin weit entgegen. Die kirchlichen (religiösen) Geschmacksverirrungen des

---

5.   Bei der Besprechung dieser Passage sieht A. Pangritz das Urteil Hanfried Müllers, Bonhoeffer habe sich in der Zeit der »Nachfolge« und des »Gemeinsamen Lebens« auf einem »Holzweg« befunden, auch musikalisch bestätigt (Polyphonie des Lebens, 17 f.). Einer solchen systematisierenden, vom Ende ausgehenden Bewertung von Bonhoeffers theologischer Biographie kann ich mich nicht anschließen.

19. Jahrhunderts sind in der Tat ungeheuerlich. Aber für die Gebildeten, die doch zwischen wesentlich und unwesentlich unterscheiden
können müssten, gibt es heute Gründe, »milder und weniger selbst-
gewiss über diese Dinge zu urteilen«. Sind es nicht immer noch die
kleinen Leute, »die in geradezu ergreifender Treue unzähligen Wider-
ständen zum Trotz ihre Pfennige für die Sache Jesu Christi hergeben,
[…] ja ihre ganze Existenz aufs Spiel setzen um der Kirche Christi willen«, während umgekehrt »jene Gebildeten, die sich auf Geschmack
und anderes mehr verstehen, […] in eine so erschütternde innere Halt-
losigkeit hineingeraten sind, daß sie zu den einfachen Taten der hin-
gebenden Liebe und des betenden Tuns nur noch in sehr seltenen Fällen
fähig sind«? Im Fortgang kommt der Briefschreiber noch einmal auf die
Liederfrage (und weiß, dass er sich damit auch selbst kritisiert): »Ist es
nicht wesentlicher, mit etwas kleinbürgerlicher Brandmalerei[6] ein treuer und verantwortungsbewußter Christ zu sein als mit dem besten Geschmack doch nie zu dem Entscheidenden zu kommen? Ist es nicht
wesentlicher, mit etwas sentimentalen Gesangbuchliedern christlich zu
leben, zu handeln und zu sterben als mit gut gewählten Liedern vom
16. Jahrhundert abwärts [!] sich an den nötigen Entscheidungen einer
heutigen christlichen Existenz vorbeizudrücken?« Das Schema der Ab-
wärtsentwicklung in seinem Olympiadevortrag kann eben auch einer
höchst unerwünschten Haltung Vorschub leisten. Allzu oft musste vorgeblich guter oder schlechter Geschmack als Ausweis für echtes oder
problematisches Christentum herhalten, im Urteil von Pfarrern und
von kirchlich-distanzierten Gebildeten. Selbstrelativierung war nicht
die Stärke der dialektischen Theologen. Jetzt aber: »Wir sitzen alle im
selben Boot.« Indem Bonhoeffer die Geschmacksfragen an die zweite
oder dritte Stelle rückt und zum Wesentlichen das christliche Verhalten
erklärt, legt er seinen Satz »Gut und schön ist in der Kirche, was Christus dient« noch einmal undoktrinär aus. Jedenfalls macht er ihn für
seine Adressatin zustimmungsfähiger.

Im dritten Fragenkreis ist Bonhoeffers Verlegenheit zu antworten am
größten, das gibt er unumwunden zu. »Sie rollen das ganze Problem an
der kirchlichen Sprache auf«, schreibt er zurück, »und ich glaube allerdings mit großem Recht.« (XVI, 23) »Die Sprache ist in der evangelischen Kirche, die die Kirche der Predigt des Wortes Gottes ist, keine
Äußerlichkeit.« Das berufliche Reden von Gott und den letzten Dingen
des Lebens scheint für die Pfarrer so unvermeidlich wie für ihre Sache
unzuträglich zu sein. Allerdings: »Das Wort, das aus einem langen

6. Brandmalereien, auf Holztafeln eingebrannte Szenen, Bibelsprüche und Gesangbuchverse, schmückten die Stuben vieler christlicher Häuser. Bonhoeffer
nimmt eine polemische Bemerkung seiner Briefpartnerin auf.

Schweigen heraus ans Licht tritt, wiegt schwerer als dasselbe Wort im
Munde des Geschwätzigen.« Die Vermeidung oder Ersetzung zentraler
Glaubenswörter ist keine Lösung. »Natürlich gibt es Worte, besonders
selbstgesuchte und -geprägte Lieblingsworte, die man gänzlich strei-
chen kann und soll, aber in Worten müssen wir ja eben sprechen.«
Man kommt nun einmal nicht daran vorbei, dass das zweitausendjäh-
rige Christentum seine eigene Sprache hat. »Diese schlichte Schrift der
Bibel soll, meine ich, ruhig stehen bleiben [...]. Aber es kommt eben
darauf an, aus welcher Tiefe sie [nämlich die Worte] kommen und in
welcher Umgebung sie stehen.« (XVI, 24)
»Aus welcher Tiefe«? »In welcher Umgebung«? Damit ist für die
Sprache der Kirche auf ein kompliziertes psycho-soziales Bedingungs-
gefüge hingewiesen, das zu Bonhoeffers Zeiten erst anfangsweise und
dann von solchen theologischen Voraussetzungen her behandelt worden war, die er nicht teilte. Gleichwohl hatte er schon in seiner Finkenwalder Homiletik – wohl als einziger der barthianisch orientierten Pre-
digtlehrer – eine Bahn zur neuen Erörterung des gottesdienstlichen
Sprechens angelegt.[7] Aber die Formulierung »aus welcher Tiefe [...]
und in welcher Umgebung« eröffnet ein noch weiteres Feld. Bei der Besprechung von Bonhoeffers letztem Gedicht werden wir darauf zurückkommen.

Der letzte Gottesdienst vor der Haft

Am 1. September 1939 hatte mit dem deutschen Überfall auf Polen der
2. Weltkrieg begonnen. Am 22. Juni 1941 griffen die deutschen Armeen
die Sowjetunion an. Fünf Wochen später fiel an der Ostfront der
18-jährige Hans-Friedrich von Kleist-Retzow. Die Trauerfeier der Familie fand am 3. August statt. Wenige Tage danach, am 5. August, fiel auch
sein älterer Bruder Jürgen-Christoph, ebenfalls in Rußland.
    Dietrich Bonhoeffer hatte in seinen Rundbriefen an die ehemaligen
Finkenwalder schon oft Nachrufe auf Gefallene schreiben müssen. Der
Soldatentod der jungen Bekenntnispfarrer in einem Krieg, den er aus
Glaubensgründen zutiefst ablehnte und dessen Waffendienst er sich mit
hohem Risiko entzog, hat ihn schwer belastet. Den Brüdern v. Kleist
war Bonhoeffer auch über Finkenwalde verbunden, aber anders als seinen Kandidaten. Sie gehörten nämlich (wie auch seine spätere Braut
Maria von Wedemeyer) zur Enkelschar der treu zur Bekennenden Kir-

---

7. »Die Sprache im Gottesdienst, die Sprache und das Sprechen«, XIV, 495-498.
    Vgl. auch ebd., 417: »Das Problem einer rechten theologischen und kirch-
    lichen Sprache ist ungemein wichtig und noch gänzlich unerörtert.«

che stehenden Frau Ruth von Kleist-Retzow. Sie lebte teils in Stettin, wo sie eine Stadtwohnung hatte und eine »Enkelpension« betrieb, und teils in der Nähe ihres Sohnes im pommerschen Klein Krössin bei Kiekow, und war in der ganzen verzweigten Familie eine hoch verehrte Autorität. Dem Pietismus pommerscher Adelsgeschlechter verbunden und zugleich erfüllt von brennender Anteilnahme an der neuesten Theologie und ihren Vertretern, war die alte Frau von Kleist für Bonhoeffer während seiner Zeit im nahe gelegenen Finkenwalde zu einer mütterlichen Freundin geworden.[8] Den Enkelsohn Hans-Friedrich hatte er im April 1938 in der Kirche von Kiekow konfirmiert. Jetzt wurde ebendort für den in Russland Gefallenen und Begrabenen die Trauerfeier angesetzt.

Dies war der letzte reguläre Gottesdienst vor seiner Verhaftung, in dem Bonhoeffer amtiert hat, also sein letzter überhaupt.[9] Jedenfalls gibt es von keinem weiteren Gottesdienst Aufzeichnungen, und diesmal sind sie sogar ausführlicher als sonst: Die handschriftliche Predigt ist erhalten, auch eine Abschrift mit der Maschine. Darüber hinaus hat die Familie eine Abschrift des ganzen Gottesdienstverlaufes veranlasst. Ein maschinenschriftlicher Durchschlag davon befindet sich im Bonhoeffer-Nachlass. Festgehalten sind neben der Ansprache alle verlesenen Texte und alle gesungenen Lieder im vollen Wortlaut. (XVI, 640-649) Daran knüpfen wir im Folgenden an.

Die Trauerfeier begann mit der Verlesung von Hans-Friedrichs Taufspruch. Danach – es war ein Sonntagabend – sang die Gemeinde ein Abendlied. Darin bedachte man das Ende des irdischen Tages im Blick auf den Anbruch des ewigen Erlösungstages.

> Der Tag ist hin;
> mein Geist und Sinn
> sehnt sich nach jenem Tage,
> der uns völlig machen wird
> frei von aller Plage.

8. Über Ruth von Kleist und Bonhoeffer vgl. Brautbriefe, 241-246. Vgl. auch Jane Pejsa, Mit dem Mut einer Frau, 1996. Der Bericht dieses Buches über die Trauerfeiern für Hans-Friedrich und Jürgen-Christoph (298 f.) weicht von den Angaben in DBW XVI, 197.640.720 auffällig ab. Vgl. die nächste Anmerkung.
9. Nach einer brieflichen Auskunft (26. 10. 2004) von Heinrich v. Kleist-Retzow, dem jüngsten Bruder der beiden Gefallenen, hat Bonhoeffer am 10. August 1941 in Kiekow eine Trauerfeier auch für Jürgen-Christoph gehalten. Das wird durch die gesicherten Daten der Bonhoeffer-Chronologie nicht ausgeschlossen, ist aber sonst nirgends bezeugt. Nach J. Pejsa (298 f.) hatte beide Gedenkgottesdienste der benachbarte Pfarrer Reimer aus Naseband übernommen. Das trifft keinesfalls zu.

Der Text stammt von Johann Anastasius Freylinghausen. Der Schwiegersohn und Nachfolger August Hermann Franckes ist ein vor allem wegen seiner Gesangbuchausgaben berühmter Vertreter des hallischen Pietismus. Die Melodie des Liedes gehörte ursprünglich zu einem Text zur Grablegung Jesu von Friedrich Spee. In dieser Verbindung gilt sie als eine Perle barocker Kirchenliedkunst. Vermittelt durch eine Adaption der 1. Strophe Spees (»O Traurigkeit, o Herzeleid«) bei Johann Rist wanderte dieser Liedtyp in die evangelischen Gesangbücher ein, und der Anschluß Freylinghausens an jene Tradition ist offenkundig. Ebenso deutlich ist aber auch die pietistische Kontur seines Liedes. Müsste Bonhoeffer nicht davor zurückschrecken? Aber er kennt die Frömmigkeitstradition der Familie Kleist-Retzow und bleibt bei seiner Wahl – nur daß er von den zehn Strophen, die das brandenburgisch-pommersche Gesangbuch bietet, drei auslässt, und dazu gehören gerade die befremdlich individualistischen und quietistischen Aussagen des Liedes.[10] – Nach der alttestamentlichen Lesung, in der Bonhoeffer Passagen aus der Weisheit Salomos kombiniert hat, folgt die Anfangsstrophe des klassischen Sterbeliedes »Freu dich sehr, o meine Seele«. Die letzte Strophe des gleichen Liedes wird nach der neutestamentlichen Lesung aus Johannes 6 gesungen.[11] Nun müßte eigentlich gepredigt werden. Aber Bonhoeffer entscheidet sich noch für eine weitere Lesung: Verlesen wird das neunstrophige Gesangbuchlied »Du bist zwar mein und bleibest mein«, Paul Gerhardts Trostgedicht eines Vaters in der Trauer um seinen verstorbenen Sohn.[12] Eine selbständige Liedlesung, zusätzlich zu zwei biblischen Lesungen, war liturgisch ganz ungewöhnlich.[13] Danach

10. Übergangen sind folgende Strophen aus der Mitte des Liedes: »4. Was sich geregt,/ was sich bewegt,/ ruht jetzt von seinen Werken;/ laß mich, Herr, in stiller Ruh/ dein Werk in mir merken.// 5. Ein jeder will/ bei solcher Still/ der süßen Ruhe pflegen./ Laß die Unruh dieser Zeit,/ Jesu, bald sich legen.// 6. Halt du die Wach,/ damit kein Ach/ und Schmerz den Geist berühre,/ sende deiner Engel Schar,/ die mein Lager ziere.«
11. Nach der kirchenamtlichen Agende waren bei der »ausführlichen Form« der Trauerfeier zwei biblische Lesungen vorgesehen, freilich nicht verbindlich gemacht. Vgl. Agende für die Evangelische Landeskirche. Handausgabe für die kirchlichen Handlungen, Berlin 1895, 48.
12. EGBP Nr. 322, von Paul Gerhardt 1650 verfasst aus Anlass des Todes von Constantin Andreas Berkov, eines Sohnes seines Amtsbruders Johannes Berkov. Vgl. Paul Gerhardts geistliche Lieder. Historisch-kritische Ausgabe von J. F. Bachmann, Berlin 1877, 92.
13. Die Kombination von Bibeltext und Liedtext in einer Lesung gab es in Privatagenden. Vgl. Julius Smend, Handagende zu dem Kirchenbuche für evangelischen Gemeinden. Predigtgottesdienst – Handlungen – Krankenbesuch, ⁴1929, 164: »Schriftabschnitte und zusammengefügte Bibelstellen mit Liedstrophen«.

singen alle das spätmittelalterliche »Nun bitten wir den Heiligen Geist/ um den rechten Glauben allermeist,/ daß er uns behüte an unserm Ende,/ wenn wir heimfahrn aus diesem Elende./ Kyrieleis« mit den drei von Luther hinzugefügten Strophen.[14] Jetzt erst predigt Bonhoeffer über Hans-Friedrichs Konfirmationsspruch »Gib mir mein Sohn, dein Herz, und lass deinen Augen meine Wege wohlgefallen«. (Sprüche 23,26) Der Predigt folgt wieder Gemeindegesang, es sind zwei Bekenntnis- und Bittstrophen aus »Valet will ich dir geben«. Eine von ihnen (»In meines Herzens Grunde/ dein Nam und Kreuz allein/ funkelt allzeit und Stunde,/ drauf kann ich fröhlich sein [...]«) wird Bonhoeffer kurz darauf auch in einem Rundbrief zitieren, den er mit vielen Todesnachrichten – auch die Brüder v. Kleist sind aufgenommen – an die ehemaligen Finkenwalder richtet. (XVI,195) Das Schlussgebet ist nur als fragmentarischer Entwurf erhalten. Als Lied vor dem Segen erklingt mit sieben Strophen »Christus, der ist mein Leben«.

Zurück zum verlesenen Paul-Gerhardt-Gedicht. Es stand im Gesangbuch und hätte ja auch gesungen werden können, die Melodie (übernommen von »Ermuntre dich, mein schwacher Geist«) dürfte bekannt gewesen sein. Dass der Liturg es in dieser Trauerfeier verlesen wollte, geschah infolge einer wichtigen *Voraussetzung* und hatte einen bestimmten *Grund*. Der *Grund*: Im Konfirmationsspruch, also auch im Predigttext, spricht Gott das Menschenkind an: »Gib mir, mein Sohn, dein Herz.« Im Gedichttext ist es der Menschenvater, der sich an seinen Sohn wendet:

> Du bist zwar mein und bleibest mein,
> wer will mir anders sagen?
> Doch bist du nicht nur mein allein;
> der Herr von ewgen Tagen,
> der hat das meiste Recht an dir,
> der fordert und erhebt von mir
> dich, o mein Sohn, mein Wille,
> mein Herz und Wunsches Fülle.

In der Predigt spricht Bonhoeffer die Eltern nicht direkt an, die Trauer des Vaters und der Mutter um ihren Sohn ist kein ausdrückliches Thema. Der Prediger schließt sich mit den Zurückgebliebenen immer in einem »Wir« zusammen. So übernimmt das zuvor verlesene Gedicht eine Dialogrolle, die in der Predigt selbst unbesetzt bleibt. Dass es das aber wirklich kann, und zwar hilfreich und im Sinne des Wortes Gottes, dem die Predigt dienen will, müssen wir als die *Voraussetzung* dieser

---

14. In DBW XVI, 644, ist leider nur Str. 1 abgedruckt. Das Gleiche gilt für das Schlusslied ebd., 649.

zusätzlichen liturgischen Lesung unterstellen. Das heißt: Einer von Paul Gerhardt einst kasuell angelegten geistlichen Dichtung wird zugetraut, noch fast 300 Jahre später in der symbolischen Stunde des Abschieds von dem blutjungen Hans-Friedrich von Kleist durch bloßes Gesprochen- und Gehörtwerden seelsorgerlich wirksam zu sein. Wie bei einer barocken Dichtung nicht anders zu erwarten, bewegt sich das lange Gespräch, das »der betrübte Vater« mit dem »nunmehr seligen Sohn« und mit dem eigenen Herzen führt, der Form nach und auch mit seiner theologischen Ausrichtung in den Bahnen der damaligen Konvention. Aber in der Meinung des Liturgen und Predigers Dietrich Bonhoeffer kann es dennoch durch keine Prosapassage ersetzt werden. Es tut seinen Dienst gerade als kunstvoll gestaltetes Wort. Die Kunstgestalt läßt sich vom Gehalt nicht ablösen, ohne dass der beeinträchtigt würde. »Unser armes Lied« bleibt arm (gemessen an seiner Aufgabe), auch wenn es in einem gewissen poetischen Reichtum daherkommt. Aber das macht seine poetische Gestalt nicht gleichgültig. Ja, könnte es seine Aufgabe überhaupt wahrnehmen, wenn es sich selbst vernachlässigte? Wenn es nicht auch der Sprachkultur gewachsen bliebe, die seiner Gattung eignet? Nur an einer Stelle seiner Predigt, kurz vor dem Ende, zitiert Bonhoeffer aus dem verlesenen Lied, und da ist es diese hochpoetische Stelle:

> Ich sprech: Ach weh, mein Licht entschwindt!
> Gott spricht: Willkomm, du liebes Kind,
> dich will ich bei mir haben [...] [15]

Bonhoeffers strenger Maßstab aus dem Olympiadevortrag und dem »Gemeinsamen Leben« erfasst nur die worttheologische Seite des Kirchenlieds. Die andere, die sprachästhetische Seite hat er nicht theoretisiert, aber mit dem sicherem Gefühl für alles, was frommt, mitspielen lassen. [16]

Bundesgenossenschaft in der Bedrängnis

»Es ist Mißbrauch, wenn wir echte wissenschaftliche oder künstlerische Bemühungen mit dem Worte Gott zum Verstummen bringen.« (XVI, 668) Was steckt in so einem Satz? Das Zweite Gebot (»Du sollst den

---

15. So der richtig abgeschriebene Gesangbuchtext. Bonhoeffers Predigtfassung zeigt in Wortlaut und Interpunktion leichte Abwandlungen.
16. In I. Kor. 10,33 schreibt Paulus (nach der damals gültigen Fassung des Luthertextes): Ich »suche nicht, was mir, sondern was vielen frommt, daß sie selig werden«.

Namen des Herrn, deines Gottes, nicht mißbrauchen«) übertritt, wer (wenn auch guten Willens) das Wort Gott ins Spiel bringt, um ein unüberlegt abwertendes Urteil über ein Kunstschaffen oder ein Vorhaben der Wissenschaft zu bekräftigen, das sein Maß doch zu allererst im verantwortungsvollen Einsatz der menschlichen Begabung findet. Kunst und Wissenschaft sollen aus ihren eigenen Voraussetzungen gewürdigt und nicht in klerikaler Überlegenheit oder aus pastoraler Distanz heraus klein gemacht werden. So zugespitzt hat sich Bonhoeffer zwar erst im Gefängnis geäußert,[17] aber er zieht damit nur eine Linie aus, die er schon kurz vor der Verhaftung angelegt hatte.

Der noch freie, aber in seinen theologischen Vorhaben durch Gestapobeobachtung und Oppositionsaufgaben vielfach eingeschränkte Bonhoeffer schrieb an seinem geplanten Buch über die christliche Ethik vom Herbst 1940 bis zur Verhaftung am 5. April 1943. Ruhige Arbeitsphasen brachten ihm nur einige Aufenthalte in Pommern bei Frau von Kleist und im oberbayrischen Kloster Ettal. Das Buch blieb unvollendet, ein Stückwerk, dessen Teile nur mühsam zu ordnen waren.[18]

Ein neues Kapitel mit dem Titel »Kirche und Welt« fällt vermutlich in das zweite Halbjahr 1942. Bonhoeffer schreibt: »Wir beginnen diesen Abschnitt, indem wir auf eine erstaunliche Erfahrung aufmerksam machen, die wir in den Jahren der Bedrängnis alles Christlichen gemacht haben« (XVI, 342). Welche Erfahrung? Sie steht in der langen und sich in Aufzählungen überstürzenden Fortsetzung dieses Eröffnungssatzes: Es genügte angesichts vergötterter Irrationalität, angesichts von Barbarei, Willkür und Vergewaltigung, angesichts der Politisierung auch von Wissenschaft und Kunst – es genügte der bloße Appell an die Vernunft, an das Recht, an Bildung und Humanität, an Freiheit, Toleranz und Menschenrechte, es genügte der Hinweis auf die Eigengesetzlichkeit der verschiedenen Lebensbereiche, »um sofort das Bewußtsein einer Art Bundesgenossenschaft zwischen den Verteidigern dieser unter Anklage geratenen Werte und den Christen wachzurufen«. Mit anderen (nicht Bonhoeffers) Worten: Die bisher differenztheologisch scharf markierte Grenze zwischen Belangen des Bekenntnisses zu Jesus Christus auf der einen und allgemein menschlichen Bestrebungen auf der anderen Seite ist erstaunlicherweise in das Licht einer neuen Zusammengehörigkeit geraten. »Vernunft, Bildung, Humanität, Toleranz, Eigengesetzlichkeit – alle diese Begriffe, die noch bis vor kurzem als Kampfparolen gegen die Kirche, gegen das Christentum, gegen Jesus Christus selbst gedient hatten, fanden sich auf einmal überraschend

17. Das Eingangszitat stammt aus dem Fragment einer Auslegung der ersten drei Gebote des Dekalogs, niedergeschrieben in Tegel, Juni/Juli 1944.
18. Vgl. Vor- und Nachwort von DBW VI.

dem Bereich des Christlichen ganz nahe gerückt« – und das ausgerechnet in einer Zeit, in der das in die Enge getriebene Christliche seine zentralen und als anstößig verpönten Glaubenssätze kompromisslos herauszustellen genötigt war. »Ja, in genau umgekehrtem Verhältnis zu der gewaltsamen Bedrängnis und Einengung alles Christlichen fiel diesem die Bundesgenossenschaft der genannten Begriffe zu, empfing es durch sie eine nicht geahnte Weite.« Der erregende Vorgang ist also als ein beidseitiger gedacht: Die aufgeklärten Anwälte der dem Christentum bisher skeptisch bis feindlich gegenüberstehenden Werte des Menschlichen fanden sich plötzlich in der Nähe des Christlichen, und das Christliche, dem diese ungewohnte Bundesgenossenschaft zufiel, gewann dadurch eine ungeahnte Weite zurück. Im Fortgang deutet Bonhoeffer die Erfahrung weniger Jahre geradezu prophetisch als die Rückkehr der selbständig gewordenen, entlaufenen Kinder der Kirche zu ihrer Mutter und, aus dem Blickwinkel der Kirche, als die Neuentdeckung der Macht des aus der Welt verstoßenen Christus. Theologisch sei diese Lektion zu lernen in der Auslegung der beiden Jesussprüche: »Wer nicht wider uns ist, der ist für uns« (Mk. 9,40) und »Wer nicht für mich ist, der ist wider mich« (Matth. 12,30). »Beide Worte gehören notwendig zusammen, das eine als der Ausschließlichkeitsanspruch, das andere als der Ganzheitsanspruch Jesu Christi. *Je ausschließlicher, desto freier.* Der isolierte Ausschließlichkeitsanspruch aber führt zu Fanatismus und Sektiererei, der isolierte Ganzheitsanspruch zur Verweltlichung und Selbstpreisgabe der Kirche. Je ausschließlicher wir Christus als unseren Herrn erkennen und bekennen, desto mehr enthüllt sich uns die Weite seines Herrschaftsbereiches.«[19]

Überhaupt taucht in diesem Brückentext zu Bonhoeffers weltweit wirksam gewordenen theologischen Gefängnisbriefen von 1944 immer neu das Wort »Weite« auf. Er hat sich damit auch selbst anreden wollen – sich selbst als den kompromisslosen Theologen, der sich in seinen heftigen Polemiken gegen die Herrschaft anthropologischer Maßstäbe in Theologie und Kirche eine solche Weite oft nicht gestattet hatte. Blicken wir von hier aus noch einmal zurück auf den Briefwechsel mit Ruth Roberta Stahlberg. Im ersten Teil seines Antwortbriefes war Bonhoeffer ja darauf bedacht gewesen, dass nicht an »irgendwelchen vorgefaßten künstlerischen oder allgemein menschlichen Maßstäben« abgelesen wird, was in der Kirche als gut und schön zu gelten hat. »Alles Schöne, Gute, Wahre, das wir an die Kirche von außen herantragen, hindert in Wirklichkeit den Durchbruch des von Gott her Schönen,

---

19. BBW VI, 346 f. Hervorhebung von mir. Diesen Gedankenkreis hatte Bonhoeffer schon etwa ein Jahr zuvor am Schluß des Kapitels »Erbe und Verfall« intoniert (VI, 123 f.).

Guten, Wahren.« Gleichwohl hätte er sich im Einzelnen, wie der Brief zeigt, mit der Adressatin auf einen Austausch der Erfahrungen und Argumente einlassen können. Das Neue in der referierten Ethikpassage aber ist, dass Bonhoeffers vorauseilende Deutung der neuen Situation die Redeweise »von außen« und »an die Kirche herantragen« nicht mehr zuläßt. Im Gedankengang der »Ethik« handelt es sich ja um ein beiderseitiges Wiedererkennen. »Wenn sich auch in der Zeit der Entfremdung ihr Aussehen und ihre Sprache sehr verändert hatte, so erkannten sich im entscheidenden Augenblick Mutter und Kinder wieder.« (VI, 344) Also keine theologische Einlasskontrolle, sondern respektvolle Begrüßung und neues Miteinander-Vertraut-Machen! Das sollte auch für die Kunst gelten.

Dietrich Bonhoeffer nimmt in den Fragmenten seiner »Ethik« einen komplexen Vorgang voraus, den er gerade erst in hoffnungsvollen Anzeichen erfahren hatte. Das gilt auch für die Devise »Je ausschließlicher, desto freier.« Es brauchte Zeit, um bis zu so einem Satz zu kommen, aber ebenso ist Zeit vonnöten, um ihn voll bestätigt oder auch bei Gegenargumenten bewährt zu sehen. Bonhoeffer hatte nicht mehr viel Zeit. Eine theologische Würdigung der durch den Nationalsozialismus verfemten Künste und Kunstwerke, auch der poetischen, lag außerhalb seiner Möglichkeiten. Die Namen Heinrich Heine und Bertolt Brecht gibt es weder in seinen veröffentlichten noch in seinen nachgelassenen Schriften.[20] Er hätte viel länger leben müssen, um die Grenzen seiner Herkunft auch in dieser Hinsicht problematisieren zu können.

Für sein Verhältnis zur Dichtung ist die besprochene Ethikpassage dennoch wichtig – oder vorsichtiger: bedenkenswert. Die dort erreichte Offenheit des Theologen für weltliche Wissenschaft und Kunst könnte nämlich dazu beigetragen haben, dass der Autor Dietrich Bonhoeffer sich im Gefängnis auch literarische Versuche erlaubt hat – Prosaversuche, die ihm nach Neigung und Kenntnis nicht ganz fern lagen, aber auch Versuche in Versen. Nach der Klassifizierung des Abiturienten gehören von den letzteren einige mehr zur »Gedankenlyrik«, andere mehr zur »Gefühlslyrik«. Der distanzierte Akademiker hätte solche Ausflüge vielen Anderen wohl eher zugetraut als gerade sich, und der kritische Theologe aus der Kampfzeit der Kirche hätte allen Grund gehabt, Anwandlungen dieser Art zu mißtrauen. Aber die »Weite«, die er außerhalb des kirchlichen Aufgabenkreises und in der Gemeinschaft mit verschworenen Widerständlern gewonnen hatte, sollte sich nicht nur in

---

20. Vgl. das Gesamtregister in DBW XVII. Die beiden dort recte gedruckten Seitenzahlen für Heine sind kursiv zu lesen. Heine kommt nur in den Anmerkungen der Herausgeberschaft vor.

einer neuen Bestimmung des Verhältnisses von Kirche, Wissenschaft und Kunst zeigen. Sondern in der Bearbeitung des Gefangenenschicksals mußte Dietrich Bonhoeffer auch weitherzig mit sich selbst werden.

5. Über geistliche und weltliche Dichtung während der Haft (1943-1944)

Paul Gerhardt – jetzt im Gefängnis

Am 31. März 1943 feierte der emeritierte Medizinprofessor Karl Bonhoeffer seinen 75. Geburtstag. Das Haus in der Berliner Marienburger Allee war voller Gäste. Auf der Terrasse versammelt man sich zum Phototermin. Das überfüllte Bild zeigt die Großeltern Karl und Paula Bonhoeffer, ihre Kinder und Enkel (Dietrichs Zwillingsschwester Sabine Leibholz mit Mann und Kindern fehlt allerdings, sie war schon nach England entkommen), Schwiegerkinder, Freunde und Kollegen.[1] In dieses Elternhaus kam am 5. April die Gestapo und nahm Dietrich mit. Die Schwester Christine, im Bild neben Dietrich, und ihr Mann Hans von Dohnanyi wurden am gleichen Tag verhaftet. Der Bruder Klaus und der Schwager Rüdiger Schleicher, auf dem Familienphoto ebenfalls festgehalten, haben bis zu ihrer Verhaftung noch anderthalb Jahre Frist.

Es vergehen zehn Tage (schauerliche Tage und Nächte, wie wir wissen[2]) bis Dietrich zum ersten Mal schreiben darf. Er tut es und nimmt doppelt Rücksicht: auf die Zensur natürlich, die keine schlechten Nachrichten durchgehen lassen würde, und auf die Eltern, denen er alle begreiflichen Sorgen mindern will. »Liebe Eltern! Vor allem müßt Ihr wissen und auch wirklich glauben, daß es mir gut geht.« Das schildert und begründet der Sohn ausführlich und in fast heiterem Ton. Es dauert lange, bis er einräumt: »Quälend ist oder wäre nur der Gedanke, daß Ihr Euch um mich ängstigt und quält, daß Ihr nicht richtig schlaft und eßt. Verzeiht, daß ich Euch Sorgen mache, aber ich glaube, daran bin diesmal weniger ich, als ein widriges Schicksal schuld. Dagegen ist es gut, Paul Gerhardt Lieder zu lesen und auswendig zu lernen, wie ich es jetzt tue. Übrigens habe ich meine Bibel und Lesestoff aus der hiesigen Bibliothek, auch Schreibpapier jetzt genug.«

Zuerst das Gesangbuch also mit Paul Gerhardt, dann die Bibel. Beide zwar im Zusammenhang des Schicksals, für das diese Bücher ein Widerlager bilden. Aber Bonhoeffer bleibt bei dieser Mitteilung doch sehr zurückhaltend. Lesen, auswendig lernen, auch nach Bibliothekslektüre greifen, schreiben, wie es eben ein einsamer Mensch tut, der plötzlich viel Zeit hat – so sollen die Gedanken der Eltern ihn finden.

---

1. Dietrich Bonhoeffer. Sein Leben in Bildern und Texten, München 1986, 196.
2. Vgl. den Haftbericht nach einem Jahr Tegel: VIII, 380-386.

Sehr anders der Ton, als er ein halbes Jahr später zum ersten Mal Gelegenheit hat, einen Brief an Eberhard Bethge aus dem Gefängnis zu schmuggeln. An die Zensur braucht er nicht zu denken, und Rücksicht auf den Freund scheidet auch aus, im Gegenteil: Dringend bittet er ihn, »nach so langen Monaten ohne Gottesdienst, Beichte, Abendmahl und ohne consolatio fratrum« einfach wie früher schon oft sein Pfarrer zu sein und ihn anzuhören. Endlich kann ausgesprochen werden, was war und was der Freund als Seelsorger wissen muss: »In den ersten 12 Tagen, in denen ich hier als Schwerverbrecher abgesondert und behandelt wurde – meine Nachbarzellen sind bis heute fast nur mit gefesselten Todeskandidaten belegt – hat sich Paul Gerhardt in ungeahnter Weise bewährt, dazu auch die Psalmen und die Apokalypse. Ich bin in diesen Tagen vor allen schweren Anfechtungen bewahrt worden. Du bist der einzige Mensch, der weiß, daß die ›acedia‹ – ›tristitia‹ mit ihren bedrohlichen Folgen[3] mir oft nachgestellt hat, und hast Dir vielleicht […] in dieser Hinsicht Sorgen um mich gemacht. Aber ich habe mir von Anfang an gesagt, daß ich weder den Menschen noch dem Teufel diesen Gefallen tun werde; dies Geschäft sollen sie selbst besorgen, wenn sie wollen; und ich hoffe, immer dabei bleiben zu können.« (VIII, 187)

Wieder nennt Bonhoeffer Paul Gerhardt noch vor der Bibel. Der Dichter hat sich »in ungeahnter Weise bewährt«. Das heißt: Erst die Tag- und Nachterlebnisse der ersten Hafttage brachten heraus, was in Gerhardts Liedern steckt und worin sie so verläßlich sind. Bonhoeffer kannte sie ja schon vorher. Aber kannte er sie auch von innen? Er war damals noch nicht in der Situation, in der sie so sprachen, wie er es jetzt brauchte. Erst eingesperrt findet er den richtigen Zugang zu ihnen. Sie bewahren ihn vor der Schwermut. In jeder Silvesternacht sang die Familie Bonhoeffer Paul Gerhardts »Nun laßt uns gehn und treten«, mit allen 15 Strophen.[4] Die eine lautet:

> Hilf gnädig allen Kranken,
> gib fröhliche Gedanken
> den hochbetrübten Seelen,
> die sich mit Schwermut quälen.

Aber, so darf man Bonhoeffer wohl verstehen, es muss von der Schwermut gar nicht ausdrücklich die Rede sein, um lesend und betend gegen sie gewappnet zu werden. Den Ton gegen die Trauer, ist er erst einmal

---

3. Die beiden Begriffe (griechisch und lateinisch) meinen hier die Starrheit des Gemüts und die verschlossene Trauer, die nach mittelalterlicher Theologie als Sünde galt. Ihre bedrohlichen Folgen: der Selbstmord.
4. Vgl. den Dank und Wunsch zu Paula Bonhoeffers Geburtstag vom 25. Dezember 1943 (VIII, 264 f.).

ins Ohr und Herz gefallen, trifft der Dichter und hört der Leser in immer neuen unterschiedlichen Liedern und Strophen.

Der nächste Schritt versteht sich dann von selbst. Als der Gefängnispfarrer Harald Poelchau, zu dem Bonhoeffer eigentlich gar keinen Kontakt haben darf, ihn um einige Gebete bittet, die er in die Zellen tragen kann, schreibt der Häftling drei »Gebete für Gefangene«: ein Morgengebet, ein Abendgebet und ein Gebet in besonderer Not. (VIII, 204-208) Johann Christoph Hampe hat sie zusammen mit Bonhoeffers Gedichten besprochen. Wir beachten an dieser Stelle nur eine versteckte Kleinigkeit: In der Abschrift, die Eberhard Bethge erhielt, ist nach zwei Gebeten eine Liednotiz hinzugefügt. Sie lautet bei dem Gebet in besonderer Not: »Unverzagt …«. Poelchau weiß natürlich sofort, wie es in Paul Gerhardts »Warum sollt ich mich denn grämen« weitergeht und welche Strophen er also bei der Vervielfältigung für die Gefangenen hinzuzufügen hat:

> Unverzagt und ohne Grauen
> soll ein Christ,/ wo er ist,
> stets sich lassen schauen.
> Wollt ihn auch der Tod aufreiben,
> soll der Mut/ dennoch gut
> und fein stille bleiben.
>
> Kann uns doch kein Tod nicht töten,
> sondern reißt/ unsern Geist
> aus viel tausend Nöten,
> schließt das Tor der bittern Leiden
> und macht Bahn,/ da man kann
> gehn zu Himmelsfreuden.

Von diesen Strophen her gelesen offenbart sich die im Gebetstitel angesprochene »besondere Not« als das Todesgrauen vor der Hinrichtung durch Beil oder Strang. Das sorgfältig durchmeditierte Gebet fasst alles in sich, was in solcher Situation vor Gott aus- und weitergesprochen werden will. Doch es tritt den Verurteilten nicht zu nahe. Es rührt nicht die ohnehin übermächtigen Emotionen auf. Auf der anderen Seite beschwichtigt das Gebet auch nicht, es lenkt nicht ab vom Schlimmsten, obwohl das ungenannt bleibt. Aber mit Paul Gerhardts Strophen öffnet es die Tür in einen Sprachraum, in dem der Umgang von individuellen Gefühlen und Gedanken mit dem bevorstehenden Tod möglich wird, anders als ihn nur verzweifelt oder stumpf oder zynisch hinzunehmen. In diesem Sprachraum hält der Glaube seinen Trotz und seinen Trost beisammen. Einmal so ins Wort gebracht, können viele Unterschiedliche sich daran erinnern und abarbeiten. Sie können sich damit aufraffen und aufrichten, sie können sich darin einbringen, spiegeln und neu

finden. Und auch wenn solcher Trotz und Trost ihren Widerspruch wecken sollte, wäre ja jedes bedachte Nein ein Schritt weg vom Verstummen vor fremder Macht und hin zum eigenen Lebensanspruch.

Die Gebete gehören in den November 1943, aber der sie geschrieben
hat, ist selber aus den Anfechtungen nicht heraus. Könnte er jetzt, in
der Adventszeit, am 15. Dezember, bei seinem Freunde sein, wäre so
viel zu fragen und zu bereden – und »schließlich würde ich anfangen,
Dir zu erzählen, z. B. daß es trotz allem, was ich so geschrieben habe,
hier scheußlich ist, daß mich die grauenhaften Eindrücke oft bis in die
Nacht verfolgen und daß ich sie nur durch Aufsagen unzähliger Liederverse verwinden kann und daß dann das Aufwachen manchmal nur mit
einem Seufzer statt mit einem Lob Gottes beginnt« (VIII, 235). Ein solcher Morgen spricht nicht gegen die Kraft der Gesangbuchverse. Aber
sie sind keine Droge. So wirken sie nicht nur für den Augenblick, sondern sie halten Entdeckungen bereit, die auch im Leben eines tiefsinni-
gen Theologen lange auf sich warten lassen. Dazu (wir sind noch in der
gleichen Vorweihnachtszeit) wieder Paul Gerhardt.

»Mir geht in den letzten Wochen immer wieder der Vers durch den
Kopf: ›Lasset fahr'n, o liebe Brüder,/ was euch quält,/ was euch fehlt,/
ich bring alles wieder.‹[5] Was heißt dieses: ›ich bring alles wieder‹? Es
geht nichts verloren, in Christus ist alles aufgehoben, aufbewahrt, allerdings in verwandelter Gestalt, durchsichtig, klar, befreit von der Qual
selbstsüchtigen Begehrens.« Bonhoeffer erinnert an die schon im kirchlichen Altertum vertretene Lehre von der »Wiederbringung« (recapitu-
latio) aller Dinge – eine Vorstellung, die sich ja mit dem Jüngsten Gericht schwer vereinen lässt und darum orthodoxer Kritik verfällt.
Bonhoeffer dagegen: Sie »ist ein großartiger und überaus tröstlicher
Gedanke. Das ›Gott sucht wieder auf, was vergangen ist‹ bekommt hier
seine Erfüllung. Und niemand hat das so einfach und kindlich auszudrücken vermocht wie P. Gerhardt in dem Wort, das er dem Chris-
tuskind in den Mund legt: ›Ich bring alles wieder‹.« (VIII, 246)[6]

Gleich anschließend schreibt er über »Ich steh an deiner Krippen
hier«. Früher hat er sich aus diesem Liede nichts gemacht, jetzt hat er
es für sich entdeckt. »Man muß wohl lange allein sein und es meditie-
rend lesen, um es aufnehmen zu können. Es ist in jedem Wort ganz
außerordentlich gefüllt und schön. Ein klein wenig mönchisch-mys-
tisch ist es, aber gerade doch nur so viel, wie es berechtigt ist; es gibt

5. Aus Paul Gerhardts Weihnachtslied »Fröhlich soll mein Herze springen«.
6. Zur »Wiederbringung« vgl. auch die Abgrenzungen VIII, 247 f. Dieser theo-
    logische Topos ist Bonhoeffer besonders wichtig wegen der belastenden Er-
    fahrung, seiner eigenen Vergangenheit beraubt zu sein. Vgl. u. die Interpreta-
    tion des Gedichtes »Vergangenheit«.

eben neben dem Wir doch auch ein Ich und Christus, und was das bedeutet, kann gar nicht besser gesagt werden als in diesem Lied [...]«
(VIII, 246).

Die Weise, einem Kirchenlied zu begegnen, ist hier und an allen anderen Stellen dieses Abschnitts das wörtliche Einprägen, das innere
Aufsagen, das Lesen. Zwar wird die Melodie oft mitgeklungen haben,[7]
aber das Lied ist hier wesentlich Dichtung, geistliche Poesie. Sie wird
individuell wahrgenommen in ihrer seelsorgerlichen Kraft, in ihrer
sprachlichen Schönheit und in ihrer theologischen Tiefe. Mit diesem
Tegeler Blick hat Bonhoeffer die Engführung des Olympiadevortrags
von 1936 endgültig hinter sich gelassen.

Sturm und Storm

Auf der Grenze zwischen geistlicher und weltlicher Dichtung steht ein
Gedicht, das Bonhoeffer nur in der Vertonung zum Kunstlied kannte.
Zu Hause hatte er die Lieder von Hugo Wolf souverän am Flügel begleitet.[8] Eines davon hatte den damals bekannten christlichen Dichter Julius Sturm (1816-1896) zum Verfasser. Bonhoeffer erwähnt das Lied am
Anfang der Haft in einem Brief an die Eltern und am gleichen Tag noch
einmal in einem Brief an den ebenfalls inhaftierten Schwager Hans von
Dohnanyi.»Ich denke jetzt oft an das schöne Hugo Wolf-Lied, das wir
in letzter Zeit mehrfach gesungen haben: ›Über Nacht, über Nacht
kommt Freud und Leid, und eh' du's gedacht, verlassen dich beid', und
gehen dem Herren zu sagen, wie Du sie getragen.‹ An diesem ›Wie‹ liegt
ja alles, es ist wichtiger als alles äußere Ergehen. Es bringt die manchmal
quälenden Gedanken über die Zukunft ganz zur Ruhe.« (VIII, 57 f.)

Bonhoeffer zitiert nur die Schlussstrophe. Die Eltern haben gewiss
den ganzen Text gekannt. Aber sie konnten wohl kaum ermessen, was
alles in ihrem Sohn mitschwang, als er mit der letzten Zeile das Tragen
hervorhob. Hier die drei Strophen:

> Über Nacht, über Nacht
> kommt still das Leid,
> und bist du erwacht,
> o traurige Zeit,
> du grüßest den dämmernden Morgen
> mit Weinen und mit Sorgen.

7. Vgl. VIII, 367 f. Dazu: Christa Reich, Singend schweigen – schweigend singen,
    37 f.
8. Zu Bonhoeffers und Bethge Vorliebe für Hugo Wolf vgl. A. Pangritz, Poly-
    phonie, 10 f.

Über Nacht, über Nacht
kommt still das Glück,
und bist du erwacht,
o selig Geschick,
der düstere Traum ist zerronnen,
und Freude ist gewonnen.

Über Nacht, über Nacht
kommt Freud' und Leid',
und eh' du's gedacht,
verlassen dich beid'
und gehen dem Herrn zu sagen,
wie du sie getragen.[9]

Das ansprechend gestaltete Gedicht bleibt in den ersten beiden Strophen bei einer sehr allgemeinen Erfahrung. Bonhoeffer hätte keinen Anlass gesehen, sie eigens zu unterstreichen. Aber am Ende gibt es doch eine nachdenkenswerte Wendung. Leid und Glück verschwinden nicht einfach, sie gehen zu Gott und bringen ihm Nachricht, »wie du sie getragen«. Die Verkürzung des letzten Verses (zwei Hebungen statt wie in den vorigen Strophen drei Hebungen) zeigt auch formal den Höhepunkt an. Diese Pointe kam Bonhoeffers Theologisieren weit entgegen. Von der Dissertation an und dann durch das gesamte Werk hin bedenkt er mit dem Stichwort »tragen« die Entsprechung zwischen dem Heilshandeln Christi und dem Verhalten seiner Jünger.[10] Der unsere Krankheit trägt (Jes. 53,4) und die Sünden der Welt (Joh. 1,29), legt den Seinen das Kreuz auf (Matth. 16, 24), damit sie, die selbst getragen werden, die Last der Anderen tragen können – bis hin zur Übernahme fremder Schuld. Dieses Verhältnis variiert Bonhoeffer in den verschiedensten Zusammenhängen seiner theologischen Schriftstellerei und Lehre. »Aufs Tragen nämlich kommt es an. Die Jüngergemeinde schüttelt das Leid nicht ab, als hätte sie damit nichts zu schaffen, sondern sie trägt es. Eben darin ist ihre Verbundenheit mit den Mitmenschen bekundet. Zugleich ist damit gesagt, daß sie das Leid nicht willkürlich sucht, daß sie nicht in eigenwilliger Weltverachtung sich entzieht, sondern trägt, was ihr auferlegt ist und was auf sie fällt, um Jesu Christi willen in der Nachfolge. Schließlich aber werden die Jünger von dem Leid auch nicht mürbe gemacht, zerrieben und bitter, so daß sie daran zerbrechen. Sie tragen es vielmehr in der Kraft dessen, der sie trägt. Die Jünger tragen das ihnen auferlegte Leid allein in der Kraft dessen, der

9. J. Lerche, Das Wort zum Lied. 1800 der beliebtesten Konzertlieder im Texte, Berlin o. J., 255.
10. Vgl. das Stichwort »tragen« in den (manchmal unvollständigen) Bandregistern von DBW.

am Kreuz alles Leid trägt.«[11] Ohne Einblick in diese Tiefe, aus der sich das Motiv ›Tragen‹ bei Bonhoeffer speist, bleibt unverständlich, dass für ihn alles »an diesem ›Wie‹ liegt« und dass er fortfahren kann:»Es bringt die manchmal quälenden Gedanken an die Zukunft ganz zur Ruhe.«

Ist also das Gedicht von Julius Sturm auf seinen Aussagegehalt reduziert? Auf eine Aussage, der zudem noch das Schwergewicht der theologischen Prosa Bonhoeffers aufgebürdet wird? Durchaus nicht. Wir dürfen annehmen, dass die im Brief an die Eltern zitierte Strophe dem Tegeler Häftling gerade dadurch geholfen hat, dass der ihm vertraute Gedanke *poetisch* und, wie nun zu ergänzen ist, auch *musikalisch* zu ihm zurückkam. Ohne die Vertonung durch Hugo Wolf hätte er sich an das Gedicht nicht erinnert. Diese Vertonung aber war ihm das Medium, in dem der Text auch als Sprachgestalt aufschien und sich darum tiefer einprägte als die gleiche oder ähnliche Aussage in beliebiger Fassung. Das läßt sich schön durch eine briefliche Äußerung Eberhard Bethges beleuchten. Eberhard schreibt an den Freund, er vermisse ihn, Dietrich, auch als Partner im »Zusammen-Musizieren«. Wenn er, Eberhard, jetzt singe, sei Dietrich am Klavier nur schwer zu ersetzen. »Keiner konnte Schütz aus biblischer Kenntnis so mitlesen und niemand skandierte und faßte Perioden so zusammen, daß etwas gesagt wird. Mit wem war sonst Wolf zu begreifen?« (VIII, 271) Also: Der von Dietrich übernommene Klavierpart machte Hugo Wolfs musikalische Interpretation eines Gedichtes erst zugänglich – nämlich durch Dietrichs eigenes Textverstehen, d. h. durch seine Einfühlung in die metrisch und syntaktisch bestimmte Eigengestalt der inhaltlich herausfordernden Dichtung. Erst durch diesen Beitrag gelang die musikalische Realisierung so, »daß etwas gesagt wird«.

Der erste Haftsommer ist vorüber, es ist Herbst geworden. Ein bunter Dahlienstrauß, von den Eltern ins Gefängnis gebracht, erinnert den Häftling daran, »wie schön die Welt in diesen Herbsttagen sein kann«. Da zitiert er wieder aus einem Gedicht. Diesmal ist es Theodor Storms Oktoberlied. Die zweite Strophe ist ihm jüngst zugetragen worden.[12] Sie geht ihm immer wieder durch den Sinn, »wie eine Melodie, die man nicht los wird«:

> Und ist es draußen noch so toll,
> Unchristlich oder christlich,
> Ist doch die Welt, die schöne Welt,
> So gänzlich unverwüstlich![13]

11. So in der »Nachfolge« bei Auslegung von »Selig sind die Leidtragenden, denn sie sollen getröstet werden« (IV, 103).
12. VIII, 172. Vgl. Brautbriefe, 67.
13. Hier zitiert nach: Gedichte von Theodor Storm, ausgewählt und eingeleitet

Bonhoeffer fährt fort: »Um das zu wissen, genügen sogar ein paar bunte Herbstblumen, ein Blick aus dem Zellenfenster und eine halbe Stunde ›Bewegung‹ auf dem Gefängnishof, auf dem ja ein paar schöne Kastanien und Linden stehen.« Die grimmige Heiterkeit, die ihn an Storms Strophe ebenfalls angezogen haben wird, erwähnt er nicht. Die erlaubten Briefe an die Eltern gehen ja durch die Zensur. Dagegen schließt er eine Überlegung an, mit der er sich von dem Gedicht wieder entfernt: »Aber letzten Endes faßt sich, jedenfalls für mich, die ›Welt‹ doch zusammen in ein paar Menschen, die man sehen und mit denen man zusammensein möchte. Dieses gelegentliche Auftauchen von Euch und von Maria für eine kurze Stunde aus weiter Ferne ist es eigentlich, worauf hin und von dem her ich hauptsächlich lebe. Es ist eben die Berührung mit meiner eigentlichen Welt. Wenn ich dazu noch an den Sonntagen gelegentlich eine gute Predigt hören könnte – manchmal trägt mir der Wind Bruchstücke der Choräle zu – wäre es noch schöner.« (VIII, 172)

Dass ein Gedicht ›gut‹ ist, die eigene Erinnerung aufrührt und eine Stimmung vertieft, aus der man sich nur ungern wieder löst, reicht nicht. Es müsste wenigstens eine Brücke geben zwischen der »Welt« des Gedichtes und der »Welt« des Häftlings. Die Kastanien und Linden auf dem Gefängnishof können diese Brücke für ihn nicht sein. »Berührung« mit seiner »eigentlichen Welt« widerfährt ihm nur im viel zu seltenen Wiedersehen mit den geliebten Menschen; und steht immer noch aus, weil ihm die Vergewisserung des Glaubensgrundes im Gottesdienst der Gefängniskirche versagt wird. Die von Storm bedichtete Welt, vorgeblich unverwüstlich schön, kann ihm die eigene Welt, die im Entbehren festgehaltene und herbeigesehnte geschichtliche Welt der Liebe und des Glaubens, nicht abbilden noch ersetzen. Liegt das an Theodor Storm? Wohl auch. Denn in einem anderen Brief an die Eltern heißt es: »Sonst habe ich mehreres von Storm gelesen, aber im Ganzen doch, ohne davon sehr beeindruckt zu sein. Ich hoffe, Ihr bringt mir noch Fontane oder Stifter.«(VIII, 146)

Bücher

Unsere Aufgabe, dem Verhältnis Dietrich Bonhoeffers zur lyrischen Dichtung nachzugehen, erlaubt uns nicht, bei seiner Lektüre erzählender Prosa zu verweilen. Es ist ja allgemein bekannt, dass er sich während der Haft vor allem bestimmten Erzählern des 19. Jahrhunderts hinge-

von Albert Köster, Insel-Bücherei Nr. 242, Leipzig o. J.,11. In seinem Brief an die Eltern vom 13. Oktober 1943 zitiert Bonhoeffer dem Wortlaut nach korrekt, aber in der Orthographie und Interpunktion frei (VIII, 172).

geben hat – Theodor Fontane, Jeremias Gotthelf, Karl Leberecht Immermann, Gottfried Keller, Fritz Reuter, Adalbert Stifter. Ein summierendes Urteil aus dem ersten Haftjahr, noch bevor er Stifter den Vorrang vor allen anderen gab, lautet so: »Eine Zeit, in der man ein so klares, einfaches Deutsch schreiben konnte, muß im Grunde eine sehr gesunde Substanz gehabt haben. Bei den zartesten Dingen wird man nicht sentimental, bei den kräftigsten nicht frivol, bei der Aussprache von Überzeugungen nicht pathetisch, keine übertriebene Simplifizierung und Komplizierung in Sprache und Gegenstand – kurz, das alles ist mir äußerst sympathisch und scheint mir sehr gesund zu sein. Aber es setzt wohl viel ernste Arbeit am deutschen Ausdruck und darum viel Stille voraus.« (VIII, 117 f.) Es fällt auf, dass dieses Urteil vor allem die Sprache und den Stil der gelesenen Autoren betrifft, ihre Haltung mehr als den Gehalt ihrer Werke. Die Vereinnahmung einer ›Botschaft‹ für das eigene theologische Anliegen liegt Bonhoeffer völlig fern. Andererseits ist ja »gesund« – das Wort erscheint zweimal – keine literarische Kategorie und will es in diesem Zusammenhang auch nicht sein. So stellen sich Fragen ein: Unterwirft das Urteil »gesund« die Literatur einer ihr fremden Instanz? Hat hier die Ethik das erste Wort? Und mit welchem Recht?

Die Bücher für sein riesiges Lesepensum erhielt Bonhoeffer teils aus der Gefängnisbibliothek, teils erbat er sie sich von den Eltern. Aber die deutsche literarische Moderne spielte für seine Lesewünsche kaum eine Rolle. Thomas Mann etwa erwähnt er in den Gefängnisbriefen überhaupt nicht. Der Name kam schon in den Schriften des freien Bonhoeffer nicht vor, was freilich nicht besagen muss, dass er an diesem Großen völlig vorüber gegangen wäre. Bonhoeffer ließ sich durch den Bildungskanon seiner Gymnasialzeit und seines familiären Milieus nicht davon abhalten, Neues zu lesen und zu empfehlen, auch wenn es auf den eigenen Kreis befremdlich wirken sollte. Aber im Ganzen blieb er doch der Lesetradition des literarisch anspruchsvollen konservativen Bürgertums verpflichtet. So lässt er sich (nicht ohne Eingeständnis einer sehr persönlichen Verlegenheit und auch nicht ohne Bereitschaft zur Selbstkritik) gegenüber Eberhard zu einer schroffen Kritik an den literarischen Favoriten seiner jungen Braut Maria v. Wedemeyer hinreißen:»Sie schreibt mir so sehr gute, natürliche Briefe, aber sie liest und schickt mir und liebt gerade Rilke, Bergengruen, Binding, Wiechert, von denen ich die letzten drei für unter unserem Niveau, den ersten für ausgesprochen ungesund [!] halte. [...] Die Generation von Maria und Renate[14] ist eben leider mit einer sehr schlechten zeitgenössischen

14. Eberhard Bethges Frau Renate, geb. Schleicher, Tochter von Dietrichs ältester Schwester Ursula, war damals 18, Maria von Wedemeyer 19 Jahre alt.

Literatur groß geworden und den Anschluß an das ältere Schrifttum finden sie viel schwerer als wir. [...] Kennst Du ein Buch aus der schönen Literatur der letzten ca. 15 Jahre, von dem Du glaubst, daß es Bestand hat? Ich nicht.«[15] Auf Rilke haben wir noch gesondert einzugehen. Zuerst fragen wir: Welche Bücher mit Gedichten und über Gedichte hat Bonhoeffer in der Zelle gelesen?

Am Reformationstag 1943 bittet er die Eltern, ein paar Neuerscheinungen für ihn zu bestellen, die vielleicht bald vergriffen sein werden: »Briefe der Liebe aus acht Jahrhunderten« (die wird er Maria zu Weihnachten schenken), »Lesebuch der Erzähler«, »Die Ballade«. (VIII, 180) Die von Wilhelm von Scholz herausgegebene und mit einem Nachwort versehene Balladenanthologie ist ein stattliches Buch von über 600 Seiten. Bonhoeffer wird darin alle klassischen Beispiele finden, die er in der Schule gelernt und zu Hause vorgelesen bekommen hat, dazu zahlreiche unbekannte Gedichte dieses Typs von den Anfängen bis zur Gegenwart. Der Untertitel des Buches fasst zusammen, was der Herausgeber im Nachwort als gemeinsamen Gegenstand der Gattung literaturwissenschaftlich herleitet und entfaltet: »Menschen und Mächte, Schicksale und Taten«. In einigen der Gedichte Bonhoeffers, die vom Frühjahr 1944 an entstehen werden, klingt die deutsche Balladentradition nach.[16]

Auch ein Bücherwunsch ganz anderer Art entspringt dem Bedürfnis, Überblick zu gewinnen und durch kundiges Urteil gefördert zu werden. Der Vater schenkt dem verhafteten Sohn »für einsame Stunden« Wilhelm Diltheys Aufsätze über Lessing, Goethe, Novalis und Hölderlin, zusammengefasst unter dem Titel »Das Erlebnis und die Dichtung«, und der Bruder Klaus schickt zum Geburtstag am 4. Februar 1944 des gleichen Autors Sammlung »Von deutscher Dichtung und Musik. Aus den Studien zur Geschichte des deutschen Geistes«. Schon vier Wochen später erwächst aus dieser Lektüre der nächste Wunsch: »Könntet Ihr mir bitte Dilthey: ›Weltanschauung und Analyse des Menschen seit Renaissance und Reformation verschaffen?‹« Dieses dritte Buch des Meisters der geistesgeschichtlichen Forschung und Begründers der Lebensphilosophie spielt eine bedeutende Rolle bei Bonhoeffers Haftfragmenten über Grund und Schwerpunkt des Christusglaubens in einer

15. VIII, 213 f. – 1928 erschien Arnold Zweig, Der Streit um den Sergeanten Grischa; 1929 Alfred Döblin, Berlin Alexanderplatz; 1930 Robert Musil, Der Mann ohne Eigenschaften (erster Teil); ebenfalls 1932 Lion Feuchtwanger, Der jüdische Krieg; 1933 Thomas Mann, Joseph und seine Brüder (erster Teil); ebenfalls 1933 Franz Werfel, Die 40 Tage des Musa Dagh; 1937 Jochen Klepper, Der Vater; 1938 Reinhold Schneider, Las Casas vor Karl V.
16. Vgl. J. Henkys, Gefängnisgedichte, 29-56.

»mündig« gewordenen Welt, die der überkommenen Gestalt von »Religion« entwachsen ist.[17] Aber die Lektüre der beiden anderen Dilthey-Bücher wird nicht nur als Anmarsch zum dritten zu werten sein. Was Bonhoeffer dort über die deutschen Dichter von Klopstock bis Hölderlin gelesen hatte, eingeschlossen die zitierten Texte, muss ihn begleitet haben, als er wenig später versuchte, sich nach der Prosa auch in Versen auszudrücken und dabei neben strophischen Formen auch den deutschen Hexameter und offene Versgruppen in freien Rhythmen zu verwenden.

Am Heiligen Abend 1943 bedankt sich Dietrich bei Eberhard und Renate für die Weihnachtspost. »Ganz besonders hübsch habt Ihr den schönen Gedichtband für mich ausgesucht, ich lese immerfort und mit viel Freude und Gewinn darin.« (VIII, 255) Leider wissen wir nicht, was die beiden für ihn ausgewählt hatten. Im Januar 1944, wieder an Eberhard: »Ich habe in der letzten Zeit etwas planlos durcheinander gelesen [...], Reinhold Schneider's Sonette – sehr verschieden in der Güte, einige sehr gut; im Ganzen fehlt mir an der gesamten neuesten Produktion die hilaritas – die ›Heiterkeit‹ –, die jeder wirklich großen und freien geistigen Leistung innewohnt; man steht immer unter dem Eindruck eines etwas gequälten und erzwungenen Machens statt unter dem einer freien Lust am Schaffen. Verstehst Du, was ich meine?« (VIII, 285 f.) Bethge wird sehr wohl verstanden haben. Vielleicht hat er den Eindruck seines Freundes auch geteilt.

Welcher der Sonett-Bände Reinhold Schneiders hatte den Weg nach Tegel gefunden? »Von den fünf während des Dritten Reiches gedruckten Sammlungen erschien eine als Privatdruck, gelangten zwei zwar an zahlreiche Leser, aber nicht eigentlich auf den Buchmarkt, und war eine überhaupt ›illegal‹.«[18] Bonhoeffer könnte die 1939 im Insel-Verlag erschienenen »Sonette« gelesen haben, vielleicht aber auch die 1943 in Kolmar gedruckte Sammlung »Jetzt ist des Heiligen Zeit«.

Ob er unter die »neueste Produktion« auch die Gedichte von Jochen Klepper gezählt hat? Die »Königsgedichte« (1935) und die »Olympischen Sonette« (1936) konnte er allerdings kaum kennen. Der Dichter hatte sie nur im engsten Freundeskreis weitergegeben. Aber das »Kyrie«, Kleppers »Geistliche Lieder« von 1938 bzw. 1941, kann ihm nicht verborgen geblieben sein. Oskar Hammelsbeck wollte Bonhoeffer mit Klepper zusammenbringen und hatte ein Treffen in der Adventszeit 1942 verabredet – zu spät. Am 10. Dezember waren Jochen und Johanna Klepper mit der von der Deportation bedrohten Tochter Renate aus

17. Vgl. E. Feil, Die Theologie Dietrich Bonhoeffers, 355-368.
18. R. Schneider, Gedichte, 407 (Nachwort von C. Perels), vgl. 426 (Quellennachweis).

dem Leben gegangen.[19] In Kleppers Tagebüchern ist »ernst« eine häufig verwendete positive Wertung für echte christliche Verkündigung.[20] Sein Sonett »Hedwigskirche« (Berliner Olympiade 1936) beginnt: »Als sei verworfen, was die Menschen planen,/ liegt allem Glanz die Kirche abgewendet,/ in schwerem Ernst, für alle Zeit vollendet,/ gewölbt ums Kreuz, errichtet, um zu mahnen.« Die damalige Freundschaft zwischen Jochen Klepper und Reinhold Schneider zeigt sich auch im Ton ihrer Sonette, denen die von Bonhoeffer vermisste »hilaritas« in der Tat fremd ist.

Das Gespräch mit Maria über Rilke

Dietrich kann in der Zelle »z. B. mit Rilke gar nichts anfangen«. So schreibt er es an die Eltern. (VIII, 93) Als das Maria erfährt, versetzt es ihr einen Schlag. »Er ist vielleicht der einzige Dichter für den ich mich ganz vorbehaltlos begeistern kann. Was liest Du von ihm? Grade klaute ich mir aus Deinem Bücherbord die Duineser Elegien und freue mich so daran. Aber Du magst Recht haben, daß sie Deinem Erleben dort nicht standhalten, sich nicht anverwandeln können.« Die »frühen Gedichte« werde sie ihm geben, wenn er wieder frei ist, »und dann wirst Du sie auch gern haben.«[21] Ausgerechnet Rilke! Müssten Mann und Frau nicht auch auf literarischem Gebiet »konform« sein? Das ist Dietrichs Standpunkt, den er vor Eberhard entschieden vertritt, und doch ist er unsicher, wie es in dieser Sache mit Maria werden wird. (VIII, 213 f.) So tritt Rilke in das Briefgespräch der gewaltsam getrennten Brautleute ein. Ein Wendepunkt ist erreicht, als Maria sich wünscht, Dietrich möge doch wenigstens Werner Bergengruens »Spanischen Rosenstock« ein bisschen schön finden. Das sei ihr wichtig. »Viel wichtiger als Rilke«, schreibt sie und setzt als schlagende Begründung hinzu: »den kann ich auch gut allein schön finden.«[22] Und doch gibt die unbekehrte Braut nicht auf. Sie wird sich für Dietrich noch um Rilkes »Aufzeichnungen des Malte Laurids Brigge« bemühen.

---

19. O. Hammelsbeck in W.-D. Zimmermann (Hg.), Begegnungen mit Dietrich Bonhoeffer, 144. Über Bonhoeffers Kontakt zu Gertrud Staewen und seine Rolle bei ihrem Auftrag, Berliner Juden zu helfen, berichtet M. Flesch-Thebesius, Die Münchner Verabredung. Von der gleichen Autorin vgl. auch: Zu den Außenseitern gestellt. Die Geschichte der Gertrud Staewen. Die Angaben zu Klepper sind allerdings ungenau, und das Namenregister hat insbesondere bei Bonhoeffer große Lücken.
20. Vgl. J. Henkys, Singender und gesungener Glaube, 267.
21. Brautbriefe, 17.
22. Ebd., 131.

Maria besteht auf ihrem Recht, Rainer Maria Rilkes Dichtung »schön« zu finden. Beim Meinungsaustausch über Rilkes »Briefe an einen jungen Dichter« kommt heraus, was es mit dem unterschiedlichen Urteil der beiden auf sich hat. Dietrich: Diese Briefe (erst nach Rilkes Tod durch den Empfänger Franz Xaver Kappus veröffentlicht) seien doch ursprünglich ganz persönlich gemeint. Er hoffe es jedenfalls. »Ich kann sie ja nicht einfach als mir geltende aufnehmen, und ich glaube, es wäre ein Fehler, wollte man sich durch die schönen Gedanken und Worte dazu verleiten lassen und gar dementsprechend sein Leben einrichten.« Dietrich geht also von der gewollten oder möglichen Wirkung auf die Leser aus. Schöne Gedanken und Worte des Dichters könnten zu mehr verleiten, als sie zu halten imstande sind. Darum ist diese Sache, wie er spürt, für ihn »irgendwie mehr als eine literarische Wichtigkeit«.[23] Fürchtet er um seine Deutungshoheit bei der Bestimmung von Kunst, Liebe, Mannsein und Frausein? Das sind ja die Motive, die Rilke in diesen Briefen immer neu durchführt.

Ganz anders Maria. Sie liest Rilkes Briefe nicht unter der Frage: Was machen sie mit mir? Sondern: Wer schreibt da? »Weißt Du, ich bin doch nicht ganz einverstanden mit dem, was Du über Rilke sagst. Vielleicht sehe ich das falsch, aber ich glaube, daß ein Künstler in seinen Briefen mehr sich selbst, als sich in Beziehung auf andere schreibt. Ich meine, daß Kappus mit seinen Briefen an eine Stelle bei Rilke rührt, die ihn nun so schreiben ließ. Er schrieb nicht, weil er nun dies gerade das Richtigste für Kappus fand.« Der Künstler schreibt sich selbst! Also ist der Leser frei. Der Künstler kann eine Lebensauffasung nur aufwecken und offenbar machen, »wenn sie schon irgendwie in einem begründet lag [...]. Alles andere geht doch früher oder später eindruckslos vorüber.« Der gelehrte Bonhoeffer hat wahrlich ein selbständiges Mädchen zur Braut. Und ein zuversichtliches. »Ich möchte mein Leben gar nicht einrichten. Weder nach Rilke, noch so, wie mir Großmutter jetzt immer ganz genau eine Ehe mit Dir beschreibt. Ich hab' das feste Vertrauen, daß uns das *Wesentliche* geschenkt wird und daß wir uns darum jetzt keine Sorge machen sollen.«[24]

Die Antwort kommt mit dem nächsten Termin, an dem Dietrich wieder schreiben darf. »Ich glaube, es ist alles ganz richtig, wie Du über Rilke schreibst. Ich verstehe es genau und freue mich so, daß Du auch über das ›Einrichten des Lebens‹ ebenso denkst wie ich auch.«[25] Versteht er Rilke jetzt so, wie Maria ihn versteht? Das bleibt in der Schwebe, und es wäre vielleicht auch zuviel von ihm verlangt. Aber er versteht

23. Ebd., 67.
24. Ebd., 74 f.
25. Ebd., 78.

Maria und hält es für richtig, »wie« sie über Rilke schreibt. Nähe, die sich in der Wahrnehmung von Künstlern und ihrem Werk einstellt, schließt nicht den Abstand aus, in dem man sich daran erinnert, dass Kunst nicht alles ist. Anders ausgedrückt und an Dietrich, den Theologen, adressiert: Wer selber viel zur Sache zu sagen hat, misstraue dem eigenen Vorurteil, Kunst sei »ungesund«, wenn sie die Sache anders zeigt. Das ist die Lektion der Rilkeleserin Maria für ihren Verlobten.

Doch so aufschlussreich dieses kleine Lehrstück auch ist – wir haben darin ja nur ein Einzelbild aus der kurzen Geschichte der beiden. Das ergreifende Gesamtbild führt die Leser der hinterlassenen Dokumente vor eine Liebe, die sich, kaum dass sie begriffen und bejaht war, nur in der brutalen Trennung entfalten konnte und die für ihre unausweichlichen Krisen keinen anderen Ausweg hatte als das Ausharren wider allen Augenschein. Damit ist im Weg unserer Darstellung die Station erreicht, von der wir zur Interpretation des ersten Gedichtes übergehen könnten. Denn kein anderes der Gedichte hängt so offenkundig an Bonhoeffers Liebe zu Maria wie dieses. Aber noch ist kurz zu erörtern, wo im Verlauf seiner literarischen Versuche im Gefängnis Bonhoeffers Gedichteschreiben einsetzt.

Der Übergang zu eigenen Gedichten

Im Gefängnisjahr 1943 entstanden Aufzeichnungen über das Zeitgefühl (sie sind verloren) und ein Kapitel zur Frage »Was heißt die Wahrheit sagen?« (XVI, 619-629) Das erste Stück nimmt persönliche Erfahrungen der plötzlichen Isolierung auf (VIII, 70), das zweite bearbeitet auf der Ebene ethischer Reflexion, wie Bonhoeffer bei den Verhören durch den raffinierten Vernehmer Manfred Roeder seine Verantwortung gegenüber den Mitverschworenen wahrzunehmen hatte. Doch mit dem Ende der anstrengenden Verhörsserie hatte sich Bonhoeffer auch literarischen Versuchen zugewandt. Deren Sujet wird ihm durch die Vergegenwärtigung der familiären Herkunft aus einem Bürgertum, das schon längst bedroht ist, und der eigenen biographischen Vergangenheit nahe gelegt. »Es geht um das Leben einer Familie. Da mischt sich naturgemäß viel Persönliches ein.« (VIII, 135)

Zuerst versucht er sich an einem Drama, das er aber rasch abbricht, weil die Gattung sich für sein Vorhaben als ungeeignet erweist. Dann beginnt er einen Roman, von dem immerhin 116 beschriebene Seiten erhalten sind. Wann er aufgehört hat daran zu schreiben, lässt sich nicht genau sagen. Sehr viel spricht dafür, dass er das Projekt im November 1943 aufgab, als endlich der Briefwechsel mit Eberhard Bethge möglich geworden war. Schon am 2. Advent rühren sich in Dietrichs

Brief die neuen theologischen Themen, die zur Entfaltung drängen. Und am 3. Advent beginnt er seine Antwort an Eberhard so: »Als ich gestern Deinen Brief las, war es mir, als gäbe eine Quelle, ohne die mein geistiges Leben zu verdorren begann, nach langer Zeit wieder die ersten Tropfen Wasser.« (VIII, 232) Für das, was dann an brieflichem Austausch folgt, reicht das Tropfenbild natürlich längst nicht mehr aus. Die Dürre ist vorüber. Doch »schaffensfreudiger« (VIII, 399) fühlt er sich erst mit dem nahenden Frühjahr. Die Quelle sprudelt, als Eberhard mit dem Datum des 26. April zu wissen bekommt: »Was mich unablässig bewegt, ist die Frage, was das Christentum oder auch wer Christus heute für uns eigentlich ist. Die Zeit, in der man das den Menschen durch Worte – seien es theologische oder fromme Worte – sagen könnte, ist vorüber; ebenso die Zeit der Innerlichkeit und des Gewissens, und d. h. eben die Zeit der Religion überhaupt. Wir gehen einer völlig religionslosen Zeit entgegen [...].« (VIII, 402) Mit der Prüfung dieses Gedankens hinsichtlich seiner geistesgeschichtlichen Begründung und seiner theologischen Übersetzung zieht sich die Korrespondenz bis in den Hochsommer hinein. Der »Entwurf für eine Arbeit« (VII, 556-561) bündelt schließlich Problem und Lösungsansatz dieser »neuen Theologie«.[26] Da sind der Dramen- und Romanversuch des Vorjahres längst versunken. Und als Bonhoeffer doch noch einmal darauf zurückkommt, weil er nämlich einen ersten literarischen Versuch des Freundes in der Hand hält, eine Skizze, die er nicht genug loben kann, fährt es aus ihm heraus: »Demgegenüber sind meine eigenen schriftstellerischen Versuche eine tolle Stümperei. Wenn Herz, Kopf und Sprache eins werden, wie es bei Dir ist, dann kommt eben etwas Gutes heraus.« (VIII, 562)

Die Selbstverurteilung »tolle Stümperei« nimmt eine Kritik voraus, die während und nach der Veröffentlichung der so genannten »Fragmente aus Tegel« teils vorsichtig, teils scharf ausgesprochen worden ist. Die erste Ausgabe haben Renate und Eberhard Bethge 1978 veranstaltet, unter Beifügung eines aufschlussreichen Essays der Amerikanerin Ruth Zerner: »Regression und Kreativität«.[27] In der großen Werkausgabe handelt es sich um den Band VII, der von Renate Bethge und Ilse Tödt betreut und mit ausführlichem Vor- und Nachwort versehen wurde. Über Bonhoeffers Prosaversuche hat sich jüngst auch Ferdinand Schlingensiepen geäußert, unter Einbeziehung des bis dahin verlautbarten Echos der eben Genannten und der literaturwissenschaftlichen (Walther Killy) wie sozialwissenschaftlichen Kritik (Frits de Lange).[28]

26. Vgl. den großen Exkurs »Die neue Theologie« in DB, 958-996.
27. R. Zerner, Regression und Kreativität. Ein Nachwort.
28. F. Schlingensiepen, Dietrich Bonhoeffers Experimente mit der freien Schrift-

Die literarischen Fragmente von 1943 spiegeln eine durch die nationalsozialistische Gewaltherrschaft und die Hafterfahrung ausgelöste
Selbstverständigung des Autors wider, der auch als radikaler Christ
und politischer Verschwörer den Werten seiner bürgerlichen Herkunft
verbunden bleibt. Im Blick auf die geistige Produktion des Jahres 1944
stellt diese Selbstverständigung nur eine Zwischenstation dar. Das dafür
gewählte Medium, Literatur in der Form des Dramas bzw. des Romans,
kennzeichnet Dietrich Bonhoeffer als Leser, überfordert ihn aber als
Künstler.

Blicken wir von hier aus auf seine Gedichte, so tritt dreierlei hervor.
1. Sie beanspruchen keine eigene Phase im Schaffen des Häftlings. Im
Gegenteil! Sie setzen nicht lange nach seinem oben zitierten Auftakt zu
einer Theologie unter den Bedingungen der mündig gewordenen Welt
ein. Sie begleiten die Briefe, in denen Bonhoeffer um die Fundierung
dieser theologischen Vision ringt. Sie versiegen auch dann nicht, als
das neue Thema nach dem gescheiterten Umsturzversuch vom 20. Juli
1944 in der Korrespondenz der Freunde zurücktritt[29] und der Briefwechsel mit der Verhaftung Bethges endgültig abbricht. 2. Die Gedichte
stehen weder im Schatten der zeitgleichen theologischen Überlegungen
noch lassen sie sich darin einschmelzen. Sie behaupten für Leser und
Interpreten ihre eigene Stellung in Bonhoeffers Gesamtwerk, mit dem
sie freilich durch zahlreiche Motive und Impulse verknüpft sind. Zwischenstation können sie schon darum nicht sein, weil sie am Ende stehen und den Tod deutend vorwegnehmen. 3. Die Gedichte sind
schließlich auch kein Fragment. Jedes einzelne ist genau komponiert
und zu Ende gebracht. Auch lässt sich die ganze Reihe nicht als unvoll-
endeter Zyklus begreifen. Ohne selbst Bruchstücke zu sein, wirken sie
weiter als Ausrufezeichen hinter dem Leben eines Mannes, der ahnte, er
werde sein Werk nur als Fragment hinterlassen können. Aber »gerade
das Fragment kann ja auch wieder auf eine menschlich nicht mehr zu
leistende höhere Vollendung hinweisen«.[30]

stellerei, BRB Nr. 72 – Oktober 2003, 19-38. Vgl. dens.: Könntet Ihr mir bitte
etwas Fontane schicken? Bonhoeffer und die Literatur des 19. Jahrhunderts.
29. Allerdings wissen wir nicht, was in der vernichteten September-Korrespon-
denz stand. Vgl. E. Bethge, Zitz, 152 f.
30. VIII, 331. Vgl. dazu auch die »Fragment«-Passage VIII, 335 f.

Zweiter Teil

**Die Haftgedichte
Dietrich Bonhoeffers**

Du kennst mich, Dein bin ich
(VIII, 514)

1. Vergangenheit

Der Text

»Vergangenheit« ist Bonhoeffers privatestes Gedicht. Zugleich ist es das erste, das aus der Tegeler Zelle nach draußen gelangte. Drei Handschriften sind bekannt: eine Entwurfsfassung mit zahlreichen Streichungen und Verbesserungen, eine für Eberhard Bethge bestimmte Reinschrift vom 5. Juni 1944 und eine zweite Reinschrift, die Bonhoeffer erst nach einigem Zögern anfertigte, um sie zusammen mit einem kurzen Brief[1] seiner Braut zu schicken. Das Manuskript für Maria weicht mehrfach von der Niederschrift für den Freund ab. Der Vergleich ergibt: Nicht um die Braut zu schonen hat Bonhoeffer hier und da geändert. Vielmehr nahm er bei der neuerlichen Reinschrift Korrekturen vor, durch die der Text als Poesie gewinnt. Das bestürzend persönliche Gedicht blieb also sprachlicher Kontrolle unterworfen! E. Bethge hat es (nach ausdrücklicher Genehmigung durch Maria von Wedemeyer-Weller[2]) erst in der Neuausgabe von »Widerstand und Ergebung« (1970) veröffentlicht, und zwar in der bei ihm aufbewahrten Version. Im Folgenden halten wir uns an die Fassung aus dem Nachlass von Maria von Wedemeyer, und zwar an die *handschriftliche.* Denn der Druck dieser Fassung in den »Brautbriefen« befriedigt nicht, weil dort mehrfach Unklarheit über Versschlüsse und einmal auch über einen Versgruppenschluss besteht.

Vergangenheit

Du gingst, geliebtes Glück und schwer geliebter Schmerz,
wie nenn' ich dich? Not, Leben, Seligkeit,
Teil meiner selbst, mein Herz, – Vergangenheit?
Es fiel die Tür ins Schloß,
ich höre langsam Schritte sich entfernen und verhallen.
Was bleibt mir? Freude? Qual? Verlangen?
Ich weiß nur dies: du gingst – und alles ist vergangen.

Spürst du, wie ich jetzt nach dir greife,
mich an dir festklammere, daß es dir wehtun muss?
wie ich dir Wunden reiße, daß dein Blut quillt,

---

1. Brautbriefe, 195.
2. Brautbriefe, 288.

nur um deiner Nähe gewiß zu bleiben,
du leibliches irdisches, volles Leben?
Ahnst du, daß ich jetzt ein Verlangen habe nach eigenen
    Schmerzen,
daß ich mein eigenes Blut zu sehen begehre,
nur damit nicht alles versinke – im Vergangenen.

Leben, was hast du mir angetan?
warum kamst du? warum vergingst du?
Vergangenheit, wenn du mich fliehst,
bleibst du nicht doch meine Vergangenheit, meine?

Wie die Sonne über dem Meer immer rascher sich senkt,
als zöge es sie in die Finsternis,
so sinkt und sinkt und sinkt
ohne Aufhalten
dein Bild ins Meer des Vergangenen
und ein paar Wellen begraben es.

Wie der Hauch des warmen Atems
sich in kühler Morgenluft auflöst,
so zerrinnt dein Bild,
daß ich dein Angesicht, deine Hände, deine Gestalt nicht mehr
    weiß,
ein Lächeln, ein Blick, ein Gruß erscheint mir,
doch es zerfällt,
löst sich auf,
ist ohne Trost, ohne Nähe,
ist zerstört,
ist nur noch vergangen.

Ich möchte den Duft deines Wesens atmen
ihn einsaugen, in ihm bleiben
wie an einem heißen Sommertag
schwere Blüten die Bienen zu Gast laden
und sie berauschen,
wie Nachtschwärmer vom Liguster trunken werden,
aber ein rauher Windstoß zerstört Duft und[3] Blüten
und ich stehe wie ein Narr
vor dem Entschwundenen, Vergangenen.

Mir ist als würden mit feurigen Zangen Stücke aus meinem
    Fleisch gerissen,
wenn Du, mein vergangenes Leben, davoneilst.
Trotz und Zorn befällt mich,

---

3.   In der Handschrift abgekürzt: »u.«.

ich stelle wilde, unnütze Fragen.
Warum? warum? warum? sage ich immer.
Wenn meine Sinne dich nicht halten können,
vergehendes, vergangenes Leben,
so will ich denken und wieder denken,
bis ich finde, was ich verlor.
Aber ich spüre,
wie das, was über mir, neben mir, unter mir ist,
rätselhaft und ungerührt über mich lächelt,
über mein hoffnungslosestes Mühn,
Wind zu haschen,
Vergangenes zurück zu gewinnen.

Auge und Seele wird böse,
ich hasse, was ich sehe,
hasse, was mich bewegt,
hasse alles Lebendige und Schöne,
was mir Entgelt des Verlorenen sein will.
Mein Leben will ich, mein eignes Leben fordr' ich zurück,
meine Vergangenheit,
Dich!

Dich – eine Träne schießt mir ins Auge,
vielleicht, daß ich unter Schleiern der Tränen
dein ganzes Bild,
dich ganz,
wiedergewinne?
Aber ich will nicht weinen.
Tränen helfen nur Starken,
Schwache machen sie krank.

Müde erreich' ich den Abend,
willkommen ist mir das Lager,
das mir Vergessen verheißt,
wenn mir Besitzen versagt ist.
Nacht, lösche aus, was brennt,
schenk mir volles Vergessen,
sei mir wohltätig, Nacht, übe dein mildes Amt,
dir vertrau' ich mich an.
Aber die Nacht ist weise und mächtig,
weiser als ich und mächtiger als der Tag.
Was keine irdische Kraft vermag,
woran Gedanken und Sinne, Trotz und Tränen verzagen
     müssen
das schüttet die Nacht aus reicher Fülle über mich aus.
Unversehrt von feindseliger Zeit, rein, frei und ganz,

bringt der Traum dich zu mir,
dich, Vergangenes, dich, mein Leben,
dich, den gestrigen Tag, die gestrige Stunde.

Über deiner Nähe erwach ich mitten in tiefer Nacht
und erschrecke –
bist du mir wieder verloren? such' ich dich ewig vergeblich,
dich, meine Vergangenheit, meine?
Ich strecke die Hände aus
und bete – –
und ich erfahre das Neue:
Vergangenes kehrt dir zurück
als deines Lebens lebendigstes Stück
durch Dank und durch Reue.
Faß' im Vergangenen Gottes Vergebung und Güte
bete, daß Gott dich heute und morgen behüte.

Erste Fragen

In diesem Gedicht gibt sich eine Verzweiflung kund, die immer neu auf ihren Grund zurückgeworfen wird, nämlich auf einen unabwendbar scheinenden tödlichen Verlust. Doch am Ende weicht die Verlustangst neuer Gewissheit. Mit solcher Wende erinnert das Gedicht an viele Klagepsalmen des Alten Testaments. Allerdings: Der Gegenstand der Klage ist ungewöhnlich. Dass jemand verzweifelt, weil er für sein Leben keine Zukunft mehr sieht, lässt sich leicht vorstellen. Ebenso, dass die kaum mehr erträgliche Gegenwart in die Verzweiflung treibt. Aber der Verlust der *Vergangenheit*? Klage über das haltlose Versinken von Gewesenem? Hier endet das allgemeine Vorstellungsvermögen. Dietrich Bonhoeffers erstes Gedicht aus der Haft verstehen heißt: den Rang wahrnehmen, den er für sein damals gegenwärtiges Leben gerade der persönlichen Vergangenheit beimaß.

Bei der Lektüre fällt sogleich auch etwas Anderes auf, und das ist nicht weniger seltsam: Von der ersten Zeile bis zur letzten Versgruppe spricht der Dichter seine Vergangenheit wie eine Person an, und diese Angeredete irisiert je und dann in Farben, die ihr eigentlich nur die Liebe geben kann. Ist die Vergangenheit ein Vexierbild für die Geliebte? Spricht das Ich des Gedichtes seine Vergangenheit mit der Verzweiflung der Liebe an, weil die Geliebte wieder gehen mußte, weil sie gegangen ist *(Du gingst, geliebtes Glück)* und mit ihr der Inbegriff all dessen, was durchlebte Vergangenheit zu geben im Stande war *(du gingst – und alles ist vergangen)*? Nicht wenige Formulierungen des Gedichtes verführen zur dauernden Gleichsetzung der Vergangenheit mit der jungen Braut –

doch das dürfte ein Irrweg sein. Andererseits ist das Gedicht ohne die Gestalt Maria von Wedemeyers[4] überhaupt nicht zu verstehen. *Wie* aber wollen Maria und Vergangenheit darin verstanden sein?

Eine dritte Frage, mit den beiden anderen eng verbunden, richtet sich an die Leidenschaft des sprachlichen Ausdrucks und an die Offenheit, in der der Autor darin Innerstes nach außen treten lässt. Zur Lebenskultur Dietrich Bonhoeffers und seines gesellschaftlichen Umfelds gehörte es, bei der Besprechung persönlichster Belange zurückhaltend zu bleiben. Der theologische Lehrer in Finkenwalde und der Autor ethischer Reflexionen in den Gefängnisbriefen gab solcher seelischen Zurückhaltung auch eine theologische Begründung mit. Geistliches Leben hängt für ihn mit Disziplin zusammen, will sagen: mit regelhafter Übung in Gebet, Schriftlesung und Beichte. Wer »Zucht«[5] vermissen lässt (das Wort ist heute in einem positiven Sinn kaum noch vermittelbar), unterliegt für Bonhoeffer gleichermaßen der geistlichen Kritik wie der Bildungskritik. Wie soll man sich dann aber diesen Ausbruch der Gefühle erklären? Legt der Autor hier – endlich – seine Maske ab? So ließe sich der Ton des Gedichtes aus der Perspektive von Nachgeborenen deuten, die meinen, sich aus den Lebenshemmungen der christlich-bürgerlichen Konvention befreit zu haben. Oder stellt sich für Bonhoeffer die Frage der Selbstentblößung im leidenschaftlich geäußerten seelischen Schmerz anders dar, je nachdem ob es sich um unmittelbare Kommunikation handelt oder um den Ausdruck von Leben im Prisma der Kunst? Was hat Bonhoeffers Ausbruch damit zu tun, dass er sich – hier erstmals – in Versen auszusprechen versucht?

Verlobung und Verhaftung, Sprecherlaubnisse und erstes Gedicht

Die besondere Art, in der eine persönliche Beziehung des schon im Widerstand arbeitenden Dietrich Bonhoeffer zu der 18-jährigen Maria entstanden war, und die belastenden Umstände im Kriegsleben der Familie von Wedemeyer hatten dazu geführt, dass Maria ihr Ja schriftlich gab, am 13. Januar 1943, ohne dass der um sie werbende Dietrich sie zuvor persönlich und in aller Form darum hatte bitten können.[6] Am

---

4. Zur Gestalt der Verlobten Bonhoeffers vgl. R. Wind, Maria von Wedemeyer (1924-1977).
5. Vgl. die erste Strophe von »Stationen auf dem Wege zur Freiheit«.
6. Die Geschichte der Verlobten von der »entscheidenden Begegnung« bis zur Verhaftung: Brautbriefe, 271-284.

5. April wurde Bonhoeffer verhaftet – er hatte Maria nach ihrem schriftlichen Ja-Wort noch nicht wiedergesehen. Der Inhaftierte begegnet seiner Braut zum ersten Mal am 24. Juni, und zwar im Berliner Gebäude des Reichskriegsgerichtes und in Anwesenheit des Oberstkriegsgerichtsrates Roeder. Bei einer zweiten Sprecherlaubnis sehen sich die beiden fünf Wochen später am gleichen Ort. Zu insgesamt acht weiteren kurzen Treffen kommt es dann im Militäruntersuchungsgefängnis Berlin-Tegel, letztmalig am 23. August 1944.[7]

Wir wissen nicht, ob »Vergangenheit« gleich nach der Sprecherlaubnis vom 22. Mai 1944 entstanden ist oder in einigem Abstand danach. Der Autor hatte sein Gedicht jedenfalls zunächst noch bei sich behalten. Denn gerade in den Tagen vor und nach Pfingsten (27./28. Mai 1944), als der Freund Eberhard Bethge zur Taufe seines Kindes im Heimaturlaub bei seiner Frau Renate, einer Nichte Dietrichs, in und bei Berlin weilte, gab es reichliche Briefkontakte zu ihm. Auch die »Gedanken zum Tauftag« für das Patenkind (VIII, 428-436) und die Meditationen der Losungssprüche für die Pfingsttage 1944 (XVI, 651-654), verfasst nur für die beiden Eheleute, stammen aus dieser Zeit. Erst am 5. Juni, kurz bevor der Freund zu seiner Einheit zurück muß, lüftet Dietrich sein Geheimnis in einem Brief, den er eigens deswegen schreibt:

»Lieber Eberhard! Ich komme mir vor wie ein dummer Junge, wenn ich Dir verberge, daß es mich hier gelegentlich zu dichterischen Versuchen treibt. Bisher habe ich es jedem – selbst Maria – verheimlicht, die es am meisten angehen würde! – einfach weil es mir irgendwie peinlich war und weil ich nicht weiß, ob sie sich nicht mehr erschrecken als freuen würde. Du bist der einzige, dem ich es mit gewisser Nüchternheit sagen kann und von dem ich hoffe, daß er mir nötigenfalls den Kopf wäscht und deutlich sagt: Laß die Finger davon. So schicke ich dir heute eine Probe [...]. Für mich ist diese Auseinandersetzung mit der Vergangenheit, der Versuch, sie festzuhalten und wiederzugewinnen, vor allem die Furcht, sie zu verlieren, fast die tägliche Begleitmusik meines hiesigen Lebens, die zeitweise – besonders nach den kurzen Besuchen, denen immer wieder ein langer Abschied folgt – zum Thema mit Variationen wird. [...]« (VIII, 466 f.)

Auch den kurzen undatierten Brief an Maria gibt es nur wegen des Gedichts: »Dies ist für Dich, nur für Dich. Ich zögerte, es zu schicken, weil ich fürchtete, es könnte Dich erschrecken. Das darf es nicht und kann es wohl auch nicht, wenn Du spürst, was dahinter steht. Die letzten 6 Zeilen sind die Hauptsache, um ihretwillen entstand das Ganze; an sie halte ich mich – und Du auch! Mehr kann ich heute nicht sagen. Es steht alles, was ich sagen könnte, in dem Gedichtversuch. Wenn es

---

7. Diese Daten nach der Zeittafel VIII, 665-676.

Dir nicht gefällt, zerreiß es, wirf es weg. Aber verbergen wollte ich es Dir nicht.«

In beiden Briefen steht: 1.»Vergangenheit« ist für Maria bestimmt und um der Geschichte beider willen entstanden. 2. Was er da geschrieben hat, gilt Bonhoeffer als ein literarischer Versuch. Es fällt ihm schwer, ihn vorzuzeigen: Maria könnte über das, was ihr hier offenbart wird, erschrecken, und wenn nicht, so könnte es ihr doch als Gedicht missfallen. Und Eberhards literarisches Urteil könnte besagen: Auf diesem Wege bitte nicht weiter, das ist nicht dein Metier! Dennoch, der Autor will seinen Versuch nicht länger bei sich behalten, er kann das Geschriebene (und damit auch sich selbst) nicht einfach ›verbergen‹. 3. Das Wichtigste, von dem her das ganze Gedicht verstanden werden soll, steht nach Meinung des Autors am Ende. Noch stärker als im Brief an Maria ist dieser Hinweis im Brief an Eberhard betont. Wir haben die Passage noch nicht zitiert, werden aber darauf zurückkommen.

Sinnlich-anschauliche Rede und thematische Konzentration

Die Überschrift »Vergangenheit« lässt ein Stück Gedankenlyrik erwarten: poetisch gefasste Reflexion über die Zeit, sofern sie nicht mehr verfügbar, dem handelnden Leben schon entzogen, eben vergangen ist. Eine solche Überlegung könnte recht unanschaulich ausfallen. So hat es ja auch ein Zeitgedicht Bonhoeffers gegeben, das später verloren ging. Bethge empfing es zusammen mit »Der Tod des Mose« und kennzeichnete es im Antwortbrief als »das [Gedicht] mit dem abstrakten Zukunftsbegriff« (VIII, 804). Aber abstrakt ist »Vergangenheit« gerade nicht. Von Versgruppe zu Versgruppe wechseln die Bilder, in denen der Autor den Verlust des Vergangenen beklagt. Dazu ist seine Rede fast durchweg sinnenhaft: Sie imaginiert leibliches Hören *(ich höre deine Schritte langsam sich entfernen und verhallen)*, körperliches Fühlen *(Spürst du, wie ich jetzt nach dir greife,/ wie ich mich an dir festkralle)*, Riechen *(Ich möchte den Duft deines Wesens einatmen […] wie Nachtschwärmer vom Liguster trunken werden)*, Sehen *(vielleicht, daß ich unter Schleiern der Tränen/ dein ganzes Bild/ dich ganz/ wiedergewinne)*. Denken ist nur der vergebliche Versuch, die versagte sinnliche Erfahrung aufzuwiegen: *Wenn meine Sinne dich nicht halten können,/ vergehendes, vergangenes Leben,/ so will ich denken und wieder denken,/ bis ich finde, was ich verlor./ Aber […]*. Der verzweifelte Kampf um die Vergangenheit ereignet sich in sinnlich-anschaulicher Rede.

Wie sehr der Autor bemüht ist, sein Thema abzuschreiten, dem er sich mit der Überschrift verpflichtet hat, zeigt der Aufbau des Gedichts. »Vergangenheit« ist nicht in strenge Strophen gegliedert, die aus der jeweils gleichen Zahl regelhaft gebundener Verse gebaut sind, sondern in Versgruppen unterschiedlicher Länge, bestehend aus freien Versen, wie sie in der deutschen Klassik von Klopstock, Goethe und Hölderlin gebildet wurden und im 20. Jahrhundert, entweder nachahmend oder ausgezeichnet durch neue Originalität, sehr häufig wiederkehrten. Man tritt Bonhoeffer nicht zu nahe, wenn man seine freirhythmischen Gedichte ›epigonal‹ nennt, Werke eines ›Nachgeborenen‹, der aus dem Schatten seiner Vorbilder auch gar nicht heraustreten will. Original sind sie als zur Gestaltung drängender Ausdruck der inneren Welt ihres unverwechselbaren Autors.

In »Vergangenheit« treten die freirhythmischen Verse zu elf Versgruppen zusammen.[8] Beobachtet man, auf welche Weise eine Einheit zum Ende kommt, damit die nächste beginnen kann, so zeigt sich: In jeder letzten Zeile, manchmal ist es auch die vorletzte, tauchen die Wörter »Vergangenheit«, »Vergangenes« oder »vergangen« auf. Eine Ausnahme bildet nur die neunte Versgruppe (*Dich – eine Träne schießt mir ins Auge*). Bis dahin hatten die Versgruppenenden die immer neu variierte Klage über den Verlust der eigenen Vergangenheit mit je eigenem Akzent verstärkt. Wer teilnehmend liest, gerät von einer Dunkelheit in die andere. Erst in der achten Einheit (*Auge und Seele wird böse*), wo Trauer in Hass umschlägt, fehlt die negative Verstärkung am Schluss. Statt des vertieften Ausdrucks von Verzweiflung jetzt ein neuer Ton – Auflehnung: *mein Leben will ich, mein eignes Lebens fordr' ich zurück,/ meine Vergangenheit,/ Dich!* Das ist auch die Stelle, wo die drei bisher wechselnden Namen für das Vermißte aufs Engste zusammenrücken: »Leben«, »Vergangenheit«, »Du«. Damit ist gleichsam das Präludium für die Wende eingeleitet. Es folgt die neunte Versgruppe, und sie ist wie erwähnt die einzige Ausnahme in der langen Reihe. Denn sie endet, ohne dass dabei das Themenstichwort aufgenommen wird. Die zehnte schließt versöhnlich, allerdings im Traum: Er *bringt [...] dich zu mir/, dich, Vergangenes, dich, mein Leben,/ dich, den gestrigen Tag, die gestrige Stunde*. Aber (so die elfte Einheit) nicht der Traum trägt in die ersehnte Gewissheit hinüber. Es ist das Gebet und die darin geschenkte Erfahrung, die sich wohl nur in der Form von Anrede aus- und weiter-

---

8.   Wie oben erwähnt folgen wir der an Maria von Wedemeyer gesandten Fassung. Das besagt: Die letzte Versgruppe beginnt mit »Über deiner Nähe erwache ich mitten in der Nacht«. Im Druck der Werkausgabe (VIII,471) gibt es hier keine Leerzeile, so dass man dort nur zehn Versgruppen zählt. In Brautbriefe, 193, fehlt die Leerzeile vor »Auge und Seele wird böse.«

sagen lässt: *[…] Fass' im Vergangenen Gottes Vergebung und Güte/ bete, dass Gott dich heute und morgen behüte.* Der Aufbau des Gedichts mit dem eben aufgewiesenen Einsatz des Themabegriffs, der zugleich das Hauptmotiv ist, wirkt nicht konstruiert. Aber das Ganze lässt bei genauerem Lesen sehr wohl erkennen, dass der Autor seine Gedanken ordnet und konzentriert. Wie er es immer tat, so tut er es auch im Gedicht und auch, wenn es um Gefühle geht. Inspiration und Konstruktion stehen nicht gegeneinander. Das wusste der frühe Bonhoeffer beim Predigtschreiben, das weiß der späte Bonhoeffer beim Gedichtschreiben. So aufwühlend dieser erste lyrische Versuch im Gefängnis auch ist, er verdankt sich nicht einfach einer Gefühlsüberschwemmung. Und er verliert auch nichts an Authentizität, wenn man den ordnenden Geist darin antrifft, der seine Mittel prüft und einsetzt. Um zur Typisierung des Abituraufsatzes zurückzukehren: Mit »Vergangenheit« folgt Bonhoeffer dem Leitbild, das er bei Catull verwirklicht sah, mit »Glück und Unglück«, dem nächsten Versuch, der hier zu besprechen ist, folgt er dem Leitbild des Horaz.

Die Vergangenheit in den Briefen an Maria

Die Vergangenheit ist ein Thema des Häftlings Dietrich Bonhoeffer von Anfang an. Heinz Eduard Tödt hat die enorme Bedeutung, die das Thema Vergangenheit für die politischen Häftlinge hatte, aus ihrer psychologischen Situation während der Zeit der mit aller Härte und Tücke geführten Verhöre erklärt. »Unablässig wälzt die Phantasie die verschiedenen Vorstellungen, Erinnerungen, Befürchtungen, Pläne für das Verhalten beim Verhör. Je mehr die Alltagswelt sich vom Verhafteten entfernt, ihm entgleitet, desto angestrengter versucht er sie sich durch Erinnerungen zu vergegenwärtigen. Gelingt es ihm, vor allem in dieser Erinnerungs- und Traumwelt zu leben, so hat er einen gewissen Schutz gegen das Zersplittern seiner Persönlichkeit unter dem Druck der Haftbedingungen, gegen die völlige Entnervung und Zerstörung des Eigenwillens und eines zielgerichteten Denkens.« [9] So schreibt Bonhoeffer als erstes eine Studie über das Zeitgefühl (sie ist nicht erhalten), er taucht mit dem Dramen- und Romanversuch in die Welt seiner Jugend ein, er liest die deutschen Erzähler des 19. Jahrhunderts, er bewegt das Motiv in den Briefen an den Freund. Die Herausgeber von »Widerstand und Ergebung« im Rahmen der Werkausgabe haben ein ganzes Kapitel ihres Nachwortes eben dieser »Vergewisserung der Vergangenheit« gewidmet (VIII, 633-637). Das Gedicht allerdings bleibt bei ihrer Zusammen-

9. H. E. Tödt, Komplizen, Opfer und Gegner des Hitlerregimes, 374.

schau ausgespart, ebenso die Briefe an Maria, die ja in »Widerstand und Ergebung« nicht enthalten sind. So können wir uns für unsere Darstellung an die Korrespondenz mit der Braut halten. Und gerade auf diesem Wege werden wir auf eine Frage stoßen, die uns näher als die übrigen Motivbelege an das Rätsel des Gedichts führt.

In einem nicht mehr vorhandenen Brief aus dem Frühjahr 1944 hatte Maria etwa so geschrieben: Man hat so wenig davon, dass etwas Vergangenes schön und gut gewesen ist. Wenn es einmal vorüber ist, will es nicht mehr tragen. Darauf antwortet Bonhoeffer mit eigener Erfahrung aus den ersten Haftmonaten: »Auch ich habe gerade im letzten Jahr, besonders im Anfang, oft mit diesem Gedanken gekämpft. Aber ich habe gefunden, daß es sehr gefährlich und falsch ist [...] Wir dürfen unsere Vergangenheit nicht verlieren, sie gehört zu uns und soll ein Stück von uns bleiben, sonst geraten wir in Unzufriedenheit oder Schwermut. Wir müssen alles Vergangene immer wieder durch das Reinigungsbad der Dankbarkeit und der Reue gehen lassen; dann gewinnen und erhalten wir uns das Vergangene. Gewiß, es ist Vergangenheit, aber es ist *meine* Vergangenheit und als solche bleibt sie gegenwärtig durch tiefe, selbstlose Dankbarkeit für Gottes Gaben und durch Reue über unser verkehrtes Wesen, durch das wir die Gaben immer wieder verderben. So können wir ohne Selbstquälerei an das Vergangene denken, ja aus ihm alle Kraft ziehen. Über allem Vergangenen steht Gottes Güte und Vergebung.«[10]

Die Antwort auf Marias Trauer um die Vergänglichkeit der Glücksmomente, eine Stimmung, die nur zu verständlich ist, fällt also sehr grundsätzlich aus. Und schier übergroß erscheint den Heutigen, die von der tiefen Niedergeschlagenheit (hier: »Schwermut«) Bonhoeffers am Anfang der Haft wissen,[11] sein damaliges ›Kämpfen‹ und ›Finden‹ als Vergleichsmoment und Maßstab für das ›Nicht dürfen‹ bzw. ›Müssen‹, in das er Maria durch inklusives ›Wir‹ hinein bindet: »Wir dürfen unsere Vergangenheit nicht verlieren [...]. Wir müssen alles Vergangene durch das Reinigungsbad der Dankbarkeit und der Reue gehen lassen.« Außerdem ist es der systematisierende Theologe, der beim Bedenken der selbst erlittenen Enteignung des bisher schon gelebten Lebens alles menschlich Rettende in Dankbarkeit und Reue versammelt sieht. Dass er, um Marias Erfahrung aufzunehmen, so tief ansetzt, zeigt ja nur, wie bedroht er selber noch ist.

Nach der Sprecherlaubnis vom 22. Mai 1944 und nach dem Eingang eines nicht mehr vorhandenen Briefes von Maria schreibt Bonhoeffer

---

10. Brautbriefe, 176 f.
11. Vgl. die »Notizen« (I und II) vom Mai 1943 (VIII, 60-64) und die Andeutungen im ersten Brief an Eberhard Bethge (VIII, 186 f.).

ausführlich am 29. und 30. Mai. Der ganze Brief ist auf den Ton des Dankes gestimmt. Fast meint man, den energischen Vorsatz dazu mitzuhören: »Zuerst möchte ich Dir einmal richtig danken, für alles danken, was in den vergangenen Tagen von Dir zu mir gekommen ist […].« »Aber ich komme weit ab von dem, was ich wollte, nämlich Dir danken, daß Du wieder bei mir warst, und dann für den Brief.« »Du sagst, was Deine Liebe ist und was sie nicht ist. Ich danke Dir dafür.« (VIII, 189) »So weit kam ich gestern. Alles, was ich schrieb, sollte ein Dank sein an Dich. Was ich nicht mehr für möglich hielt, ist geschehen, ja es ist mir zugefallen. Ich darf noch einmal lieben und geliebt werden. Und ich darf zum ersten mal in solcher Liebe froh sein und auf Erfüllung hoffen. Maria, ich danke Dir.« (VIII, 191)

Zwischen diesen mit Nachdruck niedergeschriebenen Dankessätzen geht es an zwei Stellen auch wieder um das Thema Vergangenheit. Während der Sprechzeit und in Anwesenheit des Aufpassers, der diesmal zu einer Art von Plaudern aufgelegt war und auf den beide auch scheinbar vergnügt eingegangen sind, gab es endlich Gelegenheit, »ein paar ruhige Worte über das Vergangene« miteinander zu sprechen, »und das war für mich jedenfalls sehr wichtig und gut«. Der Austausch betraf die schwierige Zeit vor der heimlichen Verlobung, als Frau von Wedemeyer für ihre Tochter einen befristeten Kontaktverzicht verfügt hatte, also eine Zeit ohne Brief und Besuch. Im Fortgang des Briefes rückt dann ein anderes Thema nach vorn. Bonhoeffer geht, durch Maria veranlasst, auf beider Sehnsucht und Verlangen nacheinander ein. Dabei schreibt er auch von seiner ersten Liebe, die heimlich begann, als er 21 Jahre alt war, und die, ebenso heimlich erwidert, nicht zur Erfüllung kam, weil die erst nach Jahren zu Stande gekommene Eröffnung lauter Missverständnisse nach sich zog. So meinte er schließlich, ehelos bleiben zu sollen. »Meine liebste Maria, das, was ich Dir geschrieben habe, darf Dir nicht weh tun […] Du darfst ja ganz gewiss sein, daß es Vergangenheit ist, aber eben doch meine Vergangenheit, d.h. ein Stück meiner Lebensgeschichte. Ich wäre nicht der, der ich bin, ohne alles das, was ich erlebt und erfahren, was ich getan und worin ich geirrt und gefehlt habe. Man soll seine eigene Vergangenheit nie verachten. ›O felix culpa!‹[12], sagten die Alten und ich sage es mit ihnen. Kannst Du mich auch so noch lieben?« (VIII, 190 f.)

Nach diesem Brief, der voll ist von gegenwärtigem Dank und auch von erinnerter, aber schließlich zum Guten verwandelter Reue, ver-

12. »O felix culpa, quae talem ac tantum meruit habere Redemptorem!« Einer der Jubelrufe aus der österlichen Verherrlichung »Exsultet« in der Osternacht. Im Messbuch für die Bistümer des deutschen Sprachgebietes (1974): »O glückliche Schuld, welch großen Erlöser hast du gefunden!«

gehen nur noch wenige Tage, bis Bonhoeffer zuerst seinem Freund und dann auch Maria, »die es am meisten angehen würde«, sein Gedicht »Vergangenheit« schickt. Hatte sein eigenes Danken ihm doch nicht geholfen? Und was Maria betrifft: Waren denn seine seelsorgerlichen Hinweise zum Umgang mit einer Vergangenheit, die sich vom Leben abzutrennen droht, nicht deutlich genug gewesen? Warum musste er im Blick auf dieses Gedicht überhaupt fürchten, »es könnte Dich erschrecken«, wenn es ihm doch, wie sie aus den letzten Briefen ja schon wusste, gerade auf die Lösung *durch Dank und durch Reue* ankam? Auf die »letzten 6 Zeilen«, in denen »die Hauptsache« steht, die sie als sein Anliegen doch schon kannte?

Der theologisch reflektierende und der poetisch experimentierende (durch dauernden seelischen Druck zum dichterischen Versuch getriebene) Bonhoeffer sind ein und derselbe Mensch, aber unter verschiedenem Anspruch. Der denkende ist auch der dichtende, aber der dichtende realisiert, was der denkende zwar weiß – das Letzte gibt es nicht ohne das Vorletzte[13], – doch im konkreten Umgang mit sich selbst und der Nächsten nicht immer deutlich genug einräumt: Die gefundene Formel bewährt sich nur im wirklichen Durchgang durch das widerständige Leben. Anders gesagt: Die »Hauptsache« (Versgruppe 11) lässt nicht zu, dass der Weg zu ihr (Versgruppen 1-10) zur Nebensache wird. Die Lösungsgrößen »Gebet«, »Dank«, »Reue« hat Bonhoeffer schon in den frühesten Haftnotizen festgehalten (VIII, 60-64) und später, in den Brautbriefen, mit seelsorgerlicher Absicht ausgeführt. Aber erst dieses Gedicht mit den rückhaltlosen Bekenntnissen eines verlorenen Ich versetzt die Lösung in den Kontext, der sie vor formelhaftem Missbrauch schützt. Wie ein Psalm zeigt das Gedicht die Wahrheit auf ihrem Weg. Es bringt sie zuwege.

Psalm aus der Zelle: Wider den Verlust der Vergangenheit

Die Versgruppe 1 setzt mit *Du* ein: Anredend probiert das Ich *(wie nenn' ich dich?)* Namen für etwas aus, was fortging, und wählt schließlich *Vergangenheit*. Aber dieser Name ist fortan mit allem zusammen zu denken, was in der Reihe vor ihm genannt wurde: Es bleibt in ihm aufgehoben. So hat das Gedicht von Anfang an das Moment des Mehrdeutigen in sich. Aber Mehrdeutigkeit ist in der Kunst, zumal in der Lyrik,

---

13. Zu dieser Grundfigur im theologischen Denkens Bonhoeffers s. ausführlich den entsprechenden Abschnitt in der »Ethik« (VI, 137-162).

keine Schwäche, im Gegenteil. – *Es fiel die Tür ins Schloss.* Nur dieser eine Satz im Gedicht lässt an die Situation im Gefängnis und an das Ende einer Sprecherlaubnis denken. Seine Platzierung am Anfang sorgt allerdings dafür, dass sich eine informierte Leserschaft dieser Ausgangslage bis zum Ende bewusst bleibt. *Ich höre langsam Schritte sich entfernen und verhallen.* Die Vergangenheit verschmilzt mit einer menschlichen Gestalt, für Eingeweihte: mit der Besucherin Maria von Wedemeyer.[14] – Die letzten beiden Verse sind durch einen Reim gebunden, ungewollt vielleicht, aber sehr wirksam: *Was bleibt mir? Freude Qual? Verlangen?/ Ich weiß nur dies: du gingst – und alles ist vergangen.*

In der nächsten Einheit regiert Gewalt. Drastisch wird körperliche Verletzung vorgestellt: *dir wehtun – Verlangen [haben] nach eigenen Schmerzen.* Zweimal soll es Blut sein: *dein Blut – mein eigenes Blut.* Aggression und ihre erwünschten Folgen scheinen das Mittel zu sein, das die Wirklichkeit wieder umkehrt und die Furcht vor Identitätsverlust vertreibt: *damit nicht alles versinke – im Vergangenen.*

Überwogen schon bisher Fragen, so sind sie in der Versgruppe 3 gestrafft und gebündelt: in vier kurzen Versen vier Fragen, drei an das Leben, eine an die Vergangenheit gerichtet. In der letzten glimmt vielleicht Hoffnung auf, vielleicht sogar Anspruch: *[…] bleibst du nicht doch meine Vergangenheit, meine?* Das Possessivpronomen wird wiederholt und durch die ungewöhnliche Stellung am Ende sehr stark gemacht. In beiden besprochenen Briefen an Maria haben wir dies Beharren auf der Vergangenheit als der unverwechselbar eigenen ja schon kennen gelernt. Nicht Vergangenheit überhaupt ist das Thema, sondern die lebensgeschichtlich konkrete, die dem Ich als Sphäre seines Gewordenseins bleibend angehört.

Die Versgruppen 4 und 5 bieten Vergleiche aus der Natur auf, den Sonnenuntergang am Abend, den Atemrauch in der Frühe: *Wie […] so […].* Das *Bild* der Angeredeten *sinkt und sinkt und sinkt* wie die Sonne ins Meer. Es *zerrinnt* wie der Hauch des Atems in der kühlen Morgenluft. Dabei ist es ein Menschenwesen, das sich mit dem Bilde auflöst: *dein Angesicht, deine Hände, deine Gestalt* sprachen aus dem Bild, *ein Lächeln, ein Blick, ein Gruß […] doch es zerfällt.* So ist die Versgruppe 6 schon vorbereitet, in der es vollends unmöglich ist, die Angeredete nicht als Menschenwesen wahrzunehmen: *Ich möchte den Duft deines Wesens atmen.* Wieder folgen Vergleiche, doch jetzt positive: Schwere

---

14. Das entsprechende Erlebnis Marias nach ihrer ersten Begegnung mit dem Häftling Dietrich im Reichskriegsgericht: »Seit sich die Tür hinter Dir schloß und ich die Treppe hinunter ging, suchen Dich meine Gedanken« (Brautbriefe, 33). Nach einer Sprecherlaubnis im Dezember 1943: »Der Abschied von dir war noch nie so schwer und die Tür noch nie so unerbittlich« (ebd., 94).

Blüten laden die Bienen zu Gast, Nachtschwärmer werden vom Liguster trunken. Dabei hat sich unversehens Gegenseitigkeit eingestellt: Die Blüten laden ein, die Angelockten trinken, werden trunken. Doch die erotische Metaphorik, schon in Gefahr, schwül weiter zu wuchern, bricht um, *ein rauher Windstoß zerstört Duft und Blüten,* und zurück bleibt *ein Narr* mit verlorener Vergangenheit.

Sehr bezeichnend ist, dass die Versgruppe 7 das oszillierende Du wieder als vergangenes *Leben* identifiziert. Die bloße Gleichsetzung mit der Geliebten greift zu kurz. – Noch einmal der Vergleich mit Gewalttat und körperlichem Leiden, jetzt aber zugefügt durch Instrumente aus dem Arsenal der Hölle,[15] dazu *Trotz und Zorn* und *wilde, unnütze Fragen.* Dann der Versuch, durch Denken weiterzukommen, doch er ist vergeblich. – Bei der Aufzählung *was über mir, neben mir, unter mir ist* fehlt verständlicherweise ein ›in mir‹. Vom Aufruhr innen ist ja dauernd die Rede. Die Antwort müsste von außen kommen. Aber dort, gleichsam aus allen Stockwerken der von Schicksalsmächten besetzten Welt, gibt es nur das rätselhafte und ungerührte Lächeln über vergebliches »Haschen nach Wind« (Pred. 2,11).[16]

Versgruppe 8: Es gibt kein *Entgelt des Verlorenen.* Wenn es sich als Ersatz anbietet, ist selbst *alles Lebendige und Schöne* hassenswert. »Der Ersatz widert uns an. Wir müssen einfach warten und warten, wir müssen an der Trennung unsäglich leiden, wir müssen Sehnsucht empfinden fast bis zum Krankwerden – und nur dadurch halten wir die Gemeinschaft mit den Menschen, die wir lieben, aufrecht, wenn auch auf eine sehr schmerzhafte Weise. [...] es ist nichts verkehrter, als den Versuch zu machen, in solchen Zeiten sich irgendeinen Ersatz für das Unerreichbare zu schaffen.« (VIII, 243) Aus solchem Verzicht erwächst der Trotz, der bis zur Auflehnung geht: *mein Leben will ich, mein eignes Leben fordr' ich zurück,/ meine Vergangenheit, /Dich!*

Dich – das Wort, mit dem die vorige Einheit endete, gleitet hinüber und wird zum Anfang der nächsten (Versgruppe 9). Der Gedankenstrich deutet an, dass sich dabei ein Wandel vollzieht. Die Auflehnung verliert sich wieder im Bild des Verlorenen. Die *Träne,* auch wenn es nur eine ist, lockt mit Regression. Da hilft kein Vorsatz *Ich will nicht weinen*

15. »Nach meinen Erfahrungen gibt es nichts Quälenderes als die Sehnsucht. [...] Ich habe ein paar Mal in meinem Leben das Heimweh kennengelernt: es gibt keinen schlimmeren Schmerz, und ich habe in den Monaten hier im Gefängnis ein paar Mal ganz schreckliche Sehnsucht gehabt.« Vgl. den ganzen Abschnitt über die Sehnsucht VIII, 242-245.

16. Was im ersten Gedicht als *über mir, neben mir, unter mir* erfahren wird, ist die Folie, auf der die erste Zeile des letzten Gedichtes gelesen werden sollte: *Von guten Mächten treu und still umgeben.* Vgl. Ps. 139,5: »Von allen Seiten umgibst du mich.«

(weil ich nämlich nicht stark genug dafür bin). Denn wenn es die Tränen nicht sein dürfen, muss ein anderer Ausweg her. Was der ermüdete
Kämpfer jetzt ersehnt, ist also *Vergessen* (so zweimal im Auftakt der
langen Versgruppe 10). So vertraut er sich der Nacht an, die ihr *mildes
Amt* wahrnimmt wie eine Mutter. *Aber die Nacht ist weise und mächtig,
weiser als ich und mächtiger als der Tag.* Sie gibt mehr als Vergessen. Der
feindseligen Zeit und allen nutzlosen Kräften des Widerstandes gegen
die Zeit überlegen, nimmt sie den *Traum* in Dienst, der das Verlorene
wiederbringt: *dich, Vergangenes, dich, mein Leben,/ dich, den gestrigen
Tag, die gestrige Stunde.*[17]

Versgruppe 11: Der Träumende erwacht, aber nicht durch Lärm vor
der Zelle und nicht durch Sirenen, auch nicht, weil der Morgen da ist.
Sondern: *Über deiner Nähe erwach ich mitten in tiefer Nacht.* Der Traum
vermittelte das Vergangene in einer solchen Nähe, dass sich der Vor-
hang zur Wachwirklichkeit hob. Dann kann aber ›Erwachen‹ nur ›Erschrecken‹ bedeuten: Ist jetzt, nach allem Hin- und Herwogen des
Kampfes, die endgültige Niederlage da? *[...] bist du mir wieder verloren?/ such' ich dich ewig vergeblich [...]* – an dieser entscheidenden
Stelle wiederholt das Gedicht die beschwörende Anrede aus der Versgruppe 3 – *dich, meine Vergangenheit?* Unvermittelt folgt die Geste des
Gebetes. Der Inhalt des Gebetes bleibt ungenannt, ihn vertreten Gedan-
kenstriche. Dafür aber, eingeführt durch den bekennenden Satz *und ich
erfahre das Neue* ein antwortender Zuspruch, wie er von manchen Exegeten als Wendepunkt von biblischen Klagepsalmen vorausgesetzt wird:

> Vergangenes kehrt dir zurück
> als deines Lebens lebendigstes Stück
> durch Dank und durch Reue.
> Fass' im Vergangenen Gottes Vergebung und Güte,
> bete, dass Gott dich heute und morgen behüte.

Wer redet zu wem? Als Zuspruch auf das Gebet aufgefasst wären diese
Verse Rede Gottes an das Ich, das gebetet hat. Aber warum nennen die
beiden letzten Verse Gott in der dritten Person? Und warum in einem
Zuspruch *nach* dem Gebet wiederum die Aufforderung *zum* Gebet? Aus
den Psalmen kennt man den Wechsel zwischen Ich-Ausdruck, Du-An-
rede und Er- oder Sie- oder Es-Auskunft. Man weiß auch, dass der Dialog zwischen den Betenden und Gott sich oft öffnet, um mit Anrede
oder Aufruf auch weitere Personen einzubeziehen. Der Schluss des Gedichtes »Vergangenheit« lädt alle, die es lesen, vor allen anderen die
zuvor mit angeredete Geliebte, dazu ein, sie mögen ebenso wie der Au-

---

17. Die letzten Worte weisen vielleicht darauf hin, dass Bonhoeffer sein Gedicht
unmittelbar nach der Sprecherlaubnis vom 22. Mai zu Papier gebracht hat.

tor gerade *im Vergangenen* fassen, was Gott ihnen schenkt. Als *lebendigstes Stück* des Lebens kehrt es *durch Dank und durch Reue* wieder
bei ihnen ein: durch Reue als *Gottes Vergebung*, durch Dank als seine
Güte. Die Reimbindung der Schlussverse, die schlicht gewordene Sprache und die unauffällige Verschränkung des göttlich Gegebenen mit
dem menschlich Empfangenen[18] vermitteln (wie die Stillung des
Sturms im Evangelium) Ruhe und Vertrauen.

Zur Kritik des Freundes

»Im vorliegenden Versuch kommt alles auf die letzten paar Verse an. Ich
glaube, sie gerieten zu kurz; was meinst Du? Seltsamerweise wurden sie
von selbst zu Reimen. Das Ganze entstand einmal in ein paar Stunden
und blieb ungefeilt.« So steht es im Brief an Eberhard vom 5. Juni.
(VIII, 467) Dessen ausführliche Antwort, in der er das Gedicht würdigt
und in Kleinigkeiten vorsichtig befragt, stammt vom 8. Juni. Kritisch ist
Bethges Reaktion beim Gedichtschluss: »Nur das eine gefällt mir nicht
ganz ›und ich erfahre das Neue‹, der Ausdruck (bloß) ›das Neue‹.«
(485) Darauf Bonhoeffer am 21. Juni: »Für Deine Beurteilung und Kritik des Gedichtes bin ich Dir *sehr* dankbar. Ich stehe diesen neugebor-
nen Kindern von mir selbst ziemlich ratlos und maßstablos gegenüber.
Im Kritischen hast Du, glaube ich, überall recht. Aber es bringt mich
etwas zur Verzweiflung, für den Vers ›ich erfahre das Neue‹ etwas anderes zu finden, was nicht den ganzen Bau der letzten Verse stört. Aber
vielleicht fällt mir noch etwas ein.« (491)
    Sollte Bethges verständliches Unbehagen im Blick auf die Wahl des
Ausdrucks und Bonhoeffers Verlegenheit bei der erwünschten Verbes-
serung nicht etwas mit der Sache selbst zu tun haben? Denn ›neu‹ ist die
Lösung des Problems der enteigneten Vergangenheit ja gar nicht. Das
zeigt sich in der Korrespondenz. Zusätzlich zu den zitierten Briefen an
Maria ist hier schon der früheste Brief an Bethge vom 18. November
1943 anzuführen: »Ein Aufsatz über das Zeitgefühl entsprang hauptsächlich dem Bedürfnis, mir meine eigene Vergangenheit gegenwärtig
zu machen in einer Situation, in der die Zeit so leicht ›leer‹ und ›verloren‹ erscheinen konnte. Dankbarkeit und Reue sind es, die uns unsre
Vergangenheit immer gegenwärtig halten.« (VIII, 188 f.) So tauchen
denn auch wichtige Stichworte des Gedichts schon in den »Notizen«
vom Mai 1943 auf: Vergangenheit, Dank, Reue, Flucht im Traum, Erschrecken beim Erwachen, Überwindung im Gebet. (VIII, 60-64) Kann
denn das schon so lang vorher Gefundene und Mitgeteilte als *das* Neue

18. Dank und Reue entsprechen chiastisch Vergebung und Güte (a-b-b-a).

auftreten? Der stilistische Anstoß verrät: Eine theologische Bewertung ist unsensibel auf das Feld der Lyrik, dazu noch der »Gefühlslyrik«[19] übertragen worden. Denn das theologisch Einleuchtende ist nicht zugleich das poetisch Authentische. Wäre der zwischen den Freunden besprochene Anstoß vielleicht geringer gewesen, wenn der fragliche Vers bescheidener gelautet hätte: »und ich erfahre *aufs* Neue«?

Das erste und das letzte Gedicht

Bonhoeffers Gefängnisgedichte sind nicht als Zyklus entstanden. Umso bemerkenswerter ist die innere Verwandtschaft zwischen »Vergangenheit« und »Von guten Mächten«. Der Gattung und der Anlage nach sind beide Gedichte, das vermutlich erste und das letzte, zwar grundverschieden. Aber in drei Beziehungen hängen sie eng zusammen. Zunächst: Nur diese beiden verlangen, um tief verstanden zu werden, Kenntnisse über die privaten Bindungen, denen sie gelten und aus denen sie die Kraft des Ausdrucks ziehen. Sodann: Ob das erste die Not rückhaltlos ausspricht oder das zweite die Not rücksichtsvoll deutet: Das eine endet mit dem seelsorgerlichen Zuspruch, den das andere aufnimmt und weiterführt. Das Brückenwort zwischen beiden ist ›behüten‹, und der behütete, von Zuversicht erfüllte Raum heißt *heute und morgen* – oder eben Gottes Zeit *am Abend und am Morgen, und [...] an jedem neuen Tag.* Schließlich: Für viele Lesende bis heute verwunderlich heißt es genau in der Mitte des letzten Gedichts: *dann woll'n wir des Vergangenen gedenken,/ und dann gehört dir unser Leben ganz.* Wer aber vom ersten Gedicht herkommt, weiß die beiden Verse zu deuten. Das irdisch gerettete, das noch einmal mit ›Freude an dieser Welt‹ beschenkte Leben darf Gott *ganz* gehören, sofern es immer noch aus Gegenwart und Vergangenheit besteht. Menschen, die im Sinne Bonhoeffers *des Vergangenen gedenken*, blicken auf ihr Eigenstes zurück: auf einen unveräußerlichen, ihnen in allem Entbehren, in allem Verschulden durch die Vergebung und Güte Gottes bleibend gesegneten Reichtum.

---

19. Vgl. den Abitursaufsatz über Catull und Horaz.

2. Glück und Unglück

Der Text

Erhalten sind wieder zwei handschriftliche Fassungen. Die eine ist mit Bleistift in deutscher Schrift notiert, auf Blättern, die aus einer Art Wachbuch zu stammen scheinen (auf dem Vordruck am Rande sind Uhrzeiten einzutragen). Es gibt darin nur wenige Streichungen, Ergänzungen und Verbesserungen. Die lateinische Reinschrift ist mit Tinte ausgefertigt. Gelegentlich weicht sie von der korrigierten Erstfassung ab. Über das Datum läßt sich nichts Genaues sagen. In seinem Brief an Bethge vom Anfang Juni 1944 hatte Bonhoeffer mehrere dichterische Versuche erwähnt, aber nur »Vergangenheit« mitgeschickt (VIII, 467 f.). Ende Juli, als Bethges Antwort auf »Vergangenheit« schon längst da ist, fragt er, ob der Freund drei weitere Gedichte erhalten habe (VIII, 546; vgl. 491). Darunter muß auch »Glück und Unglück« sein.

Glück und Unglück

Glück und Unglück,
die rasch uns und überwältigend treffen,
sind sich im Anfang,
wie Hitze und Frost bei jäher Berührung,
kaum unterscheidbar nah.
Wie Meteore
aus überirdischer Ferne geschleudert,
ziehen sie leuchtend und drohend die Bahn
über unseren Häuptern.
Heimgesuchte stehen betroffen
vor den Trümmern
ihres alltäglichen, glanzlosen Daseins.

Groß und erhaben,
zerstörend, bezwingend,
hält Glück und Unglück,
erbeten und unerbeten,
festlichen Einzug
bei den erschütterten Menschen,
schmückt und umkleidet
die Heimgesuchten
mit Ernst und mit Weihe.

Glück ist voll Schauer,
Unglück voll Süße.
Ungeschieden scheint aus dem Ewigen
eins und das andre zu kommen.
Groß und schrecklich ist beides.
Menschen, ferne und nahe,
laufen herbei und schauen
und gaffen
halb neidisch, halb schaudernd,
ins Ungeheure,
wo das Überirdische,
segnend zugleich und vernichtend,
zum verwirrenden, unentwirrbaren,
irdischen Schauspiel sich stellt.
Was ist Glück? Was Unglück?

Erst die Zeit teilt beide.
Wenn das unfaßbar erregende,
jähe Ereignis
sich zu ermüdend quälender Dauer wandelt,
wenn die langsam schleichende Stunde des Tages
erst des Unglücks wahre Gestalt uns enthüllt,
dann wenden die Meisten,
überdrüssig der Eintönigkeit
des altgewordenen Unglücks,
enttäuscht und gelangweilt sich ab.

Das ist die Stunde der Treue,
die Stunde der Mutter und der Geliebten,
die Stunde des Freundes und Bruders.
Treue verklärt alles Unglück
und hüllt es leise
in milden,
überirdischen Glanz.

Überschrift, Aufbau, Wortgebrauch

Die Entwurfsfassung ist überschriftslos. Erst die Endfassung verdoppelt
die erste Zeile, indem sie sie dem ganzen Gedicht als Titel voranstellt.
Diese Überschrift weckt die Erwartung, der Autor werde das beiderseitige Verhältnis von Glück und Unglück zum Thema machen. Das geschieht auch, aber mit bezeichnender Abwandlung.

Aufschlußreich ist, wie die beiden Themabegriffe durch die fünf
Versgruppen wandern. Die erste Versgruppe wird mit dem Gegensatz-

paar *Glück und Unglück* eröffnet. Die zweite besteht nur aus einem einzigen Satz. *Glück und Unglück* ist dessen Subjekt, erscheint aber erst im Vers 3. Zu Beginn der dritten Versgruppe spaltet die Wendung sich in zwei Nominalsätze auf: *Glück ist voll Schauer,/ Unglück voll Süße.* Entsprechend ist das Ende dieser Einheit ein verdoppelter Fragesatz: *Was ist Glück? Was Unglück?* Bis hierher sind beide Größen immer gemeinsam genannt worden. Das ändert sich mit der vierten Versgruppe. Sie gibt dem Gedicht die Kehre: *Erst die Zeit teilt beide. [...]* Ab jetzt steht *Unglück* allein da, ohne Gegenbegriff. Das Wort erscheint in der vierten Versgruppe zweimal, in der letzten noch einmal. Läuft das Gedicht also auf die Verabschiedung des Glücks hinaus? Durchaus nicht, sondern auf ein neues Gesicht des Unglücks: *Treue verklärt alles Unglück/ und hüllt es leise/ in milden,/ überirdischen Glanz.*

Mündet das Gedicht in *überirdischen Glanz* ein, so ist diese unerwartete Schlußwendung doch durch Formulierungen vorbereitet, die ihren Platz schon vor der Kehre des Gedichts haben. Die erste Versgruppe schloß ja mit dem Blick der Heimgesuchten auf die Trümmer ihres *alltäglichen, glanzlosen Daseins.* Glanzlos war das Dasein schon, bevor das Unglück plötzlich hereinbrach – um wieviel mehr bei dessen abstumpfender Dauer. Es ist diese Folie, auf der das Schlußwort *Glanz* leuchtet!

Wie neu der Glanz ist, wie anders als der grelle Blitz der Zerstörung oder die trügerische Illumination eines verwirrenden Schauspiels, teilen drei Wörter mit: das Adverb ›leise‹ und die Attribute ›milde‹ und ›überirdisch‹. Auch diese Bestimmung hat im Gedicht ihre negative Vorbereitung. In der ersten Versgruppe, als vergleichsweise von den *aus überirdischer Ferne* geschleuderten Meteoren die Rede war, erschien das Wort ›überirdisch‹ in metaphorischem Gebrauch. Es vertrat den kosmischen Raum. In der dritten Versgruppe ist es anders. Dort hatte der Autor, wie die Entwurfsfassung zeigt, mehrere Termini erwogen, zuerst das ›Ewige‹, dann das ›Himmlische‹, um sich zuletzt für das ›Überirdische‹ zu entscheiden: *Die Menschen gaffen halb neidisch, halb schaudernd,/ ins Ungeheure,/ wo das Überirdische,/ [...] zum verwirrenden/ unentwirrbaren,/ irdischen Schauspiel sich stellt.* Das ›Überirdische‹ erinnert hier an die Dramen der griechischen Dichter, sodann auch an die in der Folge griechischen Denkens mächtig gewordene Metaphysik. Aber vom überirdisch inszenierten irdischen Schauspiel, das ein für jede Sensation und Täuschung bereites Publikum verwirrt, kann am Ende nicht mehr die Rede sein. Nichts Ungeheures zieht auf, nichts Unheimliches bedrängt. Da ist nur die schlichte, die irdisch erfahrbare *Treue* der vertrautesten Menschen. Doch ihr wird die Kraft zur Verklärung zugesprochen. Leise hüllt diese Treue *alles Unglück [...] in milden, überirdischen Glanz.* ›Überirdisch‹ heißt auch hier: aus einer anderen Welt. Aber aus welcher? Suchen wir die Antwort im Kontext der übrigen Gedichte, so stellt sich bald die vorletzte Strophe aus »Von guten Mächten« ein: *Wenn sich die Stille nun tief um uns breitet,/ so laß und hören jenen vollen Klang/ der Welt, die unsichtbar sich um uns weitet,/ all deiner Kinder hohen Lobgesang.* Indessen sind zunächst noch andere Kontexte zu befragen.

Ethikzettel, Romanfragment, Losungsspruch

Trotz des eben notierten Anklangs: Mit »Glück und Unglück« hat Bonhoeffer ein weltliches Gedicht geschrieben. Dazu paßt, daß die Wörter Glück und Unglück im Neuen Testament der Lutherbibel überhaupt nicht vorkommen. Im Alten Testament dagegen sind sie häufig, wobei Unglück noch vier- bis fünfmal so oft erscheint wie Glück. Das Wortpaar wiederum ist ganz selten.[1] Bezeichnend für die Bibel, zumal für das Alte Testament, ist die konkrete Rede, nicht die verallgemeinernde und vergleichende Erörterung. Die aber wird unverzichtbar, wenn es um eine Ethik geht. *Glück und Unglück* ist ein ethisches Thema.

Nicolai Hartmann:
Liebe jenseits von Glück und Unglück

Auf einem der Zettel mit Notizen zu seiner geplanten »Ethik« hatte Bonhoeffer wahrscheinlich schon im Sommer 1940 festgehalten: »Liebe jenseits von Glück und Unglück«. Ilse Tödt weist nach, daß er sich damit auf die »Ethik« des Berliner Philosophen Nicolai Hartmann bezog.[2] In Unterscheidung von der Fernsten- und Nächstenliebe behandelt Hartmann im 57. Kapitel die »Persönliche Liebe«. Ein Unterteil heißt »Jenseits von Glück und Unglück«. Liebe und Glück hängen wohl zusammen, aber in der Liebe ist Glück, ethisch betrachtet, »gerade sekundär«. Das sieht man an der sogenannten unglücklichen Liebe. In der Liebe rücken Lust und Leid so eng zusammen, daß sie »indifferent, d.h. buchstäblich ununterscheidbar« werden.[3] Das ganze Kapitel über persönliche Liebe schließt N. Hartmann mit diesem Satz: »So ist persönliche Liebe [...] ein letzter Sinn des Lebens, eine Erfüllung schon im

---

1. Sir. 11,14; II. Makk. 14,14.
2. Dietrich Bonhoeffer, Zettelnotizen für eine »Ethik«, 37.
3. Nicolai Hartmann, Ethik, Berlin ³1949, 539. Bonhoeffer hatte sich im Juli 1940, wahrscheinlich während seines Aufenthaltes in Königsberg, Hartmanns Werk in der 2. Auflage von 1935 gekauft. Die von mir benutzte 3. Auflage ist wie die 2. eine unveränderte.

Keime, ein äußerster Selbstwert und eine Sinngebung des Menschen-
daseins – unnützlich, wie aller echte Selbstwert, aber ein Glanz über
unserem Leben.«[4]

Daß Bonhoeffer sich bei der Niederschrift seines Gedichtes der Hart-
mannschen Formulierung von der Liebe »jenseits von Glück und Unglück« erinnert, scheint mir unzweifelhaft. Aber in seinen Versen hat er
nicht die Liebe an den Ort gesetzt, von dem aus gesehen Glück und
Unglück ihren Vorrang verlieren, sondern die Treue. Vielleicht ist auch
das Moment der zeitweiligen Nichtunterscheidbarkeit eine Reminis-
zenz, bei Hartmann Lust und Leid zugeprochen, bei Bonhoeffer Glück
und Unglück. Auffällig ist ferner das Ende des jeweiligen Gedankengan-
ges mit »*Glanz über* unserem Leben« bzw. »in [...] *über*irdischen
Glanz«. Ist so ein Gleichklang Zufall? Das läßt sich schwer entscheiden.

Der Major: Wider das Liebäugeln mit dem Unglück

Mit Bonhoeffers Romanfragment, einem ersten Kapitel von immerhin
fast 120 Druckseiten[5], sind wir der Entstehungszeit des Gedichtes schon
recht nahe. Der Tegeler Häftling arbeitete an diesem Kapitel von Mitte
August bis vermutlich Anfang Dezember 1943. Das Gespräch des »Majors« mit seinen jungen Gästen, unter ihnen der 17jährige »Christoph«,
wird am Ende dieser Zeit niedergeschrieben worden sein.

Es geht um das Zusammenleben der Verschiedenen, im persönlichen
Umkreis wie im Miteinander der Völker. Christoph fühlt sich durch des
Majors Option für die »Liebe zum wirklichen Leben« und also für ein
Prinzip der wechselseitigen Begrenzung herausgefordert. Leidenschaftlich wehrt er sich gegen die Gefahr, die Besseren könnten ihre Berufung
zur Zurückdrängung des Chaos, das sich der Stimme der Minderen bedient, kampflos preisgeben. Es seien nun einmal die einen Herren und
die anderen Sklaven. »Für die kleine Schar der Herren aber, für die Frei-
en, für die Elite, die Führung darf nicht die Liebe zum Leben und das
Glück der letzte Maßstab sein. Ein unglücklicher Mensch ist besser als
ein glückliches Haustier.« Hier greift der Major ein, scherzhaft zuerst
und dann mit ernster Warnung an die Jungen, doch ja nicht die Härte,
die ihnen vielleicht nötig erscheine, auch noch zu verherrlichen. Vor
allem sollten sie sich hüten, leichtfertig über das Glück zu reden und
mit dem Unglück kokettieren. »Das Unglück kommt von selbst oder
besser – von Gott; wir brauchen ihm nicht nachzulaufen! Unglücklich

---

4.　Ebd., 544.
5.　VII, 73-191. Unbedingt zu vergleichen ist das Nachwort zu »Fragmente aus
　　Tegel« von den Herausgeberinnen R. Bethge und I. Tödt (205-247).

werden – das ist Schickung, aber unglücklich sein wollen – das ist Läs-
terung und eine schwere Krankheit der Seele. Die Menschen haben sich
an Glück überfressen, nun schielen sie zur Abwechslung und aus Neugier nach dem Unglück. Ich kann mir nichts Satteres und wenn du
willst – obwohl ich dieses Wort nicht gern mißbraucht sehe – nichts
Bürgerlicheres denken als das Liebäugeln mit dem Unglück.«[6]

Wieder liegt auf der Hand, daß Bonhoeffers Gedicht Motive aufnimmt, die ihm aus früher bedachten Zusammenhängen zufließen.
Aber auch hier zeigt sich, daß das Gedicht, statt das Gleiche nur in anderer Form zu sagen, sein eigenes Profil wahrt: Den Lesern begegnet
keine Rechtfertigung des Glücksverlangens, auch keine Warnung vor
einer Relativierung des Unglücks zu Gunsten der heroischen Übernahme eines vermeintlichen Auftrags, statt dessen die in feierlicher Sprache
vorgetragene und aufs Allgemeine bedachte Beobachtung, wie Glück
und Unglück die Menschen trifft, was es mit ihnen tut – und was jenseits dieser Erscheinungen an durchtragender Hilfe erfahren wird.

Joseph: Glück, Unglück, Seligkeit

Am 25. Mai 1944 schickte Bonhoeffer den jungen Eltern Bethge (Eberhard weilte auf Fronturlaub bei Renate im bombenbedrohten Berlin,
das Kind war soeben getauft worden) für die bevorstehenden Pfingsttage drei kurze Meditationen zu den Herrnhuter Losungen und Lehr-
texten.[7] Das ist nur zehn Tage vor dem Brief, in dem Bonhoeffer gesteht, daß es ihn jüngst auch zu poetischen Versuchen getrieben habe,
also sehr kurz vor der Niederschrift von »Glück und Unglück«. Die
dritte der genannten Meditationen geht von Genesis 39,23 aus: »Der
Herr war mit Joseph, und was er tat, dazu gab der Herr Glück.« Einen
zeitlich näheren Kontext zum Gedicht kennen wir nicht.

Das Stichwort »Glück« muß Bonhoeffer gelegen kommen. Er will zu
Eheleuten sprechen, die um ihr Glück bangen müssen. Also über
»Glück und Unglück« schreiben? Das war das Thema des Gesprächs
zwischen Christoph und dem Major im Romanfragment: Das Glück
als Lebensmaßstab darf nicht diffamiert, das Unglück als übernommene Lebenseinbuße nicht heroisiert werden. Aber das ist nicht das Pro-

6. Ebd., 180-185. Dort auch in den Anmerkungen philosophiegeschichtliche
    Nachweise für Christophs Argumentation.
7. XVI, 651-654. Der auf S. 651 verwendete Oberbegriff »Andachtshilfen« lenkt
    von der sehr persönlichen Zuspitzung auf die Adressaten ab. Die Losungs-
    meditationen sind textgebundene Seelsorge in einmaliger Situation. Vgl.
    J. Henkys, Dietrich Bonhoeffers Gefängnisgedichte, 23-26.

blem der beiden Adressaten. Kommt hinzu: Es ist ja der Joseph *im Gefängnis*, dem Gott Glück gibt. Im Gefängnis ist auch Bonhoeffer. Wie
kann er zu den beiden reden, ohne auf störende Weise sich selbst ins
Spiel zu bringen? Darf er aber sein Leiden einfach übergehen? Er beginnt so: »Einige seiner Kinder segnet Gott mit Glück, er läßt ihnen
alles gelingen, was sie angreifen, er ist mit ihnen, schenkt ihnen das
Wohlwollen der Menschen, Erfolg und Anerkennung in ihrem Tun, ja
er gibt ihnen große Macht über andere Menschen und läßt durch sie
sein Werk vollbringen. Zwar müssen auch sie meist durch Zeiten des
Leidens und der Prüfung hindurch, aber was Menschen ihnen auch Böses zu tun versuchen, immer läßt es ihnen Gott zum Guten ausschla-
gen.« Das alles ist in Erinnerung an die biblische Josephsgeschichte formuliert, doch der verallgemeinernde Plural läßt den Briefempfängern
Raum, auch sich selbst darin wiederzufinden, in ihrem Lebensglück[8]
und in seiner Gefährdung. Gegen diese breite Ausführung, offen für
die Applikation auf Gegenwärtiges, wirkt der nächste Satz karg. Auch
weicht er an entscheidender Stelle vom Muster der eröffnenden Formulierung ab: »Andere seiner Kinder segnet Gott mit *Leiden bis zum Martyrium*.«[9] Der meditierende Häftling hätte jetzt in die Rolle des gefangenen Joseph schlüpfen und vorsichtig seine eigenen Erlebnisse, Glück
im Unglück, andeuten können. Aber darüber schweigt er. »Leiden bis
zum Martyrium« – wenn dieser Horizont erst einmal eröffnet ist, verbietet sich alles abmildernde Erwägen und Anwenden. Und doch sollen
der lesende Freund und seine junge Frau an dieser Stelle nicht erschrocken hängen bleiben, die Meditation muß sie weiterführen. Also fährt
Bonhoeffer fort, indem er zum Lehrtext[10] übergeht und dabei auf
»Glück« und sein eben noch vermiedenes Gegenteil »Unglück« zurückkommt: »Gott verbündet sich mit Glück und Unglück, um Menschen
auf seinen Weg und zu seinem Ziel zu führen. Der Weg heißt: halten der
Gebote Gottes, und das Ziel heißt: wir bleiben in Gott und Gott in
uns.« Diesen Gedanken führt er weiter und setzt dabei die Wendung
»Glück und Unglück« noch zweimal ein. »Glück und Unglück kommen
zu ihrer Erfüllung in der Seligkeit dieses Ziels: wir in Gott, Gott in uns
[…] Woran erkennen wir, daß wir – durch Glück und Unglück – dieser
Seligkeit entgegengehen?« An der in uns wach gewordenen Liebe zu

---

8. Vgl. die Traupredigt aus der Zelle: »Ihr seid mit den Freuden und Schönhei-
   ten des Lebens geradezu überschüttet worden, es ist euch alles gelungen, es ist
   euch die Liebe und die Freundschaft der Menschen um euch herum zugefallen, eure Wege waren meist geebnet, ehe ihr sie betratet« (VIII, 74).
9. XVI, 654 (Hervorhebung von mir).
10. »Wer seine Gebote hält, der bleibt in ihm und er in ihm. Und daran erkennen
    wir, daß er in uns bleibt, an dem Geist, den er uns gegeben hat.« (1. Joh. 3,24)

diesem Weg und Ziel. »Diese Liebe stammt von Gott. Sie ist der Heilige
Geist, den Gott uns gegeben hat.« Bonhoeffer schließt, den Weg-Ge-
danken verstärkend, mit der Heilig-Geist-Strophe eines alten Wall-
fahrtsliedes: »Der Heilig Geist auch ob uns halt [...]«[11].
Über die erläuternden Anmerkungen hinaus sei an dieser Kurzmedi-
tation noch zweierlei hervorgehoben: 1. »Glück« ist hier durch »Segnen« vermittelt. Das entspricht Bonhoeffers Brief vom 28. Juli des gleichen Jahres: »Der theologische Zwischenbegriff im AT zwischen Gott
und dem Glück etc. des Menschen ist, soweit ich sehe, der des Segens.«
(VIII, 548) 2. Glück und Unglück sind nicht Weisen, in denen Gott
erscheint. Aber Gott verbündet sich mit Glück und Unglück, um die
davon Betroffenen zu dem Ziel zu führen, an dem beides aufgehoben
sein wird in Seligkeit. – Der theologische Mehrwert der Meditation vor
dem Gedicht ist offenbar. Allerdings: Mehrwert ließe nach entsprechen-
dem Unterwert fragen. Versetzt die Andachtsmeditation das nachfolgende Gedicht in solchen minderen Rang? Besser ist es, von seinem
Eigenwert zu reden. Worin besteht er?

»Glück und Unglück« als weltliches Gedicht

Schon mit der ersten Versgruppe sind Glück und Unglück Wesenheiten,
die wie aus eigener Macht eintreffen – um zu *treffen*. Unerreichbar wie
Meteore, die ihre Bahn über *unseren* Häuptern ziehen, schlagen sie ein,
treffen *uns*, lassen (im Falles des Unglücks) Heimgesuchte *betroffen* vor
Trümmern stehen. Das Gedicht thematisiert öffentliche Vorkommnis-
se, und obwohl der Autor beide, Glück und Unglück, als handelndes
Subjekt bewußt hält, hat dem sprachlichen Eindruck nach das Wider-
fahrnis von Unglück den Vorrang. Dazu gemahnt der Plural der ersten
Person an Schicksalsgemeinschaft. Der Autor spricht die Sphäre erleb-
ter Geschichte an, wohl vor allem den überwältigenden Eindruck von
Kriegserfolgen und Kriegsverlusten. Die Meteore über uns und die
Trümmer unten weisen auf das Bombardement der Städte hin.
Groß und erhaben – erhaben ist auch der Stil der Rede, in der Glück
und Unglück zur Sprache kommen. Bonhoeffer ahmt die klassischen
Vorbilder nach, die ihrerseits sprachkünstlerischen Anschluß an die
Griechen und Römer suchten.[12] Die Stillage unterstreicht die öffent-

11. Ein neues Lied, 1932 u. ö., Nr. 406. Die Fassung EG Nr. 498 enthält diese
    Strophe nicht.
12. Friedrich Schillers Gedicht »Das Glück« ist in Distichen verfasst. Walter F.
    Otto zitiert es in seinem Buch »Die Götter Griechenlands« (102). Dieses Werk
    hat Bonhoeffer im Juni 1944 mit größter Anteilnahme gelesen. Vgl. die Noti-

liche Wahrnehmung der angedeuteten Ereignisse. Deren *festlichen Einzug* begleiten Worte, die dem Ornat der *mit Ernst und mit Weihe* geschmückten Heimgesuchten nicht nachzustehen trachten – der Tod der Gefallenen wurde damals oft »in stolzer Trauer« angezeigt. Der Autor will dem eigentümlichen Kollektiveindruck gerecht werden, der ausgelöst wird durch etwas, das plötzlich und mit eigener Gewalt in das geordnete Gesamtleben einbricht.

Glück ist voll Schauer,/ Unglück voll Süße. Die Umgangssprache protestiert. In ihr ist das Glück süß und das Unglück schauerlich. Im Gedicht soll die Verkehrung der Prädikate an das Doppelgesicht des Erlebens erinnern. Aber der Autor verfolgt wohl auch eine eigene Deutungsabsicht. Läßt er Glück und Unglück *aus dem Ewigen* kommen, das einen Blick *ins Ungeheure* freigibt, wo *das Überirdische* sich anschickt, ein irdisches Verwirrspiel zu inszenieren, dann sind es ja unpersönliche, neutrale Wesenheiten (im grammatischen und im sachlichen Sinn), die ihr Spiel mit uns treiben, Manifestationen eines übergreifenden Es. Insofern liegt sinnenhafte Kenntnisnahme näher als Unterscheidung oder gar Entscheidung: Die *Menschen*, die in der zweiten Versgruppe noch die erschütterten waren – jetzt laufen sie herbei und *schauen und gaffen*. Das verbindende Wir ist verschwunden. Distanz kommt auf, und man meint zu spüren, wie auch der Autor Abstand nimmt von dem befremdenden Bild, das er vorzeigt. Jetzt kann er, jetzt muß er fragen: *Was ist Glück, was Unglück?*

Erst die Zeit teilt beide. Die wahre Gestalt des Unglücks enthüllt sich in seiner Eintönigkeit und Aussichtslosigkeit. Die *Dauer* des Unglücks hebt seinen Erregungswert auf. Was anfangs Sensation war, erzeugt jetzt Überdruss und Langeweile. Die zuvor als Zuschauer beteiligt waren, es sind *die Meisten*, wenden sich ab. Das Unglück steigert sich in der Einsamkeit, zu der es die Betroffenen verdammt. – Erst mit dieser Versgruppe wird das Gedicht lebensgeschichtlich durchsichtig. Die verallgemeinernde Rede verbirgt nicht mehr, dass sie Konkretes, Erlittenes zum Anlass hat. Und transparent ist erst recht der Schluss des Gedichts:

Das ist die Stunde der Treue. Die Treue hat Menschengesicht. Es sind *Nächste*, in denen sie Gestalt gewinnt: die *Mutter*, die *Geliebte*, der

zen I und Notizen II (VIII, 488-491) und den Schluss des Briefes an Bethge vom 21. Juni (492). Otto unterstreicht immer wieder, dass Hermes der Gott des Glücks ist – eines Glücks, das freilich trügerisch ist und sich im Handumdrehen auch in sein Gegenteil verkehren kann. Gewinn und Verlust, »Erwünschtes und Unerwünschtes« kommt durch ihn über die Menschen (Otto, 105-126 p.) Das griechische Moment im Gedicht »Glück und Unglück« und ebenso die Ambivalenz der Erfahrung mit dem Glück erklärt sich mir weitgehend aus Bonhoeffers starken Eindrücken bei der Lektüre von Walter F. Otto.

Freund und Bruder. Diese drei und die wenigen, für die sie mit ihrem
Stande stehen[13], haben sich nicht abgewendet. Sie widerstehen der Dis-
tanzierungsgewalt des Unglücks, sie gewähren Nähe. Ihre Treue hebt
das Unglück nicht auf, aber sie *verklärt* es, läßt es in einem anderen
Licht erscheinen. Die Treue der Nächsten holt das Unglück ein in einen
Zusammenhang, den es für sich selbst nicht offenbaren kann, dem es
aber zugeordnet ist und von dem aus es – als Ort menschlichen Für-
einanders – eingehüllt erscheint *in milden, überirdischen Glanz.*

Johann Christoph Hampe schrieb zu »Glück und Unglück«: »Bonhoeffer gelingt es, sein christliches Bekenntnis bruchlos umzusetzen in
das Humanum, dem er dient. Daß nur ein Christ so sprechen kann,
verbergen die Worte […]. Aber es ist dennoch eine erregende theologische Aussage.«[14] Was ist das für eine Aussage? Als die Herausgeber von
DBW VIII (»Widerstand und Ergebung«) Bonhoeffers theologisches
Vermächtnis resümierten, griffen sie nicht auf »Glück und Unglück«
zurück, aber auf einen Geburtstagsbrief an den Freund Eberhard Bethge, der mit den von ihnen zitierten und kommentierten Sätzen diesem
Gedicht sehr nahesteht: »Schließlich sind doch die menschlichen Beziehungen einfach das Wichtigste im Leben; daran kann auch der moderne ›Leistungsmensch‹ nichts ändern, aber auch nicht die Halbgötter
oder die Irrsinnigen, die von menschlichen Beziehungen nichts wissen.
Gott selbst läßt sich von uns im Menschlichen dienen.«[15]

Iphigenie

Zum Abschluss ein Zitat aus Goethes »Iphigenie«. Es soll damit keine
Abhängigkeit Bonhoeffers von Goethe belegt werden. Wohl aber ist auf
eine auffällige Nähe hinzuweisen. Sie springt ins Auge, wenn man auf
die Motivfolge in Bonhoeffers Gedicht blickt, und sie bestätigt sich in
der von ihm angestrebten Stillage.

> Denken die Himmlischen
> Einem der Erdgeborenen
> Viele Verwirrungen zu,
> Und bereiten sie ihm
> Von der Freude zu Schmerzen

13. Vgl. Bonhoeffers lang anhaltende Freude nach einer Sprecherlaubnis, während der er kurz mit den »vier Menschen, die mir in meinem Leben am
nächsten stehen« (beide Eltern, Maria und Eberhard), zusammen sein konnte
(VIII, 209).
14. In: Dietrich Bonhoeffer. Von guten Mächten, 34.
15. VIII, 567; vgl. den Schluß des Nachwortes: VIII, 662.

> Und von Schmerzen zur Freude
> Tief-erschütternden Übergang:
> Dann erziehen sie ihm
> In der Nähe der Stadt,
> Oder am fernen Gestade,
> Daß in Stunden der Not
> Auch die Hilfe bereit sei,
> Einen ruhigen Freund [...][16]

Der Freund im Drama ist Pylades. Einen Dialog zwischen Pylades und Iphigenie führt Bonhoeffer in seiner »Ethik« an und unterstreicht damit den Erkenntniswert von Gedanken über Wahrheit und Lüge, zu denen Goethe »durch eine rein profane Kenntnis der Wirklichkeit geführt wird«. (VI, 281) Das ist nicht das Thema des Gedichtes. Aber auch im Gedicht hat Bonhoeffer den Bildungskonsens seiner Zeit beansprucht, der die dezidiert religiöse Frage auszusparen oder zu ermäßigen pflegte. Er tat es, um gerade auf diesem Wege das Unglück aus der Sphäre des Tragischen zu befreien und in das Licht erlöster und darum irdisch ausharrender Treue zu rücken.

In einem nicht mehr vorhandenen Brief muss Eberhard Bethge das Gedicht gelobt haben. Bonhoeffer antwortet: »Ich finde [...] ›Glück und Unglück‹ auch nicht schlecht.« Allerdings fügt er hinzu: »Aber ist es nicht ein wenig zu gedanklich und zu literarisch?« (VIII, 575) Sein Zweifel ist verständlich, wenn man »Vergangenheit« zum Maßstab nimmt. »Glück und Unglück« ist (nach den Kategorien des Abiturienten) mehr »Gedankenlyrik« als »Erlebnislyrik«. Doch gerade darin liegt die Stärke des Gedichts. Und dass Bonhoeffer selbst es als »literarisch« empfindet, unterstützt nur unseren Vorschlag, als Kontext im weiteren Sinne auch Goethes Iphigenie-Monolog zu beanspruchen.

16. Goethes Werke in zehn Bänden, hg. von Reinhard Buchwald, Vierter Band: Weimar und Italien, Weimar 1956, 432 f.

3. Wer bin ich?

Der Text

Von diesem Gedicht gibt es zwei handschriftliche Exemplare. Das eine war für Bonhoeffers Eltern bestimmt. Das andere lag dem Brief an Bethge vom 8. Juli 1944 bei. Darin fehlt die Zeile *zitternd vor Zorn über Willkür und kleinlichste Kränkung*, zweifellos ein Versehen des Autors beim Herstellen der Reinschrift. – Bonhoeffer hat den Zeilenabstand nach Ende einer strophischen Einheit nicht immer deutlich vergrößert. Aber der Aufbau des Gedichts läßt klar erkennen, wo die Zäsuren zu setzen sind.

Wer bin ich?

Wer bin ich? Sie sagen mir oft,
ich träte aus meiner Zelle
gelassen und heiter und fest,
wie ein Gutsherr aus seinem Schloß.

Wer bin ich? Sie sagen mir oft,
ich spräche mit meinen Bewachern
frei und freundlich und klar,
als hätte ich zu gebieten.

Wer bin ich? Sie sagen mir auch,
ich trüge die Tage des Unglücks
gleichmütig, lächelnd und stolz,
wie einer, der Siegen gewohnt ist.

Bin ich das wirklich, was andere von mir sagen?
oder bin ich nur das, was ich selbst von mir weiß?
unruhig, sehnsüchtig, krank, wie ein Vogel im Käfig,
ringend nach Lebensatem, als würgte mir einer die Kehle,
hungernd nach Farben, nach Blumen, nach Vogelstimmen,
dürstend nach guten Worten, nach menschlicher Nähe,
zitternd vor Zorn über Willkür und kleinlichste Kränkung,
umgetrieben vom Warten auf große Dinge,
ohnmächtig bangend um Freunde in endloser Ferne,
müde und leer zum Beten, zum Denken, zum Schaffen,
matt und bereit, von allem Abschied zu nehmen?

Wer bin ich? Der oder jener?
Bin ich denn heute dieser und morgen ein andrer?
Bin ich beides zugleich? Vor Menschen ein Heuchler
und vor mir selbst ein verächtlich wehleidiger Schwächling?
Oder gleicht, was in mir noch ist, dem geschlagenen Heer,
das in Unordnung weicht vor schon gewonnenem Sieg?

Wer bin ich? Einsames Fragen treibt mit mir Spott.
Wer ich auch bin, Du kennst mich, Dein bin ich, o Gott!

Rezeptionsvorteile

Nur zwei der Gedichte Bonhoeffers geben sich sofort und eindeutig als
Verse aus der Haft zu erkennen: »Wer bin ich?« und »Nächtliche Stimmen«. Sie sind zur gleichen Zeit entstanden. Als Bonhoeffer »Wer bin
ich?« mit einem Brief an Bethge weitergab, hielt er »Nächtliche Stimmen« noch zurück (VIII, 512). Welcher der beiden Texte eher entstanden ist, läßt sich nicht ausmachen. Aber beide spiegeln die Gefängnis-
situation. Wenn jemand auch gar nichts über den Autor wüßte – hier
hört er ihn als Häftling sprechen, oder, wenn er das Ich als eine literarische Fiktion ansehen wollte, in der Gestalt eines Gefangenen. Die
Sprechsituation ist unmißverständlich: Rede im Kerker. Dabei hat aber
»Wer bin ich?« den »Stimmen« gegenüber beachtliche Rezeptionsvorteile. Das ließe sich an dem breiten Spektrum der Abdrucke und Ver-
wendungen des Gedichtes verdeutlichen.[1] Drei Zugangsmomente seien
vorweg genannt.

Schon mit seiner Überschrift und dann mit deren dauernder Wiederholung eröffnet das Gedicht ein Thema, das alle Lesenden auch als ihr
eigenes kennen. Denn die Frage »Wer bin ich?«, forschend, grübelnd
oder zweifelnd ausgesprochen, drückt das Menschsein in seiner Grund-
befindlichkeit aus, und ein so überschriebenes Gedicht lädt dazu ein, im
Spiegel einer fremden Existenz die eigene anzuschauen. Es gibt mannig-
fache und sehr persönliche Gründe, vor solch einem Bilde innezuhal-
ten, also zur Leserin, zum Leser zu werden. – Tritt, zweitens, der Ver-
fassername hinzu, so kann das die Lesebereitschaft derer, die mit dem
Autor schon etwas verbinden, nur erhöhen. Denn der Name Dietrich

1.   Vgl. etwa Margret Fischer, Bonhoeffer – Christ im Widerstand. Zeitgeschichte
     im Religionsunterricht mit Beispielen für das exemplarische Lehren und Ler-
     nen, Hamburg 1967; Evangelischer Erwachsenenkatechismus. Kursbuch des
     Glaubens, hg. von Werner Jentsch u. a., Gütersloh 1975, 457 f.; Dorothee Söl-
     le, Die Hinreise. Zur religiösen Erfahrung. Texte und Überlegungen, Stuttgart
     1975, 143-153.

Bonhoeffer ist ihnen vor allem darum bedeutsam, weil er für Widerstand, Haft und Tod steht, für ein Ende, das in das vorangegangene Leben doch zurück leuchten müßte. »Wer bin ich?« als Haftgedicht scheint besonders geeignet zu sein, die Tür zu Bonhoeffers Biographie zu öffnen. – Drittens begegnet das Gedicht als eine unverschlüsselte, übersichtliche, deutlich geordnete Sprachgestalt. Die Schwelle zum miterlebenden Verstehen ist niedrig, die Pointe im Schlußvers schlagend und dazu mit einem geistlichen Impuls aufgeladen, der über das Gedicht hinausführt.

Die Interpretation schließt sich diesen Zugängen an und erörtert sie im Einzelnen. Sinnvollerweise ist aber die Reihenfolge umzukehren: zuerst Beobachtungen zur poetischen Form, dann Kontexte aus der Biographie und zeitgleichen Äußerungen, schließlich die theologische Bündelung.

Aufbau und Sprache

Ein Block aus drei Versgruppen steht am Anfang. Die Augen der Lesenden nehmen sie wahr wie ein traditionelles Strophengedicht. Es herrscht strenge Parallelität. Jeder Vers einer Versgruppe entspricht den Versen gleicher Position in den beiden anderen Versgruppen. (1) *Wer bin ich?* ... (2) *ich träte/ich spräche/ich trüge* ... (3) jeweils drei Adverbien, die das Auftreten des Ich kennzeichnen (4) *wie/als/wie* ... Die mit der Außenwahrnehmung kontrastierende Selbstwahrnehmung des Ich, das Thema des nächsten Teils, ist im Eingangsblock schon angebahnt durch den dreimaligen harten Zusammenstoß in jedem Anfangsvers: (1) ... *ich? Sie* ... Wer *ich* bin und was *sie* mir sagen – fragweise baut sich ein Gegenüber auf, das zum Gegeneinander beobachtender Wahrnehmung werden wird. Dazu gehört auch die Spannung der Zeilenschlüsse (2) und (4): *Zelle – Schloß; meinen Bewachern – ich zu gebieten; Tage des Unglücks – der Siegen gewohnt ist.* Hier waltet keinerlei Sprachzufall. Der Autor hat die Sätze, die das persönliche Erleben spiegeln, nicht einfach fließen lassen. Er hat sie einem Aussagewillen unterstellt, er hat sie durchgestaltet, gruppiert und in die Waage gebracht.

Aber zum Teil eines Gedichts werden sie doch erst dadurch, daß Sprechrhythmus und Sprachsinn zueinander finden und sich zugleich einer mehr oder weniger dominanten metrischen Ordnung anvertrauen. Die Versgruppen bestehen aus Dreihebern mit offenen, das heißt hier: jambisch oder daktylisch bestimmten Füllungen. Das Metrum mutet klassisch-antik an. Der Grund dafür leuchtet ein, wenn man je zwei Dreiheber zu einem Sechsheber zusammenfügt. Dann nämlich ist man dem Hexameter nahe, so in den beiden Schlusszeilen der Versgruppen 2 und 3:

[...] frei und freundlich und klar,/ als hätte ich zu gebieten.
[...] gleichmütig, lächelnd und stolz,/ wie einer, der Siegen gewohnt ist.

Bonhoeffer wollte offenbar nicht durchweg schulmäßig verfahren. Ihm genügte der Reiz einer poetisch gehobenen Sprache, wie er nicht zuletzt durch metrische Reminiszenzen erreicht wird. Aber darunter wollte er eben auch nicht bleiben.

Der zweite Block besteht aus elf fünf- oder sechshebigen Versen, und damit bestätigt sich die Annahme, daß die kurzen Dreiheber des Eingangsblocks metrisch als geteilte Langverse aufzufassen sind. Während die erste Zeile nur noch einmal die Frage schärft, die sich dem Ich durch die Sicht der Außenstehenden aufgedrängt hat, kommt danach, eingeleitet durch das alternative »Oder«, breit die Selbstwahrnehmung zu Wort. Sie begegnet als ein einziger unvollständiger Fragesatz, der durch neun Verse hindurch die eigenen schlimmen Befindlichkeiten aufreiht. Mehrfach sind die einzelnen Verse auch noch in sich selbst durch eine Aufzählung bestimmt. Die sprachliche Form der Reihung bildet so eine stetig anbrandende Klage ab. Alles treibt auf die letzte Folgerung für dieses eingesperrte und niedergehaltene Leben zu, nämlich »Abschied zu nehmen«.

Hier hält der Autor inne. Ein Kurzvers, der formal an den Anfang erinnert, nimmt noch einmal die beiden bisherigen Fragen in sich auf: *Wer bin ich? Der oder jener?* So kommt es zu einer Ballung, zur Schürzung des Knotens. Doch damit ist der Weg zur Lösung noch nicht frei. Im Gegenteil, die neue Versgruppe wirkt verzögernd, bringt aber auf der Inhaltsebene eine Verschärfung. Denn die Fragenserie, die mit dem Kurzvers eingeleitet wird, fasst das ethische Problem der Doppelexistenz ins Auge, den Verlust der Identität, die womöglich auf Dauer gestellte personale Uneindeutigkeit. Die letzten beiden Zeilen sind einem Distichon ähnlich:

Oder gleicht, was in mir noch ist, dem geschlagenen Heer(e),
das in Unordnung weicht vor schon gewonnenem Sieg?

»Sieg« in der betonten Schlußposition weist zurück auf »Siegen« im Schlußvers des ersten Blocks. Aber das Subjekt des Sieges ist hier ein anderes als zuvor: Sieger wäre nicht (unter dem Schein des Gegenteils) der ich-starke Häftling, vielmehr (wie es zusehends offenbar wird) die Macht, die sein Ich zerstört. Es ist ein Kampfbild, das der Autor in sein Distichon aufnimmt. Es erinnert an eine Auslegungstradition, die sich an die Dialektik der österlichen Heilsverkündigung anschließt: Nach Ausweis der christlichen Leidenserfahrung operieren die Gegenmächte

Gottes zwar noch in heftiger Gegenwehr, aber unter der Perspektive des eschatologisch vorgreifenden Glaubens sind sie bereits zur Kapitulation verurteilt, sie müssen vor dem schon gewonnenen Sieg Christi weichen.[2] Eben diese Gewißheit sieht das bedrängte Ich in Frage gestellt, womöglich ins Gegenteil verkehrt.

Jetzt erst erreicht das Gedicht sein Ende. Es schließt mit einem Zweizeiler, der durch Absatz von der vorigen Einheit getrennt ist. Seine formale Besonderheit: Die beiden Verse sind durch Reim gebunden. Es ist ein traditioneller Reim, aber der verfehlt seine Wirkung nicht. Durch ihn erhält das letzte Wort des Gedichts stärksten Nachdruck: »Gott«. Erst mit diesem Schluß hat sich auch die Rederichtung geändert, das Ich spricht sein Du an. Die Frage »Wer bin ich?« relativiert sich angesichts der allein wichtigen anderen: Wem gehöre ich? Und die Antwort darauf läßt sich nur in bekenntnishafter Anrede geben: »Wer ich auch bin, Du kennst mich, Dein bin ich, o Gott!«

Lebens- und werkgeschichtliche Kontexte

Das Motiv »Wer bin ich?« wird im Gedicht als eine aktuelle Frage durchgeführt. Die Haftsituation treibt das Ich zu seiner bohrenden Selbstbefragung. Doch zeigen Kontexte aus Bonhoeffers theologischer Biographie, dass die Frage schon früher dringlich war. Zu »Wer bin ich?« gehört ein weites Hinterland theologischer Überlegungen. Dass Bonhoeffer die alte Frage während der Haft in einem so streng geordneten, durchsichtigen Text entfaltete, war auch darin begründet, dass er früher Durchdachtes und jetzt Durchlebtes zusammenbringen wollte. Drei Stationen geben nähere Auskunft.

Berlin 1932/33

Nach der Habilitation 1930 und dem Amerikaaufenthalt 1930/31 wird Bonhoeffer Studentenpfarrer an der Technischen Hochschule und Privatdozent für Systematische Theologie an der Friedrich-Wilhelms-Universität zu Berlin. Im Wintersemester 1932/33 hält er an der Universität neben seiner Vorlesung auch »dogmatische Übungen«, und zwar unter dem Titel »Theologische Psychologie«. Es handelt sich dabei um einen

---

2. Vgl. die Osterlieder »Christ lag in Todesbanden« (Martin Luther 1524) und »O Tod, wo ist dein Stachel nun« (Lüneburg 1657) mit ihrem Rückgriff auf 1. Kor. 15,55-57 und Ps. 118,15-18 wie auf die Sequenz »Victimae paschali laudes« (Wipo von Burgund).

bestimmten Problembereich der theologischen Anthropologie: wer der
Mensch ist in Bezug auf sein Vermögen, sich seiner selbst bewußt zu
sein, sich selbst zu erkennen und zu beurteilen. Welche Antwort geben
die Philosophen? Was ist aufschlußreichen Dokumenten christlicher
Frömmigkeit (Kirchenliedern Luthers und der beiden folgenden Jahrhunderte) zu entnehmen? Was lehrt eine der Offenbarung Gottes nach-
denkende Theologie? Wir kennen diese recht anspruchsvolle Lehrveranstaltung mit Ausnahme zweier Thesenreihen von Bonhoeffers Hand
nur aus studentischen Mitschriften. Eberhard Bethge hat den Gang des
Seminars auf Grund der Mitschrift von Wolf-Dieter Zimmermann re-
konstruiert und als flüssiges Referat vorgelegt.[3] Die Werkausgabe dokumentiert die ausführlichere Mitschrift von Hilde Pfeiffer. (XII, 178-
199)

Der erste Satz der Mitschrift Hilde Pfeiffer lautet: »*Wir fragen nach
einem Teil des Menschen, der Seele, der glaubenden Seele unter der Voraussetzung der Offenbarung Gottes*« (XII,178). Hatte der Vikar über die
Begegnung des Menschen mit sich selbst, mit seiner Seele, eine lebens-
volle Gemeindepredigt gehalten,[4] so bearbeitete der Privatdozent in der
gleichen Sache, aber äußerst abstrakt, ein ganzes Bündel philosophisch-
theologischer Fragestellungen. Aber beide Male ging es schließlich um
die Antwort, die der von der »Offenbarung Gottes« geweckte Glaube
gibt, ja die der Glaube selbst ist, welcher, obwohl in der Gestalt vorfind-
licher Gläubigkeit wirksam, sich weder aus Erfahrungswissen ableiten
noch durch kritische Gedankenarbeit ablösen läßt. Der Glaube ist kein
mitgebrachtes seelisches Vermögen. Dennoch wird er wirklich nur als
Akt der »glaubenden Seele«.

Der Begriff »Psychologie« im Titel der Lehrveranstaltung will also
durchaus wörtlich genommen werden: Seelenlehre. »Theologische Psychologie« wäre dann diejenige Seelenlehre, die innerhalb des univer-
sitären Lehrbetriebes von einem Theologen vorgetragen wird, insoweit
sie (wie man im Umkreis Karl Barths zu sagen pflegte) im biblischen
Zeugnis von der Offenbarung Gottes wurzelt. Verglichen mit heutiger
theologischer Arbeit fällt auf, daß Bonhoeffer die Pschologie im fach-
spezifischen Sinne fast völlig übergangen hat. Sein Seminar war trotz
der bemerkenswerten Formulierung des Themas nicht interdisziplinär
konzipiert (von den philosophischen Exkursen abgesehen). Etwas anderes hätte man damals wohl auch kaum erwartet. Aber es gab auch
besondere Gründe für die theologische Selbstbeschränkung. Zu Bonhoeffers Zeit galten die psychoanalytisch-psychotherapeutischen An-

3.   DB, 1091-1095 (nur in den früheren Auflagen).
4.   Siehe o. im 1. Teil den Abschnitt »Johann Wolfgang Goethe: Der Gott und die
      Bajadere«.

sätze der Seelenlehre noch nicht als lehrstuhlfähig. Vor allem aber war es die offenbarungstheologische Grundorientierung Bonhoeffers, die ihm eine entschiedene Abgrenzung von aller Nicht-Theologie, auch in Form des schlichten Übergehens, näher legte als den Dialog.

Wer wird seiner Seele zum Leben verhelfen? Der Prediger sagte: Nicht wer erschrocken in sie hineinstarrt, auch nicht wer sie bildet und kultiviert, sondern nur wer sie hingibt, wer sie an Gott verliert (X, 521). In den dogmatischen Übungen kehrt dieser Gedanke wieder, als Bonhoeffer das Verhältnis von Reflektieren und Existieren bespricht. »In der Reflexion zieht sich der Mensch aus der Wirklichkeit [nämlich aus seiner geschöpflichen Ganzheit] heraus.« »Ich lege mich in Subjekt und Objekt auseinander.« Dagegen besagt der »Akt des Existierens«, dass das Ich sich mit sich selbst identifiziert und, unter dem Vorzeichen des Glaubens, »sich selbst in seiner Ganzheit Gott hingibt« (XII, 181). Der Häftling wird sein Gedicht mit einem Gebetssatz der Hingabe beschließen: »Wer ich auch bin, Du kennst mich, Dein bin ich, o Gott.«

Zingst und Finkenwalde 1935/36

»Bonhoeffer hielt heut' ein Bombenkolleg über Kinderpsychologie. Jede Vorlesung ist ganz großes Format.« Das schrieb Albrecht Schönherr am 29. Mai 1935 an seine Braut Hilde Enterlein.[5] Bonhoeffer hatte im Frühjahr 1935 den Aufbau und die Leitung eines Predigerseminars der Bekennenden Kirche übernommen. Hier sollten ›illegale‹ Kandidaten der Theologie aus dem Bereich der Altpreußischen Union für die 2. Theologische Prüfung und den pfarramtlichen Dienst vorbereitet werden. Sie hatten ihren deutschchristlich dominierten landeskirchlichen Konsistorien jegliche Leitungsbefugnis aberkannt und sich für ihren weiteren beruflichen Weg den Bruderräten der Bekennenden Kirche unterstellt. Bonhoeffer begann mit dem ersten Kurs übergangsweise im Ostseebad Zingst, um dann mit den Kandidaten nach Finkenwalde bei Stettin umzuziehen, wo er den Kurs zu Ende führte und bis zur staatspolizeilichen Schließung des Seminars noch vier weitere Kurse unterrichtete. Über die Fülle der Vorlesungen und Übungen, für die Bonhoeffer nun zuständig war, unterrichtet der 14. Band der Werkausgabe. Weitgehend neu waren für ihn, den Dogmatiker und Ethiker, die Lehrveranstaltungen in den Kerndisziplinen der Praktischen Theologie: Homiletik, Katechetik, Kybernetik (Amt, Verfassung, Recht der Kirche), Poimenik (Seelsorgelehre). Schon im ersten Kurs las er entsprechende Kollegs, also auch eine Katechetik, und darin gibt es einen sehr ge-

5.   Laß es uns trotzdem miteinander versuchen, 52.

schlossen wirkenden »Psychologischen Teil«, der in je einem Kapitel die Entwicklung im Kindes- und Jugendalter behandelt.

Die Frage, an welcher Literatur sich Bonhoeffer bei seinem psychologischen Teil orientierte, ist bisher ungelöst. Vermutlich hat er ihn ganz selbständig entworfen, indem er seine mannigfachen Erfahrungen mit Kindern und Jugendlichen in stiller Auseinandersetzung mit den im Bildungsgespräch präsenten Erkenntnissen einer Entwicklungspsychologie systematisierte, die im Ansatz mehr auf Verstehen der Phänomene als auf Erhebung von Daten bedacht war. Wichtig für unseren Zusammenhang ist nun aber, daß Bonhoeffer sich in seiner Deutung der Entwicklung Heranwachsender ganz auf das Identitätsproblem konzentriert: Dem Einssein der Person und ihrer Welt im Kindesalter folgt im Jugendalter die aufwühlende Erfahrung des inneren Gespalten- und äußeren Gegenüberseins.

Aus der stenographischen Mitschrift des Kandidaten Friedrich Trentepohl vom Januar 1936 (zweiter Kurs): »Der Jugendliche ist wesentlich der entzweite Mensch. Es ist etwas entzwei gegangen, seitdem er Kind war, weil er ins Stadium der Reflexion eingetreten ist. [...] Aus der ungebrochenen einheitlichen Wirklichkeit des Kindes entsteht die gebrochene entzweite Wirklichkeit. Das stellt sich dem Jugendlichen als allseitige Bedrohung dar.« (XIV, 542 f.) Er will die verlorene Einheit wiedergewinnen, indem er sich in die ihm fremd gewordene Welt hineinstürzt, um sie an sich zu reißen, oder sich in das neu entdeckte Innere zurückzieht, um seinen Verlust dort sowohl auszukosten als auszugleichen. Dabei muß er auf die Dauer scheitern, und indem er scheitert, wird er zum Erwachsenen. Offenkundig aber braucht er dazu pädagogische Hilfe. Sache der christlichen Erziehung ist es, »das Stadium der Entzweiung unter das Wort Gottes zu stellen«. Dabei tritt dem Erleben der Entzweiung die Herausforderung zur Entscheidung gegenüber. »Statt Entzweiung muß es christlich heißen: *Entscheidung*. Erst den Jugendlichen wird dieser Begriff verständlich. Unter der Situation der Entscheidung vor Gott muß der psychische Prozeß der Entzweiung ablaufen. Damit wird angeknüpft, aber andererseits gerichtet.« Bonhoeffer meint: Die seelische Verfasstheit Jugendlicher ist religiös getönt. Daran ist anzuknüpfen, aber im Wissen um die »grundsätzliche Verschiedenheit« zwischen jugendlicher Religiosität und christlicher Verkündigung. Insofern Anknüpfung und Gericht! Bonhoeffer konkretisiert durch Stichwortgegenüberstellungen, deren letzte lauten: »Statt Unwertempfindung, Gewisssensurteil: Gericht und Sünde. Statt ethischer Autonomie: Kreuz und Vergebung.« (XIV, 545 f.)

Wer Bonhoeffer verstehen will, darf sich nicht vorschnell an steiler theologischer Gedankenführung stoßen – sie wirkt im vorliegenden Fall noch knapper als gewollt, weil der Mitschreiber ja auch seinerseits mit dem problemgeladenen Vortrag zu kämpfen hatte.[6] Wir haben hier, ohne weitere Problematisierung des jugendpsychologisch adäquaten oder inadäquaten Deutungsversuchs, einfach festzuhalten: Die natürlichen Instanzen des Innen, mit denen es die Selbstreflexion zu tun bekommt, sei es negativ das persönliche Unwertgefühl oder positiv das mit dem Gewissensurteil befriedigte Autonomiebewußtsein (für beides gibt es Anschauung genug in Bonhoeffers Gedicht), sind unter theologischer, auch seelsorgerlicher Perspektive nicht die erstmaßgeblichen. Die Botschaft vom Gericht und von der Vergebung im Kreuz Jesu Christi lenkt den Blick auf das überlegene Urteil Gottes, und erst diese Botschaft befreit aus der Ambivalenz der Selbstbeurteilung.

Tegel 1944

Den zeitlich und sachlich nächsten Kontext zum Gedicht findet man in Bonhoeffers Brief an seinen Freund Eberhard Bethge vom 15. Dezember 1943. Zu diesem Zeitpunkt ist die geschmuggelte Korrespondenz zwischen den beiden noch ziemlich jung. Nach den langen Schreiben Bonhoeffers vom 18.-23. und vom 26.-30. November ist es erst der dritte Brief an Bethge, und manches Erleben ist noch nicht berührt. Bonhoeffer stellt sich vor, er säße mit dem Freunde beim abendlichen Gespräch zusammen. Was käme da alles zu Wort? Er würde auch über die grauenhaften Eindrücke im Gefängnis und seinen Versuch, ihnen mit dem Aufsagen unendlich vieler Liederverse zu widerstehen, berichten.[7] Er fährt fort: »[…] ich habe das Gefühl, ich werde durch das, was ich höre und sehe, um Jahre älter und die Welt wird mir oft zum Ekel und zur Last.« Hatte er manchmal nicht einen anderen Eindruck zu erwecken versucht? So daß auch der Freund wahrnehmen mußte, er sei in dieser Sache etwas bemüht gewesen? Hier beginnt das Selbstzeugnis, auf das es für unsere Gedichtinterpretation vor allem ankommt:

»Ich frage mich selbst oft, wer ich eigentlich bin, der, der unter diesen gräßlichen Dingen hier immer wieder sich windet und das heulende Elend kriegt, oder der, der dann mit Peitschenhieben auf sich selbst einschlägt und nach außen hin (und auch vor sich selbst) als der Ruhige, Heitere, Gelassene, Überlegene dasteht[8] und sich dafür (d.h. für

---

6. Das Thema Entzweiung – Überwindung der Entzweiung behandelt Bonhoeffer ausführlich und unter viel weiterer Perspektive in seiner Ethik (VI, 302-315).
7. Vgl. o. S. 76.
8. Diesen Eindruck nach außen gibt Bonhoeffer mehrfach mit den gleichen Worten wieder, vgl. VIII, 196 und 402.

diese Theaterleistung, oder ist es keine?) bewundern läßt? Was heißt
›Haltung‹ eigentlich? Kurz, man kennt sich weniger denn je über sich
selbst aus und legt auch keinen Wert mehr darauf, und der Überdruß
an aller Psychologie und die Abneigung gegen die seelische Analyse
wird immer gründlicher. Ich glaube, darum ist mir Stifter und Gotthelf[9] so wichtig gewesen. Es geht um Wichtigeres als um Selbsterkennt-
nis.« (VIII,235)

Was das Wichtigere ist, muß dem Freund gegenüber nicht ausgesprochen werden. Überhaupt ist der Schluß des Abschnitts – bezeichnend ist das »man« – unpersönlicher formuliert als der Anfang. Der
Briefschreiber ist, ohne das Thema aufzugeben, einen Schritt zurück-
getreten. Im Anfang dagegen fließt alles in einen einzigen Satz hinein.
Es fallen heftige Ausdrücke: *gräßliche Dinge, heulendes Elend, Peitschen-
hiebe, Theaterleistung.* Andererseits signalisiert Bonhoeffer auch Unsicherheiten im Selbstbild. Zweimal gibt es einen eingeklammerten Einschub, mit dem er ein zuvor ausgesprochenes Urteil noch einmal
verschärft bzw. in Frage stellt: *und auch vor sich selbst; Theaterleistung,
oder ist es keine?* Damit ist schon die Absage an »Psychologie« und »seelische Analyse« vorbereitet. Er hält die Bemühungen auf diesem Ar-
beitsfeld für ablenkend, wenn nicht irreführend. Auf keinen Fall darf
es ihnen erlaubt sein, sich als maßgeblich auch für den Fall der Anfechtung aufzuspielen. Bonhoeffer hegte hier zeitlebens einen Ideologiever-
dacht, den Verdacht nämlich, Therapeut und Patient würden durch ein
religiös aufgeladenes, weltliches Heilsversprechen aneinander gebunden. Daß er irgendwo eine substantielle Auseinandersetzung mit einem
Vertreter der Psychoanalyse vorgetragen habe, ist nicht bekannt.[10] Zumal in der Extremsituation, wie er sie jetzt durchlebt, gilt ihm Selbst-
erkenntnis wenig, Erkanntsein im biblischen Sinne alles. Wenig später
wird er es im Gedicht formulieren und sich zu dem bekennen, der ihn
von Grund auf kennt: »Du kennst mich, Dein bin ich, o Gott!«

Hingabe – oder: Wessen statt Wer

»Ich zögere, das Wort ›Hingabe‹ im Zusammenhang mit Bonhoeffer zu
gebrauchen. Aber das zeigt nur die Verblödung unseres Denkens, als ob
Hingabe nur etwas für Frauen (oder Mystiker) sei, während Männer
immer Eroberer, Sieger und Nehmer, notfalls Hin-Nehmer wären!« So

9. Die Werke der Prosaisten Adalbert Stifter (1805-1868) und Jeremias Gotthelf
   (1797-1857) gehörten zu Bonhoeffers bevorzugter Haftlektüre.
10. Auch die Finkenwalder Seelsorgevorlesung blieb in dieser Hinsicht unbefrie-
    digend.

Dorothee Sölle, die Bonhoeffers Gedicht in ihrem der »religiösen Erfahrung« gewidmeten Buch »Die Hinreise« interpretiert hat. [11] Sie hätte sich, wie wir in den dogmatischen Übungen gesehen haben und wie es im Schlußteil der Vikarspredigt noch viel drastischer und wenn man so will: ›mystischer‹ ausgedrückt war, durchaus auf Bonhoeffer selbst berufen können: Der Schlußvers des Gedichtes meint im Sinne seines Autors tatsächlich Hingabe.

Dorothee Sölle hat zur Deutung von »Wer bin ich?« auf mystische Traditionen und psychologische Forschung (Erik Erikson, Erich Fromm) zurückgegriffen. Beides hätte Bonhoeffer wahrscheinlich energisch abgewiesen. Aber jene spätere Psychologie wie die von Erich Fromm, die Sölle gerade wegen dessen Respekt vor dem psychologisch nicht aufklärbaren Geheimnis des Menschseins anführt, wäre für Bonhoeffer vielleicht doch belangreich gewesen: Nicht das von anthropologischer Forschung geleitete Erkennen dringe zum Geheimnis des Menschen vor, sondern nur das Erkennen der Liebe. Das ist für Dorothee Sölle der Brückengedanke zur Mystik, die ihrerseits die Theologie nur als negative gelten lasse, nicht als den positiven Weg zur Vereinigung. Sölle schließt ihre Auslegung so: »Diesen Akt der Vereinigung, die Denken und Wort übersteigt, vollzieht Bonhoeffer in seinem Gedicht. ›Dein bin ich, o Gott.‹ Aussagen dieser Art sind sprachlich erkennbar durch: Einfachheit, Übergang zur zweiten Person, Anrede und Schweigen. Der Akt kann durch mehr Worte nicht klarer gemacht werden.« [12]

Die theologische Pointe von Bonhoeffers Gedicht läßt sich freilich auch ohne den Umweg über die Mystik fassen. Das Bekenntnis des letzten Verses schließt ja ein, daß die Frage »*Wer* bin ich?« fallengelassen wird, weil eine andere die ungleich wichtigere ist: *Wessen* bin ich? Wem gehöre ich? Damit sind wir aber beim Grundgestein evangelischer Katechismen. Nach Luthers Kleinem Katechismus hat Christus mir Erlösung erworben und zugewandt, »auf daß *ich sein eigen* sei und in seinem Reich unter ihm lebe und ihm diene in ewiger Gerechtigkeit, Unschuld und Seligkeit [...]«. Entsprechend lautet im Heidelberger Katechismus gleich die erste Frage: »Was ist dein ein[z]iger Trost im Leben und im Sterben?« Antwort: »Daß ich mit Leib und Seele, beides, im Leben und im Sterben, *nicht mein*, sondern *meines getreuen Heilandes Jesu Christi eigen* bin [...]«.

Allerdings wollte Bonhoeffer in diesem Gedicht nicht lehren, und so

---

11. D. Sölle, Hinreise, 151.
12. Ebd., 153. Zur Deutung des Gedichtes von der Mystik her (»Die mystische Situation ist Bonhoeffer aufgenötigt worden«, er macht »in Tegel Erfahrungen, wie die Mystiker sie gemacht haben«) vgl. F. Schlingensiepen, Im Augenblick der Wahrheit, 37-40.

darf die Beziehung auf Jesus Christus auch fehlen. Wollte er überhaupt etwas? Absichtsvolle Gestaltung des sprachlichen Ausdrucks gibt es nicht nur um geplanter Außenwirkung willen. Hier drängt innere Auseinandersetzung zur Rechenschaft des Glaubens, zu einer solchen freilich, an der auch andere teilhaben können. Unausschöpfbares Vorbild sind dafür die Psalmen. Der meditierende Bonhoeffer hatte zu einem der Psalmen ein besonders enges Verhältnis: Psalm 119. In seiner Bibel findet sich neben Vers 94 ein kräftiger Bleistiftstrich: »Ich bin dein, hilf mir; denn ich suche deine Befehle.« Und als er am 16. Juli 1944 ein paar Bibeltexte aufzählt, unter denen Eberhard Bethge wählen könne, wenn er denn demnächst einmal zu predigen habe, nennt er auch Psalm 119,94a! Es komme darauf an, sich auf einige wesentliche und einfache Gedanken zu beschränken. Er werde dem Freund gern helfen.[13]

»Ich bin dein, hilf mir.« Was hätte der Gefangene dazu als Predigthilfe aufgeschrieben? Wir wissen es nicht, aber wir können es uns vorstellen: Gewissen Trost, den Anhalt widerständigen Vertrauens, gewinne ich nur in der Kehre von mir zu Dir, von zweifelhafter Selbstverfügung zu mündiger Kindschaft.

Exkurs: Die Deutung der Gedichte Bonhoeffers durch Michael Moll

In seiner Untersuchung deutscher Gedichte aus nationalsozialistischen Gefängnissen geht M. Moll auch auf die Haftgedichte Bonhoeffers ein.[14] Im Unterkapitel »Christliche Lyrik« setzt er für die verfolgten Christen voraus, dass die irdische Wirklichkeit und die religiöse Wirklichkeit, vor der Haft noch widerspruchsvoll miteinander verwoben, unter den Schlägen der Schinder in zwei völlig getrennte Sphären zerfiel.[15] Wem dann »die religiöse Realität zur einzigen Wirklichkeit wurde, war gegen die Entwürdigungsversuche der Gestapo und der SS weitgehend gefeit. Zugleich existierte für diesen Glaubenden der Grundkonflikt zwischen religiöser und materieller Wirklichkeit nicht mehr.« [16] Bonhoeffer freilich habe sich diesem Konflikt gestellt. In seinem letzten Gedicht sei die physische Realität »nahezu ausgeblendet«. »Hier ist die Glaubensrealität schon dominant.« Anders in »Wer bin ich«. In diesem Gedicht handele es sich nicht so sehr um eine individuelle Zerrissenheit des Autors,

---

13. VIII, 529. Im Finkenwalder Konfirmandenunterrichtsplan ist Psalm 119,94 eine der Belegstellen für den Katechismussatz: »Daß du ein Christ wirst, will Gott, will die Gemeinde, wollen deine Eltern. Es sind aber auch viele da, die nicht wollen, daß du ein Christ wirst. Daß du es trotzdem werden kannst, darum mußt du Gott bitten, und dazu soll dir der Unterricht helfen.« (XIV, 788)

14. M. Moll, Lyrik in einer entmenschlichten Welt, 175-178.

15. Ebd., 162 f.

16. Ebd., 174 f.

als vielmehr um die »Zerrissenheit zwischen zwei sich ausschließenden Realitätsprinzipien. Die religiöse Realität, die unempfänglich geworden ist für die psychischen und körperlichen Leiden, die abseits von Schmerz und Deprivation wirkt, steht gegen die physischen und psychischen Realitäten der zermürbenden Haft. Der Autor steht zwischen beiden und ist unfähig sich zu entscheiden, da nicht allein er die Realitäten für sich bestimmen kann. Das Gedicht stellt diesen Konflikt, der dem eigenen Willen nicht lösbar ist, auf allen sprachlichen Ebenen dar.«

Die sprachliche Analyse, die M. Moll dann vornimmt, läuft auf den Gegensatz in den beiden Schlussversen zu. Der vorletzte Vers gehört zur Welt des Gefangenen, der letzte »verweist auf die religiöse Sphäre«. Der Reimklang »Spott« – »Gott« bringt Unvereinbares zueinander. Was sich klanglich entspricht, ist inhaltlich unüberbrückbar getrennt. Damit ist aber »zugleich die mögliche Richtung einer Aufhebung des Konflikts« gewiesen. Erst im letzten Gedicht, ja erst in dessen letzter Strophe, ist dieses Ziel erreicht. Moll zitiert »Von guten Mächten wunderbar geborgen« und schließt: »Ein Konflikt besteht in diesen Versen nicht mehr. Vielleicht schafft erst die Leugnung des Realitätskonflikts, die Leugnung der entmenschlichenden Haft- und Vernichtungsexistenz, in der der Autor gleichwohl weiterhin physisch gefangen bleibt, die Möglichkeit einer so geschlossenen sprachlichen Form.«[17]

Moll nähert sich Bonhoeffers Gedichten ganz von außen, ohne erkennbare eigene Beziehung zur Theologie bzw. ihrer Sache. Er interpretiert ohne jeden Rückgriff auf die werkimmanenten Kontexte. Auch die Tegeler Briefe mit ihrer Kritik der abgespaltenen Religiosität werden nicht erwähnt. Darin liegt die Schwäche seiner Deutung. Immerhin kommt dabei auch eine Stärke zu Tage: Bonhoeffer wird einmal wahrgenommen als einer unter den vielen anderen Verfolgten des NS-Regimes, von denen die meisten ja religiös indifferent, wenn nicht sogar, wie die entschiedenen Kommunisten, kirchenfeindlich waren. Bonhoeffers Haftbriefe von 1944 kreisen um das Problem einer Welt, die den christlichen Glauben in seiner gängigen religiösen Darstellung schon hinter sich hat. Aus solcher Abständigkeit und Unkenntnis heraus wird er hier nun selbst gemustert und in den vielstimmigen ›Chor der Gefangenen‹ eingeordnet. Und ebendort, wo elitäre Bewertung ausscheidet, hatte er ja auch seinen Platz.[18]

17. Alle Zitate ebd., 175-178.
18. Vgl. u. die Interpretation von »Nächtliche Stimmen«.

4. Christen und Heiden

Der Text

Wie »Wer bin ich?« lag auch das Gedicht »Christen und Heiden« in dem Brief Bonhoeffers vom 8. Juli 1944 an Eberhard Bethge. Das Exemplar, das Bethge erhielt, ist mit Tinte und in lateinischer Schrift geschrieben. Die Strophen sind beziffert und zusätzlich durch einen darunter gesetzten Mittelstrich als je eigene Einheit markiert. Daneben hat sich ein mit Bleistift und deutsch geschriebener Entwurf ohne Überschrift erhalten. Mit seinen zahlreichen Streichungen und Zusätzen kann er bestimmte Aufschlüsse über den Weg zur Endfassung des Gedichts geben.[1]

Christen und Heiden

1. Menschen gehen zu Gott in ihrer Not,
   flehen um Hilfe, bitten um Glück und Brot
   um Errettung aus Krankheit, Schuld und Tod.
   So tun sie alle, alle, Christen und Heiden.

2. Menschen gehen zu Gott in Seiner Not,
   finden ihn arm, geschmäht, ohne Obdach und Brot,
   sehn ihn verschlungen von Sünde, Schwachheit und Tod.
   Christen stehen bei Gott in Seinen Leiden.

3. Gott geht zu allen Menschen in ihrer Not,
   sättigt den Leib und die Seele mit Seinem Brot,
   stirbt für Christen und Heiden den Kreuzestod,
   und vergibt ihnen beiden.

---

1. Faksimiles beider Autographe mit der Analyse des Entwurfs unter der Frage, wie Bonhoeffer zu seinem endgültigen Text gekommen ist, bei J. Henkys, Dietrich Bonhoeffers Gefängnisgedichte, 57-65: »Christen und Heiden« in Bonhoeffers Handschrift. Der gleiche Aufsatz, aber ohne Abbildungen, war schon zuvor erschienen in BRB Nr. 20, November 1985, 6-14. Zur Entwurfsfassung vgl. auch VIII, 515, Anm. 1.

Sprachgestalt und Gattung

»Christen und Heiden« ist Bonhoeffers kürzestes Gedicht. Drei Strophen aus vier Versen, jede Strophe auf die gleiche Weise und bei Wiederholung der drei gewichtigen o-Wörter gereimt (o-o-o-ei), jeder Vers fünfhebig, ausgenommen der mit Nachdruck auf nur zwei Hebungen verknappte Schlussvers – als eine fest gefügte und mit starken Klängen anrührende Sprachgestalt tritt uns der Text entgegen.

In diesem Gedicht gibt es kein Ich und kein Wir, kein Du und kein Ihr, keine Frage und keinen Ausruf. Das Subjekt der Aussagesätze steht immer in der 3. Person und bleibt dazu artikellos: *Menschen, Christen, Heiden, Gott.* Auf diese Weise fordert das Gedicht, das ohnehin aus lauter Parataxen besteht, die Leser mit gleichsam offenen Sätzen bestimmtester Geltung heraus. Aber während Menschen, Christen, Heiden nur in den ersten beiden Strophen grammatisches Subjekt sind, um in der dritten den nachgeordneten Platz im Prädikat einzunehmen (*geht zu allen Menschen [...] stirbt für Christen und Heiden*), ist es mit dem Nomen Gott umgekehrt: Es gehörte zuvor ins Prädikat (*gehen zu Gott [...] stehen bei Gott*), wird aber in der letzten, der entscheidenden Strophe zum grammatischen Subjekt: *Gott geht [...], sättigt [...], stirbt [...], vergibt.* Die Umkehrung eines Grundverhältnisses, auf welche die Gesamtaussage zielt, bildet sich klar auch in der sprachlichen Anlage ab.

Das Gedicht tritt mit einer Entschiedenheit auf, wie sie dem Sprechakt des Bekennens eignet. Damit stimmt auch der Kreis der Aussagen überein: Sie betreffen Menschen – Christen – Heiden – Gott, thematisch gebündelt in der Titelzeile *Christen und Heiden.* Nimmt man das darin inbegriffene Moment der Allgemeinheit hinzu, so erreicht man als Gattungsmerkmal die Bestimmungsgröße Lehre, genauer: die aus dem persönlichen, dem ›religiösen‹ Bekennen erwachsende Lehre. Gehört Bonhoeffers Text zur Gattung der theologischen Lehrgedichte? Das lässt sich kaum bestreiten. Aber mit diesem Ergebnis ist so lange nichts gewonnen, als es nicht ins Verhältnis gesetzt wird zu Bonhoeffers zeitgleichen theologischen Reflexionen. Und hier liegt das besondere Deutungsproblem für »Christen und Heiden«: Ist Bonhoeffers Gedicht gleichsam ein versifizierter Extrakt (Auszug) des theologischen Gedankenaustauschs vom Frühsommer 1944? Oder hat die geistliche Poesie verglichen mit der Theologie, der sie zur Seite geht, eine eigene Aufgabe?

Poesie und Theologie

Auf einem Zettel (VIII, 507) mit bezifferten Notizen, die wahrscheinlich aus dem Juli 1944 stammen, hält Bonhoeffer zwei Sätze fest:

> »6. Menschen gehen zu Gott in ihrer Not.
> Menschen gehen zu Gott in seiner Not.«

Das ist offenkundig die Ausgangsidee zu seinem Gedicht. Sie gehört in den Zusammenhang der Unterscheidung von »Religion« und Christusglaube. Innerhalb der umfassenderen Frage, »was das Christentum oder auch wer Christus heute eigentlich für uns ist«, die Bonhoeffer (»nach längerer Unproduktivität«[2]) mit dem aufkommenden Frühjahr »unablässig bewegt« (VIII, 402), kommt jener Unterscheidung eine Schlüsselstellung zu. Die briefliche Reflexion darüber erreicht erst im Schreiben vom 16./18. Juli ihr Ziel: »Nicht der religiöse Akt macht den Christen, sondern das Teilnehmen am Leiden Gottes im weltlichen Leben.« (VIII, 535) Dieser eine Satz mag hier die ganze berühmte Passage vertreten, der er entstammt. Aber das Gedicht ist längst fertig. Denn Bonhoeffer fragt am 18. Juli eigens an, ob Bethge es schon erhalten hat, und fährt dann, die unterbrochenen Reflexionen über Allmacht und Leiden Gottes wieder aufnehmend, fort: »Das Gedicht ›Christen und Heiden‹ enthält einen Gedanken, den Du hier wiedererkennen wirst. ›Christen stehen bei Gott in seinem Leiden‹, das unterscheidet Christen von Heiden. ›Könnt ihr nicht eine Stunde mit mir wachen?‹ fragt Christus in Gethsemane. Das ist die Umkehrung von allem, was der religiöse Mensch von Gott erwartet.« (VIII, 535) Danach fährt Bonhoeffer fort, die zitierte Gedichtzeile und ihr Thema, die Teilhabe der Christen am messianischen Leiden Gottes in der Welt, biblisch zu begründen und theologisch zu entfalten.

Die Arbeit am Gedicht hat Bonhoeffer also zu einer für das weitere Theologisieren wichtigen Formulierung geführt. Andererseits aber ergibt der Vergleich des Gedichts mit den hierher gehörigen Briefgedanken, dass diese drei Strophen doch ihre eigene Pointe haben. Dichterisch gestaltet worden ist eben nicht die Differenz von weltabgewandter Religiosität und Christusglaube, sondern das Bekenntnis zu dem Gott, der die Differenz, die an seinem Erscheinen im armseligen Gottesknecht ja erst voll aufbricht, in diesem Geschehen auch aufhebt und »Christen und Heiden« zusammengehören lässt. Für beides nun, für das Zusammengehen von dichterischer Gestaltung mit der theologischen Reflexion und für das Hinausgreifen der poetischen Ganzheit

---

2.   VIII, 399. Brief vom 22. April 1944.

über die Vorarbeit der theologischen Kritik, ist das Gedicht in seinen beiden Schriftfassungen ein aufschlussreicher Beleg.

Vom Entwurf zur Endfassung

Das Dietrich-Bonhoeffer-Haus in der Berliner Ziegelstraße gibt dem Gedenken an seinen Namenspatron auf ungewöhnliche Weise Ausdruck: Im Foyer II sieht man auf zwei hinter Glas gesetzten Bögen die vergrößerten Lichtdrucke des Gedichtes »Christen und Heiden« in Bonhoeffers Handschrift. Wiedergegeben ist die kaum leserliche Kritzelschrift des Entwurfs und daneben die lateinische Reinschrift der Endfassung. Auf eine Erläuterung wurde verzichtet. Das Haus ist 1987, noch zur Ostberliner Zeit und in der Nähe der einstigen Grenzübergangsstelle Bahnhof Friedrichstraße, als kirchliche Begegnungsstätte eingeweiht worden.[3] Damals sprach dieses Tegeler Dokument für das Selbst- und Dienstverständnis vieler engagierter Christen in einer sozialen Umwelt, die von »Heiden« unterschiedlicher Spielart geprägt oder hingenommen oder auch erlitten wurde. Um dafür (ineinander fließende) Gruppen zu nennen: Inhaber der Staatsgewalt – SED-Ideologen – Atheisten aus erworbener Überzeugung – Indifferente – dem Gottesglauben auf Grund von Milieudruck Entfremdete – Suchende – Sympathisanten der Kirche mit kritischer Distanz zu ihren Einrichtungen und gottesdienstlichen Bräuchen. In solcher Lage konnten Bonhoeffers Strophen als »Kurzformel des Glaubens« wirken. Warum aber diese Art der bildlichen Darstellung? Für Entzifferungsarbeit ist der Durchgangsraum vor dem Saal des Hauses wenig geeignet. Es kam wohl darauf an, die Entstehungssituation des Gedichtes schon optisch mit zu überliefern: authentische »Lyrik der Freiheit«, entworfen in einer Gefängniszelle und zu Papier gebracht für Leser, die verstehen werden, welcher Raum sich hier für sie auftut. Dass die erste Tafel auch dokumentiert, wie es in lauter kleinen Schritten zum endgültigen Text auf der zweiten gekommen ist, muß die Betrachter nicht beschäftigen. – In meiner kleinen Studie von 1985 habe ich diesen Weg aufzuklären versucht.[4] Hier ist nicht der Ort, alle Einzelheiten noch einmal aufzunehmen. Ich erwähne vor allem, was mir für die folgende Interpretation besonders wichtig ist.

---

3. Im Dezember 1989 tagte hier der zentrale »Runde Tisch« der DDR. Heute ist das Haus ein Hotel und Tagungszentrum, das zum Verband Christlicher Hospize gehört.
4. BRB Nr. 20, November 1985, 6-14.

Strophe 1

Im Entwurf beginnt das Gedicht mit der Zeile, die schon auf dem erwähnten Zettel mit Notizen steht und bis zur Endfassung erhalten bleibt: *Menschen gehen zu Gott in ihrer Not.* Zeile 2 heißt im Entwurf: »bitten um Hilfe, um Glück und Brot«. Für Zeile 3 war nach einigen Verbesserungen vorgesehen: »um Erlösung aus Schuld, aus Schmerz und Tod«. Zeile 4 hieß zuerst: »So tun sie alle, Christen und Heiden.« Dann aber hat der Autor über der Zeile ein zweites »alle« hinzugefügt. Er tat es nicht, um einen fehlenden Versfuß einzutragen. Zeile 2 hat im der Entwurf ja auch nur vier Hebungen. Die Ergänzung mit dem gleichen Wort »alle« diente ihm dazu, die Aussage zu verstärken, nicht argumentativ, sondern emotional. Wirklich *alle* gehören in dieser Hauptsache zusammen: Gott ist ihre Glücks- und ihre Notfalladresse. Sie wenden sich an Gott, weil sie Gott brauchen, um an den Höhen des Lebens teilzuhaben und in den Tiefen des Lebens gerettet zu werden. Hier gibt es keinen Unterschied: *So tun sie alle, alle, Christen und Heiden.*

Aber wer oder was sind »Heiden«? In der gesamten Gefängniskorrespondenz kommt das Wort nur in diesem Gedicht und ein einziges Mal bei seiner späteren Erwähnung vor. Zeitgleiche Kontexte fehlen! Der allgemeine kirchliche Sprachgebrauch sieht in Heiden solche Menschen, die nicht zum Judentum gehören, aber auch noch nicht Christen geworden sind, weder durch Mitsprache christlichen Herkommens (Kindertaufe in der Volkskirche) noch durch persönliche Entscheidung (Mündigentaufe in der Missionssituation). Grob gesprochen sind Heiden noch nicht bekehrte Angehörige von Völkerschaften, die fremden Göttern dienen. So läßt Bonhoeffer sie – freilich ohne diesen Namen, aber im Anschluss an die biblische Geschichte – in seinem Gedicht »Jona« auftreten: *Ihr ewigen, ihr guten, ihr erzürnten Götter,/ helft oder gebt ein Zeichen […].* Sind solche Heiden auch in unserem Gedicht gemeint, wenn es ihnen die Christen an die Seite stellt? Ja, sofern nämlich spezifisch Christliches noch nicht im Blick ist. Erfahrungsgemäß gibt es in christlicher Frömmigkeit die gleiche Praxis wie in heidnischer: Gott wird gebraucht und für die eigenen Wünsche in Dienst genommen.

Wir dürfen nämlich einen Gedankengang aus Bonhoeffers Ethik-Fragment nicht übergehen. Er findet sich im Kapitel »Erbe und Verfall«, vermutlich niedergeschrieben zwischen Sommer 1940 und Ende 1941.[5] Das ist der ergiebigste Kontext zur Sache aus Bonhoeffers Schrifttum kurz vor seiner Verhaftung. Ein Erbe der französischen Revolution sei

---

5.   Vgl. die zeitliche Rekonstruktion der »Ethik«-Manuskripte, überblicksweise dargestellt in VI, 16 f.

die »abendländische Gottlosigkeit«: »Sie ist nicht die theoretische Leugnung der Existenz eines Gottes. Sie ist vielmehr selbst Religion und
zwar Religion als Feindschaft gegen Gott. Eben darin ist sie abendlän-
disch. Sie kann von ihrer Vergangenheit nicht lassen, sie muß wesentlich religiös sein. Eben dies macht sie nach menschlichem Ermessen so
hoffnungslos gottlos. Die abendländische Gottlosigkeit erstreckt sich
von der Religion des Bolschewismus bis mitten hinein in die christlichen Kirchen. Sie ist gerade in Deutschland, oder auch in den angel-
sächsischen Ländern betont christliche Gottlosigkeit. Sie wendet sich
in der Gestalt aller möglichen Christentümer, ob sie nun nationalis-
tisch, sozialistisch, rationalistisch oder mystisch seien gegen den lebendigen Gott der Bibel, gegen Christus. Der fundamentale Unterschied zu
allem Heidentum besteht darin, daß dort unter menschlicher Gestalt
Götter angebetet werden, daß aber hier unter der Gestalt Gottes, ja Jesu
Christi, der Mensch angebetet wird.« (VI, 113 f.) In diesem Abschnitt
heißt »gottlos« und »Gottlosigkeit« also nicht: unvergleichlich mit allem, was früher als Religion galt; und ebenfalls heißt es nicht unbedingt:
bar jeder Berufung auf Gott. Vielmehr: Der Religionsbegriff bleibt zur
Benennung des Gesamtphänomens brauchbar; und wo die Berufung
auf Gott überdauert, sehe man wohl zu, ob nicht an die Stelle Gottes
insgeheim der autonome Mensch getreten ist. Bonhoeffer scheut sich
nicht vor einer theologischen Faustformel: Alles »Heidentum« ist Anbetung von Göttern unter menschlicher Gestalt, neuzeitliche »Christentümer« dagegen betreiben – bei untergeschobener Gestalt Gottes –
die Anbetung des Menschen.

Bonhoeffers theologisches Urteil in dieser polemischen Zuspitzung
zur Kenntnis nehmen heißt allerdings nicht, dass es auch in sein Gedicht eingetragen werden müsse. Das Gedicht spricht auf seine eigene
Weise. Die erste Strophe zumal hält sich von begrifflichen Unterscheidungen frei. Sie kommt ohne Paradoxien aus. »Christen« und »Heiden«
bleiben als kontradiktorische Größen gerade unbestimmt. Aber als ver-
wechselbare Nachbarn erregen sie Aufmerksamkeit, jedenfalls bei
einem auf die christliche Norm orientierten Publikum. Denn *alle, alle*
tun sie ja das Gleiche. Wie sie da *zu Gott* gehen, sind sie – und dürfen es
auch sein – nur *Menschen.* Zu Gunsten der Menschen, zumal der in
ihren elementaren Belangen beeinträchtigten, hat der Tegeler Häftling
das Wort genommen. Das Wort an der Stirn des Gedichts ist das (zunächst) entscheidende.

Strophe 2

Die erste Zeile von Strophe 2 stand wie der Anfang von Strophe 1 von vornherein fest: *Menschen gehen zu Gott in Seiner Not.* Aber als wen sie ihn finden, wie er *in Seiner Not* aussieht, konnte der Autor nur mit immer neuen Verbesserungen zu Papier bringen. Nirgends im Entwurf sind die Streichungen und Überschreibungen so häufig wie in Strophe 2. Der Entwurf spiegelt die Schwierigkeit wider, in der einmal gewählten Form von der Begegnung mit dem Mensch gewordenen Gott zu sprechen, ohne sich einfach mit gängigen Formulierungen zu begnügen. Aber schon im Entwurf entschied sich Bonhoeffer dafür, in der letzten Zeile das Subjekt zu wechseln, nämlich die bisherige Allgemeinheit (»Menschen«) zu verlassen und den neuen Satz mit »Christen« zu beginnen. Von ihnen heißt es nach mehreren Verbesserungen: »Christen ergreifen ihr Heil in Gottes Leiden.« Ein solcher Satz an dieser Stelle konnte den Autor aber nicht befriedigen. Hatte er doch schon ein paar Wochen zuvor überlegt: »Ist nicht die individualistische Frage nach dem persönlichen Seelenheil uns allen fast völlig verschwunden (– vielleicht nicht als diese *Sache,* aber doch als diese *Frage!?*)?« (VIII, 415) Im Gedichtentwurf steht also die bezeichnende Prägung der Endfassung noch aus.

Erst die Reinschrift bietet in 2,4 die Version, die den Schlusszeilen 1,4 und 3,4 und auch dem Anspruch Bonhoeffers an sein Gedicht gewachsen ist: *Christen stehen bei Gott in Seinen Leiden.* Bonhoeffers Theologie drängt stets auf sprachliche Wendungen, die einfach sind und sich doch schwer befrachten lassen. Zu ihnen gehört auch ›bei Gott in seinen Leiden stehen‹. Dabei mag man daran denken, dass »stehen bei« weder »beistehen« noch auch nur »dabei stehen« ist. Das gemeinte Verhalten ist gleich weit entfernt von der frommen Angestrengtheit, mit der man sich zu viel, und von der unverbindlichen Beteiligung, mit der man sich zu wenig zumuten würde. Wie ist Bonhoeffer auf diesen Ausdruck gekommen? In einem verloren gegangenen Brief hatte Eberhard Bethge nach dem Erhalt von »Wer bin ich« und »Christen und Heiden« zu ein paar Stellen Korrekturen ins Spiel gebracht und Fragen gestellt. Dazu muss auch »stehen« aus der Schlusszeile 2,4 gehört haben. Ob »stehen« ihm zu statisch war? Bonhoeffer antwortet am 10. August 1944: »*Stehen* bei Gott‹ – entsprang wohl dem Gedanken ans Kreuz.« (VIII, 562) Diese Bemerkung verweist auf die Kreuzigungsszene, die aus der Karfreitagslesung und der daran anknüpfenden hymnodischen und ikonographischen Überlieferung stammt: »Es stand aber bei dem Kreuze Jesu seine Mutter und seiner Mutter Schwester, Maria, des Kleophas Weib, und Maria Magdalena. Da nun Jesus seine Mutter sah und den Jünger dabeistehen, den Jesus liebhatte, spricht er zu seiner Mutter: Weib, siehe, das ist dein Sohn [...]« (Joh. 19, 25 f.) Auf Maria und Johannes unter dem Kreuz spielt Paul Gerhardt an, der von Bonhoeffer in der Haft mit Vorrang zitierte Kirchenlieddichter. In seinem Passionslied »O Haupt voll Blut und Wunden« heißt es:

> Ich will hier bei dir stehen,
> verachte mich doch nicht.

Und zwar geht Gerhardt an dieser Stelle (EG 85,6) über seine Vorlage, das lateinische Passionssalve des Arnulf von Löwen, hinaus. Elke Axmacher betont (wie zuvor schon Marlies Lehnertz) die nachdrückliche Selbstentschließung des mit Paul Gerhardt vor dem Kreuze betenden Ich, sein dreimaliges »Ich will« bzw. »will ich«. [6] Zum Traditionshintergrund gehört auch der Anfang der hochmittelalterlichen Sequenz

> Stabat mater dolorosa
> iuxta crucem lacrimosa.

Jedenfalls zeigt sich: Die neue Formulierung *stehen bei Gott in seinen Leiden* ist aus einem alten Wurzelgeflecht erwachsen. Aber zugleich lässt sie sich mit der unverwechselbar akzentuierten Theologie Dietrich Bonhoeffers verbinden: »Nicht der religiöse Akt [in einer vom übrigen Leben geschiedenen Sonderwelt, J. H.] macht den Christen, sondern das Teilnehmen am Leiden Gottes im weltlichen Leben«. Umkehr im neutestamentlichen Sinne heißt dann, »nicht zuerst an die eigenen Nöte, Fragen, Sünden, Ängste denken, sondern sich in den Weg Jesu mithineinreißen lassen, in das messianische Ereignis, daß Jes 53 nun erfüllt ist« (VIII, 535 f.).

In der ersten Strophe tritt eine eigene Art der Christen nicht hervor. Sie befinden und verhalten sich wie die Heiden. Sie sind mit ihnen zusammen Menschen. Die Strophe belässt es bei einem allgemeinen Befund. Anders Strophe 2. Hier wird, ohne grammatischen Imperativ, eine stille Einladung hörbar: Menschen mögen doch Gott, zu dem sie gehen, in der Weise seines mit-leidenden Naheseins wahrnehmen. Und eine selbstverständliche Aufforderung ergeht: Christen mögen seinem Ruf doch glauben, sich seiner nicht schämen, sondern sich zu ihm stellen. Oder verfehlt man das Verständnis der Strophe, wenn man sie von einer Situation her liest, für die der Sprechakt des Appells typisch ist? Jedenfalls werden mit dem Perspektivwechsel von Strophe 1 zu Strophe 2 aus unspezifischen Christen sehr bestimmte Christen. Der allgemeine Befund von Str. 1 bleibt dahinten, ein Maß taucht auf: *Christen stehen bei Gott in Seinen Leiden.*

---

6. E. Axmacher, O Haupt voll Blut und Wunden, in: G. Hahn/J. Henkys (Hg.), Liederkunde zum Evangelischen Gesangbuch, H. 10, Göttingen 2004, 40-49.

Strophe 3

Die Zettelnotiz Nr. 6 hatte sich mit zwei unterschiedlichen Blickwinkeln begnügt: zu Gott gehen mit unserer Not, zu Gott gehen in seiner Not. Unter dieser Doppelperspektive läßt sich theologische Kritik treiben. Ein weiterer Merksatz war nicht nötig. Aber wenn es um ein geistliches Gedicht geht, darf eine abschließende Strophe nicht fehlen. Natürlich drängt auch der kritische Diskurs mit These und Antithese zur Synthese. Doch er hebt sich nicht selbst auf, wenn er Fragment bleibt. Das geistliche Gedicht dagegen steht in einer Tradition des betonten Abschlusses. Mag es, wie oft genug im geistlichen Lied, nur fragmentarisch gebraucht werden – es erfüllt sein Gesetz erst damit, dass es zum Schluss kommt. Das Gedicht »Christen und Heiden« ist ein Ganzes und wäre ohne eine dritte Strophe um seine Nachwirkung gebracht worden.

Gott wird Subjekt. Auch er *geht*. Zu wem? »[...] zu Menschen in ihrer Not« hieß es zunächst. Als Ergänzung ist über der Zeile nachgetragen: zu *allen* Menschen. Ebenso wie die ergänzte Zeile 1 gelangt auch die in neuem Ansatz verbesserte Zeile 2 in die Endfassung. Die Zeilen 3 und 4 waren zunächst so angelegt, dass *Christen und Heiden* wie in Strophe 1 die Schlussposition einnahmen, jetzt aber als Objekt, nicht als Subjekt: »schenkt Vergebung der Schuld, erlöst vom ewigen Tod/ Christen und Heiden«. Daraus wurde: »stirbt Christen und Heiden zugut den Kreuzestod/ u. vergibt beiden«. Damit hatte der Autor das reimende Wort gefunden, das die drei Strophen von einer Stufe zur anderen weiter schreiten, aber klanglich und gedanklich doch erst mit diesem Ende vollendet sein lässt: *beiden*. Nun stand nur noch aus, innerhalb dieser Struktur die gewählten Wörter noch einmal zu prüfen und das Ganze metrisch und rhythmisch auszubalancieren.

Strophe 3 schließt Christen und Heiden wieder zusammen. Der Unterschied zwischen beiden, in der Mitte des Gedichts so zurückhaltend wie eindeutig zur Geltung gebracht, wird zwar nicht widerrufen. Das Vorrecht und die Aufgabe von Christen, im Leiden Gottes an der Seite des Gekreuzigten zu stehen, kann beim Weiterlesen nicht wieder vergessen werden. Doch auf dieser Differenz leidenschaftlich zu beharren haben gerade Christen keinen Grund. Der Platz bei dem leidenden Gott ist leer, sobald dort darum gerechtet wird. Auf diesem Platz ist das betroffene Schweigen der Umkehr am Platze. Und der Dank für das Übermaß einer Vergebung, die Grenzen aufhebt: *Gott geht zu allen Menschen in ihrer Not,/ [...] stirbt für Christen und Heiden den Kreuzestod,/ und vergibt ihnen beiden.*

Zum poetischen Prozess überhaupt

Während der Arbeit am schriftlichen Entwurf und noch danach hat
Bonhoeffer bestimmte Wörter zurückgezogen und durch geeignetere
ersetzt. Hier eine Liste, die solche Begriffe enthält, die im Laufe des
Entstehungsprozesses ausgeschieden wurden:
– Schmerz, Pein
– Erlösung, Vergebung, Heil
– erlösen, geben, schenken
– bekennen, erkennen, suchen, ergreifen
– ewig.
Die Aufstellung zeigt, wie sehr Bonhoeffer bemüht war, traditionelle
Wortfelder, die für die christlichen Zentralaussagen gebräuchlich sind,
kritisch zu sichten. Was sich sprachlich anbietet und was sprachlich erfordert ist (vom Gedicht und vom Verständnis der Sache her), bleibt
zweierlei. Dabei war es dem Autor gar nicht darum zu tun, alles mit
neuen Worten zu sagen. Er sah sich z. B. nicht genötigt, den tausendfach
strapazierten Gleichklang von *Not – Brot – Tod* zu vermeiden. Er hat
ihn sogar durch dreifache Wiederholung zum Moment der Organisation des Ganzen erhoben. Aber hier wie sonst gilt: Nicht der Reim macht
das Gedicht, sondern das Gedicht den Reim. So ist es auch mit dem
einzelnen Wort. Der Platz, der ihm angewiesen wird, sein Ort im Muster der Textur, lässt es stark oder schwach, verbraucht oder treffend erscheinen. Sein Klangwert hängt von allem ab, was neben ihm klingt.
Der Tegeler Häftling hat an seinem Text gearbeitet. Arbeit garantiert
kein Gedicht, erst recht kein ›großes‹. Aber auch ein ›kleines‹ lebt nicht
ohne den Einsatz, den sein Autor für nötig befunden hat und der als
Ferment von Echtheit darin weiterwirkt. Ob nun im Urteil der literarischen Kritik ›groß‹ oder ›klein‹: Bonhoeffers »Christen und Heiden«
hat die mit zeitgenössischer geistlicher Dichtung nicht eben verwöhnte
christliche Gemeinde reicher gemacht.

Vertonungen

Erst in der Endfassung hat Bonhoeffer die drei Strophen auch nummeriert. Ziffern wird er danach nur noch einmal setzen, bei »Von guten
Mächten treu und still umgeben«. Tut er es also bei solchen Gedichten,
die aus metrisch regelmäßig gefügten Strophen bestehen? Aber »Jona«
hat keine Strophenziffern, und die ebenfalls vierzeiligen Strophen von
»Christen und Heiden« folgen keiner Versmaßregel. Die Bezifferung
könnte also besagen: Nichts auslassen und nichts vertauschen! Es
kommt auf das Ganze an, und das Ganze hängt an der Folge seiner

Teile. Aber mit einem Leserunverstand, der eine solche Belehrung selbst bei diesem Gedicht nötig hätte, ist doch gar nicht zu rechnen. Bleibt also die Möglichkeit, dass Bonhoeffer, wenn es sich um ein geistliches, in diesem Falle auch um ein von christlicher Lehre durchwirktes Gedicht handelt, der Gewohnheit des Gesangbuchs folgte. Dabei hätte er sich allerdings darüber hinweggesetzt, dass sich sein Text für eine Melodie des Typus Gemeindelied gar nicht eignet. Denn die Silbenzahl der Verszeilen in den einzelnen Strophen differiert ohne Regel, ebenso die Folge der Versakzente, und das ist eine Stärke des Gedichts, nicht seine Schwäche. Also müsste man sich vorstellen, dass es durchkomponiert wird. Durchkomponiert sind die Sololieder (gleich ob mit regelhaft oder frei gefügten Strophen) der großen Komponisten des 19. Jahrhunderts. Bonhoeffer war ein sehr begabter Pianist. Wenn in der Familie und im geselligen Kreis Lieder von Hugo Wolf, Brahms, Schubert und anderen vorgetragen wurden, übernahm Dietrich den Klavierpart.[7] In den Haftbriefen spielt er manchmal auf dieses Musizieren an.[8]

Kann man ausschließen, dass Bonhoeffer bei seinen dichterischen Versuchen auch an Musik gedacht hat? Wir kommen im nächsten Kapitel darauf zurück. Jedenfalls hat sein Text »Christen und Heiden« zu Vertonungen angeregt. Die Komponisten wollten ein neues Lied für Singgruppen und Gottesdienste gewinnen. Zwei Beispiele seien abschließend vorgestellt. Dabei beschränken wir uns auf die Frage des Wort-Ton-Verhältnisses. Welches Verständnis des Textes war den Komponisten wichtig, wenn sie an eine singende Gemeinde dachten?

Johannes Petzold

»Christen und Heiden« wurde im Jahr 1970 durch den Eisenacher Kirchenmusiker Johannes Petzold (1912-1985) vertont. Herbert Beuerle, Kantor und Musiklektor in einem maßgeblichen Zentrum evangelischer Jugendarbeit, dem Burckhardthaus Gelnhausen, nahm das Lied des ostdeutschen Kollegen 1973 in seine »Sing mit«-Reihe auf.[9] Dieser Erscheinungsort gibt Aufschluss über die Intention: Lernbereite Sing-

7.   Vgl. S. Leibholz-Bonhoeffer, vergangen erlebt überwunden, 55. Bonhoeffers Zwillingsschwester erwähnt auch Cornelius-Lieder und Psalmen von Gellert und Beethoven.

8.   VIII, 57 f. 60 (Hugo Wolf), 74 (Johannes Brahms), 158. 314 (Franz Schubert). Über die Musikreminiszenzen in der Tegeler Korrepondenz insgesamt s. A. Pangritz, Polyphonie des Lebens.

9.   Sing mit IV. 98 Lieder – Kanons – Texte, hg. von Herbert Beuerle unter Mitarbeit von Kurt Rommel und Jürgen Schwarz, Gelnhausen/Berlin 1973, Nr. 53.

kreise, junge Leute vor allem, sollten sich das Lied zu eigen machen und weitertragen. Dem Bonhoeffer/Petzold-Lied hatte Beuerle als wohl erwogenen Kontrasttext Bertolt Brechts Keuner-Geschichte »Die Frage, ob es einen Gott gibt« vorangestellt. Wer sie las, war schon mit des Herrn Keuners provokanter Folgerung ›Du brauchst einen Gott‹ geimpft.

Wie geht der Komponist mit dem unregelmäßigen Metrum um? Wo der natürliche Sprachfluss nach einer betonten Silbe zwei unbetonte fordert (nach der alten Verslehre einen Daktylus), sieht der Komponist meist Triolen vor (drei Viertelnoten im Zeitwert von einer Halben): so bei *gehen zu Gott* oder *in ihrer Not* oder *bitten um Glück*. Er verzichtet aber auf Triolen, wo ihm vom Aussagesinn her besonderer Nachdruck erfordert scheint, so bei: *So tun sie alle* oder *Gott geht zu allen* oder *und vergibt ihnen beiden*. Die über alle drei Strophen verteilten Triolen im Wechsel mit Vierteln und Halben tragen ebenso wie die Melodieführung zu einem stark wortorientierten, lebendig gespannten Singen bei. – Ein weiteres Merkmal: Die jeweils vierte Zeile zeichnet der Komponist doppelt aus, durch nachdrückliche Tonwiederholungen der Melodie und durch eine nach unten ausscherende zweite, gegen Ende auch dritte Stimme. Die eindringliche ›Monotonie‹ des sinntragenden Strophenschlusses wird akkordisch untersetzt.– Schließlich ist der Ambitus (Tonumfang) der dritten Strophe bemerkenswert. Mit der Quart unter dem Grundton beginnend setzt eine unterschiedlich gestufte Steigung ein, die ihren Spitzenton, die None, gerade beim Wort »Kreuzestod« erreicht. Das ist zugleich der höchste Ton der Gesamtmelodie. Und während die Mehrstimmigkeit in den ersten beiden Strophen mit der Schlusszeile beginnt, setzt sie in der dritten Strophe schon kurz zuvor ein, auf der ersten Silbe von »Kreuzestod«. Der Komponist Johannes Petzold führt die singende Gruppe so durch das Lied, dass alle Beteiligten in den Sinn des Gesungenen Eingang finden.

Dieter Schnebel

1996 erschien die württembergische Ausgabe des Evangelischen Gesangbuchs. In dessen Regionalteil ist Bonhoeffers Gedicht als Nr. 547 unter der Rubrik Passion zu finden. Der Komponist ist Dieter Schnebel (* 1930), einst Pfarrer und Religionslehrer, zur Zeit der Vertonung (1993) Professor für experimentelle Musik und Musikwissenschaft in Berlin, einer der großen Vertreter der musikalischen Avantgarde in Deutschland. Wie ist es zu dieser Komposition gekommen? Die württembergische Gesangbuchkommission hatte Dieter Schnebel ausdrücklich um einen eigenen Melodiebeitrag gebeten und ihm dafür mehrere

1. Men-schen ge-hen zu Gott in ih-rer Not,

fle-hen um Hil-fe, bit-ten um Glück und Brot,

um Er - ret-tung aus Krank-heit, Schuld und Tod.

So tun sie al-le, al-le, Chris-ten und Hei-den.

2. Men-schen ge-hen zu Gott in Sei-ner Not, fin-den ihn

arm, ge-schmäht, oh-ne Ob-dach und Brot, sehn ihn ver-

schlun-gen von Sün-de, Schwach-heit und Tod.

Chris-ten ste-hen bei Gott in sei-nem Lei-den.

3. Gott geht zu al - len Men-schen in ih - rer Not,

sät - tigt den Leib und die See - le mit Sei - nem

Brot, stirbt für Chris - ten und Hei - den den

Kreu - zes - tod, und ver - gibt ih-nen bei-den.

Notenbild 1: Johannes Petzold, © Strube Verlag, München – Berlin

Texte zur Wahl gestellt. Man wollte sich, wenigstens zeichenhaft, dem zeitgenössischen Musikschaffen auch jenseits der engeren kirchenmusikalischen Eigentradition öffnen. Schnebel, dessen großes Werk MISSA (»Dahlemer Messe«) von 1988 dem Gedächtnis an Karl Barth, Dietrich Bonhoeffer und Martin Niemöller gewidmet ist, sagte zu und wählte »Christen und Heiden«. Er gab Bonhoeffers Gedicht eine musikalische Gestalt, die bei allem Anspruch an die Hör- und Lernbereitschaft derer, die im Gottesdienst vor- und mitsingen, doch in der Tonalität des herkömmlichen Kirchenliedes verbleibt. Es ist eine Melodie entstanden, die in großen Bögen fortschreitet und dabei ein bewußtes, gestisches Nachsprechen in sangliches Klingen überführt. Die erste Zeile jeder Strophe beginnt mit dem Grundton c', die zweite mit dem es', die dritte mit der Dominante g'. Den melodischen Höhepunkt der dritten Zeile und des gesamten Tonweges bildet die Folge c''- d''- c'', eine oktavierte Wiederholung des Melodieanfangs c'-(c'-) d'-c'. Auf den c-moll-Dreiklang der Ausgangstöne der Zeilen 1-3 setzt der Komponist mit dem Beginn der vierten Zeile noch das b'. Diese Septime über dem Grundton eröffnet die für die ganze Melodie charakteristische Phrase des *so tun sie alle, alle* (1. Str.). Dabei steigt die zweite Silbe des »al-le«, obwohl sie im Fluß des Sprechens doch unbetont ist, bezeichnenderweise nach oben zur Oktave: beim ersten Mal in einer großen Terz (vom as' zum c''), bei der Wiederholung in einer Quarte (vom g' zum c''). Nach dieser Rufgebärde kehrt die Weise umstandslos zum Grundton c' zurück. Die Melodie der beiden anderen Strophen verbleibt in der Bauart der ersten, lässt sich aber durch die metrischen Besonderheiten des Textes (Füllung und Länge der Verszeilen) zu jeweiligen Variationen herausfordern. Jede Strophe ist mit neun Vier-Halbe-Takten gleich lang. Aber die fälligen Veränderungen entlocken der Grundmelodie auch neuen Reichtum. Der zeigt sich in Strophe 2 vor allem in der Schlusszeile, wo die schon erwähnte Figur as'- c''- g'- c'' durch eine Ligatur auf *Gott* und durch die folgende Zäsur einer Viertelpause die Worte *stehen bei Gott* deutlich hervorhebt. Wieder anders behandelt der Komponist die Schlusszeile von Strophe 3. Die Oktave c'' wird hier zweimal über den Durchgangston b' erreicht. Doch entscheidend für die Melodieführung ist etwas Anderes. Bonhoeffer hatte ja die Pointe des ganzen Gedichtes durch Verknappung unterstrichen. Der Komponist, der auch für die dritte Strophe die Gesamtlänge von neun Vier-Halbe-Takten vorsieht, zeichnet das entscheidende letzte Wort durch ein langes Melisma aus: Im Abgang zum Grundton verharren die Singenden über sechs Viertelnoten bei dem Wunder, dass Gott Christen und Heiden, eben *bei – - - - – den* vergibt.

Bernhard Leube, der zur württembergischen Gesangbuchkommission gehörte und zum Komponisten auch brieflichen Kontakt hielt, hat eine ausführliche Interpretation des Bonhoeffer-Gedichtes vorgelegt und sie mit einer Besprechung der Schnebelschen Melodie und mit Hinweisen zur Liedeinführung verbunden.[10] Er informiert auch über eine von Schnebel geschaffene »Kanonversion« und eine »serielle Version«. »Schnebels Melodie wird sich nicht schnell einsingen. Das muß auch nicht sein. Sie gehört zu denjenigen ›unpopulären‹ Melodien, die sich erst einiger Wiederholung und Mühe erschließen. [...] Die Notwendigkeit eines gemessenen Tempos erzwingt große Bögen und eine Innenspannung, die nicht leicht zu halten ist. Mit der Kurzatmigkeit manch anderer neuzeitlicher Produktion wird man hier Schiffbruch erleiden.«[11] Aber die Mühe um »ein anderes Gedicht Dietrich Bonhoeffers als Kirchenlied« (Untertitel) lohnt sich. Die Thematik unserer Passions- und Glaubenslieder erweitert sich durch eine neue, vor der Gegenwart verantwortete Sicht. Und Bonhoeffer selbst, »der ›große Anreger der Nachkriegstheologie‹, wird mit diesem Lied im Gesangbuch zugänglicher als in dem seelsorgerlich und auch privat getönten ›Von guten Mächten‹.«[12]

10. B. Leube, »Menschen gehen zu Gott in ihrer Not«, in: Helmut Völkl (Hg.), Kirchenmusik als Erbe und Auftrag, 165-183.
11. Ebd., 182.
12. Ebd., 177.

1. Men-schen geh-hen zu   Gott in ih-rer Not,

fle - hen um Hil - fe,   bit - ten um Glück und Brot,

um Er - ret-tung aus   Krank-heit, Schuld und Tod.

So tun sie al-le,   al-le Chris-ten und Hei-den.

2. Men-schen ge - hen zu   Gott in sei-ner Not,

fin - den ihn arm, ge-schmäht,   oh-ne Ob-dach

und Brot,   sehn ihn ver - schlun -gen von

Sün-de, Schwach-heit und Tod,   Chris - ten

steh-hen bei Gott   in sei-nem Lei - den.

3. Gott geht zu al-len Men-schen   in ih-rer Not,
sät - tigt den Leib und die   See - le mit
sei-nem Brot,   stirbt für Chris-ten und Hei - den
den Kreu-zes - tod   und   ver - gibt____
ih - nen   bei_____ - den.

Notenbild 2: Dieter Schnebel, Berlin, © beim Komponisten

5. Nächtliche Stimmen

Der Text

Bonhoeffer erwähnt die Dichtung erstmals am 27. Juni 1944. Zwei Fassungen sind erhalten. Die Kopierstiftfassung zeigt nur wenige Korrekturen. Anders als die übrigen Gedichtentwürfe ist sie mit lateinischer Schrift geschrieben. Man sollte sie darum nicht Entwurf nennen. Eine Überschrift fehlt. Nach dem Krieg hat Bethge auf der ersten Seite dieser Fassung festgehalten: »im Juni 45 von Knobloch überbracht«. Unteroffizier Knobloch war einer der Wachsoldaten, die Bonhoeffers Vertrauen hatten und ihm beistanden. Er beförderte die der Zensur verheimlichten Briefe aus dem Gefängnis, adressierte sie und gab sie auf die Post.[1] Aber die besagte Fassung hat er über das Kriegsende hinaus versteckt gehalten. Damit befolgte er die Bitte des Gefangenen: »Eine Handschrift des Gedichtes läßt er [Bonhoeffer] durch einen treuen Wächter in dessen Schrebergarten vergraben. Wenn die Katastrophe hereingebrochen sein wird, soll es Zeugnis geben, was auf dem Wege zu ihr gedacht, bekannt und getan wurde.«[2] Die Reinschrift in Tinte steht auf sechs kleinformatigen Blättern. Hier heißt die Überschrift »Nächtliche Stimmen«.

In den ersten Veröffentlichungen stand »Nächtliche Stimmen« immer an der Spitze der Gedichte.[3] Diesen Rang verdankte die Dichtung ihrem ethisch-politischen Zeugnis, das in der unmittelbaren Folge der Vernichtung des Nazireiches unvergleichlich aktuell war. Schwer erklärlich ist dagegen, daß der Text 1952 in »Widerstand und Ergebung« übergangen wurde. In der Neuausgabe von 1970 (WEN) nimmt er dann seine richtige Stelle in der Zeitfolge ein, trägt aber die erweiterte Überschrift »Nächtliche Stimmen *aus Tegel*«.[4]

Abweichungen von der Kopierstiftfassung sind den Anmerkungen der Werkausgabe (VIII, 516-523) zu entnehmen. Wir folgen der dort

---

1. E. Bethge, In Zitz gab es keine Juden, 140. 145. Zu Knobloch vgl. auch Gaetano Latmiral, Erinnerungen eines Mithäftlings in Tegel, in: Wie eine Flaschenpost, 92.
2. E. Bethge im Nachwort zu: Dietrich Bonhoeffer, Auf dem Wege zur Freiheit. Gedichte aus Tegel, 1946, 32.
3. Das Zeugnis eines Boten, Genf 1945; Auf dem Wege zur Freiheit, Berlin 1946 (2. und 3. Aufl. 1947).
4. So benannte Bonhoeffer sein Gedicht im Brief vom 3. August 1944 (VIII, 555).

zu Grunde gelegten Tintenfassung, fügen aber zur besseren Orientierung eckig eingeklammerte Ziffern hinzu. Sie bezeichnen zwölf Abschnitte. Ein Abschnitt umfasst eine größere Versgruppe (gelegentlich auch mehrere, die szenisch zusammengehören) oder (bei strophischer Anlage) eine Strophenfolge. Die Zeichensetzung des Manuskripts wurde mit der anderen Fassung verglichen und meist beibehalten, abgesehen von den Anführungszeichen, die jetzt der üblichen Schreibweise angepasst sind.[5]

Nächtliche Stimmen

[1] Langgestreckt auf meiner Pritsche
starre ich auf die graue Wand.
Draußen geht ein Sommerabend,
der mich nicht kennt,
singend ins Land.
Leise verebben die Fluten des Tages
an ewigem Strand.
Schlafe ein wenig!
Stärk' Leib und Seele, Kopf und Hand!
Draußen stehen Völker, Häuser, Geister und Herzen in Brand.
Bis nach blutroter Nacht
dein Tag anbricht –
halte stand!

[2] Nacht und Stille.
Ich horche.
Nur Schritte und Rufe der Wachen,
eines Liebespaares fernes, verstecktes Lachen.
Hörst Du sonst nichts, fauler Schläfer?
Ich höre der eigenen Seele Zittern und Schwanken.
Sonst nichts?
Ich höre, ich höre,
wie Stimmen, wie Rufe,
wie Schreie nach rettenden Planken,
der wachenden, träumenden Leidensgefährten
nächtlich stumme Gedanken.
Ich höre unruhiges Knarren der Betten,
ich höre Ketten.

[3] Ich höre, wie Männer sich schlaflos werfen und dehnen,
die sich nach Freiheit und zornigen Taten sehnen.

---

5. Bonhoeffer benutzt nur halbe Anführungszeichen oben. Stehen mehrere Strophen in wörtlicher Rede, setzt er ein halbes Anführungszeichen am Anfang jeder Strophe, das Endzeichen aber nur am Schluss der ganzen Passage.

Wenn der Schlaf sie heimsucht im Morgengrauen,
murmeln sie träumend von Kindern und Frauen.

Ich höre glückliches Lispeln halbwüchsiger Knaben,
die sich an kindlichen Träumen laben,
Ich höre sie zerren an ihren Decken
und sich vor gräßlichem Albtraum verstecken.

Ich höre Seufzen und schwaches Atmen der Greise,
die sich im Stillen bereiten zur großen Reise.
Sie sah'n Recht und Unrecht kommen und gehen,
nun wollen sie Unvergängliches, Ewiges sehn.

[4] Nacht und Stille.
Nur Schritte und Rufe der Wachen.
Hörst du's im schweigenden Hause
beben, bersten und krachen,
wenn Hunderte die geschürte Glut ihrer Herzen entfachen?
Stumm ist ihr Chor,
weit geöffnet mein Ohr:[6]

[5] »Wir Alten, wir Jungen,
wir Söhne aller Zungen,
wir Starken, wir Schwachen,
wir Schläfer, wir Wachen,
wir Armen, wir Reichen,
im Unglück gleichen,
wir Guten, wir Bösen,
was je wir gewesen,
wir Männer vieler Narben,
wir Zeugen derer, die starben,
wir Trotzigen und wir Verzagten,
wir Unschuldigen und wir schwer Verklagten,
von langem Alleinsein tief Geplagten,
Bruder, wir suchen, wir rufen dich!
Bruder, hörst du mich?«

[6] Zwölf kalte, dünne Schläge der Turmuhr
wecken mich.
Kein Klang, keine Wärme in ihnen
bergen und decken mich.
Bellende böse Hunde um Mitternacht
schrecken mich.
Armseliges Geläute

---

6. Wir heben den neuen Abschnitt durch eine Leerzeile hervor. Im Manuskript
    fehlt sie.

trennt ein armes Gestern
vom armen Heute.
Ob ein Tag sich zum andern wende,
der nichts Neues, nichts Besseres fände,
als daß er in Kurzem wie dieser ende –
was kann mir's bedeuten?
Ich will die Wende der Zeiten sehen,
wenn leuchtende Zeichen am Nachthimmel stehen,
neue Glocken über die Völker gehen
und läuten und läuten.
Ich warte auf jene Mitternacht,
in deren schrecklich strahlender Pracht
die Bösen vor Angst vergehen,
die Guten in Freude bestehen.

[7] Bösewicht,
tritt ins Licht
vor Gericht.

Trug und Verrat,
arge Tat,
Sühne naht.

Mensch, o merke,
heilige Stärke
ist richtend am Werke.

Jauchzt und sprecht:
Treue und Recht
einem neuen Geschlecht!

Himmel, versöhne
zu Frieden und Schöne
die Erdensöhne.

Erde, gedeih',
Mensch, werde frei,
sei frei!

[8] Ich habe mich plötzlich aufgerichtet,
als hätt' ich von sinkendem Schiffe Festland gesichtet,
als gäbe es etwas zu fassen, zu greifen,
als sähe ich goldene Früchte reifen.
Aber wohin ich auch blicke, greife und fasse,
ist nur der Finsternis undurchdringliche Masse.

Ich versinke in Grübeln.
Ich versenke mich in der Finsternis Grund.

Du Nacht, voll Frevel und Übeln,
tu dich mir kund!
Warum und wie lange zehrst du an meiner Geduld?
Tiefes und langes Schweigen;
dann hör' ich die Nacht zu mir sich neigen:
ich bin nicht finster, finster ist nur die Schuld!

Die Schuld! Ich höre ein Zittern und Beben,
ein Murmeln, ein Klagen sich erheben,
ich höre Männer im Geiste ergrimmen.
In wildem Gewirr unzähliger Stimmen,
ein stummer Chor
dringt zu Gottes Ohr:

[9] »Von Menschen gehetzt und gejagt,
wehrlos gemacht und verklagt,
unerträglicher Lasten Träger,
sind wir doch die Verkläger.

Wir verklagen, die uns in Sünde stießen,
die uns mitschuldig werden ließen,
die uns zu Zeugen des Unrechts machten –
um den Mitschuldigen zu verachten.

Unser Auge mußte Frevel erblicken,
um uns in tiefe Schuld zu verstricken,
dann verschlossen sie uns den Mund,
wir wurden zum stummen Hund.

Wir lernten es, billig zu lügen,
dem offenen Unrecht uns zu fügen.
Geschah dem Wehrlosen Gewalt,
so blieb unser Auge kalt.

Und was uns im Herzen gebrannt,
blieb verschwiegen und ungenannt.
Wir dämpften das hitzige Blut
und zertraten die innere Glut.

Was Menschen einst heilig gebunden,
das wurde zerfetzt und geschunden,
verraten Freundschaft und Treue,
verlacht waren Tränen und Reue.

Wir Söhne frommer Geschlechter,
einst des Rechts und der Wahrheit Verfechter,
wurden Gottes- und Menschenverächter
unter der Hölle Gelächter.

Doch wenn uns jetzt Freiheit und Ehre geraubt,
vor Menschen erheben wir stolz unser Haupt.
Und bringt man uns in böses Geschrei,
vor Menschen sprechen wir selber uns frei!

[10] Ruhig und fest stehn wir Mann gegen Mann
als die Verklagten klagen wir an.

Nur vor Dir, alles Wesens Ergründer,
vor Dir sind wir Sünder.

Leidensscheu und arm an Taten
haben wir Dich vor den Menschen verraten.

Wir sahen die Lüge ihr Haupt erheben
und haben der Wahrheit nicht die Ehre gegeben.

Brüder sahen wir in größter Not
und fürchteten nur den eigenen Tod.

Wir treten vor Dich als Männer,
als unsrer Sünde Bekenner.

Herr, nach dieser Zeiten Gärung,
schenk uns Zeiten der Bewährung.

Laß' nach so viel Irregehn
uns des Tages Anbruch sehn!

Laß', soweit die Augen schauen,
Deinem Wort uns Wege bauen.

Bis Du auslöschst unsre Schuld,
halt uns stille in Geduld.

Stille wolln wir uns bereiten;
bis Du rufst zu neuen Zeiten,

bis Du stillest Sturm und Flut
und Dein Wille Wunder tut.

Bruder, bis die Nacht entwich,
bete für mich!«

[11] Erstes Morgenlicht schleicht durch mein Fenster
    bleich und grau.
Leichter Wind fährt mir über die Stirn
    sommerlich lau.
»Sommertag!« sage ich nur, »schöner Sommertag!«
    Was er mir bringen mag?
Da hör' ich draußen hastig verhaltene Schritte gehn.

In meiner Nähe bleiben sie plötzlich stehn.
Mit wird kalt und heiß,
   ich weiß, o, ich weiß!
Eine leise Stimme verliest etwas schneidig und kalt.
Fasse dich, Bruder, bald hast du's vollbracht,
   bald, bald!
Mutig und stolzen Schrittes hör' ich dich schreiten.
Nicht mehr den Augenblick siehst du, siehst künftige Zeiten.
Ich gehe mit dir, Bruder, an jenen Ort,
und ich höre dein letztes Wort:
»Bruder, wenn mir die Sonne verblich,
   lebe du für mich!«

[12] Langgestreckt auf meiner Pritsche
   starre ich auf die graue Wand.
Draußen geht ein Sommermorgen,
   der noch nicht mein ist,
   jauchzend ins Land.
Brüder, bis nach langer Nacht
   unser Tag anbricht,
   halten wir stand![7]

Widerstandsdichtung

Am 27. Juni 1944 erwähnt Bonhoeffer »Verse«, deren Absendung er noch zurückstellt, »besonders ein letztes ziemlich langes Gedicht über hiesige Eindrücke«. Er schickt es nicht mit, da er unsicher ist, ob Eberhard Bethges alte Feldpostnummer noch gilt, und fügt hinzu, dass sich die Verse ohnehin »mehr für einen gemeinsamen Abend als für eine lange Postreise« eignen (VIII, 499). Am 8. Juli, als die Adresse klar ist, heißt es: »Zwei Gedichte liegen bei. Ein großes über hier würde ich Dir lieber hier zeigen; ich glaube, es ist nicht so schlecht. Vielleicht kommt es einmal extra.« (VIII, 512) Am 3. August kommt er noch einmal auf darauf zurück: »Das sehr lange Gedicht (in Reimen) ›Nächtliche Stimmen in T[egel]‹ mußt Du später einmal lesen.« (VIII, 555)

Dreimal erwähnt er vor dem Freunde sein Werk, und dreimal hält er es zurück. Er hätte es ja wie die anderen Briefe an Bethge auf dem bewährten Schmuggelweg zur Post bringen lassen können. Doch er wusste, warum er es nicht tat. In unrechte Hände geraten, hätte es sein Todesurteil bedeutet und auch die Mitverschwörer belastet. In keinem

---

7.   Die Zeileneinrückungen in den letzten beiden Abschnitten bleiben auch nach Vergleich der beiden handschriftlichen Fassungen unklar.

anderen Schriftstück aus dem Gefängnis hat Bonhoeffer die nationalsozialistische Macht so bloßgestellt wie in diesem. Sie verführt die Menschen durch Lüge, sie macht sie zu Mitwissern und in solcher Kompli-
zenschaft zu Mitschuldigen des Frevels, der vor aller Augen liegt. Die so
Verstrickten werden zu fügsamen Kreaturen, stummen Hunden, folg-
samen Verächtern Gottes und der Menschen – und das alles *unter der
Hölle Gelächter* über so viel Verrat und Treulosigkeit der Kinder einst
redlicher Eltern. Doch die wirkliche *Wende der Zeiten* wird nicht mehr
der Regie der Bösen folgen. Es naht *jene Mitternacht,* in der die allgemeine Angst auf die Agenten der Schreckensherrschaft schrecklich
zurückfällt: *Bösewicht/ tritt ins Licht,/ vor Gericht.* Und mit jener Mitternacht ergeht, jubelnd verkündet, der letztinstanzliche Spruch, der *Himmel* und *Erde* zusammenführt: *Mensch, werde frei,/ sei frei!* Unter solchem Urteil gibt selbst der *Augenblick* eines Gerichtstodes von
Schergenhand die Sicht frei für *künftige Zeiten.* Es werden *Zeiten der
Bewährung* sein. Bis deren neuer, irdischer Tag, *unser Tag,* anbricht, *halten wir stand.*

Unser Versuch, einen Grundzug der Dichtung wiederzugeben, zeigt
schon, dass sie sich bei aller Sprengkraft nicht in das Muster politischer
Agitation einfügen lässt. Lebensgefährlich war die Artikulation der
Stimmen aus dem Gefängnis (korrekt bezeichnet: Wehrmachtunter-
suchungsgefängnis Berlin-Tegel) zwar schon an und für sich. Aber das
Besondere des Stücks liegt in der Aufnahme und Umkehrung und vi-
sionären Überschreitung der allgegenwärtigen forensischen Situation.
Dazu bedurfte es einer anderen Form als des Manifests, des Reports
oder des Traktats. Und es bedurfte eines Autors, der als selbst Inhaftierter versucht, die Klage der Mitgefangenen *zu Gottes Ohr* hin umzuspre-
chen, ohne sich ihnen und ohne sie ihrer eigenen Stimmen zu entfrem-
den. »Nächtliche Stimmen« ist Widerstandsdichtung aus politisch,
mitmenschlich und seelsorgerisch verantwortetem Glauben.

Ein Oratorium

Wir nennen »Nächtliche Stimmen« lieber eine Dichtung als ein Gedicht. Denn es sind darin ja zahlreiche kleinere Gedichte zu einer vielfach gegliederten Einheit zusammengefasst. Mag der erste Leseeindruck
auch etwas verwirrend sein, so ergibt sich bei ruhiger Durchsicht doch
bald eine genau überlegte Ordnung.[8] Zwar lässt Bonhoeffers Schrift ge-

---

8.   Ein groteskes Fehlurteil liest man bei M. Moll, 178: Die Gedichte »Vergangen-
     heit«, »Glück und Unglück«, »Nächtliche Stimmen«, »in denen die Verluste
     und Entbehrungen der Haft benannt werden, […] sind große und umfang-

wisse Unsicherheiten über die Abgrenzung von Versgruppen zu. Aber unser Versuch, das Ganze nach formalen und inhaltlichen Maßstäben in zwölf Abschnitte zu teilen, dürfte der von ihm verfolgten Anlage sehr nahe kommen.

Was sofort auffällt, ist die Entsprechung zwischen der ersten und der letzten Versgruppe, also die Parallelführung der Abschnitte 1 und 12. Die erste Abweichung legt den zeitlichen Rahmen fest: *Sommerabend – Sommermorgen*. Folgerichtig wird man mit Mittelabschnitt 6 in die *Mitternacht* eintreten. Eine andere Abweichung zeigt den in dieser Nacht vollzogenen Wechsel der Hauptperspektive an: *dein Tag – unser Tag*. Das Du der Selbstanrede (in der Korrekturfassung ist *dein* unterstrichen) tritt hinter dem Wir einer solidarischen Gemeinschaft zurück. Abschnitt 2, wieder eine Versgruppe des redenden Ich, bringt als neues Moment das vom äußeren Horchen unterschiedene innere Hören ein: *Hörst Du sonst nichts, fauler Schläfer?/ Ich höre [...]* So auch im vorletzten Abschnitt 11. Es bleibt nicht bei dem, was dem Ich vom Gang her und aus der Nachbarzelle zu Ohren kommt, sondern: *Ich gehe mit dir, Bruder, an jenen Ort,/ und ich höre dein letztes Wort* – das akustische Hören geht in das imaginierte, innere Hören über. Überhaupt ist die vorherrschende Wahrnehmung in dieser Dichtung die Audition.

Abschnitt 3 nimmt das vierfache *Ich höre* des vorhergehenden Abschnitts auf. Jetzt steht es am Anfang von vierzeiligen Strophen, die die Nacht der Gefängnisinsassen miterleben lassen, der *Männer*, der *halbwüchsigen Knaben* und der *Greise*, der inhaftierten Soldaten jeden Alters, die auf ihren Prozess oder die Vollstreckung des ergangenen Urteils warten. Auch Abschnitt 4 knüpft noch an Abschnitt 2 an, eine Ich-Rede, die wieder mit *Nacht und Stille* beginnt und auch die Frage *Hörst du* wiederholt. Sie führt bis zur Ankündigung des stummen, nämlich nur mit dem weit geöffneten inneren Ohr gehörten Chores vor Mitternacht. Dieser Chor, wiedergegeben in Abschnitt 5, fasst in einer langen *Wir*-Vorstellung alle Unterschiedlichen zusammen, die sich an ihn wenden, der da zum Hören berufen ist: *Bruder, wir suchen, wir rufen dich!/ Bruder, hörst du mich?*

Der Abschnitt 6 schildert die Mitternacht, wie sie sich dem äußeren Gehör des aus dem Schlaf geweckten Häftlings mit Turmuhrschlagen und Hundegebell dartut. Das deprimierende Fazit der ergebnislos verrinnenden Zeit lässt ihn fragen, worauf er denn wirklich wartet. Da taucht am Horizont seines Wollens und Wünschens jene andere Mitternacht auf, in der *die Bösen vor Angst vergehen,/ die Guten in Freude be-*

reiche lyrische Torsi, die jede Einzelform sprengen, die auch gedanklich herumirren. Die genannten Gedichte sind Gedankenwanderungen ohne festen Halt«.

stehen. Formal durch äußerst verknappte dreizeilige Strophen hervorgehoben, für die es in dieser Dichtung kein weiteres Beispiel gibt, zeigt sich der Abschnitt 7 als eng geschlossene Einheit. Wieder handelt es sich um eine Audition. Welcher Art sie ist, muss die Interpretation zeigen. Neues Erwachen und neue Ich-Rede leitet den Abschnitt 8 ein. Das Grübeln über die Nacht endet damit, dass sie selbst spricht (bezeichnend für die innere Wahrnehmung ein neues *hör ich*) und mit der Antwort *Die Schuld!* eine ungeheure Bewegung auslöst, welche sich alsbald zum Chor formiert: *ein stummer Chor/ dringt an Gottes Ohr.*

Dieser Chor nach der Mitternacht nimmt zwei Abschnitte in Anspruch. Abschnitt 9 besteht aus acht vierzeiligen Strophen: Die Verklagten werden zu Verklägern und sprechen sich *vor Menschen* (von denen sie, wie es am Anfang der Einheit heißt, *gehetzt und gejagt* wurden) *selber frei.* Abschnitt 10 wendet den Blick in eine andere Richtung, die Sprache fällt ins anredende Du: *Nur vor Dir, alles Wesens Ergründer,/ vor Dir sind wir Sünder.* Bezeichnenderweise ändert sich auch die Strophenform: Der Paarreim bleibt, aber die Vierzeiler werden durch Zweizeiler abgelöst. Das Schuldbekenntnis verträgt keine Weitschweifigkeit. Es endet, wie der Chor vor der Mitternacht, mit einem Ruf an den Bruder. Zuerst war dessen Anwesenheit als Hörender erfragt. Jetzt wird von ihm anhaltende Fürbitte erwartet: *Bruder, bis die Nacht entwich,/ bete für mich!* Die beiden Chöre (Abschnitte 5 und 9-10), obwohl ungleich lang, erweisen sich als die innere Klammer der Dichtung. Es folgt mit dem Morgen in den Abschnitten 11 und 12, wie schon erwähnt, der rückwärtige Teil der äußeren Klammer. Aber auch hier gibt es noch eine als Steigerung angelegte Verknüpfung: Nicht mehr der Chor wendet sich an das erzählende und hörende Ich, an den Bruder, sondern ein Einzelner unter den vielen, der zum Richtplatz Geführte, und er bittet: *lebe du für mich!*

Die Organisation der Dichtung liegt jetzt offen. Was lässt sich daraus schließen, wenn es um ihre Gattung geht? Der Wechsel der poetischen Formen, die Wiederkehr tragender Motive und der zweimal eingesetzte »Chor« lassen an ein Oratorium denken.[9] Unterstützt wird diese Zuschreibung durch den Titel »Stimmen« und durch das Übergewicht der auditiven Anteile. Ein zum Hören aufgeforderter Sprecher lässt sich hörend in Anspruch nehmen. Indem er stumme Stimmen hörbar macht, vermittelt er eine Deutung von Leid und Schuld, Verantwortung und Freiheit, die noch in die Zukunft hinein reicht. Bonhoeffers Text braucht Hörer, keine Zuschauer. Soll er also als Libretto eines Werkes

---

9.   Von einem »Oratorium«, einem »chorischen Gefüge« spricht J. Chr. Hampe, 53.

für Singstimmen gelesen werden? So war er vielleicht nicht gemeint.[10] Aber wenn man sich eine angemessene Vertonung hinzu denkt, kann die Dichtung nur noch gewinnen, und umgekehrt ermäßigt sich so eine rein literarische Kritik, die das nur auf sich selbst gestellte Wort auf sich ziehen dürfte.

Im Übrigen wurde die Bezeichnung »Oratorium« zu Bonhoeffers Zeit auch für Werke gebraucht, in denen gesungenes und gesprochenes Wort wechselten. »Sprechchor«-Aufführungen waren in der evangelischen Jugendarbeit vor 1933 beliebt. Otto Riethmüllers »Sein Reich kommt«[11], eine »Feier für Sing- und Sprechchor«, gelegentlich auch »biblisches Oratorium« genannt, wird in der Berliner Philharmonie durch zwei Winter hindurch »von Jugendgruppen, nicht von Schauspielern vorgetragen; oft werden bis zu 500 Ausführende beteiligt, Tausende von Gläubigen und Nichtgläubigen sind berührt, beteiligt, aufgerüttelt.«[12] Bonhoeffers Dichtung lässt sich weder mit Riethmüllers Werk, das Verkündigung intendierte, noch mit dem hoch artifiziellen Oratorium »Das Unaufhörliche« von Gottfried Benn und Paul Hindemith (ebenfalls 1931)[13] vergleichen. Doch kann man sich schwer vorstellen, dass er für seine Formidee keinerlei Anregung aus der Aufführungspraxis seiner Zeit erhalten hätte.

Leidensgefährten

Langgestreckt auf meiner Pritsche/ starre ich auf die graue Wand. Schon mit dem ersten Satz ist die Zellensituation da; und einer, der in ihr spricht. Mit dieser Situation stellt er sich gleichsam vor. Aber von sich selbst spricht er im Fortgang immer nur so, dass er – bald früher, bald später – den anderen das Wort gibt, die mit ihm gefangen sind und die er in dieser Nacht hört. Was sind das für Menschen?

10. Sicher hätte sich Bonhoeffer kein Musikwerk vorstellen können, das aus vertonten Prosapassagen, Auszügen aus seinen Predigten, Büchern und Briefen besteht, und dennoch gibt es dieses Werk: Tom Johnson, Bonhoeffer-Oratorium in vier Teilen für vier Solisten, zwei Chöre und Orchester (1988-1992). Der Mitschnitt der deutschen Erstaufführung vom 18. November 1998 in der Berliner Philharmonie liegt in einer Doppel-CD vor (© Deutsches Symphonie-Orchester Berlin). Vgl. auch die Berichte von Bonhoeffer-Vertonungen in BRB Nr. 75, Nov. 2004, 36 f.
11. O. Riethmüller, Sein Reich kommt, Berlin-Dahlem 1931.
12. M. Rößler, Liedermacher im Gesangbuch, 907.
13. S. o. im 1. Teil den Abschnitt »Gottfried Benn: Das Unaufhörliche«.

> Ich höre, ich höre
> wie Stimmen, wie Rufe,
> wie Schreie nach rettenden Planken
> der wachenden, träumenden Leidensgefährten
> nächtlich stumme Gedanken.

In der Reinschrift hat es eine kleine Korrektur gegeben, doch sie ist bezeichnend. Zunächst hieß es an dieser Stelle nämlich »Kampfgefährten«. Geht es um Kampf, so lautet die Frage: Wer gegen wen? Und der so leicht durch Ideologie bestimmte Rückblick auf den Kampf im Widerstand legt bekanntlich Wert auf Unterscheidungen: Wer hat wirklich zu uns gehört? Wer hat mitgekämpft? Wer hat nur so getan, als ob? Wer war der Feind in den eigenen Reihen? Bonhoeffers »Nächtliche Stimmen« entziehen sich den gestanzten Bildern verwertbarer Widerstandsdichtung, wie sie etwa im pädagogisch aufbereiteten Antifaschismus der DDR willkommen waren. Aus den »Kampfgefährten« werden schon während der ersten Niederschrift *Leidensgefährten*. Damit weitet sich der Kreis. Es gehören viel mehr dazu als Mitkämpfer. Das Kriterium politischer Einstellung und ethischer Entscheidung, das ja immer auch ausschließend wirkt, tritt zurück. Auf die Stimmen aller kommt es an, deren Menschsein durch Angst, Entwürdigung und Schmerz bedroht ist. Ausgeschlossen sind nur die Beherrscher dieses Hauses. Wo sie überhaupt auftreten, wird ihnen keine wörtliche Rede zugestanden: *Nur Schritte und Rufe der Wachen* (zweiter Abschnitt). *Eine leise Stimme verliest etwas schneidend und kalt* (vorletzter Abschnitt). *Nächtliche Stimmen*, das sind die Stimmen der *Leidensgefährten*, das sind ihre *nächtlich stumme(n) Gedanken*. Das ist ihr *stummer Chor*, der sich erst in der inneren Wahrnehmung eines Mitleidenden artikuliert.

Von den Leidensgefährten weiß man, dass es sich um etwa 700 Insassen des damaligen Wehrmachtuntersuchungsgefängnisses gehandelt hat. Dabei war das WUG nur eine der drei kreuzförmig angelegten Teilanstalten (heute TA III) des ganzen Gefängniskomplexes Berlin-Tegel[14]. Es waren darin bis auf einige Sonderfälle, zu denen auch Bonhoeffer gehörte, Soldaten der deutschen Wehrmacht eingesperrt. Sie standen im Verdacht einer Straftat oder warteten, wenn das Urteil schon gesprochen war und auf Tod lautete, auf die Hinrichtung. Von Gaetano Latmiral, einem dort internierten italienischen Offizier, stammt die 1972 niedergeschriebene Erinnerung: »Die meisten Häftlinge waren ›Zersetzer der Wehrkraft‹; Soldaten und Unteroffiziere, die meistens während eines Urlaubs in Anwesenheit mehrerer Personen

---

14. Zum Gefängnis Tegel in der Zeit des Nationalsozialismus vgl. H. R. Sandvoß, Widerstand in Pankow und Reinickendorf, 11-33.

sich gegen den Krieg und die Regierung geäußert hatten. Viele von ihnen waren ... aus diesem Grund zum Tode verurteilt. Einige waren Fahnenflüchtige ... Am Freitag wurden die Häftlinge, die zum Tode verurteilt waren – nach 40 Tagen (Bestätigung des Urteils) – nach Plötzensee überführt und dort abgeköpft. ... Der Zettel vor der Tür ihrer Zellen war rot gestrichen. Es gab rote Zettel überall.«[15] Eine andere Quelle besagt, dass Todeskandidaten aus den Berliner Wehrmachtsgefängnissen auf dem nahe gelegenen Schießplatz Tegel in der Jungfernheide (am westlichen Ende des heutigen Flughafens) erschossen wurden. Über diese Erschießungen hat der Gefängnispfarrer Harald Poelchau bewegend berichtet.[16]

Ausführlicher hat Bonhoeffer selbst über die Mitgefangenen geschrieben. Von den einschlägigen Briefstellen abgesehen schildern zwei Dokumente aus seiner Feder das soziale Umfeld im Gefängnis. Der Haftbericht von Ende 1943 ist für den Stadtkommandanten General Paul v. Hase, seinen Onkel, bestimmt. (VIII, 380-386) Die Gefangenen sind dauernd den entehrenden, wüsten Beschimpfungen, oft auch Schlägen und Tritten ihrer Bewacher ausgesetzt. Der Status des Untersuchungshäftlings spielt für die Behandlung keine Rolle. Die Essenrationen bleiben weit unter der Vorschrift, besonders am Sonntag, weil da keine Kontrollen zu befürchten sind. Eine von den Häftlingen hinausgesteckte Meldefahne, die eine dringende Kontaktaufnahme zu den Wärtern anzeigen soll, wird dauernd übersehen. Bei Luftangriffen müssen die Häftlinge in ihren Zellen bleiben, auch im obersten Stockwerk.[17] Auch die Einweisung ins Krankenrevier ist mit Schikanen verstellt. »Sämtliche U.-Häftlinge, auch die mit geringsten Straftaten, werden in Fesseln zur Vernehmung und Verhandlung vorgeführt; für einen Soldaten in Uniform bedeutet das eine schwere Kränkung.«

Von eigener Anschauung schlimmster Art ist die Erzählung »Gefrei-

15. So VII, 200, in Anmerkung 39. Zitiert wird ein nicht gedrucktes Manuskript von 1972, das den Herausgeberinnen durch Christian Gremmels bekannt geworden ist. Die heutige Gedenkstätte Plötzensee ist nur wenige Kilometer von der Justizvollzugsanstalt Tegel entfernt. Gruppenphotos, die Bonhoeffer zusammen mit den Italienern und einem Bewacher zeigen, in: E. Bethge u. A. (Hg.), Dietrich Bonhoeffer. Sein Leben in Bildern und Texten, 217. 222.
16. H. Poelchau, Die letzten Stunden, 32-44. Dort auch zwei Photos eines Schießstandes in der Jungfernheide. Vgl. Sandvoß, 33. Zu Poelchaus Wirken im Gefängnis Tegel informiert jetzt auch eine Biographie: K. Harpprecht, Harald Poelchau, 2004.
17. G. Latmiral, Erinnerungen eines Mithäftlings in Tegel, 92: »Seinem [Bonhoeffers] Interesse für die Mitgefangenen (er erreicht bei dem Hauptmann Maetz, daß die Gefangenen des dritten Stockes während der Luftangriffe im Erdgeschoß untergebracht wurden) verdanken wir wahrscheinlich das Leben; unsere Zelle wurde schwer beschädigt und mußte geräumt werden.«

ter Berg« gesättigt.[18] In unerbittlicher Schwarz-Weiß-Zeichnung setzt Bonhoeffer der schmierigen Korruption im Gefängnispersonal das soldatische Ethos eines von seinen Verwundungen völlig entstellten Gefreiten gegenüber. Der Gefreite Berg, nach seiner Wiederherstellung aus dem Lazarett zum Dienst im Untersuchungsgefängnis abkommandiert, durchschaut die Feigheit des Hauptfeldwebels Meier, der daraufhin alsbald für dessen Versetzung sorgt. Am gegensätzlichen Umgang beider mit dem »Abiturienten«, einem soeben von der russischen Front eingelieferten 18-jährigen Soldaten, der trotz seiner Auszeichnung mit dem Eisernen Kreuz 1. Klasse in eine Art orientierungsloser Fahnenflucht geraten ist, offenbart sich der Sumpf, aus dem heraus der Vertreter der Macht agiert. Berg verabschiedet sich von dem weinenden Abiturienten: »Kopf hoch, Junge, ich gehe für dich zum General. [...] Leb wohl, Kamerad!« Die moralische Anklage der Erzählung geht, wie es kaum anders sein kann, zu Lasten ihrer literarischen Qualität.[19] Aber das mindert nicht ihren Zeugniswert für die Lage von Bonhoeffers Leidensgefährten. Mit ihrem »ich gehe für dich zum General« spiegelt die Erzählung auch Bonhoeffers eigenen Einsatz zu Gunsten der anderen Häftlinge.[20]

Zur gleichen Zeit wie der für den Stadtkommandanten bestimmte Haftbericht entstanden auch seine »Gebete für Gefangene«. (VIII, 204-208) Bericht, Erzählung und Gebete sollten als Hintergrund von »Nächtliche Stimmen« gegenwärtig sein. Sie betreffen das gleiche Thema. Aber »Nächtliche Stimmen« lässt sich durch keinen dieser Texte ersetzen.

»Wir müssen lernen, die Menschen weniger auf das, was sie tun und unterlassen, als auf das, was sie erleiden, anzusehen.« (VIII, 28) Wer die Leidensgefährten sind, offenbaren die Strophen über ihre Nacht in den Abschnitten 3 und 4 noch anders, als es der Report oder die auf einen Einzelfall konzentrierte Kurzgeschichte festhalten könnten. Denn wenn *Hunderte die geschürte Glut ihrer Herzen entfachen*, bebt und birst das ganze Haus wie in loderndem Brand. Vom Gefängnispfarrer Harald Poelchau stammt ein Nachtbild, das zwar zunächst am benachbarten Gefängnis Berlin-Plötzensee haftet, aber sich ohne Abstrich auf Tegel übertragen lässt:»Man möge sich den riesigen Bau des Gefängnisses vorstellen, in dem sechshundert Menschen in halberleuchteten Zellen nachts schlafen sollen. Das hatte etwas Unheimliches und Triebhaftes,

18. Der Titel dieser Skizze wurde beim ersten Abdruck (WEN) hinzugesetzt. Vgl. VII, 192-204.
19. Die literarische Kritik liefert F. Schlingensiepen, Dietrich Bonhoeffers Experimente mit der freien Schriftstellerei, 21 f.
20. Vgl. DB, 952-955.

wie ein großes Tier, das im unruhigen Halbschlaf zusammengeduckt liegt. Es war nicht so, als herrsche dort Totenstille, sondern man spürte, wie hinter jeder dieser verriegelten Eisentüren ein Mensch mit aller Inbrunst um sein Leben und sein Recht rang.«[21] – Wieder anders der stumme Chor in Abschnitt 5. Unüberhörbar prägt die lange *Wir*-Aufzählung ein, dass all die Unterschiedlichen in einer Sache eins sind: Sie reden aus ihrem bedrängten Menschsein heraus, und alle Einzelnen brauchen einen menschlichen Anwalt. Sie brauchen den, der sie jetzt doch hören müßte.

> Bruder, wir suchen, wir rufen dich!
> Bruder, hörst du mich?

Die Mitternacht

Wer ist der angeforderte Bruder? Er leidet auch, sonst dürfte er sie nicht *Leidensgefährten* nennen. Bevor er nachts die anderen hört, gesteht er: *Ich höre der eigenen Seele Zittern und Schwanken.* Als morgens die Schritte kommen, packt ihn die Angst: *Mir wird kalt und heiß,/ ich weiß, o, ich weiß!* Doch bezeichnender für sein Leiden ist, was der Dichter ihn zur Mitternacht erfahren lässt: die Depression durch die Zeit, die im Einerlei des Elends voranschreitet, ohne etwas verändern oder verheißen zu können.

Zwölf kalte, dünne Schläge der Turmuhr/ wecken mich. An der Frontseite des großen Platzes im Eingangsbereich der Haftanstalt Tegel steht die doppeltürmige Gefängniskirche. Sie bildet zusammen mit einem kürzeren Zellentrakt einen der Kreuzarme der heutigen Teilabteilung II. Im Erdgeschoss befinden sich Verwaltungsräume. Der Gottesdienstraum liegt im Obergeschoss. Bonhoeffer hat ihn nie betreten dürfen. Nur »manchmal trägt mir der Wind Bruchstücke der Choräle zu« (VIII, 172). Aber das Geläut der Glocken am Sonnabend abends um 6 Uhr und am Sonntagmorgen vermerkt er mit großer Dankbarkeit. (VIII, 99. 109) Die Turmuhr zur Mitternacht[22] hat jedoch einen anderen Ton:

> Armseliges Geläute
> trennt ein armes Gestern
> vom armen Heute.
> Ob ein Tag sich zum andern wende,
> der nichts Neues, nichts Besseres fände,

21. H. Poelchau, 49 f.
22. Vgl. Brautbriefe, 171: »Ich wachte gerade auf, als die Anstaltsuhr Mitternacht schlug.«

> als daß er in Kurzem wie dieser ende –
> was kann mir's bedeuten?

Mit Psalm 19 wird Bonhoeffer die Verkündigung der Ehre Gottes auch in der kosmischen Ordnung der Zeit oft genug nachbuchstabiert haben: »*Ein Tag sagt's dem andern*, und eine Nacht tut's kund der andern ...« Schon als Junge kannte und liebte er die Strophe von Gerhard Tersteegen: »*Ein Tag, der sagt dem andern,/* mein Leben sei ein Wandern/ zur großen Ewigkeit./ O Ewigkeit, so schöne,/ mein Herz an dich gewöhne;/ mein Heim ist nicht in dieser Zeit.«[23] Er hat sie an das Ende seines Abendgebetes für Gefangene gesetzt (VIII, 207). »Gott wird es dem, der ihn in seinem irdischen Glück findet und ihm dankt, schon nicht an Stunden fehlen lassen, in denen er daran erinnert wird, daß alles Irdische nur etwas Vorläufiges ist und daß es gut ist, sein Herz an die Ewigkeit zu gewöhnen,« heißt es in einem Brief an Bethge (VIII, 244). In dieser Mitternacht aber scheint die Walze einer ohne Sinn weiterrollenden Elendszeit alle Hoffnung auf Neues niederzumachen. Angestachelt durch diese tötende Art von Leid greift der von der Turmuhr geweckte Schläfer nicht zum alten Trostlied. Er bäumt sich mit aller Kraft seines Wünschens auf:

> Ich will die Wende der Zeiten sehen,
> wenn leuchtende Zeichen am Nachthimmel stehen,
> neue Glocken über die Völker gehen
> und läuten und läuten.

Verbleibt sein Wünschen im Irdischen? Transzendiert es das Irdische? Die Grenze zwischen Hier und Dort ist offen. Weniger als das Äußerste und Letzte (das Eschaton) zu erwarten wäre Kapitulation vor dem Moloch, der sich mit der ins Leere laufenden Zeit verbündet hat. Gegen eine Mitternacht, die nichts Anderes ist als Wachablösung im Reich der fest im Sattel sitzenden Finsternis muß die andere Mitternacht aufstehen:

> Ich warte auf jene Mitternacht,
> in deren schrecklich strahlender Pracht
> die Bösen vor Angst vergehen,
> die Guten in Freude bestehen.

Jene Mitternacht – der Autor verweist auf Bekanntes, ohne es zu nennen. »Mitternacht heißt diese Stunde« singt man in der Kirche[24] und vergegenwärtigt das Gleichnis aus dem Evangelium: »Zur Mitternacht aber ward ein Geschrei: Siehe, der Bräutigam kommt; gehet aus, ihm

23. S. Leibholz-Bonhoeffer, vergangen erlebt überwunden, 55.
24. Vgl. »›Wachet auf‹, ruft uns die Stimme« von Philipp Nicolai, Str. 1.

entgegen!« (Matth. 25,6) Aber die Verse am Ende des Abschnitts 6 binden an keine spezielle Ausformung biblischer Eschatologie. Das Verständnis hängt allein daran, dass *jene Mitternacht* Symbol für eine
Scheidung ist, die mit der Kraft endgültigen Urteils hereinbricht, Maß
nehmend am menschlichen Verhalten, aber völlig entzogen jedem
menschlichen Veranstalten. Am Bußtag 1933 hatte Bonhoeffer in seiner
Londoner Gemeinde über 2. Korinther 5,10 gepredigt: »Wir müssen
alle offenbar werden vor dem Richtstuhl Christi, auf daß ein jeglicher
empfange, nach dem er gehandelt hat bei Leibesleben, es sei gut oder
böse.« Im Eingang der Auslegung hieß es: »Dieser Text gießt ein Licht
über den Bußtag, das so hell, so grell, so blendend ist, daß wir aufs
Äußerste erschrecken.« (XIII, 321) Wenn *jene Mitternacht* in *schrecklich
strahlender Pracht* kommt und *die Bösen vor Angst vergehen, die Guten
in Freude bestehen* lässt, legt sich zwar eine gewisse Beziehung zwischen
Gedicht, Predigttext und Predigt nahe. Aber wichtiger ist, dass der angefochtene Mithäftling letztes Gericht und Scheidung von Guten und
Bösen dringlich erwartet, den gegensätzlichen Urteilsspruch geradezu
herbeisehnt – statt davor zu erschrecken und sich allererst selbst anzu-
klagen. Der öffentliche Triumph des Unrechts rechtfertigt, ja fordert
den Ruf nach richterlicher Bloßstellung vor aller Augen und nach Sühne, und insoweit auch nach Vergeltung. Wer das für unfromm hält,
entleibt die Frömmigkeit und verweigert dem Reich Gottes die Erde.
Mit der Formel Bonhoeffers gesprochen: Wer sich aus vermeintlich
geistlichen Gründen über das Vorletzte hinwegsetzt, verrät gerade das
Letzte.[25] Wie sich das irdische Drängen auf Rechenschaft als vorletzter
(menschlicher) Wert und das göttliche Wunder der Rechtfertigung als
letztes (göttliches) Wort zueinander verhalten, wird im Fortgang der
»Nächtlichen Stimmen« noch deutlich werden. Zunächst aber stehen
wir vor dem rätselhaften Abschnitt 7.
Die in je einem Reimklang zusammengebundenen Kurzstrophen aus
drei immer nur zweihebigen Versen fallen schon mit dieser Form aus
allen übrigen Teilen der Dichtung heraus. Die Knappheit des sprachlichen Ausdrucks und der erhöhte Ton bilden ab, dass die hier gehörte
Rede auf Grund von Autorität ergeht. Zwar gibt es keine Anführungszeichen wie sonst, wenn andere Stimmen erklingen. Aber es ist ausgeschlossen, dass auch hier, wie in den rahmenden Abschnitten 6 und
8, das Sprecher-Ich zu Wort kommt. Will man sich dieses Ich hinzuden-
ken, so als Empfänger einer Audition eigener Art, nicht zu verwechseln
mit den in Anführungszeichen gesetzten Chor-Auditionen.
Wer also spricht? Eine geträumte Stimme. Sie mag einem Engel ge-

25. Vgl. in Bonhoeffers »Ethik« das Kapitel »Die letzten und die vorletzten Din-
    ge« (VI, 137-162).

hören oder einem Propheten. Was und wie sie singt, erinnert an das mittelalterliche »Dies irae, dies illa«[26]. In der Formtradition der lateinischen Sequenzen besteht auch dieser Gesang vom Jüngsten Gericht aus dreizeiligen Strophen, die jeweils nur durch einen Reim gebunden sind.[27] Sollte es wirklich ein Zufall sein, dass Bonhoeffers Audition die gleiche Struktur aufweist? Die Stimme, die hier erklingt, kündigt das Gericht aber nicht als zukünftiges an. Sie eröffnet es! Andererseits deutet sie es auch, nämlich als den Anfang der Wirklichkeit, von der es in 2. Petrus 3,13 heißt: »Wir warten aber eines neuen Himmels und einer neuen Erde nach seiner Verheißung, in welchen Gerechtigkeit wohnt.«[28] Wird dieser Bibelspruch von den damit Vertrauten mitgehört, dann zeigt sich darin auch die Klammer zwischen dem vorherigen und dem neuen Abschnitt: *Ich warte – Wir warten.* So wäre die Audition die Vorwegnahme der verheißenen neuen Welt im Traum der Erwartung.

Die Zeichensetzung differiert in den beiden Handschriften und scheint in keiner von beiden konsequent zu sein. Wir fassen jede der sechs Strophen als Anrede auf und setzen also (mit der korrigierten Tintenstiftfassung und gegen DBW VIII, 519) auch nach *Bösewicht* und nach *Himmel* ein Komma. *Bösewicht,/ tritt ins Licht vor Gericht.* Mit Bösewicht kann der Teufel oder Hitler (als damals maßgeblicher Böser) oder (was am nächsten liegt) jeglicher Täter extrem böser Taten gemeint sein.[29] Licht ist das Ende allen bösen Wesens. Mit dieser Wahrheit hat der Finkenwalder Bonhoeffer seinen Kandidaten die persönliche Beichte nahegelegt.[30] *Trug und Verrat,/ arge Tat,/ Sühne naht.* Nicht nur an den Täter ergeht die drohende Anrede, auch an die Tat, die sich vermittels des Geflechts von Herrschafts- und anderen sozialen Verhält-

26. J. Chr. Hampe urteilt über Bonhoeffers ganze Dichtung, immer klarer trete in ihr »die bohrende dies-irae-Stimmung« hervor (56).
27. Str. 1: *Dies irae, dies illa,/ Solvet saeclum in favilla,/ Teste David cum Sibylla.* Wörtlich: Der Tag des Zornes, jener Tag, er wird das Weltzeitalter in Asche zerfallen lassen, nach dem Zeugnis Davids (in Übereinstimmung) mit der Sibylla. Vgl. auch EGBP, Nr. 518. – Vielleicht hat Bonhoeffer die Formulierung »*jene* Mitternacht« schon in Erinnerung an »*jener* Tag« gewählt.
28. Vgl. auch Jes. 65,17 und Offb. 21,1.27.
29. »Heute gibt es wieder Bösewichter und Heilige, und zwar in aller Öffentlichkeit. [...] Die Gestalten Shakespeares gehen um. Der Bösewicht und der Heilige haben aber wenig oder nichts mit ethischen Programmen zu tun, sie steigen aus Urgründen empor, sie reißen mit ihrem Erscheinen den höllischen und den göttlichen Abgrund auf, aus dem sie kommen und lassen uns in nie geahnte Geheimnisse kurze Blicke tun.« (VI, 62)
30. Z.B. XIV, 754: »Erst die ans Licht getretene Sünde erkenne ich als wirklich gerichtete Sünde; was jetzt nicht offenbar wird, wird einst offenbar, und umgekehrt (und die Helligkeit ist vor dem andern [dem Bruder] unvergleichlich größer und leichter begreiflich als allein im Gebet).«

nissen in eigener Mächtigkeit zu vervielfachen scheint. Es naht die Stunde, da Unrecht aufzuwiegen und Sühne zu leisten ist. Die Sühnung der Menschenschuld durch den Kreuzestod Jesu ist in dieser Strophe nicht im Blick. Allerdings: *Mensch, o merke,/ heilige Stärke/ ist richtend am Werke.* Der Dreizeiler befriedigt sprachlich nicht, doch vertritt er eine hoch gewichtige Sache. Der Ton liegt auf »heilig«. Damit ist das jetzt anstehende Gericht dem sonstigen Gerichtswesen entnommen. Erst feierlich angemahntes Aufmerken jedes Einzelnen *(Mensch, o merke)* vermag die hier waltende Stärke als ganz und gar besondere, eben *heilige Stärke* wahrzunehmen. Das Gerichtshandeln ist nicht der Reflex bloßer Überlegenheit. Theologisch formelhaft gesprochen: In Gottes Gericht verbirgt sich auch seine Gnade. Nur so wird der Übergang zur nächsten Strophe verständlich: *Jauchzt und sprecht: Treue und Recht/ einem neuen Geschlecht!* Jauchzend sprechen ist hier soviel wie dankbar bekennen: Wunderbarerweise ist der Weg frei für einen neuen Anfang, und diesem zukünftigen Geschlecht wird als Lebensgrund gewährt, was doch bisher so niederträchtig verraten wurde: *Treue und Recht.* Die lapidare Redeweise lässt sich auf keine Differenzierung zwischen Gegebenem und Gebotenem ein. Dieser Neubeginn kann nur ein Werk des Himmels an der ganzen Erde sein. Indem der Himmel eben dazu aufgeboten und ermächtigt wird, darf er im Sinne der oben erwähnten Schriftstelle »neuer Himmel« sein: *Himmel, versöhne/ zu Frieden und Schöne/ die Erdensöhne.* Wo Treue und Recht gelten, ist Friede, aber auch Schönheit. Das seltene und meist gewählt klingende Wort »die Schöne« für Schönheit verdankt sich in dieser Strophe gewiß dem Gebot des Reimes. Aber damit ist es doch nicht nur Füllung und Floskel. Die *Erdensöhne* sollen einer Schöne zustimmen können, die als irdische »ihr ganz eigenes Recht hat«. Die Schöpfung wird darin weder vergöttlicht noch dämonisiert. Bonhoeffer bekennt dem Freund einmal mit einer Reihe von Beispielen aus der Kunstgeschichte, »daß für diese Schönheit eigentlich allein mein Herz schlägt« (VIII, 367). Nach dem Anruf an den Himmel jetzt, in der letzten Strophe, der Befehl an die Erde und an den Menschen auf ihr. Mit der Kraft eines performativen Spruchs, der durch Wiederholung noch verstärkt wird, widerfährt dem Menschen, wozu er bestimmt ist: *Erde, gedeih'/, Mensch, werde frei,/ sei frei!* Dass Tor zu einer neuen geschöpflichen und geschichtlichen Zukunft steht weit offen.

Zu Gottes Ohr

Erst im Abschnitt 8, am Ende, und dort zum einzigen Mal in der ganzen Dichtung, fällt das Wort »Gott«. Auch die endzeitliche Audition

von der alles entscheidenden Mitternacht (Abschnitt 7) war ohne
»Gott« als Wort unserer Sprache ausgekommen. Bonhoeffers Dichtung
sollte allen Deutschen zugänglich sein, nicht nur denen, die mit der
kirchlichen. Verkündigungssprache vertraut waren. Dass solche Offenheit nicht auf Kosten der theologischen Entschiedenheit geht, zeigen
die Abschnitte 8-10. Da aber ist das Signalwort nicht sogleich »Gott«.
Ihm voraus geht das Wort »Schuld«.

Ich habe mich plötzlich aufgerichtet – der neue Einsatz zeigt: Die Audition wirkt geradezu körperlich. Wer frei ist, richtet sich auf. Doch
diese Bewegung lässt sich zugleich auch anders deuten: Es war im
Schlaf, es war im Traum, was dem Sprecher-Ich widerfuhr. Kann das
Wachbewußtsein den Traum bestätigen? Kommt es über den Irrealis
(als hätt' ich – als gäbe es– als sähe ich) hinaus? Darf es den Irrealis mit-
nehmen zum *Festland* der Realität? *Aber wohin ich auch blicke, greife
und fasse,/ ist nur der Finsternis undurchdringliche Masse.* Diese Stelle
entspricht der Erfahrung aus »Vergangenheit«: *Über deiner Nähe erwache ich mitten in tiefer Nacht/ und erschrecke –/ bist du mir wieder verloren?* Nur dass die Enttäuschung jetzt, nach dem Verklingen der ho-
heitlichen Gerichts- und Befreiungsstimme, über das Persönliche weit
hinausgeht.

Ich versinke in Grübeln./ Ich versenke mich in der Finsternis Grund.
Aus dem Grübeln erwachsen Fragen an die Nacht *voll Frevel und Übeln,*
als ob sie der Inbegriff der Finsternis sei und Auskunft geben könne
über das *Warum und wie lange,* das den Grübler quält. An dieser Stelle
hat er sich übrigens schon mit all den anderen zusammengeschlossen,
die ihn im Chor vor Mitternacht mit *Bruder* angeredet hatten: *an unsrer
Geduld* zerrt die Nacht. Das Gewicht der erwarteten Antwort erhöht
sich, wenn ihr *tiefes und langes Schweigen* vorausgeht. Doch dann
spricht die Nacht. Sie erklärt sich als nicht zuständig, sie gehört der
Finsternis auch gar nicht an: *ich bin nicht finster, finster ist nur die
Schuld.*[31]

Das besagt: Alle Anfragen bei un- oder überpersönlichen Mächten,
die als vermeintliches Schicksal auftreten, sind vergeblich. Nicht die
Schicksalsfrage bringt weiter. Die Schuldfrage steht an. Daran entscheidet sich alles. Diese Auskunft vermittelt sich denn auch sofort der ganzen Menge der Leidensgefährten. Sie löst bei ihnen eine Unruhe aus, die
sich von *Zittern* über *Beben* zu *Murmeln* und *Klagen* bis zum Grimm
steigert und *in wildem Gewirr unzähliger Stimmen* mündet: *ein stummer Chor/ dringt zu Gottes Ohr.*

Worin unterscheidet sich die Situation, auf die der Abschnitt 8 zu-

---

31. Vgl. den positiven Blick auf die Nacht in »Vergangenheit«.

läuft, von derjenigen, über die das Gericht der Mitternacht in Abschnitt 7 erging? Was bedeutet es, dass erst jetzt von »Schuld« die Rede ist und auch jetzt erst das Wort »Gott« erscheint? Mit dem Gerichtswort jener anderen Mitternacht hat das Sprecher-Ich das Urteil über das Unrecht in seiner öffentlichen Dimension vernommen, über *Trug und Verrat,/ arge Tat*, über all die Verhältnisse *voll Frevel und Übeln*, die zum Himmel schreien und ohne das Machtwort des Himmels nicht an ihr verdientes Ende kommen können. Dieses Machtwort wird von den Leidenden erwartet, es wird herbeigesehnt, lässt sich aber nicht herbeizwingen. Indessen ist dauernd aktuell das Urteil über das Unrecht in seiner persönlichen Dimension. Mit dieser *Schuld* sind alle Einzelnen belastet. Wird sie von ihnen erkannt, so soll sie auch bekannt werden. Schuld bekennen heißt aber, sie *zu Gottes Ohr* dringen lassen. Der Akt, in dem das geschieht, heimlich im Herzen oder vor einem Mitchristen oder zusammen mit allen im Gottesdienst, ist der kirchlichen Tradition nach die Beichte. In dem zweiteiligen Chor nach Mitternacht (Abschnitte 9 und 10) fällt dem Mitgefangenen die Rolle des Beichthörers zu. *Bruder, wir suchen, wir rufen dich!/ Bruder, hörst du mich?* Am Ende von Abschnitt 5 war von ihm Präsenz und Hörbereitschaft erfragt worden. *Bruder, bis die Nacht entwich,/ bete für mich!* Am Ende von Abschnitt 10 wird von ihm erwartet, dass er bittend vor Gott für die eintritt, deren Bekenntnis *zu Gottes Ohr* dringt, aber gleichwohl den menschlichen Zuhörer braucht.

Ein Schuldbekenntnis, vor dem Bruder oder der Schwester für Gott bestimmt, ist Beichte. Es sollte nicht verwundern, dass sich Bonhoeffers Seelsorgeverständnis und die darin zentrale Beichte[32] auch in seinem literarischen Werk spiegelt. Von der Beichte her gewinnt man auch einen zusätzlichen Blick auf die Gesamtkomposition der »Nächtlichen Stimmen«. Der Chor vor Mitternacht drängt auf die Hörbereitschaft eines brüderlichen Mitwissers, der Chor nach Mitternacht spricht vor diesem Bruder und vor Gott Schuld aus. Aber die Audition in der Mitternachtsstunde selbst vergegenwärtigt das Forum des göttlichen Gerichts- und Gnadenhandelns, das Beichte überhaupt erst sinnvoll macht und mehr sein lässt als Entlastung durch Selbstaussprache. Nun gibt es aber in »Nächtliche Stimmen« zwei Momente, mit denen die Beichtordnung verlassen bzw. verändert wird. Das eine betrifft die confessio (Bekenntnis der Sünden), das andere die absolutio (Lossprechung von den Sünden), und beide hängen damit zusammen, dass wir es hier mit einer Dichtung im politischen Raum zu tun haben.

---

32. Vgl. die Finkenwalder Seelsorgevorlesung XIV, 555-588. Zur Seelsorge im Gesamtwerk s. J. Henkys, Dietrich Bonhoeffer, in: Christian Möller (Hg.), Geschichte der Seelsorge in Einzelporträts, Band 3, 233-247.

Zur confessio: Der Schuldchor nach Mitternacht hat zwei Teile. Formal zeigen sie sich in der unterschiedlichen Strophenform. Die vierzeiligen Strophen des Abschnitts 9 sind wie ein lang anhaltender musikalischer Vorhalt.

Bevor die Stimmen des stummen Chores sich mit dem Bekenntnis der Schuld selbst anklagen, erheben sie Anklage gegen ihre eigenen Verkläger, die im Prozess gegen sie auftreten, aber in dieser Funktion nur der willenlose Arm einer Staatsmacht sind, die keine Autorität über sich anerkennt. *Von Menschen gehetzt und gejagt,/ wehrlos gemacht und verklagt,/ unerträglicher Lasten Träger,/ sind wir doch die Verkläger.// Wir verklagen, die uns in Sünde stießen,/ die uns mitschuldig werden ließen [...]* Das Wort »Sünde«, bisher vermieden, tritt nun neben das Wort »Schuld«. Es ist das sprachliche Signal für die Grundsituation des Menschen vor dem richtenden Gott. Im zweiten Teil des Chores ist es ebenfalls da: *Ruhig und fest steh'n wir Mann gegen Mann/ als die Verklagten klagen wir an.// Nur vor Dir, alles Wesens Ergründer,/ vor Dir sind wir Sünder://* [...] *Wir treten vor Dich als Männer,/ als unsrer Sünde Bekenner.* Die heute befremdlich wirkende Männlichkeitsattitüde in diesen Versen lässt sich aus der Parteinahme für die Soldaten im Militärgefängnis erklären. Sie wurden schon vor ihrer Verurteilung zynisch entehrt. Das Rückgrat wurde ihnen durch Leute gebrochen, die selber Drückeberger waren. So liest man es in Bonhoeffers Erzählung »Gefreiter Berg«. Außerdem will der Dichter ausdrücken, dass das Bekenntnis der Sünden nichts mit knechtischer Unterwürfigkeit zu tun hat. Für den Weg zur Beichte braucht es Kraft. Es ist die gleiche Kraft, die auch aus der Anklage der Verklagten spricht. Das ›System‹ zu verklagen heißt nicht, sich selbst rein zu waschen. Im Gegenteil: Erst aus dem Eingeständnis der Mitschuld erwächst die wurzelhafte, nicht nur taktische Verurteilung des ›Systems‹. In der ersten und letzten Strophe des Vorbaus zum ausdrücklichen Sündenbekenntnis steht bezeichnenderweise ein adversatives »doch«: [...] *sind wir doch die Verkläger.* [...] *Doch wenn uns jetzt Freiheit und Ehre geraubt,/ vor Menschen erheben wir stolz unser Haupt./ Und bringt man uns in böses Geschrei,/ vor Menschen sprechen wir selbst uns frei!* Das menschliche Gericht und das göttliche Gericht bleibt zweierlei. Vor dem ersteren kann es den Freispruch durch das eigene Gewissen geben. Vor dem letzteren gilt nur, was Gott – und in der Beichte: was Gott durch den »Bruder« – spricht. Die Beugung unter Gott hebt nicht die Freiheit vor den irdisch Großen auf, insbesondere dann nicht, wenn das Handeln der Einzelnen durch Verantwortung geleitet wird. An unserer Stelle ist zwar vorrangig ein Handeln unter Nötigung im Blick. Dennoch fällt als literarische Parallele auf, was Bonhoeffer über das Handeln im Widerstand formuliert hat: »Vor den anderen Menschen rechtfertigt den Mann der freien Verantwortung die Not, vor sich selbst spricht ihn sein Gewissen frei, aber vor Gott hofft er allein auf Gnade.«[33]

Zur absolutio: Das Eingeständnis eigener Sünde geschieht zwar schon zusammen mit der Anklage gegen die Verführer zur Sünde, die ihre Macht gegenüber den Abhängigen mißbraucht und sie zu Helfershelfern des Unrechts rekrutiert haben. Danach aber, am Anfang von Abschnitt 10, spricht der Chor auch das exklusive Sündenbekenntnis. Es fällt viel knapper aus als die Anklage. Zwei rahmende Strophen, die gleichsam die liturgische Situation markieren (vor Dir, vor Dich), umschließen drei Strophen mit Konkretionen: Verrat Gottes vor den Menschen aus Leidensscheu und Mangel an Tatkraft[34], Verrat der Wahrheit angesichts der Macht der öffentlichen Lüge, Verrat der notleidenden Brüder aus Furcht vor dem eigenen Tod. In diesem dreifachen Verrat lässt sich alle Übertretung der Zehn Gebote in der Diktatur zusammenfassen.

Die Weise, in der der stumme Chor sein Schuldbekenntnis ablegt, gibt uns Anlass zu einem Vergleich mit dem Schuldbekenntnis, das Bonhoeffer seiner Kirche im Ethik-Kapitel »Schuld, Rechtfertigung und Erneuerung« (VI, 125-136) vorspricht. Die Schulderkenntnis der Kirche erwächst nur an der Gestalt und an der Gnade Jesu Christi. Das aber hat Folgen für ihr Schuldbekenntnis: Sie bekennt ihre eigene Sünde und mit ihr den Abfall der abendländischen Welt als Schuld an Jesus Christus. Sie nimmt in ihrem Bekenntnis auch auf sich, was das ganze Volk bzw. die Völkerwelt verschuldet hat. So gewinnt denn das Schuldbekenntnis der Kirche Gestalt in einem Durchgang durch alle Zehn Gebote. Bei jedem Gebot spricht Bonhoeffer aus, wie die Kirche an dessen Übertretung beteiligt war. Doch während die Kirche durch die Vergebung erneuert wird, gibt es für die Völker in ihrer historischen Kontinuität nur ein allmähliches »Vernarben« ihrer geschichtlichen Schuld, nämlich »in der Rückkehr zur Ordnung, zum Recht, zum Frieden, zum freien Ergehenlassen der kirchlichen Verkündigung von Jesus Christus« (VI, 134). Solches Vernarben lässt dann auch im Verhältnis der Völker zueinander »so etwas wie Vergebung« entstehen, »die doch nur ein schwacher Schatten der Vergebung ist, die Jesus Christus dem Glauben schenkt« (VI, 135).

Bonhoeffers Unterscheidung zwischen der Vergebung, wie sie die einzelnen Christen und die Kirche im Glauben an Jesus Christus emp-

---

33. Im Ethik-Kapitel »Die Struktur des verantwortlichen Lebens (VI, 283).

34. In *Leidensscheu und arm an Taten/ haben wir Dich vor den Menschen verraten* klingt Friedrich Hölderlin an, der in seiner »Ode an die Deutschen« gleich eingangs klagt: *O ihr Guten! Auch wir sind/ Tatenarm und gedankenvoll* (Hölderlin, Sämtliche Werke, Zweiter Band, Berlin 1959, 9).

fangen, und der allmählichen Vernarbung der Schuldwunden, wie sie den zu Recht und Frieden zurückkehrenden Völkern gewährt wird, entsprang seinem theologischen Bemühen, den Blick für eine deutsche Zukunft nach dem Untergang des NS-Regimes zu klären. Von diesem Bemühen konnte die Dichtung »Nächtliche Stimmen« nicht unberührt bleiben. Mehr noch, Bonhoeffers Unterscheidung hilft uns, den Chor nach Mitternacht erst richtig zu verstehen. Aus dem stummen Chor sprechen die Leidenden, die das deutsche Volk in seiner geschichtlichen Verschuldung repräsentieren. Darum folgt ihrem Bekenntnis auch keine Absolution, wie sie ja nach dem Vorbild der Beichte hier am Platze wäre. Vielmehr geht das Sündenbekenntnis in eine Folge von Bitten um Zukunft über. Dabei ist Zukunft in der Vorstellung der Bittenden nicht sogleich der strahlende neue Tag. Sie soll zunächst *Zeiten der Bewährung* eröffnen. Darin wollen die Bittenden dem Wort Gottes *Wege bauen* (nach der Formulierung der »Ethik« geht es um die Rückkehr »zum freien Ergehenlassen der kirchlichen Verkündigung von Jesus Christus«). Sie bitten um eine Zukunft, die *in Geduld* durchlebt wird, *stille*, ohne lärmendes Fordern; um eine Zukunft, in der sie sich *bereiten* können. Worauf und wie lange? Dreimal heißt es: *bis Du –*: *Bis Du auslöschst unsre Schuld* – also: bis Gott die geschichtliche Schuld vernarbt sein lässt; *bis Du rufst zu neuen Zeiten* – sie sind den *Zeiten der Bewährung* nicht gleichzusetzen, Gott möge sie ihnen aber folgen lassen; *bis Du stillest Sturm und Flut* – das Bild erinnert die Sturmstillung Jesu, doch auch (und hier noch beziehungsreicher) an das Ende der Sintflut. Jedenfalls wird das, worauf die Bittenden warten werden, ein *Wunder* sein. Mit einem letzten »bis« wendet sich dann die Anrede übergangslos dem mithörenden Bruder zu: *Bruder, bis die Nacht entwich,/ bete für mich!*

Unser Rückgriff auf Bonhoeffers These, dass einer Erneuerung der Kirche die Vergebung der Sünde, einer Erneuerung der politischen Gemeinschaft aber die Vernarbung der Schuld vorausgehen muss, hat den Vorteil, dass sich so das eigenartige Zukunftsbild erklären lässt, das am Ende des stummen Chores begegnet. Will man davon absehen, bietet sich ein anderer Topos aus Bonhoeffers theologischer Lehre an. Die im Namen des Dreieinigen Gottes persönlich zugesprochene Vergebung der Sünden gehört für ihn in das »Arkanum«, in dasjenige Handeln Christi an den Nachfolgenden und der Nachfolgenden untereinander, mit dem sie zum Leben mitten in der Welt berufen und gestärkt werden, welches aber vor Verspottung und grobem Mißverstand bewahrt bleiben soll. Nicht jedes Geheimnis des Glaubens ist jederzeit allen in der Welt zuzumuten. »Es gibt Stufen der Erkenntnis und Stufen der Bedeutsamkeit; d. h. es muß eine Arkandisziplin wieder hergestellt werden, durch die die Geheimnisse des christlichen Glaubens vor Profanierung behütet werden.« (VIII, 415)[35] Die in Tegel durch gemeinsames Leiden und in vielfältiger Schuld zusammengehören, sind doch nicht durch gleiche Erkenntnis des Glaubens verbunden. Was innerkirchlich die Absolution ist, erbitten und erfahren sie in Bonhoeffers Dichtung auf andere Weise. Es ist ein *Bruder* da, der ihren stummen Chor in tiefem Verstehen hört. Er glaubt, dass ihr Chor *zu Gottes Ohr* dringt. Er nimmt ihre Schuldnot als Bekenntnis und Bitte vor Gott wahr, und weil er das Wort des leidenden Christus in der Gethsemane-Nacht »Wachet und betet, daß ihr nicht in Anfechtung fallet!« (Matth. 26,41) nicht vergessen kann, widersetzt er sich auch nicht dem Ruf, der ihn zuletzt aus dem stummen Chor erreicht: *Bruder, bis die Nacht entwich,/ bete für mich!* Er spricht den, der ihn da bittet, nicht von seinen Sünden los, aber er tritt vor Gott im Gebet für ihn ein.

Brüderlichkeit

Die beiden letzten Abschnitten (11 und 12) gehören wieder dem Ich und nehmen seine rezitativische Sprechweise auf. Immer, wenn das Ich erzählt oder die eigene Situation reflektiert, sind die Verse ja locker gefügt. Die Verszeilen fallen bald kürzer, bald länger aus. Es herrscht keine starre metrische Regel. Auch die Reimart springt aus dem Rahmen: Der Autor bevorzugt in diesen Abschnitten den Haufenreim, d.h. er lässt drei oder mehr Verse mit dem gleichen Reim enden. Manchmal verteilt er die Endreimwörter auch unregelmäßig über eine längere Passage, so etwa im Schlußabschnitt 12 *(Wand – Land – stand)* in Entsprechung zum Abschnitt 1 *(Wand – Land – Strand – Hand – stand)*. Der Anfang der »Nächtlichen Stimmen« ist für Hampe »unglücklich durch den erzwungenen Reim und sprachliche Klischees«. Immerhin hat Bonhoeffer die Reimhäufung nicht nur im ersten, sondern auch in den entsprechenden späteren Abschnitten gewollt und ist bis auf eine Ausnahme bei seinem Vorsatz geblieben.

In der früheren Niederschrift (Kopierstift) beginnt Abschnitt 11 mit diesen vier Verszeilen: *Erste Strahlen der Morgenröte/ kann ich im Widerschein/ gekalkter[36] Wände sehen./ Auf den Gängen höre ich hastige und verhaltene Schritt gehen.* Zusammen mit der nächsten Verszeile aus der reinschriftlichen Version (Tinte) *In meiner Nähe bleiben sie plötzlich*

---

35. Eine frühe Arbeit zur Arkandisziplin bei Bonhoeffer stammt von G. Meuß (verh. Opitz): Arkandisziplin und Weltlichkeit bei Bonhoeffer in: Mündige Welt III, 1960. Umfassend: A. Pangritz, Dietrich Bonhoeffers Forderung einer Arkandisziplin, 1988.
36. In VIII, 522, Anm. 18 heißt es: »gekachelter«. Aber das ist ein Lesefehler.

stehen ergäbe das wieder den bezeichnenden Haufenreim *(sehen – gehen – stehen)*. Aber der Autor hat die ersten vier Zeilen wieder gestrichen und durch eine neue, ausführlichere Fassung ersetzt, die dann in alle Drucke eingegangen ist. Wollte Bonhoeffer die Zeitbrücke vom Abend über die Mitternacht zum Morgen noch stärker bewusst machen, als es ohnehin geschieht? Oder das schreckliche Erleben in der Nachbarzelle durch ein reflexives Retardando vorbereiten? Im Ergebnis sind die Zeilen »*Sommertag!« sage ich nur, »schöner Sommertag!«/ Was er mir bringen mag?* ziemlich schwach geraten und wären bei einer weiteren Überarbeitung (besonders wenn Eberhard Bethge darauf Einfluss genommen hätte) wohl gestrichen worden. Der dramatische Höhepunkt der »Nächtlichen Stimmen« gebietet Kürze.

Wichtiger für die Deutung ist natürlich etwas Anderes. Das dramatische Moment, das ja zunächst nur eine Bewegung auf der Handlungsebene betrifft, verdichtet sich auf der Beziehungsebene. Bisher gab es die Leidensgefährten nur im Plural. Jetzt löst sich eine Einzelgestalt aus der Menge. Bisher war die zweifache Bruder-Anrede der Stimmen des stummen Chores ohne direkte Antwort geblieben. Jetzt sagt der zuvor mit »Bruder« Angeredete selber »Bruder« und vernimmt im Dialog des solidarisch geteilten Lebens, die Bruder-Anrede ein drittes Mal:

> Fasse dich, *Bruder*, bald hast du's vollbracht,
>   bald, bald!
> [...]
> Ich gehe mit dir, *Bruder*, an jenen Ort,
> und ich höre dein letztes Wort:
> »*Bruder*, wenn mir die Sonne verblich,
> lebe du für mich!«

[...] an jenen Ort – das ist der Guillotineschuppen in Plötzensee, der Schießplatz in der Jungfernheide. Wie kann der Bruder aus der Nachbarzelle mitgehen, wenn der Bruder aus der Todeszelle dorthin verbracht wird? Wie kann er dessen *letztes Wort* hören? Der Dichter versetzt ihn in die Rolle eines Gefängnispfarrers. Für die Wehrmachtsabteilung des Gefängnisses Tegel gab es keinen Gefängnispfarrer. Aber illegal wußten sich die für die anderen Abteilungen zuständigen Pfarrer Poelchau und Dannenbaum doch Zugang zum militärischen Flügel und zu Bonhoeffers Zelle zu verschaffen.[37] Poelchau hatte Bonhoeffer um die Gebete für Mitgefangene gebeten, und über ihn wußte Bonhoeffer gewiß auch, welchen Dienst die Pfarrer den Todeskandidaten schon durch ihre Anwesenheit in der letzten Zellennacht und auf dem Weg bis zur

37. DB, 956.

letzten Stunde leisteten.[38] Es ist dieses mitfühlende Wissen, das ihm beim Abschnitt 11 den Stift geführt hat. Sein literarisches Ich spricht in der Rolle des letzten Beistandes – und sprengt sie doch auch. Denn was von ihm dort als letztes Wort des Delinquenten vernommen wird, ist dessen unausgesprochene Vermächtnis, mit dem der Sterbende den Lebenden für die Zeit danach in Anspruch nimmt: *Bruder, [...] lebe du für mich!*

Die brüderliche Wechselbeziehung drückt sich vollends darin aus, dass der Mann in den vier Zellenwänden, abgeschnitten von dem draußen jauchzend aufziehenden Sommermorgen *(der noch nicht mein ist)*, die eigene Stimme im letzten Abschnitt auch zu all den Anderen hin erhebt und ihnen zuruft:

> *Brüder*, bis nach langer Nacht
> *unser* Tag anbricht,
> halten *wir* stand!

Die unauffällige Präposition »bis« war schon in den Gebetsworten des Chores nach Mitternacht ein mehrfach wiederholtes Hoffnungswort. Ganz am Ende des vielgliedrigen Gedichts ist es noch einmal da. Wieder markiert es das Jenseits der langen Nacht. Aber der Tag, der dieser Nacht folgt, ist *unser Tag*. Betont inklusiv wird er angekündigt. Und inklusiv ist auch die Bekräftigung: Bis dahin *halten wir stand*. Die »Nächtlichen Stimmen« haben zueinander gefunden und bestärken sich gegenseitig.

Wenn der Gleichheits- und Verbundenheitstitel »Bruder« in den letzten Abschnitten so nachdrücklich betont wird, weckt das die Frage nach einem kontextuellen Hintergrund. Schillers »Alle Menschen werden Brüder« und das »Brüder, zur Freiheit, zur Sonne« aus der Arbeiterbewegung sind bei Bonhoeffers kritischem Verhältnis zum Pathos der Aufklärung nicht gut denkbar. Näher liegt der damals auffällige kirchliche Sprachgebrauch. Die Theologische Erklärung von Barmen (1934) nannte die Kirche »eine Gemeinschaft von Brüdern«, in der Jesus Christus »als der Herr gegenwärtig handelt«. Im Protest gegen den deutsch-christlichen Import des Führerprinzips in die Kirche wählte die Bekennende Kirche ihre Leitungsorgane als »Bruderräte«. Im Predigerseminar Finkenwalde richtete Dietrich Bonhoeffer schon 1935 ein evangelisches »Bruderhaus« ein. Es bestand aus einigen in gemeinsamem Leben geistlich verbundenen »Brüdern«, die im Wechsel der Halbjahreskurse für den Zusammenhalt der Ehemaligen sorgen und ihnen in Finkenwalde ein geistliches Refugium erhalten sollten. Die An-

---

38. Vgl. in H. Poelchau, Die letzten Stunden, die Kapitel »Die Todeszelle« und »Die Erschießungen«.

fänger im Pfarramt, die im Auftrag der Bekennenden Kirche illegal,
d. h. entgegen den landeskirchlichen, durch Staatskirchenrecht gesicherten Maßgaben, wirkten, hießen die »jungen Brüder«, sie redeten
sich und ihre Oberen mit »Bruder« an[39] und schlossen sich zu »Bruder-
schaften« zusammen.

Im bekenntniskirchlichen Feld und Umfeld war »Bruder« zum Signalwort geworden. Eine inflationäre Abwertung dieser Sprachmünze
stand noch nicht zu befürchten, und den feministischen Einspruch gegen die Dominanz männlicher Sprache in der Kirche gab es noch nicht.
Ist also anzunehmen, dass in Bonhoeffers Gedicht die Sprache des Kirchenkampfes eingeflossen ist? Schwerlich, denn die Bruder-Anrede geht
ja vom stummen Chor aller mitschuldigen Leidensgefährten aus, die
das verführte und geknechtete Volk in seiner Gänze repräsentieren.
Am nächsten liegt noch eine solche Bruder-Vorstellung, die in gemeinsam durchzustehender Not wurzelt. Sie war nach dem 1. Weltkrieg sehr
verbreitet, auch in der deutschen Jugendbewegung. Von der Jugendbewegung und zugleich von der neuen Offenbarungstheologie bestimmt zeigen sich die ersten Kirchenlieder des Pfarrers und späteren
Hochschultheologen Heinrich Vogel. Wir sahen schon: Bonhoeffer
selbst hat sie als Zeichen eines kirchlichen Singens geschätzt, das wieder
zu den Maßstäben der Reformation zurückfindet.[40] Schon 1931, zwei
Jahre vor Beginn des Kirchenkampfes, hatte Heinrich Vogel ein Lied
von der »Bruderschaft in Not« veröffentlicht. 1935 wurde es von Otto
Riethmüller in seine Sammlung »Wehr und Waffen«[41] aufgenommen.
Bonhoeffer wird es gekannt haben. Aber daraus lässt sich kein Aus-
strahlen bis in die »Nächtlichen Stimmen« ableiten. Wir führen den
Text nur an, weil er als Beleg für eine bruderschaftlich aufgefasste Gemeinde noch vor dem Kirchenkampf interessant ist. Die Brüder formie-
ren sich in diesem Lied aber nicht als Kampfgemeinschaft (das gibt es
bei Heinrich Vogel auch), vielmehr sind sie als schuldbeladene Menschen eine Notgemeinschaft und als Glieder am Leibe Christi eine Ver-
antwortungsgemeinschaft.

> Wir sind die Bruderschaft der Not,
> Wir leiden alle einen Tod,
> Wir büßen alle eine Schuld,
> Wir hoffen alle eine Huld,
> Sind einer Kette Glieder

---

39. Vgl. W.-D. Zimmermann, Wir nannten ihn Bruder Bonhoeffer.
40. S. o. im Teil 1 den Abschnitt zum Olympiadevortrag.
41. O. Riethmüller (Hg.), Wehr und Waffen. Lieder der kämpfenden Kirche,
    Nr. 24.

Und rufen als die Brüder:
Herr, kehre segnend wieder!

Wir sind durch Christi Bruderschaft
Ein jeder in des Bruders Haft,
Der eine in des andern Not,
Der eine in des andern Tod
An seinem Leibe Glieder
und rufen als die Brüder:
Herr Christe, kehre wieder![42]

Letztendlich zielt Bonhoeffers Gedicht von den Tegeler Stimmen nicht auf Bruderschaft, sondern auf Brüderlichkeit. Indessen hängt für ihn auch die Brüderlichkeit mit der Kirche zusammen. In den »Nächtlichen Stimmen« gibt es eine starke, wenn auch verborgene ›ekklesiologische‹ (auf die Lehre von der Kirche bezügliche) Komponente. Wenn der stumme Chor für das in die Katastrophe der Schuldigen hineingerissene Volk insgesamt steht, so der angerufene Bruder für die zukünftige Kirche innerhalb des Volkes und der Völkerwelt. In der Sequenz *Bruder, hörst du mich? [...] bete für mich! [...] lebe du für mich!* erklingt der Ruf nach einer Kirche, die mitten in der weltlichen Welt präsent ist; die in Schuldsolidarität mit dieser Welt vor Gott für sie eintritt; die angesichts des Unrechts in der Welt mit ihrer ganzen Existenz das Vermächtnis der Leidenden und Unterdrückten wach hält und den »Blick von unten« (VIII, 38 f.) einübt. Die theologische, insbesondere christologische Begründung für dieses Bild von Kirche hat Bonhoeffer in jenem Sommer 1944, in dem die »Nächtlichen Stimmen« entstanden, brieflich reflektiert und nach dem gescheiterten Umsturzversuch als »Entwurf einer Arbeit« (VIII, 556-561) niedergelegt. Die Begegnung mit Jesus Christus lässt erfahren, »daß hier eine Umkehrung alles menschlichen Seins gegeben ist, darin, daß Jesus nur ›für andere da ist‹. Das ›Für-andere-dasein‹ Jesu ist die Transzendenzerfahrung! [...] Die Kirche ist nur Kirche, wenn sie für andere da ist. [...] Sie muß an den weltlichen Aufgaben des menschlichen Gemeinschaftslebens teilnehmen, nicht herrschend, sondern helfend und dienend. Sie muß den Menschen aller Berufe sagen, was ein Leben mit Christus ist, was es heißt, ›für andere dazusein‹.«

»Brüderliche Kirche – menschliche Welt«[43]. So lässt sich zusammenfassen, was Bonhoeffer für die Zeit nach dem Ende der deutschen Katastrophe erhoffte. In den »Nächtlichen Stimmen« hat er die Leidensgefährten auf dem Weg in diese Zukunft mitgenommen.

42. Strophe 1 und 3 zitiert nach: H. Vogel, Rühmung. Psalmen und Kirchenlieder, 156.
43. Das ist der Titel der Festschrift zum 60. Geburtstag von Albrecht Schönherr (1972).

6. Stationen auf dem Wege zur Freiheit

Der Text

Bei keinem der zehn Gedichte sind wir so gut über die Schritte bis zur Reinschrift unterrichtet wie bei den »Stationen«: a) Aphorismen zur Keuschheit und zum Tod: »Auf dem Weg zur Freiheit ist der Tod das höchste Fest« (VIII, 551). b) Briefpassage vom 28. Juli: Dem »Weg zur Freiheit« werden Tat, Leiden und Tod zugeordnet (VIII, 549). c) Gedankenskizze unter der Überschrift »Stationen auf dem Wege zur Freiheit«: Zucht, Tat, Leiden und Tod sind Ansatzpunkt eines jeweiligen Lernimpulses (VIII, 570, Anm. 1). d) Entwurfsfassung (Bleistift), ohne Gesamtüberschrift. In allen vier Strophen Streichungen und Überschreibungen. e) Reinschrift (Tinte). – Zu einer weiteren Überarbeitung ist es nicht mehr gekommen, obwohl Bonhoeffer sie schon beim Absenden für nötig hielt: »Ich sehe heute früh, daß ich die Verse noch einmal ganz umbauen muß. Trotzdem mögen sie im Rohbau so an Dich abgehen. Ich bin ja kein Dichter.«(VIII. 572) Dazu passt die Frage: »Bekamst Du das sehr unfertige, aber in seinem Inhalt mich sehr bewegende Gedicht über die ›Freiheit‹?« (VIII, 576) Die Reinschrift stammt wahrscheinlich vom 14. August 1944.[1]

Stationen auf dem Wege zur Freiheit

Zucht

Ziehst du aus, die Freiheit zu suchen, so lerne vor allem
Zucht der Sinne und deiner Seele, daß die Begierden
und deine Glieder dich nicht bald hierhin, bald dorthin
    führen.
Keusch sei dein Geist und dein Leib, gänzlich dir selbst
    unterworfen,
und gehorsam, das Ziel zu suchen, das ihm gesetzt ist.
Niemand erfährt das Geheimnis der Freiheit, es sei denn
    durch Zucht.

1. Das Problem der Datierung behandeln die Herausgeber von DBW VIII auf S. 570, Anm. 1.

Tat

Nicht das Beliebige, sondern das Rechte tun und wagen,
nicht im Möglichen schweben, das Wirkliche tapfer ergreifen,
nicht in der Flucht der Gedanken, allein in der Tat ist die
    Freiheit.
Tritt aus ängstlichem Zögern heraus in den Sturm des
    Geschehens
nur von Gottes Gebot und deinem Glauben getragen,
und die Freiheit wird deinen Geist jauchzend umfangen.

Leiden

Wunderbare Verwandlung. Die starken tätigen Hände
sind dir gebunden. Ohnmächtig und einsam siehst du das
    Ende
deiner Tat. Doch atmest du auf und legst das Rechte
still und getrost in stärkere Hand und gibst dich zufrieden.
Nur einen Augenblick berührtest du selig die Freiheit,
dann übergabst du sie Gott, damit er sie herrlich vollende.

Tod

Komm nun, höchstes Fest auf dem Wege zur ewigen Freiheit,
Tod, leg nieder beschwerliche[2] Ketten und Mauern
unsers vergänglichen Leibes und unsrer verblendeten Seele,
daß wir endlich erblicken, was hier uns zu sehen mißgönnt ist.
Freiheit, dich suchten wir lange in Zucht und in Tat und in
    Leiden.
Sterbend erkennen wir nun im Angesicht Gottes dich selbst.

Freiheit als Geheimnis

Das Wort »Freiheit« taucht erst in Bonhoeffers fünftem Gedicht auf, in
den »Nächtlichen Stimmen«. *Ich höre, wie Männer sich schlaflos werfen
und dehnen,/ die sich nach Freiheit und zornigen Taten sehnen,* heißt es
gleich zu Anfang der Strophen über die Nacht der Inhaftierten. Und im
Chor der mitschuldigen Ankläger: *Doch wenn uns jetzt Freiheit und Ehre
geraubt,/ vor Menschen erheben wir stolz unser Haupt.* An beiden Stellen
handelt es sich um die verlorene Freiheit. Einst konnten, die jetzt in

2. Bei Verbesserungen im Entwurf ist nach dem neu eingefügten Wort »be-
    schwerliche« noch das Wort »irdische« stehen geblieben. Bonhoeffer hat es
    nicht in die Reinschrift übernommen. So blieb der Vers fünfhebig statt, wie
    durch die selbst auferlegte Regel erforderlich, sechshebig.

Ketten liegen, auf Grund persönlicher Entscheidung handeln, und es gehörte zu ihrer Ehre, mit der eigenen Verantwortung zur Stelle zu sein. Diese Freiheit ist ihnen genommen. – Schauen wir vom fünften Gedicht zum vorletzten (»Der Tod des Mose«) hinüber, so finden wir das Wort »Freiheit« dort durch eine andere Perspektive bestimmt.[3] Mose spricht zum wandernden Gottesvolk: *[…] wischt von der Stirn den heißen Wüstensand/ und atmet Freiheit im gelobten Land.* In der Anrede an Gott lautet diese Aussicht so: *Sinkend, Gott, in Deine Ewigkeiten/ seh' mein Volk ich in die Freiheit schreiten.* In beiden Doppelversen ist die Freiheit das große Hoffnungsgut: noch nicht ganz erreicht, aber schon greifbar nahe. Sie ist die Atemluft, die Leib und Seele aufleben lässt, der Inbegriff des jetzt beginnenden neuen Lebens.

Freiheit als verlorene und vermisste (»Nächtliche Stimmen«) oder als erhoffte und gewonnene (»Der Tod des Mose«) – zwischen den zitierten Einzelversen thematisiert Bonhoeffer im sechsten Gedicht die Freiheitsfrage grundsätzlich und ausführlich. Grundsätzlich, sofern die Freiheit von dem Weg her begriffen wird, den die Einzelnen auf der Suche nach ihr zurückzulegen haben; ausführlich, sofern das Gedicht bei den vier Stationen dieses Weges verweilt, von denen keine übergangen werden kann. Mit anderen Worten: Freiheit ist nicht Mitgift, aber auch nicht erst Zukunftsgut. Sie ist vielmehr Widerfahrnis. Erfahren wird sie auf einem befremdenden Lernweg. *Ziehst du aus, die Freiheit zu suchen, so lerne vor allem […]* Wirst du diesen Weg nicht *be*gehen, so erfährst du auch nicht, welche Dimensionen von Freiheit dir damit *ent*gehen. Denn die Freiheit ist ein Geheimnis. Darauf läuft schon die erste Strophe zu: *Niemand erfährt das Geheimnis der Freiheit, es sei denn durch Zucht.* Das Gedicht leitet dazu an, *das Geheimnis der Freiheit* von Station zu Station zu erfahren. Es macht Mut für den langen Lernweg, auf dem die Freiheit ihr tiefgründiges Geheimnis, ihr Mysterium, selbst erschließt. So betrachtet wären die »Stationen auf dem Wege zur Freiheit« ein im weitesten Sinne mystagogischer Text![4] Ist eine so unbonhoefferisch klingende Kennzeichnung erlaubt?

Mystagogischer und biographischer Ansatz

»Bonhoeffer ein Mystiker?« Diese Frage ist in der Diskussion, seit Ferdinand Schlingensiepen seine Bonhoefferlektüre dem Leben und Werk

---

3. Das siebente Gedicht »Der Freund« übergehen wir jetzt. Die »Freiheit« dort ist gesondert zu besprechen.
4. Vgl. die einführenden Artikel Mystagogie/Mystagogische Theologie II und III in RGG[4], 1636 f.

der Theresa von Avila ausgesetzt und darüber reflektierend berichtet hat.[5] Aber zunächst geht es noch nicht um Mystik, sondern um Mystagogie, und das ist nicht dasselbe. Vom »mystagogischen Unterricht« hat Bonhoeffer selbst gesprochen, als er, gestützt auf maßgebliche kirchengeschichtliche Literatur, den Finkenwalder Kandidaten die Stufen des altkirchlichen Katechumenats erklärte (XIV, 549). In seiner Katechetikvorlesung Sommer 1935 bemühte er sich um die Grundlegung eines kirchlichen Unterrichts, in dem offener Zugang und verbindlicher Fortgang sich nicht gegenseitig bestreiten. Was im Katechumenat der Alten Kirche die »Arkandisziplin«[6] geleistet hat, die befristete Geheimhaltung zentraler Wahrheiten und Geschehnisse des Glaubens vor den Taufbewerbern, sollte für die Gegenwart durch die gestufte Anlage eines Unterrichts aktualisiert werden, der ganz auf die Teilhabe am Gemeindegottesdienst mit Wort, Credo und Sakrament ausgerichtet ist (XIV, 552-554). Nur wenn man mit den Stufen der Erkenntnis und der schrittweisen Einführung in die Gemeindegliedschaft Ernst macht, kann man der Verschleuderung der Sakramente entgegenwirken.

In den Gefängnisbriefen ist Bonhoeffer auf die »Arkandisziplin« und die »Stufen der Erkenntnis« wieder zurückgekommen. Der christliche Glaube müsse nicht einfach als Ganzes geschluckt (und dann allzu oft als unbekömmlich abgewiesen) werden. »Das ist nicht biblisch. Es gibt Stufen der Erkenntnis und Stufen der Bedeutsamkeit; d. h. es muß eine Arkandisziplin wiederhergestellt werden, durch die die Geheimnisse des christlichen Glaubens vor Profanierung behütet werden.« (VIII, 415) Der Weg zu den »Geheimnissen des Glaubens« führt über »Stufen der Erkenntnis«. So ist auch der Weg zum *Geheimnis der Freiheit* durch *Stationen* markiert. Er wird lernend begangen. Aber die Lektion liegt nicht vor der jeweiligen Station, sie ist die Station, und ohne den Lebensvollzug selbst kann hier schlechterdings nichts gelernt werden.

Dennoch: Unserer offenen Gattungsbestimmung »mystagogischer Text« scheint eine andere Auffassung entgegenzustehen. Danach wollen die »Stationen« vor allem als autobiographisches Dokument gelesen werden. Sie gelten in der Literatur geradezu als Schlüsseltext für die Einheit von Bonhoeffers Leben und Denken. Beispielhaft stehe dafür die Auffassung der Bonhoefferschüler und Zeitzeugen Eberhard Bethge, Otto Dudzus und Albrecht Schönherr. Schon 1949 stellte Bethge der ersten Ausgabe der Ethik-Fragmente die »Stationen« voran.[7] Da er sie an dieser Stelle nicht kommentierte, setzte er wohl voraus, sie würden

---

5. F. Schlingensiepen, Im Augenblick der Wahrheit, 37.
6. S. o. S. 174 f.
7. Dietrich Bonhoeffer, Ethik. Zusammengestellt und hg. von Eberhard Bethge, München 1949, 3.

sich selbst als das Summarium erweisen, in dem die Leserschaft dem ganzen Bonhoeffer begegnet. Noch deutlicher verfuhr Otto Dudzus: Er eröffnete sein Bonhoeffer-Lesebuch mit dem Abdruck der »Stationen« und wertete sie »gleichsam als Ouvertüre, in der alle Themen anklingen, die nachher breit entfaltet werden«. Die vier Teile des Buches sind den Untertiteln des Gedichtes zugeordnet – *Zucht, Tat, Leiden, Tod* –, und zu jedem Brennpunkt schrieb Dudzus auch eine kurze Einführung. »Für eine authentische Bonhoeffer-Interpretation ist es wohl als Glücksfall zu werten, daß er selber in einem Augenblick, als er – nach dem Scheitern des Umsturzversuches vom 20. Juli 1944 – mit seinem unmittelbar bevorstehenden Tod rechnen mußte, noch einmal die sein ganzes Leben beherrschenden Motive benannte, eine Art Biographie en miniature und in höchster Konzentration.«[8] Im gleichen Jahr 1985 verwendete Albrecht Schönherr die »Stationen«, um anhand der vier Strophen ein Bonhoeffer-Porträt für das Ende einer Galerie zu gestalten, die »Protestantische Profile« aus fünf Jahrhunderten präsentiert. Denn dieses Gedicht, schreibt Schönherr über den Lehrer und Freund, »scheint besonders deutlich zu entschlüsseln, wie er sein Leben verstanden hat. [...] Man kann sein Leben nicht besser deuten als durch dieses Gedicht – ein Leben in verantwortlicher Freiheit.«[9]

Gibt es eine Brücke zwischen beiden Anhaltspunkten der Deutung? Zwischen dem direktiven und gleichsam mystagogischen Verständnis des Gedichts (Anweisung für den Stufenweg zum Mysterium der Freiheit) und dem selbstreflexiven und biographischen Verständnis (Lebensbekenntnis im Rückblick)? Hier kommt ein Bonhoefferbrief in Betracht, der in der werkerschließenden Literatur besonders häufig zitiert wird. Er stammt vom 21. Juli 1944. Das ist der Tag nach dem gescheiterten Versuch der Verschwörer, Hitler zu töten und die nationalsozialistische Herrschaft zu beenden. Heute weiß man, dass das Freiheitsgedicht nicht unmittelbar nach dem Bekanntwerden dieses Scheiterns geschrieben wurde. Es entstand erst etwa drei Wochen später. Aber das hebt seinen Zusammenhang mit diesem Datum nicht auf, und der erwähnte Brief ist ein erstrangiger Kontext der »Stationen«. Die entscheidende Passage beginnt so: »Ich habe in den letzten Jahren mehr und mehr die tiefe Diesseitigkeit des Christentums kennen und verstehen gelernt.« (VIII, 541) Man achte bei diesem ersten Aufklingen des Themas »Diesseitigkeit« auch auf »mehr und mehr« und auf »gelernt«. Leider verzeichnet das sonst so ungemein ergiebige Register der Werkausgabe das Verbum »lernen« nicht. Es taucht wenige Sätze später mehrfach wieder auf: »[...] nicht ein homo religiosus, sondern ein

8. Dietrich Bonhoeffer Lesebuch, hg. von Otto Dudzus, München 1985. 7 f.
9. A. Schönherr, Dietrich Bonhoeffer, in: Protestantische Profile, 400.

Mensch schlechthin ist der Christ, wie Jesus [...] Mensch war. Nicht die platte und banale Diesseitigkeit der Aufgeklärten, der Betriebsamen, der Bequemen oder der Lasziven, sondern die tiefe Diesseitigkeit, die voller Zucht ist, und in der die Erkenntnis des Todes und der Auferstehung immer gegenwärtig ist, meine ich. [...] Ich erinnere mich eines Gespräches, das ich vor 13 Jahren in Amerika mit einem französischen jungen Pfarrer hatte. Wir hatten uns ganz einfach die Frage gestellt, was wir mit unserem Leben eigentlich wollten. Da sagte er: ich möchte ein Heiliger werden (– und ich halte für möglich, daß er es geworden ist –); das beeindruckte mich damals sehr. Trotzdem widersprach ich ihm und sagte ungefähr: ich möchte glauben lernen. Lange Zeit habe ich die Tiefe dieses Gegensatzes nicht verstanden. Ich dachte, ich könnte glauben lernen, indem ich selbst so etwas wie ein heiliges Leben zu führen versuchte. Als das Ende dieses Weges schrieb ich wohl die ›Nachfolge‹. Heute sehe ich die Gefahren dieses Buches, zu dem ich allerdings nach wie vor stehe, deutlich. Später erfuhr ich und ich erfahre es bis zur Stunde, daß man erst in der vollen Diesseitigkeit des Lebens glauben lernt. Wenn man völlig darauf verzichtet hat, aus sich selbst etwas zu machen – sei es einen Heiligen oder einen bekehrten Sünder oder einen Kirchenmann (eine sogenannte priesterliche Gestalt), einen Gerechten oder einen Ungerechten, einen Kranken oder Gesunden – und dies nenne ich Diesseitigkeit, nämlich in der Fülle der Aufgaben, Fragen, Erfolge und Mißerfolge, Erfahrungen und Ratlosigkeiten leben, – dann wirft man sich Gott ganz in die Arme, dann nimmt man nicht mehr die eigenen Leiden, sondern das Leiden Gottes in der Welt ernst, dann wacht man mit Christus in Gethsemane, und ich denke, das ist Glaube, das ist μετάνοια und so wird man ein Mensch, ein Christ.« (VIII, 541 f.)

Die Passage handelt von einem Werden: wie man »ein Mensch, ein Christ« wird. Aber das unpersönliche »man« fasst nur zusammen, was dem Briefschreiber sehr persönlich widerfahren ist. Ohne Deckung schreibt er über sich selbst: *Ich habe gelernt –, ich erinnere mich –, ich möchte –, ich habe nicht verstanden –, ich dachte –, ich versuchte –, ich erfuhr.* Eine Zeitstrecke von 13 Jahren nimmt er in den Blick. Darin gibt es Abschnitte, Wege. Den ersten benennt er ausdrücklich: »Als das Ende dieses Weges schrieb ich wohl die ›Nachfolge‹.« Das Buch dieses Titels erschien 1937. Zunächst hatte es »Exerzitien« heißen sollen. Bonhoeffer hatte es entwurfsweise schon vor, hauptsächlich aber während seiner Dienstzeit am Predigerseminar Finkenwalde erarbeitet.[10] Im Brief vom 21. Juli spielt er auf die radikale Doppelthese der »Nachfolge« an.

10. Zur Entstehung und Theologie der »Nachfolge« vgl. das Vor- und Nachwort der Herausgeberin und des Herausgebers in DBW IV, dazu auch die Folge der Finkenwalder neutestamentlichen Vorlesungen in DBW XIV.

»Glauben lernen« – in welcher Lage ist das überhaupt möglich? »Mit dem ersten Schritt ist der Nachfolgende in die Situation gestellt, glauben zu können. Folgt er nicht, bleibt er zurück, so lernt er nicht glauben.« Wer den Ruf Jesu zur Nachfolge vernommen hat, muss ihm folgen. Sonst lernt er nicht, was glauben heißt. »*Nur der Glaubende ist gehorsam,* und *nur der Gehorsame glaubt.*« [11] Der erste Satz scheint unbestritten zu sein, aber ohne den zweiten bleibt er ein mißbrauchter, gefährlicher Gemeinplatz. Ohne das Nachfolge-Exerzitium in der einsamen und gemeinsamen christlichen Existenz, ohne dieses »heilige Leben«, wäre Bonhoeffer nicht weiter gekommen, obwohl er im Rückblick vom »Ende dieses Weges« spricht. Aber eine Sackgasse war der Weg eben nicht. Bonhoeffer sieht die Gefahren seines Buches deutlich, steht aber nach wie vor dazu. Das heißt doch: Es war eine Station, und von der aus galt es, zu den nächsten *Stationen* aufzubrechen. Der Weg führt aus dem geschlossenen, gewissermaßen schon eingeweihten Kreis der fest um ihren Herrn gescharten Jünger immer weiter hinaus in die »Fülle der Aufgaben, Fragen, Erfolge und Mißerfolge, Erfahrungen und Ratlosigkeiten« diesseitiger Verantwortung;[12] führt im Verzicht auf jegliches vorgestanzte Lebensmuster noch einmal an die Seite eben dieses Herrn, der von den Seinen und aller Welt verlassen nach Gottes Willen fragt; führt über die eigenen Leiden hinweg zum »Leiden Gottes an der Welt« – und in Gottes Arme. Das ist Glaube, und so ist man ein Mensch, ein Christ geworden.

Von diesem Briefbekenntnis aus ist es nur noch ein Schritt zum Freiheitsgedicht. Das Motiv »glauben lernen« aus der »Nachfolge« transformiert sich zum Motiv: lernen, was Freiheit ist. Bonhoeffers Gedankenskizze unter der Überschrift »Stationen auf dem Wege zur Freiheit« beginnt so:
- »Zucht   1. *Lerne* dich selbst beherrschen
- Tat   2. *Lerne* handeln. Das Wirkliche ergreifen, nicht im Möglichen schweben
- Leiden   3. *Lerne* leiden – in andere Hände legen
- Tod   4. *Lerne* sterben. Höchstes Fest auf dem Wege zur Freiheit«

Der letzte Satz der Skizze:
- »Was Freiheit ist, *lernst* du erst jenseits des Todes.« [13]

In der Gedankenskizze dominiert die Aufforderung zu *lernen* (wir haben das Wort hervorgehoben). Es bestätigt sich damit noch einmal un-

---

11. IV, 50-52. Hervorhebungen bei Bonhoeffer.
12. Zur Zusammengehörigkeit von Freiheit und Verantwortung vgl. W. Huber, Freiheit als Form der Liebe, 17-36.
13. VIII, 570 (Text in der Herausgeberanmerkung 1).

sere Zuordnung des Gedichtes zum mystagogischen, katechumenalen Texttyp. Vergleicht man es mit den Stufen des Katechumenats, so entspricht die letzte Station auf dem Wege zur Erkenntnis des Geheimnisses der Freiheit dem Empfang des Sakraments. Der Tod als Sakrament der Freiheit? Das wäre auch beim ›späten‹ Bonhoeffer eine singuläre Idee. Ob und in welcher Hinsicht es Bonhoeffer so gemeint hat, wird in der Einzelinterpretation zu klären sein.

Soviel ist aber jetzt schon klar: Das »Geheimnis der Freiheit« lässt sich kaum in eine Programmatik politischen Widerstands einpassen. Es schießt weit über den Widerstandskonsens hinaus. So ist es kein Zufall, dass Bonhoeffer in der Anthologie »Lyrik der Freiheit 1933-1945«[14] zwar vertreten ist, aber gerade nicht mit seinem Freiheitsgedicht. Im relativ ausführlichen Bonhoeffer-Abschnitt des Teilbandes 6 der Schriftenreihe zur Berliner Widerstandsgeschichte »Widerstand in Pankow und Reinickendorf« dagegen wird das Freiheitsgedicht zitiert, aber nur mit den ersten drei Versen der Tat-Strophe.[15] Bonhoeffer ist mit den »Stationen« aus dem christlichen Internum weit hinausgetreten in den Raum einer mit vielen geteilten weltlichen Verantwortung für die Freiheit. Aber gerade dort erfuhr er Gottes Wirklichkeit so, dass sich ihm als die angemessenste Weise, von der Freiheit zu reden, das verhüllende Geheimnis aufdrängte.

Hexameter

Wie soll eine tiefe Erkenntnis, die mit der Zeit herangereift ist, bündig formuliert werden? Bonhoeffer entschied sich bei den »Stationen« für den deutschen Hexameter. Aber vielleicht war es ja gar keine Entscheidung, die unter mehreren Möglichkeiten die angemessenste auswählt. Vielleicht stellte sich diese Art des dichterischen Ausdrucks im Vollzug der Meditation wie von selbst ein, und dann war es nur konsequent, den einmal gefundenen Weg weiter zu verfolgen. Zeit für eine sorgfältige sprachliche Überarbeitung, wie er sie für nötig hielt, blieb dem Autor nicht. Der Geburtstag des Freundes rückte heran, und »etwas wie ein eigenes Geburtstagsgeschenk« mußte auf den Weg.

In den Miniaturen »Nach zehn Jahren« (VIII, 21-39), der fast letzten Ausarbeitung vor der Haft, die als das Vermächtnis des noch freien Bonhoeffer hoch berühmt wurde, stehen manche Sätze, die in den thematischen Umkreis des Freiheitsgedichts gehören. Doch auch abge-

14. Siehe o. S. 13.
15. H.-R. Sandvoß, 32.

sehen von inhaltlichen Berührungen[16] gehört diese »Rechenschaft an der Wende zum Jahr 1943«[17], verfasst für einen ganz engen Kreis von Mitverschworenen, durchaus in die Nähe der Gefängnisgedichte. Die knappen ethischen Stücke zeigen sich den Lesern in einer beispielhaften Prosa, wie sie nur am Ende einer sorgfältigen Meditation gelingt. Im Übrigen gibt es dort Passagen, die nur ein kleiner Schritt von gehobener Rede in antikisierender Versform trennt. *Wir sind [die] stumme[n] Zeugen böser Taten gewesen,/ wir sind mit vielen Wassern gewaschen, wir haben die Künste/ der Verstellung gelernt und [je]der mehrdeutigen Rede.* (VIII, 38) In dieses Zitat sind versuchsweise Zeichen der Verstrennung (/) eingesetzt, das Wort »gelernt« wurde vom Satzende etwas nach vorn gerückt, und zwei Silben wurden hinzugefügt. Natürlich sind das nicht deutsche Hexameter in der Maßstäblichkeit eines Klopstock, Voß oder Goethe. Aber als Hintergrund schimmert doch das Erbe klassischer Bildung hindurch. So auch hier: *Es ist unendlich viel leichter, in Gemeinschaft zu leiden/ [...] Es ist unendlich viel leichter, öffentlich und unter Ehren/ [...] Christus litt in Freiheit, in Einsamkeit, abseits (und) in Schanden [...].* (VIII, 35)

Jede der vier Versgruppen der »Stationen« besteht aus sechs Versen, man kann man sie also auch Strophen nennen. Die Mehrzahl der einzelnen Verse erfüllt die metrische Regel des deutschen Hexameters.[18] Ein Hexameter beginnt auftaktlos und geht immer weich bzw. ›weiblich‹ aus. »Die Füllungsfreiheiten geben dem Vers seine bewegliche rhythmische Linie. Hexameter können von 13 bis zu 17 Silben umfassen (weil nämlich jeder der ersten vier Takte zwei- oder dreisilbig gebildet werden kann). [...] Der Einschnitt (die Zäsur) ist beweglich und liegt in der Regel *im* dritten oder vierten Takt.«[19] Schöne Beispiele der Zäsur innerhalb des dritten Taktes sind der letzte Vers der Leidensstrophe und der erste wie die beiden letzten Verse der Todesstrophe:

> Dánn übergábst du sie Gótt, | damit ér sie hérrlich vollénde.//
> Kómm nun, hóechstes Fést | auf dem Wége zur éwigen Fréiheit,/ Tód [...]

Mit dem Übergang zur Todesstrophe ereignet sich eine bedeutsame Kehre. Bisher war immer ein lyrisches Du angeredet, die eigene oder

---

16. Dazu gehört neben dem Stück »Vom Leiden« auch die mehrfache Aussage »wir haben gelernt« (VIII, 31, vgl. ebd. 38).
17. So die Überschrift der Herausgeber.
18. Faustregel: fünf betont anhebende Takte aus drei Silben, der sechste aus zwei Silben. Dabei können die ersten vier Takte nach freiem Ermessen um eine Silbe verkürzt werden.
19. E. Arndt, Deutsche Verslehre, 99. Vgl. I. Braak, Poetik in Stichworten, 121.

eine andere Person. Jetzt gilt die Anrede zunächst dem Tod und am Ende der Freiheit selbst. Zugleich hat sich das redende Subjekt verwandelt: Es ist zum Wir einer Gemeinschaft geworden:

> Fréiheit, dich súchten wir lánge | in Zúcht und in Tát und in Léiden./ Stérbend erkénnen wir nún | im Ángesicht Góttes dich sélbst.

Die beiden letzten Verse könnten wegen des auf eine Silbe verkürzten Schlusstaktes (stumpfer bzw. ›männlicher‹ Versausgang) ein klassisches Distichon sein, ein Doppelvers aus einem Hexameter und dem sog. Pentameter. Allerdings fordert die Regel für den zweiten der beiden Verse, dass die Zäsur zwischen zwei betonten Silben liegt. Bei Bonhoeffer dagegen gibt es eine überschüssige Silbe (»im«). Doch die Wirkung des bündigen Abschlusses wird dadurch kaum gemindert.

Wie gut nun in Teilen oder weniger gut im Ganzen das klassische Versschema auch realisiert sein mag: Bonhoeffers »Stationen« überleben um ihrer Aussage willen. Deren antikes Gewand, so bezeichnend seine Wahl auch ist, träte selbst bei perfekter Machart hinter ihrem Gehalt zurück.

Zucht

Zucht kommt von »ziehen« (transitiv). Das Wort betrifft schon im Althochdeutschen die geistige Erziehung. Die Anwendung körperlicher oder anderer Strafen, um eine erzieherische Einwirkung zu verstärken, hat den alten Sinn erst später fast ganz überdeckt. Von »ziehen« (jetzt intransitiv) kommt auch *ausziehen*, den bisherigen Platz vorübergehend oder auf immer verlassen. Das Märchen erzählt von einem, »der auszog, das Fürchten zu lernen«; die Bibel von Saul, der auszieht, Davids Leben zu suchen (1. Sam. 23,15), vor allem aber an vielen Stellen davon, dass das Volk Israel aus der ägyptischen Sklaverei auszieht. *Ziehst du aus, die Freiheit zu suchen, so lerne vor allem/ Zucht [...]* – das ist ein beziehungsreicher Beginn, sprachlich hervorgehoben durch Verwandtschaft und gleichen Anlaut der Wörter an der Stirn der beiden eröffnende Verse *(Ziehst du – Zucht)*.

Zucht sollst du lernen, wenn du ausziehst, nicht nur, aber *vor allem* Zucht. Das heißt zunächst: Herrsche über dich, so dass *dir selbst unterworfen* bleibt, was sich aus und mit dir gegen dich erhebt. Was wäre das? Drei Wortpaare stehen für die zu beherrschenden Kräfte. Sie umfassen jeweils ein Außen und ein Innen: *Sinne* und *Seele, Begierden* und *Glieder, Geist* und *Leib*. In dieser oder ähnlicher Doppelung gehörten sie zur Anthropologie einer Bildungsschicht, die wenigstens dem Herkommen nach noch christlich verwurzelt war.[20] Über Zucht als Selbstdisziplin angesichts des Strebens und Widerstrebens des Leibes, der Glieder, der Sinne konnte man sich in diesem Kreise gewiß verständigen. Doch die erste Strophe meint und sagt mehr: *Keusch sei dein Geist und dein Leib [...] und gehorsam das Ziel zu suchen, das ihm gesetzt ist.* Schon vor der Niederschrift des Gedichtes hatte Bonhoeffer notiert: »Das Wesentliche an der Keuschheit ist nicht ein Verzicht auf Lust, sondern eine Gesamtausrichtung des Lebens auf ein Ziel. Wo eine solche fehlt, verfällt die Keuschheit zwangsmäßig der Lächerlichkeit. Keuschheit ist die Voraussetzung für klare und überlegene Gedanken.«[21] Verständlich also, dass im Gedicht die Keuschheit des Geistes der Keuschheit des Leibes vorangeht. Doch um welches *Ziel* geht es? Eben nicht um ein durch Geist oder Seele selbst erwähltes Ziel. Selbstbeherrschung ist nicht Selbstbestimmung![22] Das Ziel ist der geist-leiblichen Existenz vorgegeben, es ist ihr (der Autor formuliert unpersönlich) *gesetzt.* Gleichwohl muss sie es *suchen.* Das Ziel will nämlich *gehorsam* gefunden werden. Im Stropheneingang will jemand die *Freiheit* suchen, und so ist auch hier, im Ausgang der Strophe, das Ziel des Suchens die Freiheit. Dass die Freiheit ausgerechnet mit dem zusammen geht, was ihr entgegen zu stehen scheint, mit Selbsteingrenzung und Gehorsam, das gehört zu ihrem Geheimnis. *Niemand erfährt das Geheimnis der Freiheit, es sei denn durch Zucht.*

Die erste Strophe endet spruchhaft. Der Spruch bindet zusammen. Hier geschieht es in der Form apodiktischer Rede: behauptend, nicht begründend; generalisierend, nicht differenzierend. Literaturwissenschaftlich betrachtet lässt sich ein solcher Spruch der didaktischen Dichtung und ihren gnomischen Formen zuordnen.[23] Indem wir an diese literarische Signatur erinnern, berühren wir auch das uns ständig begleitende Auslegungsproblem. Lässt sich durch Herleiten und Auseinanderlegen verständlich machen, was gerade durch unvermittelte Konfrontation überführen will? Zerstört Auslegung nicht ihren Gegenstand, wenn sie den ihm innewohnenden Geltungsanspruch mit Blick auf andere Quellen meint stützen oder aber zurückweisen zu müssen? Selbstverständlich läuft in Bonhoeffers »Stationen« vieles zusammen, was er schon an anderem Ort und dort auch ausführlicher behandelt

20. Vgl. in Luthers Kleinem Katechismus die Erklärung zum 1. Glaubensartikel: »Ich glaube, dass mich Gott geschaffen hat samt allen Kreaturen, mir Leib und Seele, Augen, Ohren und alle Glieder, Vernunft und alle Sinne gegeben hat und noch erhält [...]«.
21. VIII, 551. Vgl. oben unter »Der Text« die Vorstufe a).
22. Vgl. H. Müller, Stationen auf dem Wege zur Freiheit, 154.
23. Ivo Braak, Poetik, 190.

hat. Aber ein Gedicht, zumal ein solches, hat das Vorrecht, durch sich
selbst zu gewinnen und an sich selbst zu scheitern. Indessen ist es nur zu
verständlich, dass die Anwälte seiner Geltung auf die Zusammenhänge
hinweisen, denen es inhaltlich verpflichtet ist. Heute Anstößiges muss
erläutert werden dürfen. Die Frage ist nur, wie.

Otto Dudzus wagt einen psychologischen Zugang. »Bonhoeffer hatte
vor nichts anderem so viel Angst wie vor dem inneren Chaos. Er wußte,
daß ein Verfall hieran in einem tiefen Zusammenhang steht mit dem
Verfall an das Chaos im Großen, mit unserer Anfälligkeit, unserer Ohn-
macht ihm gegenüber. Und er wußte vor allem, daß die wirksamste
Hilfe gegen inneres wie äußeres Chaos im geduldigen, treuen Hören
auf das Wort Gottes und im Tun seines Willens besteht. Insofern ist
Nachfolge Christi bei Bonhoeffer nur ein anderes Wort für Zucht.«[24]
Dudzus wollte gewiss nicht sagen, dass »Nachfolge« und »Zucht« für
Bonhoeffer austauschbare Begriffe seien. Aber er hat mit seinem Hinweis daran erinnert, dass der herausfordernd exklusive Satz aus dem
Nachfolge-Buch: »Nur der Gehorsame glaubt« (also: Niemand kann
glauben, es sei denn, er gehorche dem Ruf Jesu mit einem konkreten
Schritt in die Nachfolge) dem viel späteren Satz entspricht: »Niemand
erfährt das Geheimnis der Freiheit, es sei denn durch Zucht«, und dass
beide Behauptungen, menschlich gemessen, durch die Disziplin ge-
deckt waren, in der Bonhoeffer mit der eigenen Lebensführung für deren Wahrheitsanspruch eintrat. Die »tiefe Diesseitigkeit, die voller
Zucht ist« (VIII, 541), entspricht der unverstellten Frömmigkeit, in
der Bonhoeffer ein Jahrzehnt zuvor seine Kandidaten auf den Weg des
täglichen Hörens, Betens und Wagens mitgenommen hatte, um in solchem »Exerzitium«[25] mit ihnen glauben zu lernen.

Hanfried Müller interpretiert Bonhoeffers Freiheitsverständnis vor
allem aus dessen 1933 veröffentlichter Auslegung der ersten Kapitel
der Bibel »Schöpfung und Fall« und aus den »Ethik«-Fragmenten der
letzten Jahre vor der Haft. Von dort her gewinnt er auch das Licht zum
Verständnis der »Stationen«. Unverständlich bleibt allerdings, dass er
bei der Strophe »Zucht« zwischenein eine Herleitung einspielt, die auch
ohne das streng systematisch-theologische Denken Bonhoeffers aus-
zukommen scheint: »Instinktiv überließ Bonhoeffer die beiden Tugen-

24. Bonhoeffer Lesebuch, 11 f.
25. Bonhoeffer am 28. April 1934 an Erwin Sutz: »Schreiben Sie doch einfach
mal, wie Sie über die Bergpredigt predigen. Ich versuche es gerade – unendlich schlicht und einfach – aber es geht immer um das Halten des Gebotes
und gegen das Ausweichen. *Nachfolge* Christi – was das ist, möchte ich wissen
– es ist nicht erschöpft in unserem Begriff des Glaubens. Ich sitze an einer
Arbeit, die ich Exerzitium nennen möchte – nur als Vorstufe.« (XIII, 129) Es
handelt sich um die ersten Überlegungen zum Buch »Nachfolge«.

den, die so leicht zu Lastern werden, nicht dem Gegner: den Gehorsam nicht der Perversion in subalterne Unterwürfigkeit und die Freiheit nicht dem Verfall in Willkür.«[26] Der »Gegner« ist die Naziherrschaft mit ihrer Vergötterung des Gehorsams und ihrem demagogischen Freiheitspathos. Aber was heißt »instinktiv«? Müller verrät nicht, wie er es meint. Will er für Bonhoeffer vor Leuten eintreten, deren Denkvoraussetzungen es gar nicht zulassen, Gehorsam und Freiheit unter ›bürgerlichem‹ Vorzeichen positiv zu werten? Wird Bonhoeffers Ethik erst durch Antifaschismus hoffähig? Das Gedicht braucht keine Auslegung, die einen aktuellen Zugriff erlaubt, indem sie zuerst einen möglichen Anstoß beseitigt.

Tat

Die zweite Strophe der »Stationen« wird vermutlich viel häufiger zitiert als die übrigen. Sie wirkt nicht so streng wie die erste. Ein Zweifel, ob sie eigentlich zustimmungsfähig ist, rührt sich kaum. Gern überlässt man sich ihrem Vorandrängen, ihrem idealischen Schwung und am Ende auch ihrem Pathos. Oder ist damit ein individueller Leseeindruck unzulässig verallgemeinert? Jedenfalls ist es auch hier angebracht, genau das Wie zu beachten, um das Was nicht zu verfehlen.

Übergangslos, unvermittelt setzt die Strophe mit dem neuen Thema ein, aber doch nicht willkürlich. Tatsächlich führt sie auf dem schon eingeschlagenen Wege weiter. Denn »Zucht« begreift ja in sich, was der Mensch mit sich selbst anfangen, wie er sich zu sich selbst stellen soll. »Tat« meint nunmehr das Handeln, mit dem er aus sich selbst herausgeht und das Seine außerhalb seiner selbst verwirklicht. Und ebenso schroff ausschließend, wie die erste Strophe geendet hat, beginnt auch die zweite: *Nicht – nicht – nicht –*. Exklusiv ist nach diesem Nein auch das Ja: *allein –*. Der bedingungslose Aufruf erreicht die Leser statt in der grammatischen Form des Befehls im Infinitiv der Parole (*Nicht das Beliebige, sondern das Rechte tun und wagen,/ nicht im Möglichen schweben, das Wirkliche tapfer ergreifen*), um sich dann, wie im Schlussvers von Strophe 1, als Spruch zu bündeln: *[…] nicht in der Flucht der Gedanken, allein in der Tat ist die Freiheit*. Erst beim neuen Einsatz in der Mitte der Strophe folgt doch noch ein Imperativ: *Tritt […] heraus!* Das aber ist die gleiche Bewegung, mit der die erste Strophe begann: *Ziehst du aus […]*. So gehören beide Strophen doch näher zusammen, als der erste Leseeindruck vermuten lässt. Sie markieren »Stationen« auf dem gleichen Weg.

26. H. Müller, Stationen auf dem Wege zur Freiheit, 154. Hervorhebung von mir.

Zustimmung erwirbt sich die Strophe mit der dreifachen Nein- und Ja-Bewertung: Dem Beliebigen stellt sie das Rechte entgegen, dem Möglichen das Wirkliche, der Flucht der Gedanken die Tat. In diesem Gedicht allerdings bringt die Tat die Freiheit nicht hervor, sie bewirkt die Freiheit nicht. Freiheit ist nicht das Ergebnis von Aktionen im Befreiungskampf. Sondern *in* der Tat ist die Freiheit, die Freiheit wird gefunden *im* Wagen, Entscheiden und Handeln. Trägt also die Tat ihren Sinn in sich selbst? Sofern sie nämlich, einmal und immer neu riskiert, das Freiheitsgefühl des Handelnden beflügelt? Ist sie gar das Medium ›mannhafter‹ Selbstverwirklichung? Friedrich Schillers Reiterlied mit der Zeile »Ins Feld, in die Freiheit gezogen!« fehlte in keinem Jugend- und Studentenliederbuch, auch nicht in dem von Bonhoeffer so hoch geschätzten »Neuen Lied«.[27] Ist die Aussage *allein in der Tat ist die Freiheit* so auszulegen? Aber so zu fragen heißt schon zu verneinen. Handeln um des Handelns willen, komme, was da wolle, war ja eine der verdeckten Maximen, mit denen der Nationalsozialismus die Verunsicherten benebelte, um aus ihnen bedingungslos treue Gefolgsleute zu machen.

Nein, die Tat hat ihr Maß nicht an sich selbst, auch nicht die sogenannte große Tat. Sie bemisst sich am *Rechten* und am *Wirklichen*. Ebenso ist der *Sturm des Geschehens* keineswegs der ideale Ort des Handelns, er ist der den Handelnden zugemutete Ort. Davor auszuweichen oder in *ängstlichem Zögern* zu verharren wäre ja nur zu verständlich. Denn dort trägt man sich nicht selbst, man muss getragen werden. Wieder ist der Dichter so intolerant, der entscheidenden Aussage ein ausschließendes »nur« voranzustellen: *nur von Gottes Gebot und deinem Glauben getragen.* Ein militärischer Befehl etwa trägt nicht, auch kein ideologisch untersetztes Sendungsbewußtsein der Befehlenden. Tragfähig ist allein Gottes Gebieten und der Glaube, der Gottes Gebot in der Situation der Entscheidung verantwortlich auszulegen und auszuleben wagt.

Würde das Handeln die Freiheit als seinen eigenen Kern umhüllen, wäre die Freiheit dem Handeln nicht voraus. Zwar ist die Freiheit *in der Tat* zu suchen, aber sie ist dort nicht eingeschlossen. Gerade das Gegenteil kommt hier zum Ausdruck. Denn, so heißt es im Schlussvers der Strophe, *sie wird deinen Geist jauchzend umfangen.* Subjekt der leibhaf-

---

27. »Wohlauf, Kameraden, aufs Pferd, aufs Pferd!/ Ins Feld, in die Freiheit gezogen!/ Im Felde, da ist der Mann noch was wert,/ da wird das Herz noch gewogen,/ da tritt kein andrer für ihn ein,/ auf sich selber steht er da ganz allein.« Aus: Ein neues Lied, Nr. 363. Vgl. Liederbuch der Deutschen Christlichen Studentenvereinigung, Nr. 387. ›Ausziehen, die Freiheit zu suchen‹ (Str. 1) nimmt ja auch einen solchen Anklang mit: ›ins Feld, in die Freiheit ziehen‹.

tigen Tat des Glaubens nach Gottes Gebot ist der Mensch als Geist. Ihn wird die Freiheit *umfangen*, ihn wird sie *jauchzend* begrüßen. Jauchzen ist der stimmliche Ausdruck des Überschwangs. Das Wort kommt häufig in biblischen Verheißungstexten vor. Auch in den »Stationen« ist die Umarmung durch die jauchzende Freiheit ein Zukunftsereignis, und das nicht nur grammatisch. Zwar ging schon in der abschließenden Versgruppe der »Nächtlichen Stimmen« *ein Sommermorgen [...] jauchzend ins Land*. Aber *draußen* hielt er Einzug, vor den Mauern der Haftanstalt, er war *noch nicht mein*. Der Morgen mit dem Überschwang des erwachenden Vogelgesangs war in den »Nächtlichen Stimmen« der Vorklang der jauchzenden Freiheit. In der »Tat«-Strophe der »Stationen« jauchzt die Freiheit schon greifbar nahe. Inwiefern sie dennoch aussteht, wird die »Leiden«-Strophe zeigen.

Leiden

»Noch etwas ganz anderes: nicht nur die Tat, sondern auch das Leiden ist ein Weg zur Freiheit. Die Befreiung liegt im Leiden darin, daß man seine Sache ganz aus den eigenen Händen geben und in Gottes Hände legen darf. In diesem Sinne ist der Tod die Krönung der menschlichen Freiheit. Ob die menschliche Tat eine Sache des Glaubens ist oder nicht, entscheidet sich darin, ob der Mensch sein Leiden als eine Fortsetzung seiner Tat, als eine Vollendung der Freiheit versteht oder nicht. Das finde ich sehr wichtig und tröstlich.« (VIII, 549) Wir haben diese Briefpassage oben als einen der Schritte bezeichnet, die bis zur Reinschrift des Gedichtes führen. Sie ist aber nicht Teil einer *poetischen* Vorstufe. Vielmehr enthält sie den gedanklichen Kern, aus dem der Zusammenhang zwischen den Strophen *Tat*, *Leiden* und *Tod* ersichtlich wird. Dieser Kerngedanke ließe sich auch anders als in einem Gedicht entfalten. Bonhoeffer hätte wie im Rechenschaftsbericht »Nach zehn Jahren« zur ethischen Kurzprosa greifen können. In dieser Form, bei der Erfahrung, Überlegung und Wegweisung zusammenfinden, war er ein Meister. Auch dabei würde es sich um gestaltete Sprache handeln. Aber ein Gedicht findet im Zusammenspiel von Inspiration und Reflexion seine eigene Regel, es ist eine sprachliche Gestaltung eigenen Rechts. Das zeigt sich unübersehbar gleich im ersten Satz der neuen Strophe.

Wunderbare Verwandlung. Am Anfang steht ein unvollständiger Satz – ein vollständiger hätte nur schwächer ausfallen können. Die beiden Worte, ausgesprochen in gleichsam gefaßtem Staunen (das Ausrufezeichen fehlt bezeichnenderweise), umschließen eine Entdeckung und ein Urteil. Die Entdeckung: Wovon bisher die Rede war, das ist trotz allem noch da – die Tat und der Mensch, der sie tut. Sie existieren weiter als verwandelte. Leiden ist nämlich nicht Abbruch und Ende des Tuns. Es ist, hier jedenfalls, Station auf dem gleichen Wege. Das Urteil: Diese Verwandlung ist eine *wunderbare.* So zu reden setzt eine Person voraus, die ergriffen und dankbar zustimmt, gegen den Augenschein, der das »wunderbar« in »furchtbar« umwerten möchte.

Erst mit diesem Strophenanfang hat das Gedicht die biographische Gegenwart dessen erreicht, der es einst niederschrieb. Zwar haben sich *Zucht* und *Tat* für ihn nicht erledigt, aber als Leitworte lebensgeschichtlicher Phasen gehören sie seinem vergangenen Leben an: die Zucht dem Leben des Theologen der »Nachfolge«, die Tat dem Leben des politischen Mitwissers und Verschwörers. Jetzt hat sich sein Lebensweg noch einmal gewendet, und im *Leiden* hat er gelernt, diese Kehre *wunderbar* zu nennen. Indessen ist die Rederichtung des Gedichts wie in den ersten beiden Strophen auch in der dritten immer noch durch ein gegenüber stehendes Du bestimmt. Das schließt zwar auch das Du der Selbstanrede ein (das die mögliche biographische Deutung verstärkt), es ist aber zuvörderst das Du erwünschter Weggenossen, die sich in das *Geheimnis der Freiheit* einweisen lassen.

Am Wort »wunderbar« in Strophe 3 sollte man nicht vorübergehen, ohne vorauszuschauen auf die letzte Strophe des letzten Gedichtes: *Von guten Mächten wunderbar geborgen/ erwarten wir getrost, was kommen mag.* Das Wort zeichnet in Bonhoeffers Gedichten[28] ein Geschehen aus, das in der Welt der Selbstverständlichkeiten nicht zu beheimaten ist, weil es allem Befürchten zuwiderläuft. Die Zustimmung dazu bleibt immer angefochten durch einen mächtigen Konsens, der den fraglichen Lauf der Dinge gerade gegenteilig bewertet.

»Es ist unendlich viel leichter, im Gehorsam gegen einen menschlichen Befehl zu leiden als in der Freiheit eigenster verantwortlicher Tat.« (VIII, 35) Das Gedicht verzichtet auf die Abwägung von leicht und schwer. Auch dramatisiert es nicht. Es genügt einfache Anschauung: *Die starken tätigen Hände/ sind dir gebunden. Ohnmächtig einsam siehst du das Ende/ deiner Tat [...].* Noch im gleichen Vers gleitet äußere Anschauung mit einem Gestus der Erleichterung hinüber zur inneren. Die Erleichterung wird den Lesenden nicht beteuert, sie teilt sich ihnen durch geradezu körperlich wirkende Wahrnehmung mit: *Doch atmest du auf und legst das Rechte/ still und getrost in stärkere Hände und gibst dich zufrieden.* Man atmet ja tief auf, wenn eine Anspannung weicht, und sie weicht, wenn etwa die Ablösung eintrifft und die Zuständigkeit wechselt. Das gebotene Tun fällt hier keiner erzwungenen Untätigkeit zum Opfer. Denn es sind alsbald *stärkere Hände* zur Stelle, und die

28. Vgl. noch das Vorkommen in »Der Tod des Mose«.

eigene Verantwortung für das Tun des Rechten bewährt sich jetzt im Abgeben und Loslassen. Das darf *still und getrost* geschehen.

Unversehens und unaufdringlich klingt Gesangbuchsprache an, obwohl der klassische Kirchengesang das Motiv einer solchen im Leiden aktualisierten Übergabe der eigenen Weltverantwortung an Gott nicht kennt. Wir heben die Wörter hervor, die als gemeinsam auffallen. Martin Luther singt im deutschen »Nunc dimittis«, dem Lobgesang des alten Simeon (1524):

> Mit Fried und Freud fahr ich dahin
> in Gotts Wille;
> *getrost* ist mir mein Herz und Sinn,
> sanft und *stille*.[29]

Johann Heermann in »Treuer Wächter Israel« (1630), einem Hilferuf für die durch Krieg und Gegenreformation bedrängte Kirche seiner schlesischen Heimat:

> Jesu, der du Jesus heißt,
> als ein Jesus Hilfe leist!
> Hilf mit deiner *starken Hand*,
> Menschenhilf hat sich gewandt.[30]

Paul Gerhardt in seinem Neujahrslied »Nun laßt und gehen und treten« (1653):

> Gelobt sei deine Treue,
> die alle Morgen neue;
> Lob sei den *starken Händen*,
> die alles Herzleid wenden.[31]

Eleonore von Reuß in ihrem ursprünglich privaten, dann aber überaus volkstümlich gewordenen Lied zum letzten Tag des Jahres (1857):

> Das Jahr geht still zu Ende,
> nun sei auch *still*, mein Herz.
> *In* Gottes treue *Hände*
> *leg* ich nun Freud und Schmerz.[32]

Und noch einmal Paul Gerhardt mit dem großen, aber selten gesungenen Trostlied, dessen Anfangsworte »Gib dich zufrieden« am Ende jeder der 15 langen Strophen wiederkehren:

---

29. EG 519 (EGBP 304, ENL 40). Bonhoeffer hat das Lied am 1. Advent 1942 in einem Rundbrief zitiert: XVI, 374.
30. EG 248 (EGBP 99, ENL 119).
31. EG 58 (EGBP 24, ENL 410).
32. EG 63 (EGBP 26).

Gib dich zufrieden und sei *stille*
in dem Gotte deines Lebens![33]

Wir dürfen voraussetzen, dass es sich beim Echo dieses Liedes in Bonhoeffers »Leiden«-Strophe um mehr handelt als um einen Anklang. Es
ist eine bewusste Anspielung. Denn über Renate Bethge, geb. Schleicher,
hat sich die folgende Erinnerung aus ihrem Elternhaus erhalten: »Wenn
mein Vater ihn [nämlich D. B.] ab und zu bat, uns am Sonntag eine
kleine Andacht zu halten, da unser Ortspfarrer wenig erfreulich war,
tat er das bereitwillig.«[34] Und an anderer Stelle: »Dietrich Bonhoeffer
hatte das Lied [nämlich Paul Gerhardts ›Gib dich zufrieden und sei
stille‹] mit Franz Hildebrandt in der Familie seiner Schwester Ursula
und Rüdiger Schleicher eingeführt und oft dort mitgesungen.«[35] In
Finkenwalde setzte er es gelegentlich als Morgenlied an.[36]

»Hand Gottes« und »Arm Gottes« sind biblische Metaphern. Vielfäl-
tig greifen auch die Liederdichter darauf zurück. Gottes Hand ist stark,
und ebenso gilt: »Stark ist meines Jesu Hand.«[37] Bonhoeffers kleine,
aber bezeichnende Veränderung des Üblichen liegt im Komparativ *stärkere Hand*. Der Komparativ läßt nämlich zu, ja er bestätigt es, dass auch
andere Hände *stark* sind. In der traditionellen Erbauungssprache dagegen greift die starke Hand Gottes ein, weil die Hände der Menschen
schwach sind. Bonhoeffer liegt daran, dass man den Menschen nicht
schwächer macht, als er ist, und dass man ihn »an seiner stärksten Stelle
mit Gott konfrontiert« (VIII, 511). Eine solche Konfrontation geschieht
in der »Tat«-Strophe. Der in das Tun einberufene Mensch wird auch
tapfer sein. Dennoch führt der Weg darüber hinaus: *Die starken tätigen
Hände sind dir gebunden.* In solchem *Leiden* ist die Berufung auf die
stärkere Hand keine Flucht aus der Verantwortung. [38] Wer in *stärkere
Hand* legt, was die eigene nicht mehr vollbringen kann, steht zu seiner
Tat – aber er besteht nicht auf ihr! Jochen Klepper, der während der
Haftzeit Bonhoeffers schon nicht mehr lebte, hatte 1938 das gebotene
Tun aus anderer Perspektive bedacht. Aber die berühmte Strophe aus
seinem »Mittagslied« kann Bonhoeffers Sicht nur bestätigen:

33. EG 371 (EGBP 219, ENL 179). Zu diesem Kleinod der barocken Gesang-
    buchdichtung vgl. J. Henkys, Geistliches Wunderhorn, 299-309.
34. So in: Chr. Gremmels/H. W. Grosse, Dietrich Bonhoeffer. Der Weg in den
    Widerstand, 47.
35. VII, 242 (Anm. 146 im Nachwort der Herausgeberinnen R. Bethge und
    I. Tödt).
36. F. Trentepohl, Finkenwalder Tagebuch, 14.
37. EGBP 157 (Karl Bernhard Garve).
38. Der Komparativ »bessere und stärkere Hände« in ähnlichem Sinne auch VIII,
    287.

Die *Hände*, die zum Beten ruhn,
die macht er *stark* zur Tat.
Und was der Beter *Hände* tun,
geschieht nach seinem Rat.[39]

Die beiden letzten Verszeilen der »Leiden«-Strophe stellen uns zunächst vor die Frage, ob dichterische Überspitzung im Spiel ist. *Nur einen Augenblick* währte das Handeln aus freier Verantwortung? Und (um das Du des Gedichtes aufzunehmen) die sich dir in der *Tat* erschließende *Freiheit* hast du nur eben *berührt*? Aber in dieser Berührung warst du *selig*! Wurdest du doch von der Freiheit (wie in Str. 2 angekündigt) *jauchzend umfangen*! – Es bringt nichts, wenn wir lediglich feststellen, der Dichter habe sich der beliebten rhetorischen Figur der Hyperbel bedient. Die Frage ist: Warum gerade hier und gerade so? *Nur einen Augenblick berührtest du selig die Freiheit.* Dieser Vers ist der poetisch gefasste Reflex auf eine Freiheitserfahrung, die in mystischer Tiefe geschah. Das Letzte – im seligen Augenblick des »nunc aeternum« ist es als Freiheit Gegenwart geworden! Doch der ins Leiden berufene Mensch bejaht in der Kraft jenes Letzten alsbald auch das Vorletzte. Noch bleibt die irdische Zeit sein ihm zugewiesener Stationsweg. Er entzieht sich mit dem erfahrungsgestützten Wissen um die präsentische Eschatologie nicht den Anfechtungen der futurischen Eschatologie. Die volle Freiheit ist Hoffnungsgut: *[...] dann übergabst du sie Gott, damit er sie herrlich vollende.*

Zu diesem letzten Vers gibt es noch eine wichtige Beobachtung. Zunächst ist sie philologischer Art. In die Entwurfsfassung[40] hat Bonhoeffer nämlich eine Änderung eingetragen. Es ist die einzige in der ganzen Strophe. Die Entzifferung der wie immer schwer leserlichen deutschen Handschrift ergibt: Bonhoeffer schrieb zunächst »dann nahm Gott sie zurück in eigene Hand um sie selbst zu vollenden«. Dann strich er »nahm Gott sie zurück« und ersetzte das Gestrichene über der Zeile durch: *übergabst du sie Gott.* Dann strich er auch die verbliebenen Teile des Satzes und fügte unter der Zeile hinzu: *damit er sie herrlich vollende.* Was hat den Autor zu dieser Änderung veranlasst? Die ursprüngliche Fassung hatte sieben Hebungen statt sechs, das wollte korrigiert sein. Störender war noch, dass sich das Hand-Motiv ohne neue Anreicherung wiederholte. Der entscheidende Grund für die Änderung liegt aber im Verhältnis von Passion und Aktion. In der Fassung »dann nahm Gott sie zurück« ist Gott aktiv. Das steht in Spannung zur Stro-

39. J. Klepper, Kyrie, 12. Vgl. EG 457 »Der Tag ist seiner Höhe nah« und den Kommentar zum Lied in G. Hahn und J. Henkys (Hg.), Liederkunde zum EG, H. 8, 61-67.
40. S. o. bei »Text«, Buchstabe d.

phenmitte: Du *legst das Rechte [...] in stärkere Hand.* Offenbar war es Bonhoeffer wichtig, die in der Erbauungssprache ja fest verankerte Vorstellung, dass jemand etwas ›in Gottes Hand legt‹, noch zu verstärken. Im Leiden, das ein öffentlich relevantes Handeln schließlich unmöglich macht, darf ein Mensch der Nachfolge die eben noch überwältigend gegenwärtig erfahrene Freiheit ausdrücklich ›Gott übergeben‹. Er gibt damit nicht etwa *das Rechte* auf. Wohl aber verzichtet er darauf, das Werk der freien Verantwortung selbst zu Ende zu bringen. Er ›übergibt Gott‹, was von Gott kommt und was Gott zukommt. So ist die auf Gottes Weg leidende Person nicht einfach passiv. Sie tritt um Gottes willen aus der Freiheit zurück, *damit er sie herrlich vollende.* Zu betonen ist: *ER!*

Tod

Die Notizen für Eberhard Bethge, mit denen Bonhoeffer die »Stationen auf dem Wege zur Freiheit« abschickte (VIII, 527), waren undatiert. Das erlaubte dem Freunde, die Entstehung des Gedichtes bei der ersten Nachkriegssichtung der geretteten Papiere ganz nah an die Nachricht vom Scheitern des Umsturzversuches vom 20. Juli heranzurücken. Dietrich Bonhoeffer war ein Verschwörer gegen Hitler. Aber verhaftet worden war er noch nicht als Verschwörer, sondern wegen Verdachtes gegen ihn und seine Dienststelle, die militärische Spionageabwehr, er habe sich unter Vorschützung unzutreffender Gründe vom Wehrdienst freistellen lassen.[41] Nach dem Misserfolg des Attentats musste er mit der Entdeckung seiner wahren Rolle und mit dem Todesurteil rechnen. So galt der Einschnitt des 20. Juli lange als der maßgebliche Gesichtspunkt für die Auslegung des Gedichts. Wie schon erwähnt: Beim Überblick über den vervollständigten Briefwechsel ist es nötig geworden, das Datum zu korrigieren. Das Gedicht ist erst drei Wochen nach dem Umsturzversuch entstanden. Aber das spricht überhaupt nicht gegen den engen Zusammenhang mit diesem schicksalsschweren Ereignis. Es verbietet sich nur eine Auslegung, in der die Erregung des Autors stärker gewertet wird als seine gedankliche Rechenschaft. Eberhard Bethge hat in einer frühen Deutung die Haftdokumente Bonhoeffers vor und nach dem Scheitern durch die Perspektive »Verantwortung« verbunden und dafür ausdrücklich auch die »Stationen« beansprucht: »Mitten in der

41. Die Hintergründe der Verhaftung Bonhoeffers beleuchtet H. E. Tödt in: Komplizen, Opfer und Gegner des Hitlerregimes, 374 f. Die Anklageverfügung ist abgedruckt in XVI, 432 f. Siehe auch Chr. Gremmels und H. W. Grosse, Dietrich Bonhoeffers Weg in den Widerstand, 9.

ungeheuren Erschütterung des Mißlingens schlägt die Verantwortung für das Öffentliche um in eine ungebrochene neue Verantwortung, Folgen und verdoppelte Schmerzen zu tragen. Spätere Zeiten werden besser ermessen, daß diese zweite Verantwortung die erste noch einmal gerechtfertigt und mit dem Siegel des unzerstörbaren Erbes versehen hat. Dieses Erbe kann schlummern. Es geht nicht verloren.«[42]

Haben die Zeilen *Komm nun, höchstes Fest auf dem Wege zur ewigen Freiheit,/ Tod, leg nieder beschwerliche Ketten und Mauern* etwas mit Verantwortung zu tun? Machen wir uns zunächst klar, dass mit dem Übergang von der dritten zur vierten Strophe die Anrede wechselt. Bisher hielten sich die Verse an ein zum Lernen bereites Du auf dem gemeinsamen Weg zur Freiheit. Wer die Freiheit sucht, braucht Ansprache. Dieses Du unterlag aber keinem fremden Diktat. So changierte es auch zum Du der Selbstanrede. Die Zumutungen des Weges schlossen den Redenden ja mit ein. Jetzt aber ergeht die Anrede an den Weg selbst, nämlich an seine letzte Station, den Tod. Schon dieser sprachliche Wechsel fungiert im Gedicht als Anzeichen dramatischer Steigerung. Inhaltlich stellt sich die Steigerung in der superlativischen Prädikation des Todes dar: *höchstes Fest auf dem Wege zur Freiheit*. Natürlich ist das poetische Redeweise. Aber sie ist inhaltlich belastbar. Denn wenn der Tod als das höchste Fest gilt, so ist er eben nicht das einzige Fest auf diesem Wege! Als Fest ist auch schon die erste Station zu werten, die ohne *Zucht* unerschwingliche Begegnung mit dem *Geheimnis der Freiheit*; und die zweite, in der *die Freiheit deinen Geist jauchzend umfangen* will; ebenso die dritte mit der staunenden Wahrnehmung *Wunderbare Verwandlung*. Als *höchstes Fest* hat sich die vierte Station also schon in den früheren vorbereitet.

Die Wendung *Komm nun, höchstes Fest* am Anfang der Strophe ist mithin kein enthusiastischer Ausrutscher.[43] Sie zeigt auch keine Todessehnsucht an, jedenfalls nicht in dem Sinne, dass der Sehnsüchtige ganz krank ist vor Verlangen nach dem Ersehnten (die »Sucht« hängt ja mit »siech«, krank, zusammen). Die spirituelle Todessehnsucht in bestimmten Sphären der Frömmigkeit des 17. und 18. Jahrhunderts lag Bonhoeffer ganz fern, obwohl anzunehmen ist, dass er ihren musikalischen Ausdruck in J. S. Bachs Kantaten geschätzt hat.[44] Ein Text wie

---

42. E. Bethge 1952 im Vorwort zur ersten, damals noch recht knappen Ausgabe von »Widerstand und Ergebung« (WE, 6).

43. Aus der Seelsorgevorlesung 1935/36 beim Thema »An Sterbebetten«: Es gebe dort wunderbare Erfahrungen. »Man fragt sich wirklich, ob der Augenblick des Todes nicht ein Augenblick ganz hohen Glücksgefühls ist!« (XIV, 582)

44. Im Brief an die Eltern vier Wochen nach der Verhaftung: »Tante Elisabeth habe ich leider nicht mehr für die Bachkantaten danken können.« (VIII, 57)

»Komm, o Tod, du Schlafes Bruder,/ komm und führe mich nur fort«[45]
konnte ihn kaum inspirieren. Schlaf und Fest sind ja Gegensätze. Der
Schlaf vereinzelt, das Fest verbindet. So ist es auch kein Zufall, dass es
im Fortgang der Verse eine weitere Neuerung gibt. Denn mit der Anrede an den Tod taucht ein bisher nie ausdrücklich genanntes Subjekt der
Rede auf – das Wir, in dem sich das kommunikative Du und das reflexive Du zusammenschließen: *Tod, leg nieder beschwerliche Ketten und
Mauern/ unsres vergänglichen Leibes und unsrer verblendeten Seele,/
daß wir endlich erblicken, was hier uns zu sehen mißgönnt ist.* Ein Fest
ist die Wegstation Tod, weil das Sterben auf die Schwelle vom Glauben
zum Schauen[46] führt – und weil diese Schau eine gemeinsame sein
wird! Zwar hat auch das Leiden die Betroffenen verbunden. Doch indem die grundsätzliche Begrenztheit alles leib-seelischen Lebens unter
der Haftmetapher *Ketten und Mauern* anschaulich wird, ist ja mit gemeint, dass zu den Bedingungen des Lebens *hier* auch Trennung gehört.
Die letzte Station hebt diese Trennung auf. Sie ist das gemeinsame Fest,
da *wir endlich erblicken –*.

Der Tod wird im Gedicht angeredet, aber nicht angefleht. Er wird
gerufen, aber nicht auf den Thron gehoben. Wenn er kommt, macht
er nichts von dem zunichte, was mit Zucht und Tat begonnen hat. Im
Gegenteil. Als Tod auf dem so markierten Weg kann er nur bestätigen,
was der Gefangene und die, die zu ihm gehören, sich frei zu verantworten getrauten. Als persönlich übernommene Konsequenz – theologisch
betrachtet: Folge von Nachfolge – ist er das »Siegel« (E. Bethge) darauf,
dass das Tun des Rechten weder engstirnig noch eigennützig noch ver-
messen war, sondern um Gottes und der Menschen willen geboten. Der
Totentanz der alten Bilder passt zu solchem Sterben nicht. Fordert dort
der Tod zum Tanz auf, so tut es hier der Sterbende: *Komm nun, höchstes
Fest.* Der Souverän des Festes freilich ist die *Freiheit [...] selbst.*

Erst mit den beiden letzten Versen erreicht die Steigerung ihren Höhepunkt, und noch einmal zeigt die sprachliche Bewegung an, was ›Sache‹ ist. Die eben erst dem Tod zugewendete Anrede geht auf die Freiheit über: *Freiheit, dich suchten wir lange in Zucht und in Tat und in
Leiden./ Sterbend erkennen wir nun im Angesicht Gottes dich selbst.* Das
Erste bei der Ankunft nach einem langen Suchweg ist ein aufatmender
Gruß. Der Gruß der Sterbenden[47] findet die endlich Erblickte bei Gott,

Vielleicht handelt es sich um eine Klavierausgabe. Bonhoeffer könnte sie zum
Geburtstag am 4. Februar 1942 erhalten haben.
45. So beginnt in Johann Francks Lied »Du, o schönes Weltgebäude« die Str. 6,
von J. S. Bach an den Schluss seiner Kreuzstabkantate gesetzt.
46. 2. Kor. 5,7: »Wir wandeln [noch] im Glauben und nicht im Schauen.«
47. Ob auch eine flüchtige Erinnerung an das (später geflügelte) Wort der todge-
weihten römischen Fechter »Ave, Imperator, morituri te salutant« im Spiel

und sie grüßen sie damit, dass sie sie als die ›herrlich vollendete‹ (Str. 3) *erkennen*. Das Wort »erkennen« meint von seiner biblischen Bedeutung her mehr als nur kognitiv unterscheidendes Erfassen. Es öffnet sich zur liebenden Vereinigung. Dass wir am Ende des Gedichts biblisch-liturgische Sprache antreffen, zeigt sich vor allem in der Wendung »Angesicht Gottes«. Fragen kann man, ob die Sterbenden die Freiheit erkennen, indem sie nunmehr selbst im Angesicht Gottes (coram Deo) stehen; oder ob die Freiheit ihrerseits im Angesicht Gottes leuchtet, weil sie Gott gleichsam ins Gesicht geschrieben ist. Näher liegt die zweite Deutung. In der biblischen und nachbiblischen Tradition sind Leitgrößen des Glaubens und Handelns manchmal so eng mit Gott verbunden worden, dass sie geradezu als Hypostasen (Personifizierungen) des Göttlichen galten: die Weisheit, die Liebe, die Gerechtigkeit. Dietrich Bonhoeffer erhob mit seinem Gedicht (das heißt also poetisch, nicht dogmatisch) die Freiheit in diesen Rang! Das war und bleibt ein herausfordernder Dienst an der Humanität und auch am Glauben.

Die befremdliche Freiheit des Gedichtes, mystisch zu sein

Wir haben im Lauf unserer Auslegung schon mehrere Autoren angeführt, die sich zu Bonhoeffers »Stationen« geäußert haben. Alle Stimmen zu berücksichtigen ist ausgeschlossen. Aber eine darf nicht übergangen werden. Sie tritt mit Bonhoeffer gegen Bonhoeffer an, macht also Sachkritik geltend, und will die Leser vor ein ungelöstes Rätsel stellen. J. Sperna Weiland[48] hält die ersten drei Strophen für eine Einheit, wenn auch mit dem Zusatz, dass nicht die eine Strophe aus der anderen folgt, sondern dass Zucht, Tat und Leiden in Wahrheit ineinander liegen. Sie gehören in einer gleichsam trinitarischen Figur als eine untrennbare Einheit zusammen, die erst im Nachhinein entfaltet worden ist. Das bedeutet: Schon die Überschrift »Stationen« wird von Weiland als problematisch empfunden, denn sie suggeriert »eine Art von Pilgerfahrt zur Freiheit, die nur am Ende der Fahrt, im Tode, gefunden wird«. Dass sei zwar psychologisch aus der Situation der Kerkerhaft und unter Berücksichtigung mancher Vorzeichen in Bonhoeffers Entwicklung verständlich, aber mit Bonhoeffers Theologie nicht zu vereinbaren.

ist? Aber im Inhaltlichen gibt es keine Brücke! Vgl. Georg Büchmann, Geflügelte Worte, 600.

48. J. Sperna Weiland, Ein paar Gedanken über Freiheit, in: Wie eine Flaschenpost, 95-102.

»›Auf dem Wege der Freiheit ist der Tod das höchste Fest‹ – das hat
Bonhoeffer also gesagt; aber wie kann er es gesagt haben? Es scheint
etwas nicht zu stimmen […].« »Es ist so, als ob nicht Bonhoeffer die
letzte Strophe der ›Stationen‹ geschrieben hätte.« »[…] es hat den An-
schein, als ob er die Inkonsistenz des Gedichtes mit den theologischen
Briefen nicht einmal gesehen hätte.«[49]

Ursache für Weilands Befremden ist die Voraussetzung, von der er
ausgeht: In Bonhoeffers theologischem Denken, so belegt er es, ist die
Freiheit ein Moment der »Archèologie«. Das heißt: Die von Gott geschenkte Freiheit ist die *archè*, das Prinzip, der Grund, aus dem alles
christliche Handeln entspringt und von dem es geprägt ist. Sie realisiert
sich nur in einer jeweiligen Beziehung, sie nimmt Gestalt an im Für-
einander-Dasein der Liebe. Also ist sie mit dem Tod an ihr Ende gekommen. Dagegen sind die »Stationen« von der alles entscheidenden
»archèologischen« Freiheit her nicht zu verstehen. Sie bilden die Freiheit als »eschatologische« Größe ab, und Bonhoeffer hat nicht gezeigt,
ob und wie beide Verständnisse von Freiheit zusammenpassen. »Daß
das eine wichtige Frage ist, ist klar; die archèologische Freiheit konsti-
tuiert eine andere Welt als die mönchisch-mystisch-eschatologische,
und das hat wieder erhebliche Konsequenzen für das christlich-ethische
Handeln.«[50]

Anders als Weiland vorgegangen ist, hat unsere Auslegung Zug um
Zug die Einheit des Gedichtes nachzuweisen versucht. Dabei haben wir
uns an zwei elementare Forderungen der Textinterpretation gehalten:
Es muß die Gattung eines Textes aufgesucht und respektiert werden,
und die Aussagen eines Textes (sein gedanklicher Gehalt) wollen in Beziehung darauf gelesen werden, was sich schon in seiner fließenden Be-
wegtheit (seiner sprachlichen Gestalt) ausdrückt. Eine theologische Interpretation, die (trotz gelegentlich enger Verbindung) nicht zwischen
Traktat und Gedicht unterscheidet, beschneidet die Freiheit des Autors,
seine Weise der Äußerung selbst zu wählen, und das ist besonders fatal,
wenn das fragliche Sujet ausgerechnet »Freiheit« ist.

Damit stehen wir wieder vor der Frage: Warum schreibt der Häftling
Bonhoeffer nicht nur theologische Briefe, sondern in den letzten Monaten seiner Haft auch Gedichte? »In Tegel wählt Bonhoeffer, weil er
etwas für ihn völlig Neues ausdrücken will, eine neue Sprachform, die
Poesie. […] Wenn er überlebt hätte, hätte er vermutlich auf diese Art
der Selbstaussage wieder verzichtet. Gleichwohl sind die Gedichte mehr
als das beliebige Experiment eines Gefangenen. Es deutet sich in ihnen
etwas völlig Neues an. Theologie und Biographie sind in ihnen mit-

49. Zitate ebd., 97-101.
50. Ebd., 99.

einander verschmolzen.«[51] Dieses völlig Neue ist nach Ferdinand
Schlingensiepens Aufsatz über Bonhoeffer und Therese von Avila eine
alle Ordnung sprengende Erfahrung des Gefangenen mit Gott und mit
sich selbst. In Entsprechung zu den Widerfahrnissen anderer Glaubens-
menschen ist sie eine »mystische« zu nennen.

»Inkonsistenz des Gedichtes zu den theologischen Briefen«? Vom
Autor »nicht einmal gesehen«? »Es scheint etwas nicht zu stimmen«?
Das sind Vorbehalte, gar Vorwürfe, formuliert unter der Voraussetzung,
ein theologischer Autor habe innerhalb seines eigenen Systems zu bleiben. Wenn aber jene andere Erfahrung zwischenein kommt, wird die
Konsistenz des Systems zur nachgeordneten Sorge. Und das Gedicht,
das solche Erfahrung nachbuchstabiert, nimmt sich die Freiheit, die
diskursiv vorgetragene Theologie seines Autors zu transzendieren.[52]

---

51. F. Schlingensiepen, Im Augenblick der Wahrheit, 42 f. Auf Schlingensiepens
    Konstellation von Wahnsinn und Spiel brauchen wir hier nicht einzugehen.
52. Heinz Joachim Held, Neutestamentler aus der Schule Günther Bornkamms,
    Bischof der deutschen Auslandsgemeinden, Ökumeniker, hat in »autobiogra-
    phischen Notizen« von seinen drei »Urerfahrungen« mit Dietrich Bonhoeffer
    berichtet. Aus deren allmählicher Ausreifung und Klärung im Laufe des eige-
    nen Lebens gewinnt der Ruheständler »theologische Impulse« für Theologie
    und Kirche. Die erste Urerfahrung war die Begegnung des Wuppertaler Theo-
    logiestudenten von 1947 mit dem Gedicht »Stationen auf dem Wege zur Frei-
    heit«. Aber die Strophen 3 und 4 haben sich ihm erst am Ende seines Berufs-
    lebens erschlossen. Held bezieht die Erfahrungen mit dem Gesangbuch ein
    und folgert: Es gibt eine »poetische Weise der Theologie«. Sie hat ihr Recht
    neben der akademischen Theologie. Diskursiv können »die Geheimnisse des
    Glaubens […] nur annähernd erfasst und beschrieben werden. Sie werden
    aber besungen.« Hierher gehören auch die Haftgedichte Dietrich Bon-
    hoeffers. Sie sind »keine formschöne Poesie im literarisch-ästhetischen Sinn.
    Sie tragen ihre Unvollkommenheiten an sich, und sie unterliegen wie jedes
    Gedicht der formalen und inhaltlichen Kritik.« Dennoch ist es für H. J. Held
    nicht zweifelhaft, dass wir in Bonhoeffers Gedichten »die Summe seiner
    Glaubenserfahrungen und seines theologischen Denkens vor uns haben. An-
    ders als auf diese Weise wollte es offenbar nicht mehr gehen.«(Aus: H. J. Held,
    Meine Begegnungen mit Dietrich Bonhoeffer. Autobiographische Notizen
    und theologische Impulse, bisher ungedruckt. Ein knapper Auszug in BRB
    Nr. 75, Nov. 2004, 45-56).

7. Der Freund

Der Text

Das Gedicht entstand kurz vor dem 28. August 1944, dem Geburtstag
Eberhard Bethges. Der datierte Zusatz stammt vom Morgen dieses Tages. Bethge hat die Reinschrift in seinem italienischen Quartier empfangen, am 21. September beantwortet (VIII, 599 f.) und noch 1944 in
Maschinenschrift übertragen[1]. Später ist Bonhoeffers Reinschrift ver-
lorengegangen. Es haben sich nur zwei Einzelblätter erhalten, auf denen
er mit Bleistift die ersten Zeilen des Gedichtes entworfen hatte. Aber
trotz Streichungen und Überschreibungen ist dort der Wortlaut der
endgültigen Fassung noch nicht erreicht. So beruht die Überlieferung
des Gedichts allein auf Bethges Abschrift.

Allerdings bleibt eine Unsicherheit. Sie betrifft die Leerzeilen, durch
die der Anfang des je folgenden neuen Gedichtabschnitts kenntlich zu
machen ist. Vermutlich waren die Zeilenabstände auf Bonhoeffers Reinschrift nicht eindeutig. Auf der mir vorliegenden Kopie der Maschinenschrift hat Bethge durch Kreise um den ersten Buchstaben acht Anfänge
herausgehoben. »Der Freund« besteht dort aus acht Abschnitten, die
gegen Ende hin immer kürzer werden. Danach richtet sich auch die
Werkausgabe (VIII, 585-589). Aber in der ersten Auflagen von WE hatte sich Bethge eindeutig für sieben Abschnitte entschieden.[2] Im Druck
eines späten Aufsatzes legte er sogar Wert darauf, dass es nur sechs
sind.[3] Für diese Einteilung sprechen in der Tat gute Gründe. Wir schließen uns ihr mit dem folgenden Abdruck an – auch wenn die Beobachtung des Aufbaus (s. u.) eine Einteilung in nur fünf Abschnitte rechtfertigt.

Der Freund

Nicht aus dem schweren Boden der Erde,
wo Blut und Geschlecht und Schwur
mächtig und heilig sind,

---

1. Auf der Abschrift steht von seiner Hand: »Bethges Übertragung seiner Reinschrift Bo's in Schreibmaschine noch 1944«. Dabei meint »seiner Reinschrift«: der in seinem Besitz gewesenen Reinschrift.
2. So auch schon in der 3. Auflage von »Auf dem Wege zur Freiheit« von 1947.
3. E. Bethge, Der Freund Dietrich Bonhoeffer und seine theologische Konzeption von Freundschaft, 46, Anm. 1.

wo die Erde selbst
gegen Wahnsinn und Frevel
die geweihten uralten Ordnungen
hütet und schützt und rächt, –
nicht aus dem schweren Boden der Erde,
sondern aus freiem Gefallen
und freiem Verlangen des Geistes,
der nicht des Eides noch des Gesetzes bedarf,
wird der Freund dem Freunde geschenkt.

Neben dem nährenden Weizenfeld,
welches die Menschen ehrfürchtig bauen und pflegen,
dem sie den Schweiß ihrer Arbeit
und, wenn es sein muß,
das Blut ihrer Leiber zum Opfer bringen,
neben dem Acker des täglichen Brotes
lassen die Menschen doch auch
die schöne Kornblume blühn.
Keiner hat sie gepflanzt, keiner begossen,
schutzlos wächst sie in Freiheit
und in heiterer Zuversicht,
daß man das Leben
unter dem weiten Himmel
ihr gönne.
Neben dem Nötigen,
aus gewichtigem, irdischem Stoffe Geformten,
neben der Ehe, der Arbeit, dem Schwert,
will auch das Freie
leben
und der Sonne entgegenwachsen.
Nicht nur die reife Frucht,
auch die Blüten sind schön.
Ob die Blüte der Frucht,
ob die Frucht der Blüte nur diene, –
wer weiß es?
Doch sind uns beide gegeben.
Kostbarste, seltenste Blüte, –
der Freiheit des spielenden,
wagenden und vertrauenden
Geistes in glücklicher Stunde entsprungen, –
ist dem Freunde der Freund.

Spielgefährten zuerst
auf den weiten Fahrten des Geistes
in wunderbare,

entfernte Reiche,
die im Schleier der Morgensonne
wie Gold erglänzen,
denen am heißen Mittag
die leichten Wolken des blauen Himmels
entgegenziehen,
die in erregender Nacht
beim Schein der Lampe
wie verborgene, heimliche Schätze
den Suchenden locken.

Wenn dann der Geist dem Menschen
mit großen, heiteren, kühnen Gedanken
Herz und Stirne berührt,
daß er mit klaren Augen und freier Gebärde
der Welt ins Gesicht schaut,
wenn dann dem Geiste die Tat entspringt,
– der jeder allein steht und fällt –,
wenn aus der Tat
stark und gesund
das Werk erwächst,
das dem Leben des Mannes
Inhalt und Sinn gibt,
dann verlangt es
den handelnden, wirkenden, einsamen Menschen
nach dem befreundeten und verstehenden Geist.
Wie ein klares, frisches Gewässer,
darin der Geist sich vom Staube des Tages reinigt,
darin er von glühender Hitze sich kühlet
und in der Stunde der Müdigkeit stählt, –
wie eine Burg, in die nach Gefahr und Verwirrung
der Geist zurückkehrt,
in der er Zuflucht, Zuspruch und Stärkung findet,
ist dem Freunde der Freund.

Und der Geist will vertrauen,
ohne Grenzen vertrauen.
Angeekelt von dem Gewürm,
das im Schatten des Guten
von Neid und Argwohn und Neugier sich nährt,
von dem Schlangengezisch
vergifteter Zungen,
die das Geheimnis des freien Gedankens,
des aufrichtigen Herzens
fürchten, hassen und schmäh'n,

verlangt es den Geist
alle Verstellung von sich zu werfen
und sich vertrautem Geiste
gänzlich zu offenbaren,
ihm frei und treu zu verbünden.
Neidlos will er bejahen,
will anerkennen,
will danken,
will sich freuen und stärken
am anderen Geist.

Doch auch strengem Maß
und strengem Vorwurf
beugt er sich willig.
Nicht Befehle, nicht zwingende fremde Gesetze und Lehren,
aber den Rat, den guten und ernsten,
der frei macht,
sucht der gereifte Mann
von der Treue des Freundes.
Fern oder nah
in Glück oder Unglück
erkennt der eine im andern
den treuen Helfer
zur Freiheit
und Menschlichkeit.

* * * * * * * * * * *

Am 28. 8. morgens[4]

Als die Sirenen heulten um Mitternacht,
habe ich still und lange an dich gedacht,
wie es dir gehen mag und wie es einst war
und daß ich dir Heimkehr wünsche im neuen Jahr.

Nach langem Schweigen höre ich um halb zwei
die Signale, daß die Gefahr vorüber sei.
Ich habe darin ein freundliches Zeichen gesehen,
daß alle Gefahren leise an dir vorübergehen.

4. »Die hiermit beginnenden Zeilen (Datum des Geburtstages von E. Bethge) sind auf einem losen Blatt dem Gedicht beigegeben; sie werden seit der Erstveröffentlichung als Ausklang abgedruckt.« (VIII, 589)

Geburtstagsgeschenke

Am 28. August 1944 also sollte Eberhard Bethge 35 Jahre alt werden. Der nahende Geburtstag des Freundes, den der Tegeler Häftling zwar in einiger Entfernung hinter der damaligen italienischen Rückzugsfront, aber dennoch in dauernder Gefahr wußte,[5] hat Bonhoeffer sehr beschäftigt. Am 11. August: »Was soll ich Dir nur zum Geburtstag schenken? Ich denke schon sehr darüber nach.« (VIII, 566) Am 14. August: »Was soll ich Dir zum Geburtstag schenken? Würde Dich das Ikon, das ich einmal aus Sofia mitbrachte, freuen? Oder hättest Du einen anderen Wunsch?« (VIII, 569) Dann die begleitende Notiz zu den »Stationen«: Die in ein paar Abendstunden niedergeschriebenen Zeilen seien recht roh, »dennoch freuen sie Dich vielleicht etwas und sind so etwas wie ein eigenes Geburtstagsgeschenk!« (VIII, 572) Das »eigene« Geschenk ist das für diesen Tag eigens Hervorgebrachte, nichts Gekauftes also und nichts aus dem Vorrat.[6] Dietrich durfte hoffen, dass sein Gedicht Eberhard noch rechtzeitig erreicht. In der gleichen Hoffnung griff er am 21. August, eine Woche vor dem Geburtstag, auf den neutestamentlichen Spruch des Losungsbüchleins voraus und bedachte für den Freund: »Alle Gottesverheißungen sind Ja in ihm und sind Amen in ihm«, nämlich in Jesus Christus (2. Kor. 1,20). Es entstand eine theologisch folgerichtige und persönlich zugespitzte Spruchmeditation. (VIII, 572 f.) So kannte Eberhard sie schon von seinem letzten Urlaub her, als Dietrich für ihn und seine Frau Renate die Losungen der Pfingsttage ausgelegt hatte. (XVI, 651-658) Das war also schon das zweite »eigene« Geburtstagsgeschenk. Doch damit nicht genug. Unmittelbar vor dem Geburtstag entstand noch ein Geburtstagsgedicht, »Der Freund«. Und auch·diese Gabe wird noch einmal ergänzt durch die zwei schlichten Reimstrophen, die Bonhoeffer am Morgen des 28. August schreibt: Im Rückblick auf den Luftalarm der Nacht, die gerade vorübergegangen ist, versichert er den Freund seiner Fürbitte und Zuversicht.

Diese Häufung von Geburtstagsgedanken und Geburtstagsgaben ist in Bonhoeffers hinterlassenem Werk einmalig! Überhaupt ist sie ganz ungewöhnlich. Von welchem Theologen besitzen wir eine so dichte Dokumentation von Freundschaftszeichen für einen einzigen Tag? Natürlich hat Bonhoeffers Isolierung dazu beigetragen – und in der Isolie-

---

5. Bethge befand sich in San Polo d'Enza, am nördlichen Apenninhang in der Nähe von Canossa gelegen. Vgl. dazu E. Bethge, In Zitz gab es keine Juden, 140-150.
6. Bethge bestätigt, tief berührt: »Eigeneres als ein Gedicht kannst Du ja gar nicht geben und mir kaum eine größere Freude machen.« (VIII, 582)

rung die bedrohliche Wende, die der 20. Juli für das Schicksal beider Freunde bedeutete. Erst dieser Teil der Gefängniskorrespondenz gibt den vollen Blick auf das Außerordentliche ihrer Freundschaft frei.

Die Freundschaft zwischen Dietrich und Eberhard ist zu einem eigenen Thema der Bonhoefferforschung geworden. Das bekundet vor allem der Aufsatzband »Theologie und Freundschaft«.[7] Dort ist man den »Wechselwirkungen« nachgegangen: Bonhoeffer hat seine theologischen Impulse aus der Tegeler Zelle nicht ohne die Instanz seines ersten Adressaten, des lesenden, hörenden, fragenden Freundes, formulieren können. Und umgekehrt wäre Bethge nicht zu der theologischen, ökumenischen und zeitgeschichtlichen Autorität in den Nachkriegsjahrzehnten geworden, wenn er sich nicht mit aller nur denkbaren Hingabe der Veröffentlichung des Bonhoefferschen Gesamtwerkes und der Deutung des dahinter stehenden Lebens gewidmet hätte.

Auch bei unserem Vorhaben, Bonhoeffers siebentes Gedicht zu durchleuchten, treffen wir auf Wechselwirkung. Für Eberhard Bethge waren beide Gedichte bestimmt, die »Stationen« und der »Freund«, aber das zweite doch noch in einem ganz anderen Sinne als das erste. »Der Freund« ist mehr als nur ein Geschenk *für* Eberhard. Diese Verse *sind* Eberhard, sie sind er selbst, reflektiert in Dietrichs Erleben und Deuten. Das verschafft dem Gedicht auch seine Ausnahmestellung in der Reihe der übrigen. Natürlich wissen wir, dass es wie die anderen im Gefängnis geschrieben ist. Aber keines der Gefängnisgedichte lässt die Leserschaft so wenig von der besonderen Situation Bonhoeffers erkennen wie dieses. Weil das Gedicht dem Geschenk gilt, das der Freund selbst ist (und, abstrahiert, die dank des Freundes realisierte Freundschaft), kann es nahezu frei bleiben von der Signatur der Isolierung, des Leidens, des Todes, der Hoffnung über die Haft hinaus, die wir doch so oder so in allen übrigen Gedichten antreffen. Bevor wir näher auf den Inhalt eingehen, ist noch etwas zu Stil und Aufbau zu sagen.

Freie Verse – eigene Wege

Stilistisch besteht enge Verwandtschaft zu »Vergangenheit« und »Glück und Unglück«. Der Autor will das, was ihn zum Schreiben drängt, dem Strom freier Verse anvertrauen, die durch keine metrische Regel gebunden sind. So hatten es in Teilen ihres lyrischen Werkes die deutschen Klassiker getan, mit denen der Schüler aufgewachsen war und noch der Erwachsene Umgang pflegte. Als sich Bethge im Gespräch mit sei-

---

7. Chr. Gremmels und W. Huber (Hg.), Theologie der Freundschaft. Wechselwirkungen: Eberhard Bethge und Dietrich Bonhoeffer, 1994.

nem literarisch gebildeten Kameraden Josef Rainalter über das Verhältnis der gereimten zu den ungereimten Gedichten Bonhoeffers Klarheit
verschaffen will, kommt er auf Hölderlin: Er wolle einmal darauf achten, wie es sich dort mit den beiden Gedichttypen verhält. (VIII, 604)
Mit Hölderlin hat Bethge hoch, natürlich zu hoch gegriffen. Aber immerhin gab es in Bonhoeffers Bibliothek eine mit Namenszug versehene
einbändige Hölderlinausgabe[8], und Wilhelm Diltheys Aufsatzband
»Das Erlebnis und die Dichtung«, ein Geschenk des Vaters an den verhafteten Sohn, schließt mit einer Untersuchung über Hölderlin. Die ge-
bändigte Fülle des ersten Abschnittes von »Der Freund« lässt durchaus
verstehen, dass Bethge bei seiner Suche nach einem Vorbild für des
Freundes freie Verse auch Hölderlin einbezog. Freilich zeigt schon der
Wortreichtum des zweiten Abschnitts auch den Abstand. Bethge, als er
im Dankbrief auf den »Freund« eingeht, spürt es ja selbst: »Ob Du in
dem Vers ›die schöne Kornblume blühen‹, das ›schön‹ weglassen könn-
test, da Du aus der ständigen Anschauung vielleicht unnötig ins Urteil
fällst? Alles Folgende über sie sagt es mehr und besser? [...] Vielleicht ist
auch der Superlativ ›kostbarste, seltenste Blüte‹ unnötig.« (VIII 599 f.)
Im gleichen Brief übrigens bekommen wir aus einem verloren gegangenen Schreiben Bonhoeffers eine Auskunft, die für unseren Zusammenhang aufschlussreich ist. Als Bonhoeffer mitteilt, er arbeite am »Tod des
Mose«, begründet er auch, warum er sich dabei »in Versen«[9] äußert:
nämlich »weil es sonst zu *explosiv* geworden wäre!« Bethge fährt fort:
Das verdeutliche, »was einen an den reimlosen Versen so packt, ein starkes Fortschreiten, Mitgerissenwerden.« (VIII, 600)

In »Vergangenheit« hatte das Themastichwort zur Strukturierung
des Ganzen gedient: Fast jede Einheit läuft dort auf das Wort »Vergangenheit«, »Vergangenes« oder »vergangen« zu. Bei »Der Freund« zeigt
sich das gleiche Verfahren. Markant enden die Abschnitte 1, 2 und 4:
*wird der Freund dem Freunde geschenkt – ist dem Freunde der Freund –
ist dem Freunde der Freund.* Die gliedernde Funktion der Freund/
Freund-Formel, der knapp benannten Wechselbeziehung, in der beide
Personen mit dem gleichen Wort bezeichnet werden, das aussagt, was
sie füreinander sind, eben *Freund*, spräche sogar dafür, den Abschnitt 3,
der ja ein unvollständiger Satz ist, mit dem Abschnitt 4 zu einer Einheit
zusammenzufassen. Entsprechend könnte man auch alles Weitere bis zu
sucht der gereifte Mann/ von der Treue des Freunds als Einheit verstehen.

8. F. Hölderlin, Gedichte und Briefe, 1925. So nach NL, 228.
9. Wie der Fortgang in Bethges Brief zeigt, heißt »Verse« hier nicht »reimlose
    Verse« in freien Rhythmen. Zur Interpretation dieser Stelle s. unten die Aus-
    legung von »Der Tod des Mose«.

Dann würde das Gedicht nach vier Einheiten mit einer fünften enden, die das Ganze summiert:

> Fern oder nah
> in Glück oder Unglück
> erkennt der eine im andern
> den treuen Helfer
> zur Freiheit
> und Menschlichkeit.

Auch hier wieder das Wechselverhältnis *(erkennt der eine im andern [...])*, und das letzte Wort, *Menschlichkeit,* – es erscheint in den zehn Gedichten nur an dieser einzigen Stelle! – wäre als Zielpunkt des Summariums auch der Gipfel des ganzen Gedichtes.

Der Abiturient hatte zwischen Gefühls- und Gedankenlyrik unterschieden. Der Gegensatz sei ein relativer, ein jeweiliges Gedicht befinde sich mehr in der Nähe des einen oder des anderen Pols. Ist die im Gedicht wiedergegebene »Stimmung« eine »philosophische«, hat man es bei der »Gedankenlyrik« einzuordnen.[10] Was aber besagt eine so grobe Einteilung für die Anlage eines Gedichts und für die Wahl seiner Versform? Für Bonhoeffer wohl wenig. Wir haben »Vergangenheit« und »Der Freund« in formaler Hinsicht nahe zueinander gerückt. Doch was die ›Stimmung‹ angeht, so tendieren sie ja zu gegensätzlichen Polen. In »Vergangenheit« herrscht das Gefühl mit Aufbegehren und Trauer vor. Im »Freund« ist es die Neigung zur Reflexion, zu Herleitung, Zuordnung und Unterscheidung. Besonders mit seinem Anfang ist »Der Freund« ein »philosophisches« Gedicht.[11] Gleichwohl bedienen sich beide Texte ähnlicher poetischer Mittel.

Andererseits gibt es natürlich für das unendliche Thema »Freund« die unterschiedlichsten Formen dichterischer Bearbeitung. Schiller hatte einst mit der »Bürgschaft«[12] die Form der dramatischen Ballade gewählt. Kein Gymnasiast, dem man das Ethos der Freundschaft nicht mit diesem exemplarischen Text nahegebracht hätte! Als Bildungsgut war er jederzeit abrufbar, darin auch die Stelle: »Des rühme der blut'ge

---

10. Vgl. oben im 1. Teil den Abschnitt: »Der Abitursaufsatz: Catull vor Horaz«.
11. J. Chr. Hampe urteilt, »Der Freund« sei »kein Gedankengedicht. Es theoretisiert nicht über die Freundschaft, sondern beschwört sie« (65). Dem steht E. Bethge entgegen: »[...] das intensiv reflektierende Gedicht ›Der Freund‹ [...], ein unvergleichliches Geburtstagsgeschenk zum Zeitpunkt, als unsere Kommunikation an ihr endgültiges Ende geraten sollte«. Bethges Einordnung des Gedichts in Bonhoeffers Reflexionen über Freundschaft findet sich in seinem Vortrag »Der Freund Dietrich Bonhoeffer«, abgedruckt in: Theologie und Freundschaft; das Zitat ebd. 31.
12. Schillers Werke in fünf Bänden I, Berlin und Weimar 1969, 147-151.

Tyrann sich nicht,/ Daß *der Freund dem Freunde* gebrochen die Pflicht«. Da ist sie also schon einmal da, die Freund/Freund-Formel der Wechselbeziehung, mit der Bonhoeffer sein Gedicht gliedert.[13] Aber mit seinem Text geht er eben völlig andere Wege, nicht nur darin, daß er die Freundesbeziehung von der Freiheit statt von der Pflicht her auffasst, sondern zuvor schon in der sprachlichen Gestaltung. Ähnliche Vergleiche lassen sich auch mit den zahlreichen weiteren poetischen Realisierungen des Themas anstellen, zum Beispiel (um andere große Schwaben und weit auseinander liegende Lösungen zu nennen) mit Friedrich Hölderlins in Blankversen gehaltener »Einladung – Seinem Freund Neuffer«;[14] oder mit Ludwig Uhlands meisterhaft dem Volkston nachempfundenen Lied »Der gute Kamerad«.[15] Bonhoeffer hat etwas anderes gewollt und hat, was er wollte, anders gemacht. Sein »eigenes« Geburtstagsgeschenk tritt allerdings besser ins Licht, wenn man die Nähe oder Ferne zu Anderem mitreden lässt.

Nicht aus dem schweren Boden der Erde

Der erste Abschnitt des Gedichtes ist ein einziger Satz, und der beginnt mit einer weit ausgreifenden Verneinung. Wo kommt das Geschenk, das zwei Freunde füreinander sind, *nicht* her? *Nicht aus dem schweren Boden,/ wo Blut und Geschlecht und Schwur/ mächtig und heilig sind* [...] Die Verneinung langt hinunter bis in die Tiefen der *geweihten uralten Ordnungen,* welche *die Erde selbst gegen Wahnsinn und Frevel* bewacht. Da ist also doch eine Position, aber sie steht immer noch unter dem Anfangs-Nein. Erst nach acht Versen biegt der Satz um und fährt positiv fort: *sondern aus freiem Gefallen/ und freiem Verlangen des Geistes, der nicht des Eides noch des Gesetzes bedarf* (hier, umgekehrt wie eben, eine Negation innerhalb der Position)/ *wird der Freund dem Freunde geschenkt.*

Unbefangene Leser werden einen solchen Anfang als seltsam empfinden. Warum als Erstes die archaisch aufgeladene Verneinung? Zu den schwülstigen Parolen, mit denen der Nationalsozialismus Propaganda

13. Im Brief an Bethge vom 4. Februar 1941 aus Ettal hatte Bonhoeffer aus Schillers Gesang »An die Freude« zitiert: »Wem der große Wurf gelungen, [*eines Freundes Freund* zu sein]« (XVI, 129). Vgl. auch Hampe, 65.
14. Hölderlin, Sämtliche Werke (Kleine Stuttgarter Ausgabe) I, Ausgabe für die DDR, 1959, 240 f. Vgl. auch das »Lied der Freundschaft«, ebd. 104-106, mit den Versen »[...] Liebe, Duldung, Wärme trinken/ *Freunde von des Freundes Blick*«.
15. Elf Bücher Deutscher Dichtung. Aus den Quellen hg. von Karl Gödeke, Zweite Abtheilung, Leipzig 1849, 440.

machte, gehörte die Zwillingsformel »Blut und Boden«. Schon die Pimpfe des »Jungvolks« (mit ihnen leider auch der Verfasser dieses Buches) trugen sie auf ihrem Koppelschloss. Aggressiv gewendet besagte »Blut« damals Rasse und »Boden« Lebensraum. Wenig später stand vor aller Augen für »Blut«: Vernichtung des vorgeblich Fremden und Unwerten, an erster Stelle der Juden; für »Boden«: Eroberung von Ländermassen bis an die Grenzen des Erdteils. Hat Bonhoeffer in die negative Eröffnung des Gedichts einen Anklang an »Blut und Boden« aufnehmen wollen? Aber mit dem *schweren Boden der Erde* ist ja, wie schon erwähnt, auch Positives im Blick: Die Erde setzt sich *gegen Wahnsinn und Frevel* zur Wehr, sie ist Hüterin von *geweihten uralten Ordnungen,* sie *rächt* deren frevelhafte Verletzung. Der Autor muss für die Herkunft von Freundschaft eine andere dunkle Folie herangezogen haben.

Gefunden hat er sie bei der Lektüre der »Götter Griechenlands« von Walther F. Otto. Wir haben das Werk schon bei der Kommentierung von »Glück und Unglück« erwähnt.[16] Um »das Bild des Göttlichen im Spiegel des griechischen Geistes« darzustellen, charakterisiert Otto zunächst »Religion und Mythos der Vorzeit«. In den Epen des Homer und bei den anderen klassischen Dichtern zeige sich die hohe Geistigkeit der griechischen Religion zusammen mit den Spuren der immer noch nachwirkenden religiösen Vorstellungen aus vorhomerischer Zeit. Das Neue müsse also auf dem Hintergrund des Alten gewürdigt werden. In Ottos Darstellung dieses Alten nun trifft man auf lauter Formulierungen und Wertungen, die in den ersten acht Versen von Bonhoeffers »Freund« wiederkehren. Der Vergleich wird noch ergiebiger, wenn man auch die beiden Entwurfszettel einbezieht, auf denen Bonhoeffer den Anfang seines Gedichts durchprobiert hat. Statt aller Einzelbelege einige Zitate aus dem hier entscheidenden Abschnitt bei W. F. Otto: »Der alte Glaube ist erdgebunden und dem Element verhaftet, ganz wie das alte Dasein selbst. Erde, Zeugung, Blut und Tod sind die großen Realitäten, von denen er beherrscht wird. Jede von ihnen hat ihren eigenen heiligen Umkreis von Bildern und Notwendigkeiten, und sie lassen sich durch keine Freiheit der Vernunft etwas von der Strenge ihres Hier und Jetzt abdingen. Gütig und segensreich für den, der ihnen treu bleibt, furchtbar für jeden, der sie – einerlei ob aus Willkür oder Not – missachtet, schließen sie das Leben der Gemeinschaft und des Individuums in ihre unabänderlichen Ordnungen ein.«[17] »Es ist ein mütterliches Reich von Gestalten, Spannungen und Ordnungen, deren Heiligkeit das ganze menschliche Dasein durchdringt. Im Mittelpunkt steht die Erde selbst, als Urgöttin, unter vielen Namen. Aus ihrem Schoße

---

16. S. o. S. 117, Anm. 12.
17. W. F. Otto, 20 f.

quillt alles Leben und alle Fülle; in ihn sinken sie wieder zurück.«[18]
»[...] Aber noch viel ernster sind die Rechte des Blutes und der Verwandtschaft. [...] So erkennen wir in den mütterlichen Erdgottheiten
die Hüterinnen und Repräsentanten ehrwürdiger Ordnungen, durch
die Eltern, Kinder und Geschwister miteinander verbunden sind.«[19]
An diesen alten, über ungeschriebenem Gesetz wachenden Erdgottheiten, zu denen auch die unerbittlich rächenden Erinnyen gehören, zeigt
sich für Otto, in welch neuem Geist die großen griechischen Dichter
ihre olympischen Götter dargestellt haben. Es ist der Geist einer wahr-
haft menschlichen Religion, den Otto beschwört. Und in einem entsprechenden Überschritt von einer Sphäre des sozialen Daseins (die
den Daseinsgesetzen verpflichtet ist) in eine andere, freie, sucht und
feiert Bonhoeffer den Freund.

Eberhard Bethge kommentiert den Gedichtanfang lediglich mit dem
Hinweis auf eine theologische Diskussion vom Anfang der dreißiger
Jahre, als Bonhoeffer gegen die sog. Schöpfungsordnungen den Begriff
der »Erhaltungsordnungen« vertrat.[20] Damit ist die Richtung, in der
die vom Autor gemeinte Sache zu suchen ist, wohl getroffen, der von
ihm gewählte Wortlaut aber nicht erklärt. Das Buch von Otto hilft da
viel mehr. Allerdings fehlt bei Otto ein Begriff, der bei Bonhoeffer
gleich zweimal vorkommt: »Boden«. Der »schwere Boden der Erde« ist
etwas anderes als einfach der Erdboden, auf dem jemand steht oder
etwas erbaut ist. Diese sprachliche Fügung vermittelt die Vorstellung
von Mühsal, Acker und Fruchtbarkeit. Also doch eine Anspielung auf
den neugermanischen bzw. neuheidnischen Mythos der nationalsozialistischen Glaubenswelt? Zumal »Boden« und »Blut« so dicht beeinan-
der stehen? Doch der Fortgang des Gedichtes legt eine andere Deutung
nahe.

Zunächst noch einmal die Frage: Warum überhaupt der negative
Einsatz des Gedichtes? Warum gleich eingangs diese entschlossene Ab-
und Ausgrenzung? Die Antwort liegt in einem Zusammenhang der
theologischen Ethik.

---

18. Ebd., 25. Zettelentwurf: »aus dem schweren, fruchtbaren *Schoß* der Erde«.
19. Ebd., 27 f. Zettelentwurf: »*Blutsverwandtschaft*«, »*Hüter* des Rechtes und der
    Rache«, »*Hüter* der geweihten uralten Ordnung«.
20. Vgl. dazu Bonhoeffers Auseinandersetzung mit Wilhelm Stählin über die
    theologischen Grundlagen des Weltbundes für Freundschaftsarbeit der Kir-
    chen (XI, 323-327; 336-337).

Der Freund und die göttlichen Mandate

Eberhard Bethge selbst hat diesen Zusammenhang noch im hohen Alter aufgewiesen.[21] Sein eigenes Erzählen und Deuten lässt sich durch keine Wiedergabe ersetzen. Unsere Darstellung fasst referierend und zitierend zusammen, was für die Vorgeschichte des Gedichts unentbehrlich ist. Auszugehen hat man von einem brieflichen Gespräch der Freunde. Bonhoeffer hatte anderthalb Jahre vor dem Gedicht einmal angemerkt, zu den stabilen Dingen in allem Fließen der Verhältnisse gehöre doch wohl die Ehe – so hatte es der jung vermählte Eberhard Bethge geschrieben (VIII, 223) – aber »auch eine gute Freundschaft« (und er meinte natürlich die mit E. B.). Darauf hat Bethge am 2. Januar 1944, als er noch ganz erfüllt war vom Wiedersehen bei einer Sprecherlaubnis kurz vor Weihnachten, erregt geantwortet: Eine Freundschaft habe, von der Familie und der Öffentlichkeit her gesehen, eben keineswegs den selbstverständlichen Anspruch, berücksichtigt zu werden, wie es für die Ehe normal ist. Der Status des Ehepartners sei allgemein anerkannt, die Freundschaft dagegen habe keine »necessitas« (wie es Eberhards Schwiegervater Rüdiger Schleicher bei Erwägung des Problems einer Sprecherlaubnis in der Tegeler Haftanstalt ausgedrückt hatte). So habe er, Eberhard, ja auch erst darum kämpfen müssen, Dietrichs Briefe an die Familie lesen zu können. Der Freund ist eben, wenn es um die Geltung der Beziehung geht, der Braut und dem Bruder nachgeordnet. Das Freundesverhältnis, so ausschließlich es im gegebenen Fall auch sei, lässt sich in seinem Anspruch nicht so eindeutig definieren wie das Familienverhältnis. (VIII, 267 f.)

Dieser Einspruch Bethges nun veranlasst Bonhoeffer, die in seiner eigenen »Ethik« angelegte Lehre von Gottes »Mandaten« zu befragen – und zu modifizieren. Er tut es am 23. Januar 1944 in einem langen Brief an Renate und Eberhard Bethge.[22] Welchen Ort, so fragt er jetzt, hat eigentlich der Freund in den Gliederungen des vor Gott zu verantwortenden sozialen Lebens? Gottes »Mandate« hatte Bonhoeffer in seiner Ethik die allen Menschen anvertrauten und dadurch auch mit Autorität ausgestatteten gesellschaftlichen Grundverhältnisse genannt, in

---

21. E. Bethge, Der Freund Dietrich Bonhoeffer, 37-50. Vgl. auch E. Feil, Freundschaft – ein Thema der Theologie?, 123 f.; G. Th. Rothuizen, Kornblume und Ährenfeld; W. Koch, Der Freund.

22. Fast zur gleichen Zeit beginnt in den Brautbriefen ein Gedankenaustausch darüber, ob die Eltern, hier insbesondere der Vater, den Kindern ein Freund sein könne. Maria sagt aus Erfahrung ja, Dietrich aus Grundsatz nein (Brautbriefe 119, 125, 134, 138). Dieses Gespräch muss hier unberücksichtigt bleiben. Vgl. aber I. Tödt, Kann der Vater Freund sein?, BRB Nr. 68, Juni 2002, 25-41.

denen Gottes Wille Gestalt annimmt und in denen seine Gebote (sie verweisen grundsätzlich auf die Herrschaft Christi) zu befolgen sind: Ehe und Familie, die Arbeit, die Obrigkeit und die Kirche. Es sind dies die vier Auftrags- und Verantwortungsbereiche, die, einander fordernd, stützend und begrenzend, in der Fülle der offenen Entscheidungssituationen des konkreten Lebens als Konstanten des lebendigen Gotteswillens Orientierung bieten und auf die Antwort eines mitgestaltenden Gehorsam warten.[23]

Lässt sich die Freundschaft in diesen Mandaten verorten? Sie ist ja etwas anderes als die Bruderschaft, die zur Kirche gehört;[24] etwas anderes auch als die Kameradschaft, die in die ökonomischen oder politischen Formationen des Lebens verwiesen werden kann; und etwas anderes als familiäre Verwandtschaft ohnehin. In dieser Verlegenheit korrigiert Bonhoeffer zunächst seine frühere Ortsbestimmung für »Kultur und Bildung«. Er will diesen Bereich nicht mehr dem Arbeitsbegriff unterordnen. Kultur und Bildung »gehören nicht in den Bereich des Gehorsams, sondern in den Spielraum der Freiheit, der alle [...] Bereiche der göttlichen Mandate umgibt«. Im Fortgang der Überlegung tritt dann eine Viererguppe auf. Der »Spielraum der Freiheit«, auf den die göttlichen Mandate angewiesen sind, wenn sie nicht der Gesetzlichkeit verfallen sollen, tut sich in »Kunst, Bildung, Freundschaft, Spiel« auf. Bonhoeffer fragt, ob sich das Verständnis für diesen Spielraum »heute« womöglich »allein« vom Begriff der Kirche her wiedergewinnen lasse. »Wer kann denn in unseren Zeiten noch unbeschwert Musik oder Freundschaft pflegen, spielen und sich freuen? Sicher nicht der ›ethische‹ Mensch,[25] sondern nur der Christ. Gerade weil die Freundschaft in den Bereich dieser Freiheit (›des Christenmenschen‹!?) gehört, muß man sie allem Stirnrunzeln der ›ethischen‹ Existenzen gegenüber zuversichtlich verteidigen – gewiß ohne den Anspruch auf die ›necessitas‹ eines göttlichen Gebotes, aber mit dem Anspruch auf die ›necessitas‹ der Freiheit! Ich glaube, daß innerhalb des Bereiches dieser Freiheit die Freundschaft das weitaus seltenste – wo gibt es sie eigentlich noch in unserer vorwiegend durch die 3 ersten Mandate bestimmten Welt? – und kostbarste Gut ist. Es läßt sich mit den Gütern der Mandate nicht

23. Vgl. VI, 54-60; 392-398. Die zeitliche Einordnung und Entwicklung der Mandatelehre kann hier auf sich beruhen.

24. Vgl. die pastoraltheologische Studie von S. Bobert-Stützel: Liebt ein Freund mehr als ein Bruder?, in: Theologie und Freundschaft, 89-109. Diese Arbeit berücksichtigt Bonhoeffers Aussagen über Freundschaft in seinem ganzen Werk.

25. In einer Herausgeberanmerkung DBW VIII, 291, heißt es in Abgrenzung gegen Kierkegaard: »Der ›ethische Mensch‹ ist der Mensch der Aufgaben und Pflichten.«

vergleichen, es ist ihnen gegenüber sui generis, aber gehört doch zu ihnen wie die Kornblume zum Ährenfeld.« (VIII, 291 f.)

Damit ist der Anfang des Gedichtes erreicht, das fast sieben Monate nach diesen Briefgedanken entstehen sollte. Mit dem Blick auf die »Mandate« haben wir das archaisch verkleidete Nein eingeholt – und mit dem Blick auf den »Spielraum der Freiheit« das in »freiem Gefallen und freiem Verlangen des Geistes« verankerte Ja. Und auch das Hauptmotiv der langen zweiten Versgruppe, die Zugehörigkeit der »Kornblume zum Ährenfeld«, ist schon aufgetaucht. Wie diese metaphorische Idee für den Fortgang des Gedichts durchgespielt wird, ist nun im Einzelnen zu verfolgen.

Neben dem Nötigen auch das Freie

Die zweite Versgruppe belässt den Grundbedingungen des Zusammenlebens Raum und Recht. Aber *in heiterer Zuversicht* tritt sie dafür ein, dass sie nicht alles sind. *Neben dem Nötigen* – und das Wort »neben« steht betont am Anfang der ersten und noch drei weiterer Verszeilen – hat eine Wirklichkeit anderer Art Platz: *das Freie.* Die höchste Gabe aber, die Freiheit zu vergeben hat, *ist dem Freunde der Freund.*

Der *schwere Boden der Erde* aus der ersten Versgruppe wird in der zweiten zum *nährenden Weizenfeld*, zum *Acker des täglichen Brotes.* Der Acker fordert den Menschen (nach Genesis 3,17-19) den *Schweiß ihrer Arbeit* ab (bis sie wieder zu Erde werden, davon sie genommen sind). Aber nicht nur schweißtreibende *Arbeit* bringen sie dem Weizenfeld zum Opfer, sondern *wenn es sein muß*, im Verteidigungskampf auch *das Blut ihrer Leiber.* Bewaffnet sind die Bebauer des Feldes um ihrer Frauen und Kinder willen, und im Falle der Not werden sie für sich das Recht des Schwertes in Anspruch nehmen. Man sieht: Der *schwere Boden* (Anfang der Versgruppe 1), mithin das *Weizenfeld* (Anfang der Versgruppe 2), ist die Brücke, über welche die drei ersten Mandate in das Gedicht geführt werden: *Ehe, Arbeit* und *Schwert.* Eine andere Herleitung von »Boden« erübrigt sich.

Das *Nötige*, das für die Ordnung des Zusammenlebens Unentbehrliche, ist *aus gewichtigem, irdischem Stoffe* geformt. Schwer und erdhaft haben die Verantwortungsbereiche Familie, Broterwerb und obrigkeitliche Gewalt teil an der irdischen Herkunft der Menschen. Ihre Ordnungen sind mit Sanktionen bewehrt. Aber *neben dem Acker des täglichen Brotes/ lassen die Menschen doch auch/ die schöne Kornblume blühn.* Sie ist nutzlos und also *schutzlos.* Ein gewaltsames Ende ihres kurzen Sommerlebens würde nicht geahndet werden. Dennoch, *in heiterer Zuversicht* verlässt sie sich darauf, *daß man das Leben/ unter dem weiten*

Himmel/ ihr gönne. Sie rechnet gleichsam damit, dass die Menschen es ihr zubilligen, *in Freiheit* zu wachsen. Um Freiheit geht es auch im nächsten Satz. *Neben dem Nötigen,/ aus gewichtigem, irdischem Stoffe Geformten,/ neben der Ehe, der Arbeit, dem Schwert,/ will auch das Freie/ leben/ und der Sonne entgegenwachsen.* Wenn die frei wachsende Kornblume jetzt generalisiert wird und als *das Freie* auftritt, kommt der Mangel der genannten Institutionen in den Blick. Sie stellen das Freie eben nicht dar. Andererseits könnten sie, ohne von Freiheit nicht wenigstens berührt zu sein, ihre Aufgabe schwerlich erfüllen.

Das jedenfalls scheint das Ziel der nun folgenden Erwägung zu sein, in der Frucht und Blüte miteinander verglichen werden. *Nicht nur die reife Frucht,/ auch die Blüten sind schön.* Das Naturbild erhält eine überraschende Anwendung, sofern der bisherige Gedankengang in Kraft bleibt. Erst die Frucht *(das nährende Weizenfeld)* rechtfertigt das *Nötige* mit seinen Zwängen, die Arbeit für Ehe und Familie und das Ringen um Gut und Blut. Es geht um die Frucht, weil sie nützlich ist. Die prangende Blüte ohne Frucht wäre dagegen unnütz (wenn auch schön). Die zitierten Zeilen sagen es aber anders: Schön ist die reife Frucht, das wogende Ährenfeld, aber schön sind *auch die Blüten.* Haus, Wirtschaft und Staat leben nicht nur von dem, was sie sich zunutze machen. Sie leben zuvor von dem, was uns *gegeben* ist. Im Gegebensein, weniger missverständlich: im Gabecharakter der Grundlagen des Lebens liegt deren Schönheit, und darin sind Frucht und Blüte gleich. Die nur instrumentelle Bewertung ihres Verhältnisses würde ihrer Herkunft als Gabe nicht gerecht. *Ob die Blüte der Frucht,/ ob die Frucht der Blüte nur diene, –/ wer weiß es?/ Doch sind uns beide gegeben.* Mit dem Brief vom 23. Januar gesprochen: Der »Spielraum der Freiheit« (hier: das Schöne) umgibt das Leben in allen drei Bereichen der göttlichen Mandate. (VIII, 291)

Dennoch ist, was aus der Freiheit hervorgeht, sich als Freiheit bewährt und darin die Freiheit abbildet, auch ein eigenes Gebiet. Hier zählen die Blüten, nicht das Verwertbare. Zu diesem Gebiet gehört das Lebensverhältnis der Freundschaft. Allerdings kommt in Bonhoeffers Gedicht »Der Freund« das Abstraktum »Freundschaft« an keiner Stelle vor. Geistiges gibt sich (anders als das *aus gewichtigem, irdischem Stoffe Geformte*) nur persönlich: *Kostbarste, seltenste Blüte, –/ der Freiheit des spielenden,/ wagenden und vertrauenden/ Geistes in glücklicher Stunde entsprungen,–/ ist dem Freunde der Freund.*

Freiheit des [...] Geistes: »Der Freund« ist trotz des Hintergrundes der Mandatelehre kein Theologengedicht. Das Leitwort »Geist« wird man nicht zuerst aus biblisch-theologischen Zusammenhängen füllen wollen. Aber »Geist« ist hier auch nicht Inbegriff des verstandesmäßigen, auf Abstraktion beruhenden Erkennens. Wenn dem Geist Gefallen und Verlangen zugesprochen wird, wenn der Geist spielt und wagt, ver-

traut, versteht und verstanden werden will, dann ist er ganz dem bewegten Leben verbunden. Er ist der Geist des Menschentums und zugleich
das Prinzip von dessen lebensvoller Entfaltung in den Individuen. Dem
entspricht auch das Verständnis von »Freiheit«. Bonhoeffer spielt hier
unbefangen auf der Klaviatur eines Humanismus, den er sich durch
Lektüre in der Zelle neu anverwandelt hatte. Kurz zuvor, beim *Geheimnis der Freiheit* in den »Stationen«, hatte er sich auf einer ganz anderen
Ebene bewegt. Da war die Freiheit keine Auszeichnung des geistigen
Menschen, sondern das strenge Geheimnis eines gebotenen Weges,
dem menschlichen Geist immer schon voraus *(die Freiheit wird deinen
Geist jauchzend umfangen)* und erst im Eschaton gänzlich enthüllt. Insofern ist der Satz, mit dem Johann Christoph Hampe seine Interpretation eröffnet (»Sprach unser voriges Gedicht von Freiheit, so ist dieses
Freiheit«) mißverständlich.[26] Zwar gehören alle Gedichte zusammen.
Aber jedem ist seine eigene Art zuzugestehen. Gerade wenn man einräumt, dass der Autor für diesmal nicht unverwechselbar als Theologe
auftritt, sondern im Einklang mit vielen humanistisch orientierten
(und inzwischen längst bedrohten) Stimmen der *Freiheit des […] Geistes*, nimmt man seine Wendung in der Mandatelehre ernst: Der »Spielraum der Freiheit« ist der gegebene Ort für Bildung und Kunst – und
mithin auch für ein freies Freundesgedicht. Also, um Hampe zu ergänzen: Dieses Gedicht »ist […] Freiheit«, nämlich in eben dem Sinne, in
welchem Bonhoeffer Freiheit für die Sphäre des Freundesverhältnisses
akzentuiert.

Geist und Freundschaft im Lebenslauf

Die nächsten beiden Abschnitte gehören eng zusammen. Sie verbindet
ein zeitlicher Durchgang, in dem der Gedanke von der Spielgefährten-
schaft zur Freundschaft vorandrängt. Die Verknüpfung zeigt sich in der
Reihe *zuerst – wenn dann – wenn dann – dann*. Ein unvollständiger Satz
zeigt die *Spielgefährten zuerst/ auf den weiten Fahrten des Geistes*. Gemeinsam suchen sie das ferne Unbekannte. Es lockt in den Beleuchtun-
gen des frühen Morgens, des heißen Mittags und der erregenden Nacht.
Dietrich und Eberhard haben sich erstmals im Frühsommer 1935 gesehen. Seit dieser Begegnung in Zingst und Finkenwalde ist die Beziehung
zwischen beiden nie mehr abgerissen, vielmehr immer tiefer und reicher geworden. Für eine vergleichbare Knabenfreundschaft gibt es in
der Biographie Bonhoeffers keinen Beleg. Aber im Tegeler Romanversuch, wo das Paar Christoph und Ulrich die Züge Dietrichs und Eber-

26. J. C. Hampe, 64.

hards trägt, beginnt die Freundschaft zwischen beiden schon im Schulalter.[27] Der schreibende Bonhoeffer muss das Bedürfnis empfunden haben, das für seine Gegenwart so beispiellos wichtige Verhältnis in die literarische Biographie zurückzuprojizieren. So lässt sich auch der dritte Abschnitt des Gedichts, ein Vorsatz zum vierten, verstehen.

Den *weiten Fahrten des Geistes* im dritten Abschnitt entsprechen im vierten die Stufen bis zur Höhe des Erwachsenseins: Auch sie stehen unter der Bestimmung des Geistes. *Wenn dann der Geist dem Menschen/ mit großen, heiteren, kühnen Gedanken/ Herz und Stirne berührt,/ [...] wenn dann dem Geiste die Tat entspringt,/ [...] wenn aus der Tat/ stark und gesund/ das Werk erwächst,/ [...] dann verlangt es/ den handelnden, wirkenden, einsamen Menschen/ nach dem befreundeten und verstehenden Geist.* Überpersönlich ist *der Geist*, er nähert sich *dem Menschen* in dessen geistig empfänglicher Ausstattung, wenn er ihm *Herz und Stirne berührt.* Andererseits ist der Geist die Person selbst. Hat der Geist Gedanken, Tat und Werk befördert und ist er also im Einzelnen Person geworden, verlangt es den Menschen nach einem (anderen)[28] Geist, der ihm befreundet ist und ihn versteht. Das Freundsein der Freunde ist ein geistiges Verhältnis. Unbekümmert um mögliche Einsprüche gegen eine Anthropologie, die den Erdboden unter den Füßen zu verlieren scheint, setzt der Autor in Sachen Freundschaft allein auf den Geist. Hampe spricht vom »elitären Zug« dieser Verse,[29] zu Recht, wenn man zu bedenken hat, dass die Bildungssprache der Familie Bonhoeffer und ihres gesellschaftlichen Umkreises die meisten Menschen schon längst nicht mehr erreicht. Aber auch dies will bedacht sein: Bonhoeffer hat im Eingang seines Rechenschaftsberichtes an der Jahreswende 1942/43, bestimmt für ihn selbst und für den engsten Kreis der Mitwisser, »das Gefühl der Dankbarkeit für alle in diesen Jahren bewahrte und bewährte *Gemeinschaft des Geistes und des Lebens*« ausgedrückt.[30] In jener geistfeindlichen Zeit war die Gemeinschaft des Geistes das Fundament für die Gemeinschaft eines auf politischen Neuanfang eingeschworenen

---

27. Ulrich, seit seinem zwölften Jahr in Christophs Klasse, »war bald wie ein Kind im Brake'schen Hause und wie ein Bruder im Geschwisterkreis aufgenommen worden. [...] Christoph [...] war ohne Ulrich garnicht mehr zu denken. Es war eine jener unzertrennlichen ungetrübten seltenen Freundschaften, die das jugendliche Leben reich und froh machen und es vor inneren Gefahren und Verirrungen beschützen, Freundschaften, die in den Jahren der Unfertigkeit und Gärung stürmisch geschlossen werden und die sich in den Jahren der Reife zu der Fülle und Herbigkeit eines edlen Weines abklären.« (VII, 103 f.)
28. Vgl. in der nächsten Einheit: *will sich freuen und stärken/ am anderen Geist.*
29. J. C. Hampe, 66.
30. VIII, 19. Hervorhebung von mir.

und darum dauernd bedrohten Lebens. *Was* der Autor im Gedicht sagt, sollte nicht befremden. Befremdlich ist allenfalls, *wie* er es sagt: im hohen Ton idealisierender und generalisierender Rede und in Versen, die gerade an dieser Stelle doch recht epigonal wirken.

Eingeleitet mit einem »Wie« folgen noch zwei metaphorisch eingesetzte Bilder: Gewässer und Burg. Die Bildseite hat der Autor beide Male so ausgearbeitet, dass darin wieder *der Geist* das handelnde Subjekt ist. Der Geist taucht in das frische Gewässer ein, um sich zu reinigen, zu kühlen und zu stählen. Der Geist kehrt in die schützende Burg zurück, um Zuspruch und Stärkung zu finden. Aber man darf nicht fragen: *Was* ist wie das Gewässer, *was* ist wie die Burg? Sondern: *Wer?* Wer ist es *wem?* Wie zu fragen ist, ergibt sich erst aus der Antwort, und die wird bis zur letzten Zeile zurückgehalten: *Wie ein Gewässer, [...] wie eine Burg [...] ist dem Freunde der Freund.* Wirkungsvoll steht die Freund/Freund-Formel am Ende, nun schon zum dritten Mal in diesem Gedicht.

Vertrauen

Und der Geist will vertrauen. Fast bis zum Ende des Gedichtes dauert die Ausfaltung dessen, was der Geist *will*, wonach es ihn *verlangt*, was er *sucht*. Dabei dominieren die Ableitungen von »wollen« bzw. »Wille«, nämlich *will* (fünfmal) und *willig* (einmal). Sie sind, auf den Wortbestand gesehen, die Achse der neuen Einheit. Inhaltlich geht es um *vertrauen* (dreimal) und *Treue* bzw. *treu* (je einmal).

Von *Gefahr und Verwirrung* war schon in der vorigen Einheit die Rede. Jetzt kommt heraus, dass die Freunde von Misstrauen umstellt sind. Angesichts von Verdacht und böser Nachrede, die dort, wo man den freien Gedanke fürchtet, schnell zum Verrat werden, ist dauernde Tarnung vonnöten. Aber sie widerstrebt den Aufrichtigen. Der Zwang zur Täuschung belastet das Leben. In dieser Lage *verlangt es den Geist,/ alle Verstellung von sich zu werfen/ und sich vertrautem Geiste/ gänzlich zu offenbaren,/ ihm frei und treu zu verbünden.* Freundschaft zwischen Geist und Geist ist Vertrauen *ohne Grenzen*, ist das *frei* eingegangene und *treu* bewahrte Bündnis von Menschen, die umgeben vom *Schlangengezisch vergifteter Zungen* völlig offen miteinander umgehen.

Ohne Kenntnis der Biographien Bonhoeffers und Bethges würden Leser des Gedichtes aus dieser Passage nicht schließen, daß sich ein Häftling des Nazisystems gegen Ende des Krieges an einen (bald ebenfalls verhafteten) Mitwisser wendet. Der Autor hat dieses Dokument geistiger Freiheit nicht mit den eigenen Hafterfahrungen belastet. Beim Gegenbild des Vertrauens hält er sich mehr an die Metaphorik der biblischen Feindpsalmen[31] als an die politische Wirklichkeit des Sommers 1944 außer- und innerhalb der Gefängnismauern. Und doch bildet eben diese Lage den Hintergrund. Schlagend ist eine Prosa-Parallele zum fraglichen Teil des Gedichtes, der mit »Vertrauen« überschriebene Abschnitt aus dem soeben schon herangezogenen Rechenschaftsbericht »Nach zehn Jahren«: »Die Erfahrung des Verrats ist kaum einem erspart geblieben. [...] So ist die Luft, in der wir leben, durch Mißtrauen verpestet, daß wir fast daran zugrundegehen. Wo wir aber die Schicht des Mißtrauens durchbrachen, dort haben wir die Erfahrung eines bisher garnicht geahnten Vertrauens machen dürfen. Wir haben es gelernt, dort, wo wir vertrauen, dem anderen unseren Kopf in die Hände zu geben; gegen alle Vieldeutigkeiten, in denen unser Handeln und Leben stehen mußte, haben wir grenzenlos vertrauen gelernt. [...] Immer wird uns das Vertrauen eines der größten, seltensten und beglückendsten Geschenke des menschlichen Zusammenlebens bleiben, und es wird doch immer auf dem dunklen Hintergrund eines notwendigen Mißtrauens entstehen.« (VIII, 31)

Der Freundesgeist will vorurteilslos und uneigennützig bejahen, er will anerkennen, statt die eigene Überlegenheit herauszustellen, er will sich *freuen und stärken am andern Geist*. Wie »Freude darüber, wenn dem Freunde ein Werk gelingt« sich ausspricht, liest man besonders schön in den beiden Briefen, mit denen Bonhoeffer Eberhard Bethges Erzählung über dessen Vater begrüßt.[32] Doch solches Bejahen-Wollen schließt auch ein, das Urteil des Freundes bis zum *strengen Vorwurf* hinzunehmen, sich dem *strengen Maß* des Anderen *willig* zu beugen. Dabei ist ja ausgeschlossen jenes subtile Verlangen nach Unterwerfung, das in einem unreif gebliebenen Ich wohnt. Freundschaft gewährt gerade nicht das fragwürdige Glück bedingungsloser Gefolgschaft. Vielmehr geht es um *den Rat, den guten und ernsten, der frei macht*. Angemaßte oder fraglos zugebilligte Autorität verbiegt, statt zu beugen. Aber ernster Rat schärft die Entscheidung, er macht Freie frei, und noch die Gereiftesten werden ihn suchen, nämlich *in der Treue des Freundes*.

---

31. Ps. 140,4: »Sie haben scharfe Zungen wie Schlangen, Otterngift ist unter ihren Lippen.« Vgl. auch Ps. 58,5: »Sie sind voller Gift wie eine giftige Schlange, wie eine taube Otter, die ihr Ohr verschließt.«
32. Am 10. und 11. August 1944 (VIII, 562-565), also kurz vor Abfassung des Gedichtes. Bethges autobiographische Erzählung war für seine Frau und den kleinen Sohn bestimmt. Veröffentlichung: In Zitz gab es keine Juden, 24-33.

Der Abschluss

Vertrauen lebt von *Treue* und bestärkt sie zugleich. Aber zwischen Freunden herrscht Treue ohne den Rückhalt, den Treueverhältnisse in gesellschaftlich ausformulierten Rollenerwartungen haben. Treue zwischen Freunden ist in hervorgehobenem Sinne frei, sie wird von allgemein zumutbaren Verhaltensregeln nicht erfasst. Gleichwohl bildet sie das unverwechselbar Menschliche ab, das kein Mensch ohne Hilfe erreicht. So sind Freunde, die kein Befehl zueinanderbringt und keine Institution auffängt, ein Reichtum nicht nur füreinander, sondern für alle. Das mag bei Bonhoeffer mitschwingen, wenn er das Freundesgedicht mit den beiden großen Allgemeinbegriffen enden lässt, die weit über das Freundesverhältnis hinausreichen: Der eine erkennt im andern *den treuen Helfer/ zur Freiheit/ und Menschlichkeit.*

Fern oder nah/ in Glück oder Unglück – hier klingt der Titel des zweiten Gedichtes an. Auch das Gedicht »Glück und Unglück« lief ja auf *Treue* zu: *Das ist die Stunde der Treue.* In den Schlusszeilen personifizierte die Treue sich in drei Gestalten, die jeweils auch für ein soziales Grundverhältnis stehen: die Gestalt der Mutter für die Herkunftsfamilie, die Gestalt der Geliebten für die künftige Ehe, die Gestalt des Freundes und Bruders – hier in Personalunion gedacht – für die Kirche oder die Gemeinschaft im Geist. Solche *Treue verklärt alles Unglück.* Im Gedicht »Der Freund« dagegen ist die Freundschaft den anderen tragenden Verhältnissen in einer entscheidenden Hinsicht überlegen. Sie macht die anderen Verhältnisse nicht überflüssig. Aber sie offenbart ihnen etwas, was auch ihnen zugute käme, wenn man es nur öfter einließe: Freiheit. So betrachtet zeigt der Abschluss der beiden Gedichte, welches von ihnen das spätere ist. Was wir schon aus der Chronologie des Briefwechsels wissen, wird durch die inhaltliche Analyse bestätigt. Aber diese Differenz nimmt den jeweiligen Schlusszeilen nichts von ihrer einfachen Schönheit.

Das Postscriptum

Bevor Bonhoeffer das eben abgeschlossene Gedicht aus dem Gefängnis schmuggeln lassen konnte, gab es wieder eine Nacht mit Fliegeralarm. In den Tegeler Briefen steht viel über die grässliche Situation der eingesperrten Gefangenen während der Luftangriffe auf Berlin. In der Nähe der Haftanstalt befand sich ein Werk der Rüstungsindustrie. Aber in dieser Nacht lagen die Angriffsziele weiter entfernt. – Der Geburtstag Eberhards wird durch die mitternächtlichen Sirenen eingeheult (nicht eingeläutet): Zeit, dass der Freund des fernen Freundes gedenkt und für ihn betet. Am nächsten Morgen sagt er ihm, dass er den Verlauf der Nacht als *ein freundliches Zeichen* über seinem gefährdeten neuen Lebensjahr erlebt hat. Er sagt es ihm in neuen Versen.

Der Anhang ist ein Postscriptum aus zwei gereimten Strophen, ein kleines Gelegenheitsgedicht der schönsten Art: sehr persönlich, treffend, ohne verräterische Zeichen literarischen Anspruchs, ganz gelungen, fertig. Ein Ausleger hat geurteilt, dies sei eigentlich der Höhepunkt von »Der Freund«.[33] Aber mit einer solchen Ehrung spräche man dem großen Gedicht die durchdachte Komposition ab. Das kleine Gedicht hat die lange Treppe des großen auch gar nicht nötig. Unter dem Vorurteil der Alternative weltlich – geistlich ist »Der Freund« ein weltliches Gedicht, das aus der Inspiration durch die besondere Gelegenheit entstandene Postscriptum dagegen ein implizit geistliches Gedicht. Implizit, weil es die geistliche Wirklichkeit, in der es wahr ist, nur andeutend benennt. Mehr war unter den Freunden nicht nötig. Hatte doch der eine einst geschrieben: »Laß uns einander versprechen, treu in der Fürbitte füreinander zu bleiben. Ich werde für Dich um Kraft, Gesundheit, Geduld und Bewahrung vor Konflikten und Versuchungen bitten. Bitte Du für mich um das gleiche.« (VIII, 191) Die Fürbitte am frühen Morgen des 28. August hat dem Bittenden selbst etwas beschert: Zuversicht für den Freund, und mit dem schönen Ausdruck dieser Zuversicht beschenkt er ihn an dessen Geburtstag.[34]

33. G. Th. Rothuizen, Wie eine Flaschenpost, 80.
34. Vgl. W. Koch, Wie eine Flaschenpost, 66.

8. Der Tod des Mose

Der Text

Gehört »Der Tod des Mose« wirklich in die Reihe der übrigen Gedichte? Für die drei Ausgaben des Heftes »Auf dem Wege zur Freiheit« wurde diese Frage positiv entschieden, für die Ausgaben von »Widerstand und Ergebung« (WE und WEN) negativ. In den »Gesammelten Schriften« steht »Der Tod des Mose« bei den Predigten und Auslegungen (GS IV), ebenso in der zweibändigen Sammlung von Otto Dudzus (PAM I). Johann Christoph Hampe nahm nur den Schlußteil auf, er hielt das Ganze für mißglückt. Erst die große Werkausgabe hat dem Gedicht wieder seinen Platz in der Reihe der übrigen eingeräumt. (VIII, 59-598)

»Der Tod des Mose« wird hier erstmals nach Bonhoeffers Handschrift wiedergegeben. Es gab zwei reinschriftliche Exemplare. Das eine erhielt Eberhard Bethge am 29. September 1944 (VIII, 604). Er hat es am 28. Oktober, unmittelbar vor seiner eigenen Verhaftung, zusammen mit anderen Briefschaften Bonhoeffers verbrannt.[1] Das andere Exemplar war für Maria v. Wedemeyer bestimmt. Es wurde gleich nach dem Kriege mit der Maschine abgeschrieben und vervielfältigt,[2] und diese Abschrift lag dann allen Veröffentlichungen bis einschließlich DBW VIII zugrunde.

Seit die Bonhoeffer-Autographe aus dem Nachlaß Maria v. Wedemeyers zur Einsicht freigegeben sind, kann ihre Abschrift mit dem Original verglichen werden.[3] Dabei zeigt sich: Bisher war es üblich, das sehr lange, aus 90 Doppelversen bestehende Gedicht in acht ungleich große Abschnitte zu gliedern. Aber die Vorlagen geben diese Ordnung nicht her. Die Abschrift bietet nur drei gliedernde Einschnitte, teilt also das Ganze in vier Abteilungen. Die Handschrift dagegen läßt durch eine Einrückung erkennen, dass auch zwischen den Seiten 1 und 2 eine Zäsur liegt. Dem folgt unser Druck mit seinen fünf Abschnitten. Zur besseren Übersicht werden sie hier römisch nummeriert. Zusätzlich laufen am Rande die arabischen Ziffern 1-90 mit.

---

1. E. Bethge, In Zitz gab es keine Juden, 152.
2. Bleistiftnotiz auf der mir einst von Bethge übergebenen Kopie: »Aus gleich nach dem Krieg hergestellten Vervielfältigungen durch E. Bethge«.
3. Hans Pfeifer hat mir dankenswerterweise Einblick in Papiere gewährt, die von seinem Besuch der Newton Library (Harvard University) stammen.

Der Tod des Mose
5. Mose 34, 1: »Und der Herr zeigte ihm das ganze Land.«

[I]

[1] Auf dem Gipfel des Gebirges steht
Mose, der Mann Gottes und Prophet.

[2] Seine Augen blicken unverwandt
in das heilige, gelobte Land.

[3] Daß er auf das Sterben ihn bereite,
tritt der Herr dem alten Knecht zur Seite,

[4] will auf Höhen, wo die Menschen schweigen
selber ihm verheiß'ne Zukunft zeigen,

[5] breitet zu des Wandrers müden Füßen
seine Heimat aus, ihn still zu grüßen,

[6] sie im letzten Atemzug zu segnen
und dem Tod in Frieden zu begegnen.

[7] »Aus der Ferne sollst das Heil du sehen,
doch dein Fuß soll nicht hinübergehen!«

[8] Und die alten Augen schauen, schauen
ferne Dinge wie im Morgengrauen.

[9] Staub von Gottes mächt'ger Hand geknetet
Ihm zur Opferschale – Mose betet.

[II]

[10] »So erfüllst Du, Herr, was Du versprochen,
niemals hast Du mir Dein Wort gebrochen.

[11] Ob es Deine Gnaden oder Strafen
waren; immer kamen sie und trafen.

[12] Aus dem Frondienst hast Du uns gerettet,
uns in Deinen Armen sanft gebettet,

[13] bist durch Wüste und durch Meereswogen
wunderbar vor uns einhergezogen,

[14] hast des Volkes Murren, Schrein und Klagen
überlange in Geduld getragen.

[15] Nicht durch Güte ließen sie sich leiten
zu des Glaubensweges Herrlichkeiten,

[16] ließen Gier und Götzendienst gewähren
statt vom Brot der Gnade sich zu nähren,

[17] bis Dein Zorn mit Pest und Schlangenbissen
tiefe Lücken in Dein Volk gerissen.

[18] Des verheiß'nen Landes künft'ge Erben
fielen als Empörer ins Verderben.

[19] In der Mitte ihrer Wanderschaft
hast Du sie im Grimm hinweggerafft.

[20] Wolltest eins nur an den Deinen schauen
Zuversicht und gläubiges Vertrauen.

[21] Aber alle, die Dir Treue schwuren,
die am Schilfmeer Deine Macht erfuhren,

[22] von Dir haben sie ihr Herz gewandt;
ihre Leiber deckt der Wüstensand.

[23] Die zu ihrem Heile Du geführt
haben Aufruhr gegen Dich geschürt.

[24] Von dem einst begnadeten Geschlecht
blieb Dir auch nicht einer treu und recht.

[25] Als die Väter Du dahingenommen,
als ein neu Geschlecht heraufgekommen,

[26] und als nun die Jungen wie die Alten
Deine Worte höhnten und Dich schalten,

[27] Herr, Du weißt, da ist in hohen Jahren
mir ein Wort des Unmuts[4] jäh entfahren.

[28] Ungeduld und zweifelnde Gedanken,
meinen Glauben brachten sie ins Wanken.

[29] Du vergabst; doch ist's ein brennend Feuer,
vor der Treue stehn als Ungetreuer.

[30] Deine Nähe und Dein Angesicht
sind dem Reuigen ein schmerzend Licht.

---

4. In der maschinenschriftlichen Fassung, die auch noch dem Abdruck in VIII, 590-598, zugrunde liegt, fehlen die Wörter *des Unmuts*. Das erweist sich jetzt als ein Versehen der Abschreiberin. Damit entfällt der dramatische Akzent, den ich früher in einer metrischen Unregelmäßigkeit gerade an dieser Stelle des Gedichts wahrnehmen wollte (Dietrich Bonhoeffers Gefängnisgedichte, 45).

[31] Deine Trauer und Dein großer Zorn
gräbt sich in mein Fleisch als Todesdorn.

[32] Vor dem heil'gen Wort – von Dir entflammt,
daß ich's predige – bin ich verdammt.

[33] Wer des Zweifels schale Frucht genossen,
bleibt vom Tische Gottes ausgeschlossen.

[34] Von des heil'gen Landes voller Traube
trinkt allein der unversehrte Glaube.

[III]

[35] Du läßt mich, Herr, der Strafe nicht entrinnen,
doch gönnst Du mir den Tod auf hohen Zinnen,

[36] Du einst auf bebendem Vulkan Erschauter,
ich war ja Dein Erwählter, nah Vertrauter,

[37] Dein Mund, die Quelle aller Heiligkeit[5],
Dein Auge für der Ärmsten Qual und Leid,

[38] Dein Ohr für Deines Volkes Schrein und Schmach,
Dein Arm, an dem der Feinde Macht zerbrach,

[39] der Rücken, der die Schwachgewordnen trug,
und den der[6] Zorn von Freund und Feinden schlug,

[40] der Mittler Deines Volkes im Gebet,
Dein Werkzeug, Herr, Dein Freund und Dein Prophet.

[41] Drum schenkst Du mir den Tod auf steilem Berge,
nicht in der Niederung der Menschenzwerge,

[42] Den Tod des freien Blickes in die Weite,
des Feldherrn, der sein Volk geführt im Streite,

[43] das Sterben, über dessen ernsten Grenzen
schon die Fanale neuer Zeiten glänzen.

[44] Wenn mich die Nacht des Todes nun umhüllt,
seh' ich von ferne doch Dein Heil erfüllt.

[IV]

[45] Heil'ges Land, ich habe dich geschaut,
schön und herrlich als geschmückte Braut,

5. Durchgestrichen: *Seligkeit.*
6. Die Abschrift lässt versehentlich *der* aus.

[46] jungfräulich im lichten Hochzeitskleide,
teure Gnade ist dein Brautgeschmeide.

[47] Laß' die alten, vielenttäuschten Augen
Deine Lieblichkeit und Süße saugen,

[48] laß' dies Leben, eh' die Kräfte sinken,
ach, noch einmal Freudenströme trinken.

[49] Gottes Land, vor Deinen weiten Toren
steh'n wir selig wie im Traum verloren.

[50] Schon weht uns der frommen Väter Segen
kräftig und verheißungsvoll entgegen.

[51] Gottes Weinberg, frisch vom Tau befeuchtet,
schwere Trauben, sonnenglanzumleuchtet,

[52] Gottes Garten, Deine Früchte schwellen,
klares Wasser sprudeln Deine Quellen.

[53] Gottes Gnade über freier Erde,
daß ein heilig neues Volk hier werde.

[54] Gottes Recht bei Starken und bei Schwachen
wird vor Willkür und Gewalt bewachen.

[55] Gottes Wahrheit wird von Menschenlehren
ein verirrtes Volk zum Glauben kehren.

[56] Gottes Friede wird gleich starken Türmen
Herzen, Häuser, Städte treu beschirmen.

[57] Gottes Ruhe wird auf alle Frommen
als ein großer Feierabend kommen.

[58] Und stilles Volk in einfachem Genügen
wird Reben pflanzen und den Acker pflügen,

[59] und einer wird den andern Bruder nennen,
nicht Stolz noch Neid wird in den Herzen brennen,

[60] und Väter werden ihre Knaben lehren
das Alter achten und das Heil'ge ehren,

[61] und Mädchen werden, schön und fromm und rein,
des Volkes Glück und Zier und Ehre sein.

[62] Die selber einst das Brot der Fremde aßen,
den Fremdling werden sie nicht darben lassen.

[63] Der Waisen und der Witwen und der Armen
wird der Gerechte willig sich erbarmen.

[64] Gott, der Du wohntest unter unsern Vätern,
laß unsre Söhne sein ein Volk von Betern.

[65] In hohen Festen soll zu Deinem Ruhme
das Volk hinaufziehn zu dem Heiligtume.

[66] Dir werden sie sich, Herr, zum Opfer bringen
und Dir die Lieder der Erlösten singen.

[67] In Dank und Jauchzen tut mit *einem* Mund
Dein Volk den Völkern Deinen Namen kund.

[68] Groß ist die Welt; es weitet sich der Himmel,
schaut auf der Menschen tätiges Getümmel.

[69] In Deinen Worten, die du uns gegeben,
zeigst allen Völkern Du den Weg zum Leben.

[70] Stets wird die Welt in ihren schweren Tagen
nach Deinen heil'gen zehn Geboten fragen.

[71] Stets wird ein Volk, wie schuldig es gewesen,
allein an Deinem Heiligtum genesen.

[72] So zieh denn hin, mein Volk, es lockt und ruft
die freie Erde und die freie Luft.

[73] Nehmt in Besitz die Berge und die Fluren,
gesegnet von der frommen Väter Spuren.

[74] Wischt von der Stirn den heißen Wüstensand
und atmet Freiheit im gelobten Land.

[75] Wacht auf, greift zu, es ist nicht Traum noch Wahn,
Gott hat den müden Herzen wohlgetan.

[76] Schaut des gelobten Landes Herrlichkeit,
alles ist euer und ihr seid befreit!«

[V]

[77] Auf dem Gipfel des Gebirges steht
Mose, der Mann Gottes und Prophet.

[78] Seine Augen schauen unverwandt
in das heilige gelobte Land.

[79] »So erfüllst Du, Herr, was Du versprochen,
niemals hast Du mir Dein Wort gebrochen.

[80] Deine Gnade rettet und erlöst
und Dein Zürnen züchtigt und verstößt.

[81] Treuer Herr, Dein ungetreuer Knecht
weiß es wohl: Du bist allzeit gerecht.

[82] So vollstrecke heute Deine Strafe,
nimm mich hin zum langen Todesschlafe.

[83] Von des heil'gen Landes voller Traube
trinkt allein der unversehrte Glaube.

[84] Reich' dem Zweifler drum den bittern Trank,
und der Glaube sagt Dir Lob und Dank.

[85] Wunderbar hast Du an mir gehandelt,
Bitterkeit in Süße mir verwandelt,

[86] Läßt mich durch des Todes Schleier[7] sehn
dies, mein Volk, zur höchsten Feier gehn.

[87] Sinkend, Gott, in Deine Ewigkeiten
seh' mein Volk ich in die Freiheit schreiten.

[88] Der die Sünde straft und gern vergibt,
Gott, – ich habe dieses Volk geliebt.[8]

[89] Daß ich seine Schmach und Lasten trug
und sein Heil geschaut – das ist genug.

[90] Halte, fasse mich! mir sinkt der Stab,
treuer Gott, bereite mir mein Grab.[«]

Das eigene Sterben

»Gleich am Anfang hat er mir erläutert, daß er mit 39 Jahren sterben
wolle. Er hat das öfter gesagt, manchmal nur so hingeworfen, manchmal auch als eine feste Überzeugung. Ich fragte ihn, warum er das wolle.
Es war schwierig, genaue Hinweise zu bekommen. Doch es wurde klar,
daß er auf der Höhe des Lebens – wie Jesus – sterben wolle […]. Ich
wollte von ihm wissen, wie er sich dieses Ende vorstellte. Aber dieser
Frage wich er aus. ›Das wird sich schon erweisen‹, meinte er; heute
könne er darüber nichts sagen; es sei ja kein Plan, sondern ein Wunsch
oder eine Hoffnung, und die Realisierung wäre nicht seine Aufgabe.« So

---

7. In der Maschinenschrift versehentlich: *durch des Todesschleier*. Handschrift-
    lich (wohl von fremder Hand) korrigiert in: *durch den Todesschleier*. Diese
    Lesart übernehmen die folgenden Drucke.
8. In der Maschinenschrift und in den folgenden Drucken ohne Gedanken-
    strich.

erzählt es Wolf-Dieter Zimmermann[9], dessen Bekanntschaft mit Bonhoeffer im Wintersemester 1932/33 damit begann, dass der ihn unvermittelt zum Senior seines Seminars über »Theologische Psychologie«
machte.[10] Gegen Ende des Wintersemesters wurde Bonhoeffer 27 Jahre.
Zimmermann war nur fünf Jahre jünger. Dass der unbekannte Privatdozent einem Studenten den eigenen Sterbewunsch mitteilt, mutet zunächst erstaunlich an. Aber der junge Bonhoeffer faszinierte die Leute,
die bei ihm studierten, nicht nur durch fachliche Brillanz. Hinzu kam
der an der Universität nicht alltägliche Eindruck christlicher Entschiedenheit und rückhaltloser Offenheit (bei dennoch bewahrtem Abstand). Das haben viele bezeugt.

Darüber hinaus sollte man wissen, dass das Todesthema ihn von
Kindheit an begleitet hat. »In Bonhoeffers Beschäftigung mit dem Tode
taucht immer wieder der Gedanke an eine frühe Vollendung im Sterben
für ein hohes Ziel auf.«[11] Am Anfang des Weltkriegs übt er mit seiner
Zwillingsschwester in einem kindlichen Exerzitium das Denken an die
Ewigkeit ein.[12] 1918 wirft der Soldatentod seines Bruders Walter einen
tiefen Schatten auf die ganze Familie.[13] 1932 bearbeitete er die Ambivalenz der Todesphantasien selbstkritisch mit einer titellosen Kurzprosa,
deren erster Satz lautet: »Er dachte gern über den Tod nach.« (XI, 373 f.)
Auf diesem Hintergrund wirken die von Wolf-Dieter Zimmermann
festgehaltenen Erinnerungen nicht mehr überraschend. Die Altersanga-
be »mit 39 Jahren« behält ihren prophetischen Ton auch dann, wenn
man sie leicht mit der Vermeidung der nächsten runden Zahl (›jedenfalls vor Vollendung des 40. Lebensjahres‹) erklären kann.[14] Tatsächlich
ist Bonhoeffer nicht lange nach seinem 39. Geburtstag ermordet worden. Als er die Gedichte »Der Tod des Mose« und »Jona« schrieb, hatte
er nur noch ein halbes Jahr zu leben.

Wir fassen einleitend beide Gedichte zusammen. Dafür sprechen drei
Gründe. a) Die »Stationen auf dem Wege zur Freiheit« liefen auf die
Todesstrophe zu. Aber erst »Mose« und »Jona« sind auch als ganze To-
desgedichte. Gab es nach dem 20. Juli noch eine geringe Hoffnung, dass
Bonhoeffers Zusammenarbeit mit den Verschwörern nicht so bald ent-
deckt werden würde, so schwand sie doch immer mehr, bis hin zum

9. W.-D. Zimmermann, Wir nannten ihn Bruder Bonhoeffer, 32.
10. Ebd., 24 f. Diese Lehrveranstaltung ist durch Mitschriften und Originalthesen
    dokumentiert in XII, 178-199.
11. Nachwort der Herausgeberinnen von »Fragmente aus Tegel« (VII, 241).
12. S. Leibholz-Bonhoeffer, vergangen erlebt überwunden, 53.
13. Ebd., 32-36.
14. Ohne Angabe eines Gesprächspartners und einer Quelle überliefert Ruth-Ali-
    ce von Bismarck Bonhoeffers Ausspruch: »Ich werde nicht älter als 37 Jahre
    werden.« (Brautbriefe, VII)

»Zossener Aktenfund«.[15] Von jetzt an drohte mit unerbittlicher Logik
das Todesurteil. b) Nur in diesen beiden Gedichten lässt Bonhoeffer
biblische Gestalten für sich reden. In den früheren Gedichten klang die
Bibel nur selten an – jetzt ist sie schon im Titel da. Im Mose-Gedicht
geht der Autor mit der biblischen Vorlage ganz anders um als im Jona-
Gedicht. Doch beide Male braucht er für das poetische Transparent,
durch das hindurch die Vorbereitung auf das eigene Sterben sichtbar
wird, einen Stoff aus der alttestamentlichen Geschichte. c) Beide Gedichte zeigen, dass er sich auf das eigene Sterben vorbereitet, indem er
es vorab zu deuten versucht. Diese Deutungen durften nicht sein eigenes Geheimnis bleiben. Seine nächsten Menschen, die überlebenden
Mitstreiter, aber auch die zukünftige Kirche würden eine solche Sinngebung seines Todes einst brauchen. Vielleicht liegt hier ein wichtiger
Antrieb für die beiden Gedichte und ihr biblisches Thema.

September 1944

»Der Tod des Mose« gehört in den September 1944. Die Annahme, das
Gedicht sei sehr wahrscheinlich erst unmittelbar nach dem verhängnis-
vollen »Zossener Aktenfund« (22. September) entstanden,[16] kann sich
höchstens auf Reinschrift und Absendung beziehen. Denn schon am
21. September wusste Bethge, dass sein Freund »den Tod des Mose [...]
zum Vorwurf« genommen hatte. (VIII, 600) Ohnehin muss man bei
einem so umfangreichen Stück mit einer längeren Abfassungszeit rechnen. »Ich glaube, daß Dich das lange umtrieb«, schreibt Bethge am
30. September, nachdem das neue Gedicht tags zuvor eingetroffen war.
(VIII, 604) Das bestätigt auch eine Erinnerung des italienischen Mithäftlings Gaetano Latmiral: »Er setzte mir die Bedeutung vieler Stellen
des Evangeliums auseinander und erzählte mir, daß er ein Gedicht über
den Tod des Mose schreibe, als Mose den Berg Nebo erstieg und Gott
ihm das Land zeigte, ehe er starb, welches den Seinen einmal gehören
solle, das er selbst aber nie betreten werde. Er liebte dieses Thema.«[17]
    Aus dem September 1944 stammen die letzten Briefschaften, die
Bethge von Bonhoeffer erhalten hat. Am 28. Oktober hat er sie in
einem eisernen Ofen verbrannt – in seiner bei Mantua liegenden Einheit war soeben der Befehl eingetroffen, ihn sofort unter schwerer Be-

---

15. Vgl. im Anhang von DB die Anlage A: »Zu den Zossener Akten«.
16. So die Vermutung der Herausgeber von DBW VIII (590, Anm. 1). Dann
    müßte der Postweg an die italienische Front allerdings sehr kurz gewesen sein.
17. Aus einem Brief zitiert in DB, 955. Vgl. auch die Predigt, die der Stipendiat
    Bonhoeffer 1930 in Havanna gehalten hatte (X, 582-587).

wachung an das Reichssicherheitshauptamt in Berlin zu überstellen.[18]
Aber es sind die Briefe erhalten, mit denen Bethge seinem Freunde noch
im September geantwortet hatte. Darin gibt es auch Reflexe auf Bonhoeffers Dichten. Bethges Antworten auf die empfangene Post zeigen
indirekt, was uns für die folgende Interpretation fehlt.

Den einen Reflex haben wir schon bei der Besprechung von »Der
Freund« erwähnt. Nach längerem Schweigen, das er sich auf Anraten
aus Berlin auferlegt hatte[19], fängt Eberhard Bethge am 21. September
wieder an zu schreiben. Er geht auf die Briefe ein, die inzwischen angekommen sind, und dabei erfahren wir, Bonhoeffer habe sich den Tod
des Mose »zum Vorwurf« genommen. Bethge fährt fort: »Sehr interessiert mich: in Versen, weil es sonst zu *explosiv* geworden wäre!« (VIII,
600) Diese (vielleicht nur frei wiedergegebene) Bemerkung ist ihm
wichtig, weil er sich daran klar machen kann, »was einen an den reimlosen Versen so packt, ein starkes Fortschreiten, Mitgerissenwerden.«
Was heißt »in Versen«? Aus Versen bestehen ja alle Gedichte. Der Zusammenhang empfiehlt zu ergänzen: »in [gereimten] Versen«, statt in
»reimlosen«. Aber gereimt war ja schon »Christen und Heiden«, gereimt die ganze Dichtung »Nächtliche Stimmen«, und gereimt enden
»Vergangenheit«, »Wer bin ich« und auch das bis dahin letzte Gedicht
»Der Freund«. So müsste es sich also um Verse noch anderer Art handeln. Aber wir wissen nicht, was Bonhoeffer geschrieben und was der
antwortende Freund gemeint hat. Tatsächlich ruft ja die eigentümliche
Gestalt des Mose-Gedichts, 90 Kurzstrophen, jede aus einem gereimten
Doppelvers bestehend, nach einer Begründung, wenigstens nach einem
erklärenden Hinweis. Die folgende Auslegung mit der Besprechung des
Formproblems hätte kürzer ausfallen können, wenn Bonhoeffers Brief
noch da wäre.

Der andere Reflex: Am 30. September sei auch das Gedicht »mit dem
abstrakten Zukunftsbegriff« eingegangen. (VIII, 604). Im »Tod des Mose« malt Bonhoeffer ja ein Zukunftsbild mit starken Farben aus alttestamentlichen Verheißungstexten. Spricht sich darin auch eine Hoffnung für Kirche und Volk im Nachkriegsdeutschland aus? Ist eine
Übertragung auf deutsche Verhältnisse nach dem unausweichlichen
Gericht überhaupt erlaubt? Wahrscheinlich hätte das zusammen mit
anderen Papieren vernichtete Gedicht uns bei der Deutung der Vision
des Mose sehr helfen können. Jedenfalls zeigt das von Bethge mitgeteilte
Stichwort: Im September 1944 war Bonhoeffer gleich in zwei Ausarbei-
tungen mit der Zukunft beschäftigt.

---

18. E. Bethge, In Zitz gab es keine Juden, 151 f.
19. Vgl. VIII, 599, Anm. 2.

Biblisches Thema und literarischer Aufbau

In der Lutherbibel ist das ganze Kapitel Deut. 34 mit »Moses Tod«
überschrieben. Dem entspricht die Überschrift des Gedichtes. Doch
der Autor hat ihr mit der Stellenangabe noch ein Zitat hinzugefügt,
das nun zum Motto des Gedichts wird: »Und der Herr zeigte ihm das
ganze Land.« Der Satz stammt aus V. 1, geht aber dort noch bis V. 3
weiter mit einer längeren Aufzählung der einzelnen Stammesgebiete Israels: »[…] das ganze Land Gilead bis gen Dan und das ganze Naphthali
und das Land Ephraim und Manasse […].« Bonhoeffer kürzt vorzeitig
ab. Dass Gott dem Mose vor seinem Tod von einem Berg aus das ganze
Land jenseits des Jordans zeigt, darauf kommt es an. Die Überschrift
des Gedichts, die vom Tod spricht, hat ein Gegengewicht im Motto
des Gedichts, das bei der Schau ins verheißene Land verweilen lässt.
Hier liegt ein wesentlicher Unterschied zur Havanna-Predigt des jungen
Bonhoeffer.[20] Ihr lag mit Deut. 32, 48-52 eine andere Variante der
Überlieferung vom Ende des Mose zugrunde. Es fehlt dort der Satz,
den Bonhoeffer zum Gedichtmotto machte. Andererseits steht dort,
dass Mose auf dem Berge sterben soll (das Gedicht zeigt, wie wichtig
Bonhoeffer dieser Zug ist; man erinnere sich auch des vor W.-D. Zimmermann geäußerten Wunsches, »auf der Höhe des Lebens« zu sterben). Dieser Zug fehlt in Deut. 34. An Stelle dessen heißt es, Mose sei
durch Gott selbst »im Tal, im Lande der Moabiter« begraben worden.
»Und niemand hat sein Grab erfahren bis auf den heutigen Tag.«

Der im extensiven und intensiven Bibellesen geübte Häftling Dietrich Bonhoeffer beanspruchte als Fundament seines Gedichtes natürlich auch noch weitere Schriftstellen. Moses hat das Volk Israel aus der
ägyptischen Sklaverei geführt, aber er selbst darf das verheißene Erb-
land nicht betreten. Er muss diesseits des Jordans sterben. Im 4. und
5. Buch Mose klingt dieses Motiv vielfach auf.[21] Wird Mose für die Sünden seines Volkes bestraft? Einige Stellen legen das nahe. Andere rechnen damit, dass Mose ein eigenes Verschulden zu büßen hat. Worin es
aber genau besteht, bleibt überall undeutlich. Im Hintergrund steht die
Auseinandersetzung des Mose und seines Bruders Aaron mit dem wandernden Volk, das mit ihm wegen fehlenden Wassers hadert (Num. 20,
2-12). Literar- und traditionskritische Untersuchung kann zwar einiges
Licht in diesen Zusammenhang bringen. Die Tradenten mühten sich
um eine Begründung für den schwer erklärlichen Umstand, dass Mose
selbst das heilige Land nicht erreicht hat. Musste da nicht ein Verschul-

---

20. S. o. Anm. 17.
21. Vgl. außer den schon genannten Stellen Num. 20,9-13; 27,12-14; Deut. 1,37;
    3,26 f.; 4,21.

den im Spiel sein? Andererseits lag es nahe, Mose nicht zu schwer zu belasten. Die Endgestalt der biblischen Texte geht jedenfalls nie über Andeutungen hinaus. So auch in Psalm 106,32 f.: »Und sie erzürnten ihn (nämlich Gott) am Haderwasser, und Mose ging es übel um ihretwillen. Denn sie betrübten ihm sein Herz, daß ihm etliche Worte entfuhren.« Gerade diese Stelle, auf die in der Lutherbibel bei Num. 20,10 verwiesen wird, ist für das Verständnis des Gedichtes sehr wichtig.

Mit seinem Gedicht legt Bonhoeffer also keine geschlossene Perikope aus. Er schließt sich an Hauptzüge der biblischen Mose-Überlieferung an und arbeitet sie in einer freien literarischen Komposition für die eigene Lage aus. Es ist dies die Lage eines der Freiheit beraubten Menschen, der Gottes Ruf gefolgt war, zu Gunsten der menschlichen Zukunft seines schuldigen Volkes eine höchst riskante Verantwortung zu übernehmen, aber inzwischen für seine eigene Person darauf gefasst ist, die Schwelle zur Freiheit nicht mehr zu erreichen. Die literarische Komposition stellt den fiktionalen Raum bereit, innerhalb dessen die persönliche Auseinandersetzung mit den biblischen Erzählungen eine poetische Gestalt gewinnen kann.

Der erste Abschnitt [1-9] bietet die Exposition. Alle Motive, die in der Dichtung entfaltet werden, sind hier schon versammelt: Mose auf der Höhe des Gebirges – ihm zur Seite der Herr, der ihn auf das Sterben vorbereitet – der Blick in das gelobte Land, das Mose selber nicht betreten wird – sein Verharren in der Schau des fernen Heiles – sein Gebet.

Inhalt des langen zweiten Abschnittes ist die betende Vergegenwärtigung des Vergangenen: Immer hat Gott sein Wort gehalten, sei es das Gnadenwort, sei es das Gerichtswort [10-11]. Im Rückblick erscheinen zuerst die Rettungstaten: Befreiung aus Ägypten, Geleit durch Wüste und Meer, Gottes überlange Geduld mit dem unzufriedenen Volk [12-14]. Sehr viel länger verweilt Moses bei Gottes Strafen. Das halsstarrige und götzendienerische Volk der ersten Exodusgeneration wurde auf der Mitte seiner Wanderschaft dahingerafft [15-24]. Als Mose aber sah, dass das neue Geschlecht wie das alte tat, kam bei einem Zornesausbruch auch sein eigener Glaube ins Wanken [25-28]. Zwar *du vergabst*, doch (hier geht die Rede aus der Vergangenheits- in die Gegenwartsform über) nun brennt in ihm der Schmerz der Reue. Trauer und Zorn Gottes über sein Versagen stecken als Todesdorn in ihm. Vor dem ihm zur Predigt anvertrauten heiligen Gotteswort weiß er sich *verdammt*, d. h. zu der verdienten Strafe verurteilt. Denn Zweifel schließt vom Tische Gottes aus. *Von des heil'gen Landes voller Traube/ trinkt allein der unversehrte Glaube* [29-34].

Der kurze dritte Abschnitt steht in der Mitte des Gedichts. Hier gibt es eine metrische Neuerung. Bisher herrschte das fallende (trochäische)

Metrum, jeder Vers begann mit einer betonten Silbe. Jetzt beginnen alle Verse (nach jambischem Metrum) mit der unbetonten Auftaktsilbe. Im vierten Abschnitt kommen beide Verstypen vor. Die Verse des letzten Abschnittes sind wieder ausschließlich trochäisch. – Mose, den die Strafe vorzeitigen Sterbens trifft, weiß dennoch, dass er durch die Nähe und den Auftrag Gottes unvergleichlich bevorzugt war und immer noch ist [35-40]. Das ihm gewährte Gottesverhältnis wird durch die Strafe des vorzeitigen Todes nicht aufgehoben. Auf ihn wartet ja der *Tod des freien Blickes in die Weite.* Dort kündigen sich ihm *neue Zeiten* an. Durch den Tod hindurch sieht er *von ferne* die Erfüllung des allen versprochenen Heiles [41-44].

Der vierte Abschnitt ist wieder sehr umfangreich, noch etwas länger als der zweite. Mose redet jetzt das visionär geschaute heilige Land an [45-49]. Dann spricht er in prophetischen Bildern über dessen Segensfülle und die Zukunft seiner Menschen [50-63]. Der preisende Ton drängt zurück zur Sprache des Gebetes. Hatte Mose zuvor, betend, die eigene Erwählung zu Gottes Dienst bedacht, so rühmt er Gott jetzt im Blick auf das Eigentumsvolk, ja im Blick auf alle Völker [64-71]. Und noch einmal wechselt die Rederichtung. Segnend wendet Mose sich denen zu, die ihm bisher anvertraut waren. Vor ihnen liegt die Freiheit. Es ist keine Fata Morgana. Sie sollen die Freiheit als Erde besitzen und als Luft einatmen. *Schaut des gelobten Landes Herrlichkeit,/ alles ist euer und ihr seid befreit!*[22] [72-76]

Der fünfte Abschnitt nimmt zunächst wichtige Verspaare aus den früheren Abschnitten auf, teils wörtlich, teils variiert, und erweist sich so als eine Art Reprise. Es entsprechen einander die Verspaare 77/78 und 1/2; 79/80 und 10/11; 83 und 34. Aber es kann sich natürlich nicht einfach um eine Wiederholung handeln. Wird das Thema »Der Tod des Mose« in einer Komposition von fünf ›Sätzen‹ behandelt, so muss der fünfte, auch wenn er formal den abschließenden Teil des Rahmens darstellt, über das Bisherige deutlich hinausgehen [84-90]. Mose schickt sich nicht nur in seine Strafe. Er streckt gleichsam die Hand danach aus: *Reich' dem Zweifler drum den bittern Trank,/ und der Glaube sagt Dir Lob und Dank.*[23] In diesem Glauben vorausschauend begleitet er das Volk auf dem Weg in die Freiheit ohne Neid. Es ist das Volk, das ihm so viel Mühe gemacht und ihn in einen Konflikt mit Gott selbst gestürzt hat. Aber das verhängnisvolle *Wort des Unmuts* [27] ist vergeben. So kann er nun auch bekennen: *Herr, ich habe dieses Volk geliebt* – um danach fortzufahren: *Daß ich seine Schmach und Lasten trug/ und sein Heil geschaut*

---

22. Vgl. 1. Kor. 3,22 f.
23. Vgl. in »Von guten Mächten« Str. 3.

– *das ist genug.* Der Tod selbst, obwohl doch in der Überschrift genannt und in Deut. 34,5 f. ausdrücklich festgestellt, hat im Gedicht keinen eigenen Platz mehr. Es schließt mit der letzten Geste und Bitte des Sterbenden: *Halte, fasse mich! mir sinkt der Stab,/ treuer Gott, bereite mir mein Grab.*

Gattung und Strophenform

Auf dem Gipfel des Gebirges steht/ Moses, der Mann Gottes und Prophet. So kann eine Ballade beginnen, eine gedrängte, dramatisch gespannte Erzählung, in Versen und Strophen vorgetragen, um gegenwärtige Zuhörer erleben zu lassen, was sich einst an bestimmten Orten und mit bestimmten Personen bedeutsam zugetragen hat. Balladen waren beliebte Stücke für das häusliche Vorlesen und Musizieren. Die damals neueste Balladensammlung, herausgegeben von Wilhelm von Scholz, hatte sich Bonhoeffer ins Gefängnis schicken lassen.[24] (VIII, 180) Der Band trägt den Untertitel »Menschen und Mächte, Schicksale und Taten«. Zweifellos hat Bonhoeffer viel darin gelesen. Aber den »Tod des Mose« wird man der Gattung Ballade allenfalls in einem weiteren Sinn zurechnen dürfen. Der Balladenton lässt sich im überlangen lyrischen Monolog nicht gut durchhalten. Das betrachtende Moment überwiegt das erzählende bei weitem. Allerdings findet man in der Balladensammlung von W. v. Scholz nicht wenige Beispiele, die wie Bonhoeffers Gedicht aus zweizeiligen Strophen bestehen. Meist aber haben die beiden Verse jeder Strophe vier Hebungen, etwa »Die Drei« von Nikolaus Lenau.[25] Doch es kommt auch ein Stück aus paarig gereimten Fünfhebern vor, »Der Pilgrim vor St. Just« von August von Platen: In einem knappen Monolog bittet der abgedankte Kaiser Karl V. die Mönche um das letzte Kleid, eine Kutte, und um die letzte Bleibe, einen Sarkophag. *Nun bin ich vor dem Tod den Toten gleich/ Und fall in Trümmer wie das alte Reich.* [26] Den fünfhebigen Doppelversen hatte auch Bonhoeffer sich verschrieben Aber wie kommt er auf diese Form? Sie ist ja die auffälligste Besonderheit seines Gedichts.

Stellen wir zunächst zusammen, welche Möglichkeiten es gibt, Verse aus fünf alternierenden Hebungen und Senkungen zu bilden. Dabei machen wir die verstypischen Hebungen im Druckbild kenntlich – lebendiges Sprechen setzt sich natürlich darüber hinweg.

24. W. von Scholz, Die Ballade, 1942.
25. Ebd., 261 f.
26. Ebd., 211 f.

a) Trochäisch. Neun Silben, volltaktiger Verseingang, stumpfer (männlicher) Versausgang:

Séine Áugen blícken únverwándt
ín das héiligé, gelóbte Lánd. [2]

b) Trochäisch. Zehn Silben, volltaktiger Verseingang, klingender (weiblicher) Versausgang:

Dáß er áuf das Stérben íhn beréite,
trítt der Hérr dem álten Knécht zur Séite. [3]

c) Jambisch. Zehn Silben, auftaktiger Verseingang, stumpfer Versausgang:

Wenn mích die Nácht des Tódes nún umhúellt,
seh ích von férne dóch Dein Héil erfúellt. [44]

d) Jambisch. Elf Silben, auftaktiger Verseingang, klingender Versausgang:

Du éinst auf bébendém Vulkán Erscháuter,
ich wár ja Déin Erwáehlter, náh Vertráuter. [36]

Hat man es nur mit solchen Einzelbeispielen zu tun, scheinen die Unterschiede gering zu sein. Wenn dagegen eines dieser Muster für ein ganzes Gedicht gilt (und das ist in der lyrischen Dichtung die Regel), tritt ihre metrische Eigenart sehr deutlich hervor.[27] Berühmt für eine Kongruenz von Stimmung und Versmaß sind Conrad Ferdinand Meyers »Eingelegte Ruder«: vier Verspaare, von denen jedes aus trochäischen, weiblich ausklingenden Fünfhebern besteht (unser Muster b).

> Meine eingelegten Ruder triefen,
> Tropfen fallen langsam in die Tiefen.[28]

In Bonhoeffers »Tod des Mose« kommt jedes der vier möglichen Muster vor.[29] Am folgerichtigen Einsatz nur einer der metrischen Varianten war ihm nicht gelegen. Den jeweils gleichen Typ setzte er nur passagenweise ein. Ihm waren hier die gereimten fünfhebigen Doppelverse überhaupt wichtig.

In meinem Aufsatz »Stimmen der Sterbenden« hatte ich, um der Eigenart von Bonhoeffers Mose-Gedicht näher zu kommen, »Huttens

27. Vgl. die Typen 2.7 bis 2.10 und die Erläuterungen dazu bei Horst J. Frank, Handbuch der deutschen Strophenformen, 35-42.
28. Conrad Ferdinand Meyer, Werke, hg. von Heinz Schöffler, Erster Band, o. O. 1967, 52. Vgl. auch »Neujahrsglocken«, mit der Schlussstrophe »Große Heere, nicht ein einzler Rufer!/ Wohllaut flutet ohne Strand und Ufer.« (Ebd. 63 f.)
29. Das ist gegen die Kritik von J. Chr. Hampe, 68, festzuhalten. In »den Zwang der harten, männlich gereimten fünffüßigen Trochäen« geriet Bonhoeffer durchaus nicht. Sie sind in seinem Gedicht in der Minderheit.

letzte Tage« von Conrad Ferdinand Meyer herangezogen.[30] Jetzt kann ich nachtragen, dass Bonhoeffer C. F. Meyer tatsächlich sehr geschätzt hat. Seine Nichte Renate schreibt in Erinnerung an ihre Jugend: »Dietrich fragte manchmal, was wir lasen, empfahl mir einmal dabei ›Jürg Jenatsch‹ von Conrad Ferdinand Meyer. Meyer mochte er überhaupt gern. Er las uns eines Abends, als wir zu meinen Großeltern kamen, aus einem Meyer-Gedichtband vor, den er gerade auf dem Schoß hatte [...]«.[31] Natürlich kannte Bonhoeffer auch Meyers großen Zyklus »Huttens letzte Tage«. In einem frühen Gemeindevortrag über das Prophetentum hat er daraus zitiert. Meyers Hutten über Luther:

> Sein Geist ist zweier Welten Schlachtgebiet –
> Mich wunderts nicht, daß er Dämonen sieht.[32]

Jedes Gedicht ist aus Strophen gefügt, die aus Doppelversen bestehen. Sie folgen ohne Ausnahme dem oben unter c) angeführten Versmaß. Das allein wäre allerdings noch nicht Grund genug, den »Tod des Mose« neben »Huttens letzte Tage« zu stellen. Aber hinzu tritt ja auch eine Verwandtschaft dieser beiden Titel. Ähnlich ist auch der Grundzug der dichterischen Konzeption: Hier wie dort begegnet den Lesern ein Todgeweihter, der auf den eigenen Lebensweg und den Aufbruch, dem dieser Weg verpflichtet war, zurückblickt. Es entsprechen sich auch die ins Symbolische überhöhten Stätten des Endes: die Insel Ufenau im Zürichsee, der Berg Nebo über der Jordanmündung. Und berühren sich beide Dichtungen nicht manchmal auch in ihrem Freiheitspathos? Meyers Hutten, in der Deutung eines Gemäldes vom Jüngsten Tag:

> Da hab ich eines Führers Ruf gehört:
> »Der Kerker«, rief er, »Geister, ist zerstört!
>
> Das Tor gebrochen! Offen ist die Bahn!
> Befreit die Brüder! Auf! Empor! Hinan!«[33]

Bonhoeffers Mose, als der das Volk allein weiterziehen lässt und es am Ende des eigenen Weges segnet:

> [...] wischt von der Stirn den heißen Wüstensand
> und atmet Freiheit im gelobten Land.
>
> Wacht auf, greift zu, es ist nicht Traum noch Wahn,
> Gott hat den müden Herzen gut getan.

30. J. Henkys, Dietrich Bonhoeffers Gefängnisgedichte, 46-48.
31. Aus einem Beitrag von Renate Bethge für C. Gremmels/H. Grosse, Dietrich Bonhoeffer. Der Weg in den Widerstand. Zitat: 47.
32. X, 292. Siehe C. F. Meyer, a. a. O. 284.
33. Ebd., 322.

Doch keine Ähnlichkeit im Äußeren kann über den Graben hinwegtäu-
schen, der beide Dichtungen trennt.[34] Das nationalprotestantische
Selbstbewußtsein Meyers, der von der Schweiz aus die Gründung des
»Zweiten Reiches« bewunderte, bringt seinen »Hutten« in einen denkbar scharfen Gegensatz zu Bonhoeffers »Mose«, an dessen Gestalt vor
dem Ende des »Dritten Reiches« Gnade für die Schuldbeladenen auf-
leuchtet. Im Übrigen hat Conrad Ferdinand Meyer seinem 1871 abgeschlossenes Werk erst 1891 die endgültige Gestalt gegeben. »Das viel-
kritisierte herbe Versmaß (fünfhebige Jamben, paarweise männlich
gereimt) behielt er bei, verfeinerte und vertiefte jedoch die Symbolik
und steigerte die Expressivität der Sprache, bis er jene Konzentration
und lyrische Schönheit erreichte, die diesen inneren Monolog auszeich-
net.«[35]

Anders als C. F. Meyer hatte Bonhoeffer keine Zeit mehr, an seinem
Werk zu feilen, und er war natürlich auch nicht ein Poet wie Meyer.
Dennoch wird dessen Dichtung ihn beeinflusst haben. Es bleibt aber
die Frage, ob es für die eigentümliche Form des Mosegedichtes noch
eine andere Erklärung gibt.

»Ein Gebet Moses, des Mannes Gottes«

Mose ist im Gedicht *Mann Gottes und Prophet* [1]. In der Bibel heißt er
»Mann Gottes«, als er »die Kinder Israels vor seinem Tode segnete«
(Deut. 33,1), und »Prophet« nach seinem Tode: »Und es stand hinfort
kein Prophet in Israel auf wie Mose, den der Herr erkannt hätte von
Angesicht zu Angesicht.« (Deut. 34,10) Bonhoeffer hat die beiden
Ehrennamen also im unmittelbaren Kontext seiner wichtigsten bib-
lischen Vorlage gefunden.[36]

Man könnte sich damit zufrieden geben, wenn nicht die ungewöhnliche Titulierung des Mose als »Mann Gottes« (abgesehen von Jos. 14,6)
auch noch an einer auffälligen Stelle außerhalb des Pentateuchs wieder-
kehrte, nämlich in der Titelzeile von Psalm 90: »Ein Gebet Moses, des
Mannes Gottes«. Die Exegeten sind sich einig, dass es sich dabei um

34. J. Henkys, Dietrich Bonhoeffers Gefängnisgedichte, 47 f.
35. Kindlers Literaturlexikon im dtv, Band 11, 4688.
36. Wenn F. Schlingensiepen in seinem Essay »Der Tod des Lehrers« an Bon-
    hoeffers »Verse über einen sterbenden Lehrer« erinnert und aus »Der Tod
    des Mose« zitiert, bezieht er sich wohl auf den Titel »Prophet«. Aber als »Leh-
    rer« in Schlingensiepens Sinne tritt Bonhoeffers Mose nicht hervor, z. B. hat er
    keinen Schüler.

eine Zuschreibung aus der relativ späten Zeit handelt, als die 150 Psalmen in mehreren Teilen zu einem Gesamtbuch zusammengefasst wurden. Psalm 90 eröffnet den vierten Teil des Psalters. Neben David und vereinzelt auch anderen Psalmdichtern, die im Psalter mit ihren Namen erscheinen, sollte Mose nicht fehlen. Im Psalmgebet der Kirche allerdings geht man über die alten Melodie-, Herkunfts- und Gattungsangaben hinweg. Sie begegnen nur den einzelnen Bibellesern. Könnte Bonhoeffer daraus nicht einen Wink empfangen haben?

»Der Tod des Mose« ist zum überwiegenden Teil Ich-Rede, allermeist an Gott gerichtet. Nur der kurze erste Abschnitt erzählt [1-9], und im Schlussabschnitt nehmen lediglich zwei Doppelverse die Eingangserzählung wieder auf [77-78], danach wendet sich Mose wieder an Gott. Dass der Autor gerade den *betenden* Mose ins Gedicht bringen wollte, zeigt sich unübersehbar im Übergang vom ersten zum zweiten Abschnitt:

> Staub von Gottes mächt'ger Hand geknetet
> Ihm zur Opferschale – Mose betet. [9]

Zweifellos war das reimende Zielwort »betet« im Bewußtsein des Autors eher da als das Wort »geknetet«. Zwar steht es in der Abfolge der Verse an zweiter Stelle. Dennoch ist »geknetet« die gesuchte Reimvorgabe, auf die »betet« dann reimen kann. Der gewollte (und immer noch gewollt wirkende) Ausdruck trifft, was im Sinne des Dichters der Mensch, Gottes Geschöpf, unter der Bestimmung zu beten sein darf: *Staub* (»Er kennt, was für ein Gemächte wir sind; er gedenkt daran, daß wir Staub sind« – Ps. 103,14), doch schöpferisch geformt *zur Opferschale* (»Wer Dank opfert, der preiset mich; und da ist der Weg, daß ich ihm zeige das Heil Gottes« – Ps. 50,23). So charakterisiert, kann Mose denn nach einem die Aufmerksamkeit steigernden Gedankenstrich tun, worauf es dem Dichter ankommt: *Mose betet*. Und alles, was folgt, ist ein neu erdachtes, ein nachbiblisches »*Gebet* Moses, des Mannes Gottes« (Ps. 90,1). Sollte es da verwundern, dass auch die äußere Gestalt der biblischen Psalmen auf das Gedicht Einfluss nimmt?

Das liturgische Psalmgebet war in den Kirchen der »Altpreußischen Union«, aus denen die illegalen, weil nur dem Bruderrat der Bekennenden Kirche verpflichteten Vikare zu Bonhoeffer in das Predigerseminar Finkenwalde kamen, längst verschwunden. Als regelmäßige Übung kannten es die Kandidaten nicht mehr. Mehr oder weniger befremdet hatten sie bei ihrem Einzug in das Seminar zur Kenntnis zu nehmen, dass zu jeder Morgen- und Abendandacht neben dem »Lied der Kirche« und dem in ganzen Kapiteln verlesenen »Wort der Schrift« auch das »Gebet der Gemeinschaft« gehört: die Psalmen, fortlaufend (nicht nur in Auswahl) und vollständig (ohne Auslassung) im Wechsel gesprochen.[37] In der Finkenwalder Praxis gab es ein responsorisches, aber nach Bonhoeffers wohl bedachter Entscheidung kein ›gregorianisch‹ gesungenes Psalmgebet. Das wechselchörige *Lesen* legte niemandem einen Stilzwang auf. Der gemeinsame Vollzug im Wechsel von Vers zu Vers genügte. Eine Abfolge kurzer Einheiten, im Sprechen voneinander abgehoben und im Parallelismus membrorum miteinander verbunden – so stellte Bonhoeffer sich die ursprüngliche Praxis des Psalmbetens vor. Die »Versform«, schreibt er, »ist nicht zufällig, sondern sie ruft uns dazu auf, das Gebet nicht abbrechen zu lassen, und sie lädt uns dazu ein, miteinander zu beten. Was uns, die wir hastig zu beten gewöhnt sind, als unnötige Wiederholung erscheint, ist in Wahrheit die rechte Versenkung und Sammlung im Gebet, ist zugleich das Zeichen dafür, daß viele, ja daß alle Gläubigen mit verschiedenen Worten doch ein und dasselbe beten. So fordert uns die Versform dazu auf, die Psalmen gemeinsam zu beten.« (V, 114)

Den Parallelismus membrorum hat Bonhoeffer im »Tod des Mose« nicht nachgeahmt. Natürlich war es auch nicht sein Ziel, den biblischen Psalmen einen neuen hinzuzufügen, der unter der gleichen Bestimmung stünde wie die alten. Aber man kann nicht ausschließen, dass die so häufig zweigliedrige »Versform« der Psalmen auch abgesehen vom Parallelismus der Glieder sein Gedicht beeinflusst hat. Dann hätte er als psalmentypisch die lange Reihung vieler kurzer und mit einer Zäsur versehener Einheiten übernommen. Und erschließt sich dieses nachbiblische »Gebet des Mose, des Mannes Gottes« nicht auch besser, wenn man es sich laut und mit wechselnden Stimmen gelesen vorstellt? Das Metrum des langen Gedichts und seine poetische Anspruchslosigkeit (»streckenweise nur triviale Richtigkeiten«) ließen Johann Christoph Hampe fragen: »War Bonhoeffer der Monotonie der Haft erlegen? Waren seine geistigen Kräfte erlahmt?«[38] Unsere Überlegung weist in eine andere Richtung. In Anlehnung an die biblischen Psalmen reiht der Dichter Vers an Vers. Den »Tod des Mose« schreibt er »in Versen, weil es sonst zu *explosiv* geworden wäre«! (VIII, 600)

---

37. Vgl. V, 38 (Gemeinsames Leben) und V, 115 (Das Gebetbuch der Bibel), dazu die Erinnerungen der Finkenwalder W.-D. Zimmermann, A. Schönherr, E. Bethge, O. Dudzus und anderer. Auf der ersten Seite des »Finkenwalder Tagebuchs« von F. Trentepohl: »Lic. Bonhoeffer erklärt Andacht (Schriftlesung aus AT und NT ohne Auslegung, davor gemeinsames wechselseitiges Lesen von Psalmen, dazwischen Gesang, zum Schluß Gebet und Vaterunser), Meditation (Fürbitte; christliches Leben nur aus Wort und Gebet!) und wissenschaftlichen Betrieb.«

38. J. C. Hampe, 68 f.

Schuld und Strafe, Vergebung und Reue

In diesem Gedicht spiegelt sich der Grundkonflikt des Tegeler Häftlings. Zum Widerständler geworden, muss er mit dem Tode rechnen, den er für andere – Unschuldige, Gedankenlose, Verführte, Mitläufer und Mittäter – verhindern will. Mit dieser Aussicht vor Augen befragt er sich, seinen bisherigen Weg, seine kirchliche Berufung, seine politische Entscheidung. Aber als glaubender Christ will er die strafende Hand Gottes nicht aus dem Spiel lassen. Ebenso wenig will und kann er die Schuld für das Gericht, das jetzt mit ungewissem Ausgang über allen schwebt, nur den anderen anlasten, sich selbst aber freisprechen. Der Mose des Gedichts betet: *So vollstrecke heute deine Strafe,/ nimm mich hin zum langen Todesschlafe.* [82] Wie konnte der Autor den eigenen Konflikt bis zu einem solchen Ja ins Wort bringen, ohne dass sein Gedicht »zu explosiv« wird? Wir haben versucht, für dieses Problem seine Formentscheidung heranzuziehen. Aber es bleibt die Frage: Für welche persönliche Schuld rechnet er sich Gottes Strafe zu?

Der biblische Mose und der Mose des Gedichts sind nicht identisch, und von beiden unterscheidet sich der Bibelleser und Gedichtautor. Wir haben gesehen, dass die biblische Überlieferung ihren Mose in einem bestimmten Konflikt mit dem störrischen Volk an Gott zweifeln lässt:»Höret, ihr Ungehorsamen, werden wir euch auch Wasser bringen aus diesem Fels?«[39] Als das Wasser dann doch strömt, ergeht Gottes Urteil:»Darum daß ihr nicht geglaubt habt, mich zu heiligen vor den Kindern Israel, sollt ihr diese Gemeinde nicht in das Land bringen, das ich ihnen geben werde.« Der vorzeitige Tod des Mose ist die Strafe für seinen Unglauben, dem er im Konflikt mit dem Volk plötzlich erlag. Der Mose des Gedichts bekennt in Anspielung auf Psalm 106,33:

> Herr, du weißt, da ist in hohen Jahren
> mir ein Wort des Unmuts jäh entfahren.
>
> Ungeduld und zweifelnde Gedanken,
> meinen Glauben brachten sie ins Wanken. [27-28]

Und gleich zweimal wendet der Mose des Gedichts das Eingeständnis seiner Schuld ins Positive und verallgemeinert konfessorisch [34 und 83]:

> Von des heil'gen Landes voller Traube
> trinkt allein der unversehrte Glaube.

---

39. Num. 20,10. Die heutige Lutherversion fügt zur Erklärung ein:»Werden wir […] euch wohl Wasser hervorbringen *können* […]?«

Damit aber spricht er das persönliche Bekenntnis seines Autors aus. Die Wiederholung der Strophe im Schlussabschnitt verstärkt diese Sicht.

Inwiefern kann Bonhoeffer, von dem wir mit guten Gründen annehmen, dass er im »Tod des Mose« sein eigenes Geschick bearbeitet, das Gericht Gottes auch für sich persönlich bejahen? Das Gedicht antwortet: Weil auch sein Glaube nicht unversehrt geblieben ist. Er steht in Gottes Schuld, weil er ihm nicht genug vertraut hat. Wann der Zweifel durchbrach, woran man das sehen konnte und welche Folgen es hatte, bleibt den Lesern verborgen. Der Autor hat nicht ihnen gebeichtet, und auch der Interpret darf sich nicht anmaßen, Mitwisser zu sein. Aber man kommt nicht umhin zu fragen: Sind nicht die anderen – im Gedicht die erste Generation des Exodusvolkes, in der deutschen Wirklichkeit die Mitläufer und Mittäter – in viel höherem Maße schuldig als ausgerechnet er?

Tatsächlich geht es im »Tod des Mose« nicht nur um individuelle Schuld. Es geht auch um die Solidarität des Mose mit dem ganzen schuldigen Israel der Wüstengeneration. Mose war ja *der Rücken, der die Schwachgewordnen trug/, und den der Zorn von Freund und Feinden schlug* [39]. Und in Wiederaufnahme des für Bonhoeffer so wichtigen Begriffes »tragen« spricht Mose aus, was ihn mit dem widersetzlichen Volk trotz allem verbindet: *Daß ich seine Schmach und Lasten trug/ und sein Heil geschaut – das ist genug.* [88-89] Mit der Schmach der anderen lagen auch ihre Lasten auf seinem Rücken, und er sagt ja dazu. Das Gedicht berührt also auch den Gedankenkreis der Übernahme fremder Schuld. Dabei bildet es ab, was Bonhoeffer über die Kirche als »Ort der Schulderkenntnis« lehrt, über die Gemeinschaft der Menschen, die auf Grund dieser Erkenntnis »alle, wirklich alle Schuld auf sich selbst nehmen« (VI, 127). In der Interpretation des Jona-Gedichts wird mehr dazu zu sagen sein, weil es hier seinen Schwerpunkt hat.

Doch der Grundzug des Mose-Gedichts ist ein andrer: Der schuldig Gewordene stellt sich Gottes Strafe. Gewiss, Gott hat ihm vergeben [29]. Aber es ist gerade die Vergebung, die in ihm die tiefe Reue erweckt, aus der heraus er seine Verdammnis bejaht [29-34]. Er kann und will seiner Strafe nicht entrinnen [35], doch erfährt er nun, dass sie ein überreiches Geschenk in sich trägt [41-44]. Vom Gipfel des Berges schaut er hinüber in das Land des Heils [45-71]. Das Volk, das seiner Verantwortung anbefohlen war, wandert wirklich in das Land der Freiheit ein [72-76]. Der Treue Gottes vergewissert, darf der ungetreue Knecht in Frieden sterben [77-90].

Nunc dimittis

In den beiden Rahmenteilen des Mose-Gedichtes lebt das Anfangs-
motiv aus dem Lobgesang des Simeon auf (nach seinem lateinischen
Beginn »Nunc dimittis« genannt): »Herr, nun lässest du deinen Diener
im Frieden fahren, wie du gesagt hast;/ Denn meine Augen haben deinen Heiland gesehen,/ Welchen du bereitet hast vor allen Völkern,/ Ein
Licht, zu erleuchten die Heiden, und zum Preis deines Volkes Israel.«
(Luk. 2, 29-32.) Wollte Bonhoeffer sein Gedicht zum Neuen Testament
hin durchsichtig machen? Der alte Simeon mit dem Jesuskind auf den
Armen als Bild der Erfüllung für den alten Mose, der nur aus der Ferne
schaut, was im Lande jenseits des Jordans geschehen wird? Ganz bestimmt hat er es so nicht gemeint! Eine andere Frage ist aber, ob nicht
das »Nunc dimittis« bei der Suche nach Worten, mit denen der Mose
des Gedichts in den Tod geht, ganz selbstverständlich bereitlag. Unübersehbar sind die folgenden Entsprechungen:

– Herr, nun lässest du	*Du lässt mich, Herr, [...] nicht ent-rinnen, doch* [35]
– deinen Diener	*dem alten Knecht* [3], *Dein ungetreu-er Knecht* [81]
– im Frieden fahren	*dem Tod in Frieden zu begegnen* [6]
– wie du gesagt hast	*was Du versprochen* [10 und 79]
– meine Augen	*seine Augen* [2 und 78], *die alten Augen* [8]
– haben deinen Heiland gesehen	*sollst das Heil du sehen* [7], *sein Heil geschaut* [89]

Nach der Tradition des Stundengebets ist das Nunc dimittis das Canti-
cum der letzten Hore am Tag, der sogenannten Komplet. In dieser Ordnung hat Bonhoeffer, so weit wir wissen, nicht gelebt.[40] Aber unter der
Überschrift »Das Sterben neutestamentlicher Personen« hat er in seinen
Notizen für bibelkundliche Übungen an erster Stelle Simeon genannt
(XV, 361), und in einer weihnachtlichen Predigtmeditation von 1940
heißt es: »Können wir alle unsere Anstrengungen, Leistungen, Wichtig-
keiten noch einmal ganz vergessen [...], um mit dem alten Simeon das
Kind in die Arme zu nehmen und in diesem Augenblick die Erfüllung
unseres ganzen Lebens dankbar zu erkennen?« (XVI, 634 f.) Schließlich
im Rundbrief an die Finkenwalder vom 1. Advent 1940: »Gott allein

---

40. Aber gekannt hat er sie auf jeden Fall. Vgl. die Zuteilung der wöchentlichen
Meditationstexte im Juli und August 1939 unter der Überschrift »cantica mi-
nora excclesiae« (Cantica aus dem Alten Testament) für die Finkenwalder
Brüder (XV, 172).

weiß, wie fern oder nahe schon wir der letzten Überwindung stehen, in der uns der eigene Tod zur Freude werden darf. ›Mit Fried und Freud fahr ich dahin …‹.[41]« (XVI, 374) Die Erfüllung seines ganzen Lebens erkennt der Mose des Gedichts, als Gott ihm auf dem Gipfel das heilige Land zeigt. Sein Autor lebte auf eine Überwindung hin, in der der eigene Tod zur Freude werden darf. Das Nunc dimittis der Bibel, des Kirchenliedes und des dichterisch gestalteten Mose ist auch das seine.

Prophetische Schau einer neuen Erde

Mose, der Mann Gottes und Prophet [1]: Für unsere Interpretation haben wir den Titel »Mann Gottes« schon beachtet. Jetzt ist auch der »Prophet« hervorzuheben. Wo das Deuteronomium Mose als den einzigartigen Propheten preist (Deut. 18,15-18; 34,10-12), ist an die Vermittlung und Auslegung des Gotteswillens gedacht. Dagegen überwiegt im heutigen Verständnis bei »Prophet« die Gabe der Zukunftsschau. *Und die alten Augen schauen, schauen/ ferne Dinge wie im Morgengrauen.* [8] So heißt es schon am Anfang der Dichtung, und der lange vierte Abschnitt [45-76] führt aus, was Mose sieht. »Prophet« ist Mose bei Bonhoeffer vor allem der Vision wegen, die über die Todesgrenze hinweg ins Morgen greift.

Diese Vision brauchte in den »Nächtlichen Stimmen« keinen Rückhalt an einer biblischen Gestalt. *Ich will die Wende der Zeiten sehen,/ wenn leuchtende Zeichen am Nachthimmel stehen,/ neue Glocken über die Völker gehen/ und läuten und läuten.* Das lyrische Ich selbst versetzte sich mit dringlichem Wünschen in die *Wende der Zeiten.* Es erhielt Unterstützung durch eine Audition, in der das Geläut der Glocken zur gewaltig verfügenden Stimme wurde: *Jauchzt und sprecht:/ Treue und Recht/ einem neuen Geschlecht! […] Erde, gedeih',/ Mensch, werde frei,/ sei frei!* Im Gedicht vom September 1944 mit der viel weiter ausgeführten Vision wird die Schauung unter die Autorität der Gestalt des Mose gestellt. Dennoch schließt sie sich ohne Bruch an die »Nächtlichen Stimmen« an:

> Gottes Gnade über freier Erde,
> dass ein heilig neues Volk hier werde. [53]

> So zieh denn hin, mein Volk, es lockt und ruft
> die freie Erde und die freie Luft. [72]

---

41. Anfang von Luthers Nunc-dimittis-Lied (EGBP 304, ENL 40, EG 519).

Bliebe das Mose-Gedicht mit seiner Vision im Sinne der biblischen Geschichte korrekt, dann dürfte sich Mose nur als der *eine* Schauende äußern und nur vom *Volk Israel* und dessen vollzogener Einwanderung in das gelobte Land sprechen. So geschieht es meist auch. Aber in einigen Strophen ist es anders. Neben dem Ich taucht ein Wir auf: *Gottes Land, vor Deinen weiten Toren/ steh'n wir selig wie im Traum verloren.* [49] Das Volk Israel scheint aus seiner Exklusivität herauszutreten: *Gottes Wahrheit wird von Menschenlehren/ ein verirrtes Volk zum Glauben kehren.* [55] Zwar schlagen erst die Strophen 67-71 ausdrücklich eine Brücke zwischen Israel und den anderen Völkern: *In Dank und Jauchzen tut mit einem Mund/ Dein Volk den Völkern Deinen Namen kund.* Doch auch schon vorher werden die Segnungen für das eine Volk so irdisch und sozial pointiert, dass sich auch ein anderes Volk, das Auflehnung und Wüste hinter sich weiß, mitgemeint fühlen kann. Die Verheißungsverse changieren. Jedenfalls hat Bonhoeffer nicht eifrig darüber gewacht, dass »mein Volk« nur als das Volk des Mose aufzufassen ist. Erschütternd doppeldeutig kommt er zum Ende:

> Sinkend, Gott, in Deine Ewigkeiten
> Seh' mein Volk ich in die Freiheit schreiten.

> Der die Sünde straft und gern vergibt,
> Gott, – ich habe dieses Volk geliebt.

Mit seinem »Volk« sei nicht die Kirche gemeint, deutet Eberhard Bethge, »sondern wohl Deutschland«.[42]

Gerhard Krause hat vor 25 Jahren Bonhoeffers »alles Historische überstrahlende Schau endgeschichtlicher Erneuerung« besonders unterstrichen. Die »prophetisch-apokalyptische Schau der neuen Erde« sei das Originelle aus Bonhoeffers zweitem Haftjahr, manche der vieldiskutierten theologischen Reflexionen aus der Korrespondenz mit Bethge dagegen seien theologiegeschichtlichen Vorläufern mehr verpflichtet als (damals) zugestanden.[43] Für eine Auseinandersetzung mit G. Krauses Bonhoefferinterpretation ist hier nicht der Ort. Aber ein Ausrufezeichen bei den Zukunftsbildern hat er zu Recht gesetzt. Die große Vision im »Tod des Mose« und die fraglichen Passagen in den »Nächtlichen Stimmen« dürfen in der Tat nicht einfach als entbehrliche, gar störende Nebentriebe im sonst gut entwickelten Gewächs der Theologie Dietrich Bonhoeffers bewertet werden. Sie gehören zu seiner Existenz und insofern auch zu seinem relevanten theologischen Nachlass.

---

42. DB, 996.
43. Art. Bonhoeffer, Dietrich, in TRE VII, 1981, 62 f.

Allerdings ist Krauses Doppelbegriff »prophetisch-apokalyptisch« missverständlich. »Apokalyptisch« heißen in der Regel solche Gottes Heils-
plan enthüllenden Schriften, die den Abbruch der diesseitigen Geschichte beschreiben und im Hereinbrechen der jenseitigen Welt den
endgültigen Sieg Gottes über alle seine Feinde verkünden. Die dichterisch gefasste Zukunftsschau Bonhoeffers führt den Lesern aber nicht
den Abbruch der Geschichte vor Augen, sondern ihren wunderbaren
Fortgang. Es ist im »Tod des Mose« ein Fortgang unter dem einst verheißenen, durch menschliche Schuld verspielten, aber nunmehr neu in
Kraft gesetzten Segen des erwählenden Gottes. Auch wenn die beiden
Sterbenden, der Mose des Gedichts und sein Autor, es nicht mehr erleben werden: Die irdische Geschichte geht weiter. *Stets wird die Welt in
ihren schweren Tagen/ nach Deinen heiligen Geboten fragen.// Stets wird
ein Volk, wie schuldig es gewesen,/ allein an Deinem Heiligtum genesen.*
[70-71] Keine endzeitliche Katastrophe trennt das Heute vom Morgen,
›nur‹ ein als Gottes Gericht angenommenes Sterben. Aber es ist ein mit
der Zukunftsschau begnadetes Sterben, *das Sterben, über dessen ernste
Grenzen/ schon die Fanale neuer Zeiten glänzen.* [43]

In Bonhoeffers prophetischer Schau vibriert ein im Glauben festgehaltener politischer Impetus. Hier unterscheidet sie sich von der
Apokalyptik. Die Leuchtfeuer neuer Zeiten künden »Gottes Gnade über
freier Erde« an [53]. Das erweckt, um es so zu sagen, die Vorfreude
dessen, der mit seiner Mission gescheitert ist und nun zurückbleiben
muss. Er freut sich für die Kommenden, und seine Freude ist ihre Verpflichtung.

9. Jona

Der Text

Das Gedicht steht auf der Vorder- und Rückseite eines kleinformatigen Blattes. Den auf der Rückseite frei gebliebenen Raum füllte Bonhoeffer mit einem auf den 5. 10. [1944] datierten kurzen Brief an seine Braut. Es ist der vorletzte Brief, den sie von Dietrich erhalten hat, und sein vorletztes Gedicht. Auf dem Rand steht dieser Zusatz: »Das Gedicht tippe doch bitte ab und schicke es an Eberhard. Er weiß schon, von wem es ist, ohne dass man es sagt. Vielleicht ist es Dir etwas unverständlich. Oder doch nicht?« Brief und Gedicht erschienen gemeinsam erstmals 1992.[1] Alle früheren Veröffentlichungen von »Jona« basierten auf der Abschrift, die Maria auf jene Bitte ihres Verlobten hin mit Schreibmaschine angefertigt und an Eberhard Bethge geschickt hatte. Das Typoskript gab die Handschrift korrekt wieder.[2]

Jona

Sie schrieen vor dem Tod, und ihre Leiber krallten
sich an den nassen, sturmgepeitschten Tauen,
und irre[3] Blicke schauten voller Grauen
das Meer im Aufruhr jäh entfesselter Gewalten.

»Ihr ewigen, ihr guten, ihr erzürnten Götter,
helft oder gebt ein Zeichen, das uns künde
den, der euch kränkte mit geheimer Sünde,
den Mörder oder Eidvergess'nen oder Spötter,

der uns zum Unheil seine Missetat verbirgt
um seines Stolzes ärmlichen Gewinnes!«
So flehten sie. Und Jona sprach: »Ich bin es!
Ich sündigte vor Gott. Mein Leben ist verwirkt.

1. Brautbriefe, 205 f.
2. Ausnahme: groß geschriebenes »Euch« in Str. 2 und 4.
3. So nach Handschrift und Maschinenschrift, ebenso in der ersten Veröffentlichung (Dietrich Bonhoeffer, Auf dem Wege zur Freiheit. Gedichte aus Tegel, Berlin 1946). Die folgenden Drucke einschließlich WEN (1970) boten irrtümlich »ihre«. Dieser Fehler überdauerte merkwürdigerweise auch in »Brautbriefe«.

Tut mich von euch! Mein ist die Schuld. Gott zürnt mir sehr.
Der Fromme soll nicht mit dem Sünder enden!«
Sie zitterten. Doch dann mit starken Händen
verstießen sie den Schuldigen. Da stand das Meer.

»… etwas unverständlich. Oder doch nicht?«

Eberhard Bethge wisse schon, von wem die Strophen sind. Maria brauche es ihm nicht eigens zu schreiben. Sie soll es wohl auch nicht. Das Risiko ist inzwischen zu groß. Aber Eberhard, so möchte man ergänzen, kennt nicht nur den Autor. Er versteht auch, was ihn so schreiben läßt. Bei Maria ist das nicht so sicher. »Vielleicht ist es dir etwas unverständlich.« Bonhoeffer drückt sich vorsichtig aus: »Vielleicht« schreibt er, und: »etwas«. Aber wenn er hinzufügt: »Oder doch nicht?« ist das die Aufforderung, das Gedicht wörtlich zu nehmen und trotzdem damit zu rechnen, dass es mehr sagt, als da in gedrängter Kürze erzählt wird. Es kommt nur darauf an, den Eingang zu finden. Hält Maria ein Schlüsselgedicht in der Hand? Das hieße zunächst: Ihr Verlobter ist darauf gefasst zu sterben, und in der Gestalt des Jona gibt er seinem Tod oder seiner Todesbereitschaft eine biblische Deutung. Aber welche Deutung ist das? Und bleibt nicht doch ein Rest, so dass das Gedicht in seiner Entschlüsselung nicht einfach aufgeht? Oder dass umgekehrt die Deutung des erwarteten Endes durch die gewählte biblische Szene nur unzureichend abgedeckt wird? Antworten sind nur von genauerer Lektüre und von der speziellen Situation zum Zeitpunkt der Entstehung zu erwarten.

Dramatische Ballade und biblisches Buch

Das Gedicht ist sehr sorgfältig gestaltet. Gemessen an der bedrohlichen Situation, in der es entstand, mag überraschen, dass sein Autor sich keine Verletzung der selbst gesetzten Regel erlaubte. In allen vier Strophen wird der umschließende Reim durchgehalten: a b b a. Jeder erste und vierte Vers hat sechs Hebungen, jeder zweite und dritte Vers fünf. In den ersten beiden Strophen endet jeder Vers klingend, mit einer unbetonten Silbe. In den beiden anderen Strophen gibt es eine Verknappung durch stumpfen Versschluß (betonte Silbe), aber nur in den jeweils rahmenden Versen 1 und 4. Gerade so kommt es zu den eindrucksstarken Strophenschlüssen: *Mein Leben ist verwirkt* – und vor allem: *Da stand das Meer*.

Denn der Autor hat ein Gedicht mit dramatisch fortschreitender

Handlung geschrieben. Nie hält er um einer Reflexion willen ein. Erzählend und zitierend drängt er mit den Ereignissen voran. Die Spannung setzt schon mit dem unbestimmten »Sie« ein. Es bleibt auch in den letzten Zeilen noch unbenannt. Die ganze erste Strophe lässt die Reaktion von Seeleuten auf die Gefährdung durch einen plötzlich aufgekommenen Sturm miterleben: *Sie schrieen vor dem Tod, ihre Leiber krallten sich an, irre Blicke schauten* in das tobende Meer. All das wird in einen einzigen Satz eingebunden. Noch länger ist der zweite Satz, die Anrufung der Götter. Er reicht bis in die Mitte der dritten Strophe. Aber darin sind nicht Handlungen aneinandergereiht. Er bietet eine erregte, vielfach gegliederte Rede, mit der die Geängstigten wortreich die himmlischen Mächte bedrängen, sich selber entlasten und einen unbekannten Schuldigen verklagen. Aber dann erfolgt ein Umschwung, der sich auch grammatisch zeigt: Von der Mitte der dritten Strophe an geht das Gedicht in zwölf knappen, jeweils durch Punkt abgeschlossenen Sätzen zu Ende. Allein sieben davon geben das unumwundene Bekenntnis des Jona und sein Ja zu den Folgen der Verschuldung wieder. So stehen sich zwei Arten, dem Unglück zu begegnen, gegenüber. Die Anlage des Gedichts bahnt den Weg zur Pointe der Parabel. Genaueres allerdings zeigt sich erst beim Vergleich mit der biblischen Vorlage.

Stellen wir uns Leser vor, die mit dem Buch Jona vertraut sind, aber von Dietrich Bonhoeffer nichts wissen. Sie würden durch das Jona-Gedicht wohl veranlasst sein zu fragen, warum es sich so streng auf einen bestimmten Ausschnitt der biblischen Erzählung beschränkt und warum gerade auf diesen. Die Strophen bewegen sich ja zwischen Jona 1,5 (»Und die Schiffsleute fürchteten sich und schrien, ein jeglicher zu seinem Gott«) und 1,15a (»da stand das Meer still von seinem Wüten«). Wie es zu dem Sturm gekommen war (1,1-4) bleibt unerwähnt, ebenso, was die plötzliche Stille bei den Seeleuten auslöst (1,16), und keinerlei Andeutung weist hinüber in die Kapitel 2 bis 4. Das Gedicht vermittelt mit seinem Wortbestand also keinen Zugang zur Gesamterzählung. Es bleibt auch außerhalb des Beziehungsfeldes Tod und Auferstehung, für das die Gestalt des Jona auf Grund von Matthäus 12,40 in der bildenden Kunst vielfach beansprucht worden ist. Warum also diese so scharf eingegrenzte Szene?

Eine erste Antwort lässt sich an die auffällige Abweichung des Gedichtes von seiner Vorlage anknüpfen. Bonhoeffer wählt für den verborgenen Sachverhalt, um dessen Aufdeckung die Schiffsleute flehen, ein Wortfeld, das von ihnen in Jona 1 gerade vermieden wird: Sünde, sündigen, Sünder, Schuld, Schuldiger. Die Häufung dieser Worte muß gewollt sein. Sie lässt vermuten, dass auf die Gestalt des Jona in zugespitzt parabolischer Absicht zurückgegriffen wird. Wofür stünde dann Jona und jenes besondere Ereignis seiner Geschichte? Einerseits für den

Zusammenhang von Schuld und Ergehen – mit dem besonderen Akzent, dass die Folgen der Verschuldung des Einen auch die anderen treffen; andererseits für den Zusammenhang von Schuld und Sühne – mit besonderem Blick darauf, dass das Eingeständnis und die Sühnebereitschaft des Einen die Lage aller anderen zu wandeln vermag.

Schuldbekenntnis

Aber nun darf nicht länger ausgeblendet bleiben, was wir von Bonhoeffer wirklich wissen. Und das besagt zunächst: Mit dem Rückgriff auf die Jonaszene wollte er nicht einfach eine allgemeine Erfahrung aussprechen. Im Gegenteil: Er findet seine Worte, indem er auf sich selbst blickt. Das Gedicht »Jona« handelt von Bonhoeffer, und Bonhoeffer stellt sich dort ein, wo Jona steht. Er bekennt Schuld – hier mit den Worten des Jona wie zuvor mit den Worten des Mose.

Keine allgemeine Erfahrung – wohl aber eine christliche Erkenntnis, die sich im Gewande einer biblischen Parabel auszudrücken weiß. Otto Dudzus hat Bonhoeffers »Jona« mit seiner Absage an die fatale »Suche nach Schuldigen« zusammengebracht. Schon lange sei »ein starkes Motiv in seinem Denken, Predigen und Handeln gewesen […], sich an der Suche nach den Schuldigen nur so zu beteiligen, daß er sich selber gestellt findet.«[4] Ein wichtiges Zeugnis dafür ist schon die Predigt Bonhoeffers über Lukas 13,1-5, gehalten in London kurz nach dem sog. Röhm-Putsch im Sommer 1934. Bonhoeffer sagte damals: »Es gibt angesichts furchtbarer menschlicher Katastrophen für den Christen nicht mehr die hochmütige zuschauerische Haltung des Richters und Besserwissers – sondern es gilt hier allein die Erkenntnis: Das ist meine Welt, in der das geschehen ist; die Welt, in der ich lebe, in der ich sündige, in der ich Hass und Lieblosigkeit säe Tag um Tag; das ist die Frucht dessen, was ich und meine Brüder gesät haben – und diese Betroffenen, die Galiläer und Pilatus, sie sind meine Brüder in der Sünde, im Hass, in der Bosheit, in der Lieblosigkeit, meine Brüder in der Schuld. Was sie trifft, sollte mich treffen. Sie sind nur der Fingerzeig des Zornes Gottes, der auch über mir steht. Darum lasst uns Buße tun und *unsere* Schuld erkennen und nicht richten.« (XIII, 371) Später, in einem der ersten Abschnitte des Ethik-Fragments, geht es um das Schuldbekenntnis der

4.   O. Dudzus, »Wer ist Jesus Christus für uns heute?« Dietrich Bonhoeffers Versuch einer Antwort durch 20 Jahre Verkündigung, in: Dietrich Bonhoeffer, Predigten – Auslegungen – Meditationen, hg. von O. Dudzus, Erster Band, 91.

Kirche. »Das Bekenntnis der Schuld geschieht ohne Seitenblick auf die Mitschuldigen. Es ist streng exklusiv, indem es alle Schuld auf sich nimmt. [...] Für den Moralisten völlig unbegreiflich wird hier nicht nach den eigentlich Schuldigen gesucht, [...] sondern es sind Menschen da, die alle, wirklich alle Schuld auf sich selbst nehmen, nicht in irgendeinem heroischen Entschluß der Aufopferung, sondern einfach überwältigt durch ihre eigenste Schuld an Christus, und die in diesem Augenblick nicht mehr an vergeltende Gerechtigkeit gegenüber den ›Hauptschuldigen‹, sondern nur noch an die Vergebung ihrer eigenen großen Schuld denken können.« (VI, 126 f.)

Von diesen Kontexten her gesehen ist der Jona des Gedichts das Beispiel eines Glaubenden, der dazu befreit ist, Schuld zu bekennen, d. h. die Schuld ungeteilt sein zu lassen, die ganze Schuld auf sich zu nehmen. Das Gedicht kann eingerückt werden in die Erkenntniskette, die Bonhoeffer im Ethikfragment mit »Schuld, Rechtfertigung und Erneuerung« (VI, 125) überschrieben hat. Das ganz Persönliche bleibt also im Kontakt zu dem, was auch als theologische Lehre formuliert ist.

Zur Verdeutlichung noch einmal ein Blick zurück zu »Nächtliche Stimmen«. Dort war die Anklage gegen die Verschulder von Schuld nicht der Seitenblick, der alles verdirbt. Die Anklage durfte um der politischen Verantwortung willen gar nicht unterbleiben. Sie hatte ihren Platz gleichsam vor der Beichte. Hier dagegen setzt sofort mit der Stimme des Jona auch das Eingeständnis ein: *Ich bin es!* Der Dichter leiht sich die Stimme des Jona ausschließlich für die Beugung unter das Gottesgericht. Rückhaltlos nimmt er die eigene Schuld an, wie die ganze Kirche ihre Schuld annehmen sollte. – Aber inwiefern bietet sich als Beispiel dafür ausgerechnet Jona an? Gibt es nicht biblische Gestalten, die dafür geeigneter sind?

Ende des Fluchtplans –
Deutung des eigenen Todes

Das Gedicht beginnt mit der Todesangst der Schiffsleute in Jona 1,5: Sie erleben den Sturm, wissen aber nicht, warum er losgebrochen ist. Anders die Kenner des Jona-Buches. Sie erinnern sich: Der ungetreue Prophet will dem Herrn entkommen, aber mit dem Unwetter wird er wieder eingeholt (Jona 1,1-4). So sind die Kundigen aufgefordert, das im Gedicht Fehlende zu ergänzen. Die Rede ist vom Ende einer Flucht!

Am 1. Oktober 1944 wurde Dietrichs Bruder Klaus verhaftet, am 4. Oktober sein Schwager Rüdiger Schleicher. Bonhoeffer hatte mit Hilfe des Unteroffiziers Knobloch einen aussichtsreichen Fluchtplan ge-

faßt. Aber nach der Verhaftung der Verwandten gab er ihn auf.[5] Seine
Flucht hätte alle einsitzenden Mitverschwörer belastet. Im Gedicht »Jona«, der Beilage zum Brief vom 5. Oktober, reflektiert Dietrich Bonhoeffer die Zurücknahme des Fluchtplans. Nicht mehr fliehen – das ist
der gemeinsame Nenner der neuen Situation im Gefängnis und der Erzählung in Jona 1. Bonhoeffer stellt sich der von ihm selbst getroffenen
Entscheidung, die Flucht zu unterlassen. Und er gibt dem, was möglicherweise daraus folgt, die eigene Deutung. Sollte er das Leben hin-
geben müssen, so nicht wie ein stolzer Märtyrer oder ein ungebroche-
ner Revolutionär oder ein Fatalist, der sich in das unvermeidbare
Verhängnis ergibt. Er, Dietrich Bonhoeffer, hätte als Schuldiger zu sterben.

Schuldig inwiefern? In der Konfession des Jona hat (anders als in den
Fragen der Schiffsleute) nichts Konkretes, nichts Einzelnes Raum. *Ich
sündigte vor Gott. Mein Leben ist verwirkt.* Die Grundsätzlichkeit dieser
Aussage darf nicht erweicht werden. Wohl aber läßt sie sich im Sinne
Bonhoeffers umschreiben. Schuldig wird er nicht vor dem Volks-
gerichtshof sein, schuldig auch nicht als besonderer Bösewicht unter
lauter mehr oder weniger Unschuldigen. Schuldig ist er allein *vor Gott*.
Erst Gottes Erscheinen in der Menschengestalt des Gekreuzigten macht
ja die Tiefe der menschlichen Auflehnung gegen ihn offenbar. Und hier
nicht länger Recht haben wollen heißt, mit dem Gericht auch Gottes
rechtfertigendes Ja empfangen. Nur der verschlungene Jona (2,1-10)
wird gerettet (2,11).

Aber mit den beiden letzten Sätzen haben wir die scharf gezogene
Grenze des Gedichtes ja schon überschritten. In einer Predigt von 1985
betonte Eberhard Bethge, dass diese »persönlich-historische Bekenntnisdichtung« nicht erweicht werden dürfe durch das, was man aus Bibel
und Theologie weiß, was auch Bonhoeffer natürlich weiß, was er aber
gerade hier nicht sagt. Das Gedicht endet abrupt »vor jedem eilfertigen
Weitersagen der Auferstehung aus dem Bauch des Fisches; vor einer
Aussicht auf die Bekehrung der elenden Ninivitenwelt; vor dem Bild
des väterlichen Gottes angesichts seines verbitterten Boten Jona«. Das
aber heißt: »Allein und ohne Lichtblick überfällt uns die Verdichtung
einer einzigen Mitteilung. Sie lautet: Keine Flucht mehr! Endlich Ein-
willigung in den verdienten Tod! Jetzt zahle ich den Preis der Schuld.«[6]
Das Jona-Gedicht ist eine neue, die letzte Variation eines komplexen
Themas, das in Bonhoeffers Leben und Denken seit Jahren präsent ist:
»Flucht und Sichstellen – Schuld und ihre Kosten – Befreiung allein
durch Hingabe – ein sinnvoller Tod, der eigene und nicht ein frem-

5.   Zu den Ereignissen Anfang Oktober vgl. DB, 928 f.
6.   E. Bethge, Predigt zu Dietrich Bonhoeffers Gedicht »Jona«, 177.

der«.[7] Bethge belegt das mit Dokumenten aus vier Lebensstationen Bonhoeffers, beginnend mit dem Synagogenprogrom 1938. Hinter dem knappen Gedicht tun sich die Konfliktfelder auf, in denen konkrete Verantwortung gefordert war, der mögliche Einsatz aber zu gering wog – und das in der Wahrnehmung eines Menschen, den das Problem des eigenen Todes nie losgelassen hatte. »Persönlich-historisch bedingte Bekenntnisdichtung, das ist es.«[8]

Zurück zur aufgegebenen Flucht aus Tegel. Es ist schwer vorstellbar, dass Bonhoeffers Gedanken erst in dem Augenblick um den fliehenden Jona zu kreisen begannen, als er von der Verhaftung des Bruders und Schwagers erfuhr. Sollte ein solches Gedicht ohne längere Auseinandersetzung mit der biblischen Geschichte entstehen können?[9] Gedanken an das vielleicht tödliche Ende der Haft leiten den Autor schon in den »Stationen auf dem Wege zur Freiheit« und im »Tod des Mose«. Das Thema war längst da. Vielleicht ließ das Aufkeimen des Fluchtplans ihn daran denken, dass Fliehen in der Bibel ein meist negativ besetztes Motiv ist. Eben dafür gibt das Jona-Buch ja ein besonders plastisches Beispiel. Der plötzlich durch die neuen Umstände erzwungene Verzicht auf die Flucht mag dann das schon zuvor Bedachte zu Form und Reife gebracht haben. So entstand ein Gedicht, das, auf den ersten Blick, nur dem Beispiel der biblischen Balladen folgt (einzuordnen irgendwo zwischen Heinrich Heine, Rainer Maria Rilke, Heinrich Vogel[10]); das aber, mit den Augen von Bonhoeffers nächsten Menschen gelesen, eine ganz persönliche Eröffnung des Gefangenen von 1944 darstellt: über die Rechenschaft, die er sich gibt, über den Blick voraus auf sein mögliches Ende, über sein Stehen vor dem einzigen Richter. Niemand anders hätte so über Jona schreiben können, nur er.

---

7. Ebd., 178.
8. Ebd., 176.
9. Das Gesamtregister zu Bonhoeffers Schrifttum verzeichnet nur ganz wenige Stelle zu Jona und dem Jona-Buch. Sie sind für das Gedicht unerheblich.
10. Vgl. Heines »Belsazar« und Rilkes »Samuels Erscheinung vor Saul«. Rilkes »Abisag«, Ballade allenfalls in einem weiteren Sinn, beginnt wie »Jona« mit dem Pronomen der 3. Person. Die neuen Kirchenlieder des entschieden zur Bekennenden Kirche haltenden Pfarrers Heinrich Vogel hat Bonhoeffer als einen wichtigen Anfang angesehen (XIV, 720). Vielleicht hat er auch einige seiner biblischen Balladen gekannt, etwa »Elia«. Vgl. Heinrich Vogel, Der Kommende, Berlin 1947, 6-20.

Der Einzelne unter den Anderen

Bonhoeffer schrieb auf seinen Zettel zuerst das Gedicht, dann die persönlichen Zeilen an die Braut, mit dem Nachsatz, sie möge die Verse an Eberhard weiterleiten. Das Gedicht war ihm hier ebenso Kommunikationsmedium wie der Brief. In beiden teilte er sich selbst mit. Und das schloß für ihn ein: Kunde geben, wie es um ihn steht, wenn er sich selbst danach befragt. Denn eben darüber ins Bild gesetzt zu werden ist für den Freund und die Braut entlastend. Ihre Gedanken können ihn dann in seiner derzeitigen Erfahrung mit sich selbst vor Gott aufsuchen, statt sich nur an den Umständen aufzureiben. Im Übrigen wußte Bonhoeffer, wie hoch Bethge gerade seine Gedichte bewertete. Am Austausch darüber war beiden dringend gelegen. So mußte jede früheste Gelegenheit genutzt werden, neue Verse zu ihrem ersten Leser gelangen zu lassen.

Ist das alles bedacht und ist die eigentümliche Pointe des Gedichts aufgedeckt, wie wir es oben versucht haben, darf auch noch ein Nebenzug hervortreten. Es gibt nämlich eine interessante Verwandtschaft zwischen »Jona« und »Wer bin ich«. In beiden Gedichten stellt sich ein Einzelner umgeben von Anderen dar. Er ist umringt, ja umdrängt von deren Urteilen bzw. Fragen. Seine Existenz unter ihnen hat, auch für ihn selbst, etwas Rätselhaftes. Aber im Gang des Gedichts löst sich das Rätsel seiner Besonderheit dadurch, dass er sich Gott unterstellt – Ihm, dem er schon zuvor angehört hat.

Mit seiner Einlieferung in das Gefängnis Tegel war Bonhoeffer ja nicht nur von seiner Familie und Freundschaft getrennt worden. Abgerissen war auch der Umgang mit Kirchenleuten und theologischen Schülern, mit Gelehrten und mit den geistigen Köpfen des Widerstands. Von einem Tag zum anderen hatte sich das soziale Milieu verändert, das seine Rollen definierte. Er hatte sich in Abhängigkeiten, Beziehungen und Lebensregeln zu behaupten, die für ihn völlig neu waren. Das Abstraktum ›Verlust der Freiheit‹ konkretisierte sich in den täglichen und nächtlichen sozialen Zumutungen einer Haftanstalt im Kriege. Mitgefangene, Kalfaktoren, Schließer, Justizpersonal, Verhörer – als Häftling hatte Dietrich Bonhoeffer in dieser Kapsel seinen vorgeschriebenen Platz. Wer aber war er ebendort als unverwechselbarer Mensch? Als denkender Christ und mitverantwortlicher Zeitgenosse?

Bonhoeffers Überlegungen zur christlichen Existenz in einer religionslos gewordenen Welt, die seinen Briefen aus der Haft eine so lang anhaltende Resonanz geben sollten, hatten sich zwar in den letzten Jahren seiner individuellen Freiheit und im Umgang mit deutschen Eliten vorbereitet. Sie durften aber, als er sie niederschrieb, auch nicht an dem trüben Bild gegenwärtigen Menschseins vorübergehen, das sich ihm in der Gefängniswelt enthüllte, dort, wo er als bedrohter und gleichwohl (im Laufe der Zeit) privilegierter Einzelner unter all den Anderen lebte, mit manchen zwar in gutem menschlichen Einvernehmen, aber im Glauben nahezu völlig isoliert.

Bonhoeffers exemplarische Glaubenssituation ›Einzelner unter den Anderen‹, zu ihnen gehörig und doch nicht wie sie, spiegelt sich in den Gefängnisgedichten auf bemerkenswerte Weise. Denn anders als in den theologischen Reflexionen der Briefe fehlt hier jede Polemik gegen das dort so stark herausgestrichene theologische Defizit heruntergekommener »Religion«. Im Übrigen gestaltet jedes Gedicht die von seinem Autor durchlebte Differenz auf andere Weise. In »Wer bin ich« hört das Ich, wie die Anderen ihn, den Einzelnen, in seiner für sie sichtbaren Besonderheit beurteilen. Aber es macht sich von der günstigen Beurteilung durch sie frei und lässt als Instanz des Urteils über sich nur Gott gelten. In »Christen und Heiden« wird der Unterschied zwischen zwei ganz verschiedenen Weisen, sich Gott zu nähern, zwar scharf markiert, aber am Ende sind die »Heiden« in ihrer Art, religiös zu sein, nicht diskriminiert: Sie erhalten ihren Platz an der Seite der »Christen«, auch derjenigen, die wie der Autor bei Gott »in seinen Leiden stehen« wollen. Denn Gott »vergibt ihnen beiden«. In »Nächtliche Stimmen« ist die Differenz zwischen den Anderen und dem Einzelnen durch dessen Mit- und Fürsein überbrückt. Es taucht eine Gemeinschaft auf, die sich angesichts der Schuldfrage nur noch vertiefen kann. In »Jona« schließlich treten die Anderen mit einer verängstigten Religiosität ins Bild, die von einem massiven ›Do ut des‹-Glauben gefesselt ist. Aber keine Spur von innerer Abstandnahme findet sich im Gedicht. Im Gegenteil: *Der Fromme soll nicht mit dem Sünder enden!* Dass der Prophet seine Beauftragung durch den erwählenden Gott verraten hat, beugt ihn, den Einzelnen, so tief, dass er selbst den heidnischsten Religiösen gegen sich Recht geben muß.

Aus den genannten Gedichten läßt sich vielleicht ein Hinweis für den Umgang mit Bonhoeffers religionskritischer Theologie gewinnen: Wo die Beugung unter Gott das erste Wort hat, entspannt sich das Verhältnis zur allzu menschlichen Religiosität umher. Und ebendort zeigt sich auch, was das Einzelsein des einzelnen Glaubenden unter den Anderen bleibend ausmacht: nicht abseitiger Glaubensstolz, sondern Annahme der Berufung zu rückhaltlosem Dienst.

Kassandro

»Kassandro« (kein Druckfehler!) ist der Titel eines der Sonette, die Albrecht Haushofer – Professor für politische Geographie und Geopoli-

tik, Mitarbeiter im Auswärtigen Amt Ribbentrops, Schriftsteller – als
inhaftierter Mitverschwörer im Gefängnis Berlin-Moabit verfasst hatte.
Haushofer starb mit einer Gruppe anderer Häftlinge in der Nacht vom
23. zum 24. April 1945, schon außerhalb des Gefängnisses, durch Ge-
nickschuss. In der Hand des Ermordeten fand man das Heft mit den
»Moabiter Sonetten«.[11]

> Kassandro hat man mich im Amt genannt,
> weil ich, der Seherin von Troja gleich,
> die ganze Todesnot von Volk und Reich
> durch bittre Jahre schon vorausgekannt.
>
> So sehr man sonst mein hohes Wissen pries,
> von meinem Warnen wollte keiner hören,
> sie zürnten, weil ich wagte, sie zu stören,
> wenn ich beschwörend in die Zukunft wies.
>
> Mit vollen Segeln jagten sie das Boot
> im Sturm hinein in klippenreiche Sunde,
> mit Jubelton verfrühter Siegeskunde –
>
> Nun scheitern sie – und wir. In letzter Not
> versuchter Griff zum Steuer ist misslungen. –
> Jetzt warten wir, bis uns die See verschlungen.

Selbstverständlich verdient dieses Sonett, in seinen eigenen Kontexten
gewürdigt zu werden. Hier führen wir es, einseitig, nur wegen eines
abschließenden Vergleiches mit Bonhoeffers »Jona« an. Zusätzlich zur
strengen Formgebung fallen sofort vier Ähnlichkeiten ins Auge: Folie
der poetischen Mitteilung ist eine antike Prophetengestalt. Der Eine erscheint in Kontraposition zu den Anderen. Man spricht und handelt
am Rande einer Katastrophe. Metaphorische Bühne des Geschehens
ist ein Schiff in äußerster Seenot. Aber angesichts dieser auffälligen
Ähnlichkeiten zwischen »Kassandro« und »Jona« treten die Unterschiede erst recht hervor.

In »Kassandro« kommt schon mit der ersten Zeile das Autor-Ich zu
Wort, und es ist, nun im Plural mit den Anderen verbunden, auch in
der letzten Zeile noch da: »Jetzt warten wir, bis uns die See verschlungen.« Der Autor Albrecht Haushofer spricht im Gedicht von sich selbst.
Er will sofort als unverwechselbares Individuum vernommen werden.
Trotz des anverwandelten antiken Namens und trotz der Meeresmeta-
phorik ist das Gedicht keine Parabel. Der Autor Dietrich Bonhoeffer
dagegen erscheint und spricht unter anderem Namen. Es gibt kein Autor-Ich. Das Ich geht in »Jona« auf. Das bedeutet aber auch: »Kasssan-

---

11. A. Haushofer, Moabiter Sonette, erstmals veröffentlicht 1946.

dro« ist im Recht. Alles, was kommt, kann ihn nur bestätigen. Gleichwohl wird er, der einzige Warnende und Wissende, zusammen mit den Anderen untergehen. Er scheitert tragisch. Anders »Jona«. Schon die biblische Geschichte setzte ihn ins Unrecht. Das Gedicht geht noch darüber hinaus. »Jona« übernimmt seine Schuld mit einem unmissverständlichen Bekenntnis und in ausdrücklicher Verantwortung für die Übrigen: *Der Fromme soll nicht mit dem Sünder sterben.* Er scheitert schuldig, er stirbt allein – aber die Zukunft öffnet sich: *Da stand das Meer.*

Die beiden Blutzeugen des Widerstands sollen hier nicht gegeneinander ausgespielt werden. Aber schon der einfache Vergleich von zwei angesichts des Todes verfassten Gedichten zeigt an: In Bonhoeffers »Jona« tut sich die Tiefe seiner ganzen Theologie auf.

10. Von guten Mächten

Der Text

Jahrzehntelang ist Bonhoeffers letztes Gedicht in der Fassung gedruckt worden, die einem vervielfältigten Schreibmaschinenblatt entstammt, einer Abschrift also, die nach dem Krieg in Dietrichs Familie umging. Paula Bonhoeffer, Dietrichs Mutter, übergab das Blatt im Sommer 1945 auch an Eberhard Bethge, der die ersten Veröffentlichungen veranlasste. Hier hatte das Gedicht eine Überschrift, »*Neujahr 1945.*«, und darunter die Verfasser- und Ortsangabe »von Dietrich Bonhoeffer (Prinz-Albrecht-Strasse.)« Dass die Überschrift sekundär und der Text an einigen Stellen fehlerhaft war, konnte Bethge 1988 mitteilen.[1] Die breite Öffentlichkeit erfuhr es erst 1992 mit der Publikation der »Brautbriefe«. Das Gedicht steht überschriftslos, aber mit Strophenbezifferung, in Dietrichs letztem Brief an Maria, geschrieben am 19. Dezember 1944 im Gefängnis des Reichssicherheitshauptamtes, Prinz-Albrecht-Straße, Berlin.[2] Die Handschrift ist im »Geistlichen Wunderhorn« abgebildet.[3] Wir folgen der Textwiedergabe in DBW VIII, 607 f., korrigieren aber gelegentlich in Anlehnung an die Gesangbuchfassung (EG 65) die Zeichensetzung (und wenn dadurch bedingt auch die Rechtschreibung).

1. Von guten Mächten treu und still umgeben,
   behütet und getröstet wunderbar, –
   so will ich diese Tage mit euch leben
   und mit euch gehen in ein neues Jahr.

2. Noch will das alte unsre Herzen quälen,
   noch drückt uns böser Tage schwere Last.
   Ach Herr, gib unsern aufgeschreckten Seelen
   das Heil, für das Du uns geschaffen hast.

3. Und reichst Du uns den schweren Kelch, den bittern,
   des Leids, gefüllt bis an den höchsten Rand,
   so nehmen wir ihn dankbar ohne Zittern
   aus Deiner guten und geliebten Hand.

1. Schreiben an J. Henkys vom 7. Mai 1988. Vgl. E. Bethge, Zur Textgestalt des Gedichts »Von guten Mächten«.
2. Brautbriefe, 209.
3. Geistliches Wunderhorn, 454.

4. Doch willst Du uns nach einmal Freude schenken
an dieser Welt und ihrer Sonne Glanz,
dann woll'n wir des Vergangenen gedenken,
und dann gehört Dir unser Leben ganz.

5. Laß warm und hell die Kerzen heute flammen,
die Du in unsre Dunkelheit gebracht,
führ, wenn es sein kann, wieder uns zusammen!
Wir wissen es, Dein Licht scheint in der Nacht.

6. Wenn sich die Stille nun tief um uns breitet,
so laß uns hören jenen vollen Klang
der Welt, die unsichtbar sich um uns weitet,
all Deiner Kinder hohen Lobgesang.

7. Von guten Mächten wunderbar geborgen
erwarten wir getrost, was kommen mag.
Gott ist bei uns am Abend und am Morgen,
und ganz gewiß an jedem neuen Tag.

Topographie des Terrors

Am 8. Oktober 1944 endete Bonhoeffers Tegeler Zeit. Er wurde in das Kellergefängnis des Reichssicherheitshauptamtes in der Berliner Prinz-Albrecht-Straße verlegt und blieb dort bis zum 7. Februar 1945. Hier entstand *das* geistliche Gedicht des 20. Jahrhunderts, das in seiner Nachwirkung alles Verwandte in den Schatten stellt. Insbesondere die letzte Strophe ist in einer unübersehbaren Fülle von Abschriften, Drucken, Traueranzeigen, Text-Bild-Gestaltungen und eingerückten Zitaten präsent. Wie oft sie still gelesen oder laut vorgelesen, gelernt, gebetet oder gesungen wird, lässt sich durch keine Statistik erfassen. Die Rezeption der Worte Dietrich Bonhoeffers geht weit über den Kreis derer hinaus, die mit seinem Namen eine deutliche Vorstellung verbinden geschweige denn sein Christsein als Anruf für ihr eigenes Leben gelten lassen. Und von denen, die Text und Autor noch leidlich zusammenbringen, dürfte nur ein geringer Prozentsatz wissen, dass diese Strophen in einem Gebäudekomplex entstanden sind, der, bisher nur in einer Anzahl von Kellerräumen wieder freigelegt, das riesige Netz der hier konzentrierten, geplanten und befehligten nationalsozialistischen Schrecken anschaulich zu machen bestimmt ist. Das projektierte Haus heißt »Topographie des Terrors«.[4]

Zwei Fragen drängen sich auf. Die eine hängt an der Vergangenheit:

4. Vgl. R. Rürup (Hg.), Topographie des Terrors. Gestapo, SS und Reichssicher-

Wie konnte in der Zentrale des Todes ein so stilles, zuversichtliches Gedicht entstehen? Die andere ergeht aus der Gegenwart. Wie können privat adressierte geistliche Strophen, die aus einer Lage stammen, die für
Deutschland inzwischen beispiellos ist, eine solch unüberschaubar große Schar von Distribuenten und Rezipienten finden? Aus dem Problem
»Was ist das für ein Gedicht?« wird das andre: »Was sind das für Menschen, die es brauchen und es dabei jeweils neu bestimmen?« Eine Gedichtinterpretation muss sich vor allem der ersten Frage zuwenden.
Aber ohne dass damit auch die andre ins Recht gesetzt würde, bliebe
sie hinter ihrer Aufgabe zurück.

Die guten Mächte

Der Anfang des Gedichts

Die ersten Worte, mit denen das ganze Gedicht und so auch die letzte
Strophe anfängt, *Von guten Mächten*, sind unaustauschbar. Würden sie
ersetzt, hätte man das Gedicht zerstört. Ein Beginn etwa mit den Worten ›Von Gottes Güte treu und still umgeben‹ wäre ja metrisch passend
und gedanklich vertretbar. Dennoch hätte das Gedicht damit sein Gesicht verloren. Es wäre wohl von vornherein auf das Gleis des Herkömmlichen gesetzt worden, und alles Folgende hätte es schwer, diesen
Eindruck wieder zu korrigieren. *Von guten Mächten treu und still umgeben* oder *Von guten Mächten wunderbar geborgen* ist ein unersetzliches
Inzipit, weil niemand in der Reihe der geistlichen Vorgänger und Zeitgenossen einen Gedichtanfang gefunden hatte, der so offen und zugleich so wahr, so einfach und zugleich so persönlich anmutet. Dietrich
Bonhoeffer hat, worauf es ihm ankam, in seinem eigenen Ton gesagt!
  Die These dieser Interpretation ist nun: Ohne diese Art des poetischen Einsatzes – offen, wahr, persönlich, einfach – wäre sein Gedicht
auch kaum zu den vielen und sehr unterschiedlichen Menschen gelangt,
die es sich heute sagen lassen und die es dabei für ihre eigene Lebenslage
und Weltsicht umdeuten. Das Gedicht hätte sonst nur die erreicht, die
Bonhoeffer in der Tat erreichen wollte (seine Braut, seine Eltern, Geschwister und Freunde), aber nicht auch die, die er damals keineswegs
zu erreichen hoffte oder auch gar nicht erreichen wollte (die Jungen
Gemeinden, die Chöre, die Pfarrerschaft, die Seelsorgerinnen und Seelsorger; die Kirchentreuen, die Bibelleser, die engagierten Christen; die

heitshauptamt auf dem »Prinz-Albrecht-Gelände«. Eine Dokumentation,
Berlin 1987.

Religiösen jenseits von Bekenntnis und Gemeinde; die Gegner und ihre Angehörigen – bis zum Nachruf auf den SS-Richter, der ihm im Flossenbürger »Standgericht« das Todesurteil gesprochen hatte [5]).

Offen wirkt der Anfang der ersten und der letzten Strophe vor allem durch die Wahl des Plurals: *Mächte*. Diese Eröffnung legt niemanden auf eine fremde Weltdeutung fest. Wer liest, darf die eigene Erfahrung beiziehen. Und doch gibt der Anfang eine Richtung vor, in der eigene Erfahrung sich auch als Hoffnung, gar als Zustimmung äußern kann: Es ist von *guten* Mächten die Rede. Die Offenheit des Anfangs geht so weit, dass sie die doch immer nahe liegende Negativität überspringt und das unbedingt Positive in den Blick rückt. Das Offene und das Positive üben gleicherweise ihre Anziehungskraft aus.

Wir haben damit versucht, die Wirkung des Gedichts schon aus seinem Anfang verständlich zu machen. Aber damit unterstellen wir dem Autor nicht, er habe so formuliert, um möglichst in die Breite zu wirken. Authentisch ist sein Gedicht, sofern er in poetische Rede überführt, was ihn selbst bedrängt oder beflügelt. Wie dieses ganz Eigene mit der Breitenwirkung übereinkommen kann, ist in einer Interpretation ja erst zu erfragen, wenn verstanden worden ist, was das Eigene des Autors denn wirklich ist und wie es ihm zu Eigen wurde. Wir stehen also vor der Aufgabe, die Rede von den »guten Mächten« in Bonhoeffers Leben und in seiner Welt aufzusuchen.

Der letzte Brief an Maria

Dietrich hat ihn am 19. Dezember 1944 im Hausgefängnis der SS-Sicherheitszentrale geschrieben. Wie in der neuen Haftsituation nicht anders zu erwarten, ist es ein der Zensur unterworfenes Schreiben. »Meine liebste Maria! Ich bin so froh, dass ich Dir zu Weihnachten schreiben kann, und durch Dich auch die Eltern und Geschwister grüßen und Euch danken kann.« Ein Weihnachtsbrief für alle Verwandten, aber Maria ist die Adressatin. Das Gedicht hat er erst in den Schlussteil des Briefes eingerückt, als der Platz schon knapp wurde. »Hier noch ein paar Verse, die mir in den letzten Abenden einfielen. Sie sind der Weihnachtsgruß für Dich und die Eltern und Geschwister.« Dietrich teilt ausdrücklich mit, dass die Verse kein rasch hingeworfener Versuch sind. Ein paar Abende lang habe er darüber nachgedacht. Die Worte »Hier noch ein paar Verse« kündigen also nichts Nachgereichtes an. Im Vergleich mit dem Briefanfang zeigt sich: Was am Ende steht, meint gerade

5. Vgl. Chr. U. Schminck-Gustavus, Der ›Prozeß‹ gegen Dietrich Bonhoeffer und die Freilassung seiner Mörder, 93 f. und 121.

die Hauptsache, die schon den ersten Absatz bestimmt. Noch genauer: Der Briefanfang ist so etwas wie ein vorangestellter Kommentar des Gedichts am Ende.

»Es werden sehr *stille* Tage in unseren Häusern sein. Aber ich habe immer wieder die Erfahrung gemacht, je *stiller* es um mich herum geworden ist, desto deutlicher habe ich die Verbindung mit Euch gespürt. Es ist, als ob die Seele in der Einsamkeit Organe ausbildet, die wir im Alltag kaum kennen. So habe ich mich noch keinen Augenblick allein und verlassen gefühlt. Du, die Eltern, Ihr alle, die Freunde und Schüler im Feld, Ihr seid mir immer ganz gegenwärtig. Eure Gebete und guten Gedanken, Bibelworte, längst vergangene Gespräche, Musikstücke, Bücher bekommen Leben und Wirklichkeit wie nie zuvor. Es ist ein großes *unsichtbares Reich*, in dem man lebt und an dessen Realität man keinen Zweifel hat. Wenn es im alten Kinderlied von den Engeln heißt: ›zweie die mich decken, zweie die mich wecken‹, so ist diese Bewahrung *am Abend und am Morgen* durch *gute, unsichtbare Mächte* etwas, was wir Erwachsenen heute nicht weniger brauchen als die Kinder. Du darfst also nicht denken, ich sei unglücklich.«[6]

Der zitierte Briefabschnitt beleuchtet mit seiner Gesamtaussage und mit einigen Kennworten die Gedichtstrophen 1, 6 und 7. Die guten Mächte, die das lyrische Ich schützend umgeben, sind die geliebten fernen Menschen in ihrer fürsorglichen Hinwendung zu dem, den sie noch vermissen müssen. Es sind geistige Wirklichkeiten, die einst als Bibelwort, Gespräch, Musik und Literatur in das persönliche und soziale Leben eingegriffen haben, damit aber nicht einfach verschwunden sind, sondern ihre tragende Kraft aufs Neue bewähren. Es sind hilfreich gegenwärtige Repräsentanten der verborgenen Seite der Schöpfung – nach dem Kinderlied aus Humperdincks Märchenoper die Schutzengel, nach dem Gedicht Bonhoeffers darüber hinaus auch Mittler Gottes, die uns *jenen vollen Klang der Welt* hertragen, *die unsichtbar sich um uns weitet,/ all Deiner Kinder hohen Lobgesang.*

Andere Kontexte bei Bonhoeffer

Schon in der Adventszeit des Vorjahres taucht ein Satz auf, der zu den ›guten Mächten‹ des letzten Briefes und der beiden Gedichtstrophen passt. Dietrich freut sich über Gaben, die ihn unaufhörlich an Maria erinnern: über einen Adventskranz, einen warmen Mantel und einen Schal. Dankbarkeit erfüllt ihn »für alles, was Du für mich denkst, fühlst und tust. Es ist so wirklich ganz friedlich, *still* und adventlich bei mir in

6.   Brautbriefe, 208. Hervorhebungen von mir.

der Zelle und die unzähligen Advents- und Weihnachtslieder, die ich seit der Kindheit kenne, *umgeben* mich wie lauter *gute Geister.*«[7] In den dinglichen Gaben ist Maria da. Im Dank für alles, wofür die Gaben nur ein Zeichen sind, ist er mit ihr verbunden. Aber davon setzt er noch einmal die Advents- und Weihnachtslieder ab. Sie umgeben ihn wie gute Geister. Schon hier ist die Anfangszeile des Gedichts vorbereitet: *Von guten Mächten treu und still umgeben.* Kommen wir vom eben entwickelten Verständnis der guten Mächte her, so werden wir uns bei »gute Geister« nicht mit der Sprache der Märchen zufrieden geben. Der große Abschnitt über Christus und die Engel am Anfang des Hebräerbriefes endet mit der rhetorischen Frage: »Sind sie nicht allzumal dienstbare Geister, ausgesandt zum Dienst um derer willen, die das Heil ererben sollen?« (Hebr. 1,14) Im Gedicht wird um *das Heil* gebeten, *für das du uns erschaffen hast.* Nach dem zitierten Bibelvers sind die Engel »dienstbare Geister«, bereit zur Hilfe für die, »die das Heil ererben sollen«. Von den guten Geistern gibt es eine feste Brücke zu den guten Mächten.[8]

Der theologische Hintergrund, von dem her unsere Frage nach den guten Mächten beantwortet werden will, kommt auch in einem Lieblingslied Bonhoeffers zum Vorschein. Am 9. September 1943 wollte er, der ja selbst brennend auf die Zeit der häuslichen Ehegemeinschaft wartete, seine junge Braut über ihren Lebensweg trösten, der ihr doch sehr »wunderlich« vorkommen müsse. In diesem Zusammenhang riet er ihr: »Lies doch mal das Lied von Gottfr. Arnold, das die meisten Leute nicht kennen und das ich ganz besonders liebe; es ist schwer nach Inhalt und Melodie, fast zu schwer für ein Gemeindelied, aber man gewinnt es immer lieber; es beginnt ›So führst du doch …‹ und steht im Gesangbuch.«[9] Gemeint ist: »So führst du doch recht selig, Herr, die Deinen,/ ja selig und doch meistens wunderlich«.[10] Gottfried Arnold (1666-1714) gilt als mystischer Radikalpietist. Dass der verhaftete Bonhoeffer sich zu einem Lied von Arnold hingezogen fühlt, der im Übrigen auch

7. Ebd., 90. Hervorhebungen von mir.
8. Das Wort »Engel« allerdings hat Maria v. Wedemeyer in die Korrespondenz eingebracht. In ihrem Weihnachtsbrief vom 25. Dezember 1943 verbindet sie die geliebten Toten mit den Engeln. »Weißt Du, dass sie wirklich Engel geworden sind, daß das gar kein Kleinkinderglaube ist; ich weiß es ganz sicher und Du mußt es auch wissen. […] Christus hat die Nacht gewählt um zu uns zu kommen – mit seinen Engeln.« (Brautbriefe, 104) Den Satz über die Engel in Dietrichs letztem Brief, ein Jahr später, kann man auf diesem Hintergrund interpretieren. Vgl. dazu J. Henkys, Über Dietrich Bonhoeffers Gedichte aus der Haft, Bonhoeffer Rundbrief Nr. 66, dort 18-23.
9. Brautbriefe, 54.
10. EGBP Nr. 230.

der Verfasser einer »Unparteiischen Kirchen- und Ketzerhistorie« war, zeigt nur, wie frei er inzwischen mit dem Kirchenliedkriterium von 1936 umgeht. Der Grund seiner Vorliebe liegt im Liedthema ›Gottes Führung und unser Lebenslauf‹ und wohl auch in dessen paradoxer Durchführung.[11] Maria antwortet: »Ja, das Lied von Gottfr. Arnold lese ich oft und werde dankbar daran.«[12] So muss sie auch mit dem Liedschluss befasst gewesen sein:

> Drum muß die Kreatur mir immer dienen,
> kein *Engel* schämt nun der Gemeinschaft sich;
> die *Geister*, die vor dir vollendet grünen,
> sind meine Brüder und erwarten mich.
> Wie oft erquicket meinen Geist ein Herz,
> das dich und mich und alle Christen liebt!
> Ist's möglich, dass mich etwas noch betrübt?
> Komm, Freudenquell, weich ewig, aller Schmerz![13]

Nach dem kirchlichen Glaubensbekenntnis von Nizäa-Konstantinopel hat Gott alles geschaffen: »Himmel und Erde, die sichtbare und die unsichtbare Welt«. Das Gedicht bittet: *so laß uns hören jenen vollen Klang/ der Welt, die unsichtbar sich um uns weitet,/ all Deiner Kinder hohen Lobgesang.* Die Engel sind Geschöpfe, sie gehören wie die schon vollendeten Kinder Gottes zur unsichtbaren Welt. Unter Rückgriff auf das Nizänum, Hebr. 1,14 und das Buch Tobias[14] nennt Gottfried Arnold in einem Atem: Kreatur, Engel, Geister, Brüder. Diese Geschaffenen müssen »mir immer dienen«. Sie stehen bereit an meinem Lebensweg »und erwarten mich«, um meine Geleitsleute zu werden. Gerhard Tersteegen, ein anderer evangelischer Mystiker, hat es so gesagt: »Die Engel selbst begleiten/ als Brüder unsre Reihn.«[15] Die irdische Gestalt des Engeldienstes ist die Erquickung, die mir auf meinem Weg durch geistliche »Gemeinschaft« widerfährt: »Wie oft erquicket meinen Geist ein Herz,/ das dich und mich und alle Christen liebt?« Aber solche Gemeinschaft trägt auch dann noch, wenn sie sich nicht mehr in persönlicher Anwesenheit zeigen kann. Eben das ist der wunderbare Dienst der ›guten Mächte‹.

11. Zum Problem des von Gott geführten Lebens bei Bonhoeffer vgl. W. Krötke, »Gottes Hand und Führung«.
12. Brautbriefe, 62.
13. EGBP, Nr. 230, Str. 9. Hervorhebungen von mir.
14. Auf das apokryphe Buch Tobias geht die Vorstellung von den Engeln als unsern Reisebegleitern (Tob. 5) und Brüdern (Tob. 6,8 und 11,2) zurück.
15. EG Nr. 393 (Kommt, Kinder, lasst uns gehen), Str. 7. Eine andere Strophe dieses Liedes hat Bonhoeffer in der »Nachfolge« zitiert (IV, 168).

Der mir zum Geleit gegebene Engel taucht auch in Bonhoeffers Ethik-Entwurf auf. In einer Erörterung darüber, wie sich der Mensch im »Fluß des Lebens« vor dem Gebot Gottes befindet, kommt es zu dieser Formulierung: »[...] er darf den Anfang schon gemacht haben und sich auf dem Wege vom Gebot wie *von einem guten Engel* leiten, begleiten und bewahren lassen, und Gottes Gebot selbst kann nun in der Gestalt alltäglicher, scheinbar kleiner, bedeutungsloser Worte, Sätze, Winke, Hilfen dem Leben die einheitliche Richtung, die persönliche Führung geben«.[16] Der Hauptabschnitt der Ethik, dem dieses Zitat entnommen ist, wurde vermutlich in den Wochen unmittelbar vor Bonhoeffers Verhaftung niedergeschrieben. Damit wäre belegt, dass die im letzten Haftgedicht aktualisierte Grundidee bis in die Zeit der Freiheit zurückreicht. Der Blick von hier aus nach vorn bis zum letzten Gedicht erfasst eine Reihe zusammenstimmender Aussagen. Lassen wir das vergleichende »wie«, das mehrfach hinzugefügt wurde, und andere Bestimmungen jetzt einmal fort, so ergibt sich:

a) Ein ›guter Engel‹ – er leitet, begleitet, bewahrt den Menschen;
b) ›Engel‹ bzw. ›die Geister‹ – sie dienen mir, erwarten und erquicken mich (G. Arnold);
c) ›gute Geister‹ – sie umgeben mich;
d) die ›Engel‹ – sie decken und wecken mich; ›gute unsichtbare Mächte‹ – durch sie widerfährt uns Bewahrung am Abend und am Morgen;
e) ›gute Mächte‹ – ich bin von ihnen umgeben und geborgen.

Die Anfangsworte »Von guten Mächten« lassen sich aber auch noch von externen Kontexten her befragen. Darüber orientiert der folgende Überblick.

Exkurs: Kontexte aus Bonhoeffers Umfeld und Lektüre

1943 erschien im Januarheft der evangelischen Zeitschrift »Eckart« ein kurzer Artikel von Rolf Stöver: *Die guten Mächte.*[17] In dieser Betrachtung schreibt der Autor über den kleinen Schatz an Büchern und Bildern, den er mit sich führt. Stöver ist Soldat, er hat an mehreren Fronten gekämpft, er ist verwundet worden und lebt jetzt wieder einmal in einer Kaserne. In seinem spartanischen Zimmer hat er ein paar Reproduktionen an die Wand geheftet. Auf dem Tisch liegt ein Häuflein Bücher, darunter das Neue Testament. Der Autor hält Erinnerungen fest, die er mit diesem geistigen Besitz verbindet. Er zitiert und erzählt. Das Neue Testament mit den Psalmen und die broschierte Gedichtsammlung, bei den Kämpfen und Märschen »in der Rocktasche mitgeführt«, wissen etwas von den Sekunden und Minuten, da eine geheime Kraft

16. VI, 388 f. Hervorhebung von mir. Auf diese wichtige Stelle haben mich Wolf Krötke und Ilse Tödt aufmerksam gemacht.
17. Eckart 19 (1943), 27 f.

lebenspendend aus ihnen in den ermatteten Geist überging«. Das Resümee des Autors: »Hier liegen sie vor mir, die schmalen Bändchen, die mich begleitet haben, [...] und ihr beschmutztes und wohl auch zerrissenes Gewand mahnt an die Stunden ihrer Nähe draußen – und an der kahlgetünchten Wand hängen die Bilder, und auch hier tun sie ihren Dienst, still und klar, haben geduldig all ihre Kräfte bereit, können warten und wohl auch mahnen, bis ich zu ihnen greife [...]. Sie werden auch dann wieder mit mir sein, die *guten Mächte* in ihrem unscheinbaren Kleid, wenn es wieder hinausgeht. Denn der Soldat bedarf ihrer Hilfe.«[18]

Bonhoeffer könnte das Heft mit diesen Zeilen noch vor seiner Verhaftung in die Hand bekommen haben. Über sein Verhältnis zum »Eckart«, der in christlichen Kreisen viel gelesenen Zeitschrift Kurt Ihlenfelds, ist allerdings nichts bekannt. Lag die in den Titel gerückte Wendung »die guten Mächte« damals in der Luft? Im Rückblick überrascht die Übereinstimmung im Wortlaut. In der Sache gibt es eine punktuelle Berührung (im letzten Brief an Maria bekommen auch Bücher »Leben und Wirklichkeit wie nie zuvor«), aber zum Verständnis des letzten Gedichts trägt die Parallele (vorerst) nichts bei.

Ebenfalls 1943 starb Bonhoeffers Finkenwalder Schüler Winfried Krause (nicht zu verwechseln mit seinem Bruder Gerhard) an den Folgen einer schweren Verwundung. Im Bonhoeffer-Nachlass gibt es mehrere Karten und Briefe an seinen Lehrer aus den Jahren 1939-1942.[19] Erhalten ist auch eine ausführliche Antwort Bonhoeffers vom 25. Juli 1942 (XVI, 344f.). Leider lässt sich in dieser Korrespondenz keine Spur von einem Gedicht Winfried Krauses entdecken. Dabei wäre es sehr gut denkbar, dass Bonhoeffer es von ihm selbst oder anderen erhalten hätte. Das Gedicht ist mit »Bewahrung« überschrieben und lautet:

> Du hast, o grauer Tod, in wilden Schlachten
> nach meinem Leben deine Hand gestreckt,
> mit roten Flammen, welche lodernd lachten,
> nach meinem Herzen heiß geleckt.
>
> Bis heute hielten täglich *hohe Mächte*
> in schwerer Fährnis und in kranker Zeit
> zu meinem Schirm und Schutz die starke Rechte
> ganz unverdient und überaus bereit.
>
> So will ich die *Bewahrungsmacht* denn loben,
> bis ausgehaucht der letzte Atemzug,
> und glauben, dass der ew'ge Fürsprech droben
> mich wiedererkennen wird. – Das ist genug.[20]

18. Ebd., 28. Hervorhebung von mir.
19. NL, 140 (Fiche-Nr. C 25).
20. Friedrich Samuel Rothenberg (Hg.), Lob aus der Tiefe. Junge geistliche Dichtung, 86. Hervorhebungen von mir.

Drei Merkmale verbinden diesen Text mit Bonhoeffers Gedicht im Kontext seines letzten Briefes an Maria: a) Beide Gedichte folgen dem gleichen Strophenmuster. (Über diese metrische Form wird später noch zu reden sein.) b) Die Überschrift »Bewahrung« entspricht der »Bewahrung am Abend und am Morgen« aus dem Brief. c) Das Subjekt dieser Bewahrung heißt »hohe Mächte«, bei Bonhoeffer sind es in Gedicht und Brief die ›guten Mächte‹. Winfried Krause muss sein Gedicht vor seiner schweren Verwundung, der er später in einem Marburger Lazarett erlag, geschrieben haben, also in der Zeit, in der er von der Front aus Kontakt zu Bonhoeffer hielt. Wenn er ihm auch sein Gedicht geschickt hätte, so könnten wir »Von guten Mächten« noch enger damit verbinden. Aber bisher wir haben dafür keinen Beleg.

Schon ein halbes Jahr nach seiner Verhaftung hatte Bonhoeffer über seinen Vater das große Balladenbuch von Wilhelm von Scholz bestellt.[21] Er hat dieses Werk sehr lange in seiner Zelle gehabt, und ohne Zweifel hat er sich auch mit dem als Nachwort hinzugefügten Aufsatz des Herausgebers »Die Ballade« befasst. Dort heißt es von der Ballade, insbesondere von ihrem aus dem Volkslied hervorgegangenen nördlichen Typ: Sie »entwickelte aus ihrer Grundhaltung heraus die Anschauung: rings um uns sind *finstere feindliche Mächte* tätig, die Menschen zu schädigen, zu vernichten, all ihr Tun in schlimme Bahn zu lenken und sie dann der Strafe zu überliefern. So ist die balladische Welt: Geister- und Gespensterwesen, Teufel und Hexen, das Wiederkehren der Toten, übernatürliche Rache und Eintreibung leichtfertig gemachter Schwüre und Versprechungen, [...] Krieg und Heldentum, Räuber, peinliches Gericht, Galgen und Rad; Menschen und *Mächte*, Schicksale und Taten.«[22] Die letzten beiden Wortpaare sind auch der Untertitel des Buches. Ein politischer Verfolgter des Hitlerregimes hätte wohl Anlass gehabt, in seinen Gedichten auch den ›finsteren feindlichen Mächten‹ einen Platz einzuräumen.[23] Ganz anders Bonhoeffer im letzten Gedicht. Es wohnen nur ›gute Mächte‹ darin.

Die nördliche Sagenwelt, in der die Ballade ursprünglich wurzelt, steht im schroffen Gegensatz zur Welt des homerischen Griechentums. Walter F. Ottos Werk über die Götter Griechenlands und den griechischen Geist hat Bonhoeffer bei seiner geistigen Bestimmung der Moderne einen wesentlichen Dienst getan. Die Lektüre muss sehr intensiv gewesen sein.[24] Ganz am Ende behandelt Otto auch das Verderben bringende Schicksal. Es scheine so, dass die Lebensgestalten der Götter an einem bestimmten Punkt ins Dämonisch-Feindselige umschlagen. Aber genau besehen gebe es für das Griechentum

---

21. Siehe o. S. 84.
22. W. v. Scholz, Die Ballade, 601 f. Hervorhebung von mir.
23. Vgl. in M. Schlösser (Hg.), An den Wind geschrieben. Lyrik der Freiheit, etwa von Karl Vollmöller »Die Macht« (23 f.) und von Moriz Seeler »Der Fluch« (53).
24. Vgl. die Notizen zur Lektüre VIII, 488-491 und den theologischen Reflex ebd., 492.

doch keinen unheilbaren Zwiespalt zwischen Lebens- und Verderbensmacht. Die griechische Idee von den Göttern sei eben nicht dualistisch. »In dem klaren und tiefen Homerischen Geist spiegelt sich das Positive des Daseins wie das Negative: jenes mit der ganzen Fülle und Plastik des Gestalteten, dieses aber als Begrenzung und Verdunkelung, und darum nicht mehr als Gestalt und Persönlichkeit. Das Negative fällt als Schatten ins Leben [...] Kein finsterer Herrscher greift gewalttätig ein: das Dasein selbst wird öde und gefährlich. Die *guten Mächte* selbst, die es sonst *behüteten*, sind andere geworden. Sie erleuchten nicht mehr, sondern täuschen und verführen [...] So geschieht es, wenn ein Mensch ihrer spottet [...].«²⁵ Bonhoeffer fühlte sich von der Positivität der ihm von Otto interpretierten griechischen Religion sehr angezogen. Auch von dorther fragte er, was das Christentum im Laufe seiner Geschichte eingebüßt hat und wie sein Verständnis in der Moderne neu zu begründen sei. Das Gedicht »Von guten Mächten« atmet einen Geist der Freiheit, der ungeachtet der schweren Last böser Tage (Str. 2) keine Aufwertung dämonischer Schicksalsmächte zulässt.

Glaubensweg und Strophenfolge

Strophe 1

Von guten Mächten treu und still umgeben – der erste Vers der Strophe ist durch die schon besprochene Wendung ausgezeichnet, mit der die alte Vorstellung von den Engeln in die Gegenwart übersetzt wird. Es ist dies ein Anfang, der mit seinen Anmutungen dem ganzen folgenden Text Aufmerksamkeit zu schaffen vermag. Darüber hinaus lebt die Zeile auch von einer geheimen Berührung mit Psalm 139,5: »Von allen Seiten *umgibst* du mich und hältst deine Hand über mir.«²⁶ Vers 2 lässt auch an einen weiteren Psalmvers denken: »Er hat seinen Engeln befohlen, dass sie dich *behüten* auf allen deinen Wegen« (Ps. 91,11). Als Dietrichs Gedanken einmal um die Gefährdung des Freundes Eberhard bei seiner Einheit in Italien und um die Frage kreisen, wie dem abzuhelfen sei, schreibt er ihm: »Das beschäftigt mich natürlich sehr, und doch kann ich nicht sagen, dass es mich besonders bedrückt; ich habe zu stark das Gefühl, dass Deine Wege von oben her gelenkt werden und daß das besser ist als alles, was wir unternehmen. Gewiß muß man alles versuchen, aber doch nur, um dessen gewisser zu werden, was Gottes Weg ist und um den 91. Psalm mit größerer Zuversicht beten zu können.«

25. W. F. Otto, Die Götter Griechenlands, 280. Den Hinweis auf diese Stelle verdanke ich Gisela Opitz.
26. Ganz anders in »Vergangenheit«: *Aber ich spüre,/ wie das, was über mir, neben mir, unter mir ist,/ rätselhaft und ungerührt über mich lächelt [...].*

(VIII, 467) Der ganze Psalm 91 singt von Gottes Schutz in Gefahren. Aber wenn Bonhoeffer »Deine [nämlich Eberhards] Wege« heraushebt, um dann auf »Gottes Wege« zu kommen, verrät das den besonderen Anhaltspunkt, unter dem er den Psalm bedenkt, nämlich den Spruch von den Engeln, die »dich behüten auf allen deinen Wegen«.

In der Handschrift hat Bonhoeffer nach *wunderbar* ein Komma und noch zusätzlich einen Gedankenstrich gesetzt. Dadurch wird das letzte Wort von Vers 2 kräftig betont, ebenso aber auch das grammatisch ohnehin herausgestellte *so* am Anfang von Vers 3. Genau in ihrer Mitte und bevor noch der begonnene Satz beendet ist, zeigt die Strophe also eine Zäsur, die die Aufmerksamkeit steigert. Was vorausgeht, ist nicht einfach Beschreibung des eigenen seelischen Zustandes, sondern schon Bewegung auf die Angeredeten hin. Der Autor kommt zu den Seinen mit Worten, die von Vertrauen und guten Erfahrungen durchweht sind. Sie dämpfen die quälende Sorge derer, die Weihnachten schon zum zweiten Mal ohne den Verhafteten begehen müssen. Wiewohl abwesend, tritt er vor sie hin und vermittelt ihnen als Allererstes, dass er sich *behütet und getröstet* weiß. So löst er ihre Beklemmung, und so kann er ihr Ohr finden für das, was er ihnen für die letzten Tage des alten Jahres und für das unbekannte neue Jahr sagen möchte: *ich [...] mit euch.* Bonhoeffer gibt dem ganzen Gedicht schon mit der Eingangsstrophe die seelsorgerliche Richtung. [27]

Strophe 2

Einschubweise zunächst der Hinweis auf einen problematischen Rezeptionsvorgang. Als man Bonhoeffers Strophen nicht nur lesen, sondern singen wollte, beließ man es zunächst bei der Schlussstrophe. Der Wunsch, auch andere Strophen einzubeziehen, führte zu verschiedenen Anordnungen, so dass man Bonhoeffers Gedankenweg entweder unterbrach oder sich über ihn hinwegsetzte. [28] Folgenreich wurde die Lösung im mehrsprachigen Liederbuch des Weltrates der Kirchen »Cantate Domino«. Um die Privatheit der Strophe 1 und 5 zu respektieren, begann man mit Strophe 7 und setzte mit den Strophen 2, 3, 4 und 6 fort. Dabei ergab sich die Schwierigkeit, die Strophen 7 und 2 miteinander zu verknüpfen. Ein kleiner Eingriff bot sich an. Aus dem in Strophe 2 klein geschriebenen »alte« (ergänze aus Strophe 1 »Jahr«) wurde das groß geschriebene »Alte«: »Noch will das Alte unsre Herzen quälen, [...].« Dem folgte Fred Pratt Green (ihm war der Originaltext gar nicht vor-

27. Ausführlicher dazu J. Henkys, Dietrich Bonhoeffers Gefängnisbriefe, 26-28.
28. Ausführlich: J. Henkys, Dietrich Bonhoeffers Gefängnisgedichte, 82-88.

gelegt worden) mit der englischen Übertragung: »Yet is this heart by its old foe tormented,/ still evil days bring burdens hard to bear; [...]«. Aus dem ›Alten‹ war der alte Feind geworden, der Teufel.[29] In dieser Fassung gelangte der Text in viele englischsprachige Gesangbücher. Auch eine Korrektur und Vervollständigung der Übersetzung und die Bitte des berühmten Dichters und Übersetzers von Kirchenliedern, sich hinfort nur daran zu halten,[30] hat die weitere Verwendung der problematischen ersten Fassung nicht verhindert.[31]

Zur Seelsorge gehört auch, dass der Braut, den Eltern und Geschwistern die schlimme Gegenwart nicht gutgeredet wird. Eine solche Absicht käme ohnehin nicht zum Ziel. Bonhoeffer überspringt das Böse nicht, er räumt ihm Platz ein. Aber er redet dabei nicht kontradiktorisch von bösen Mächten. Es ist der Druck *böser Tage,* der das Vertrauen auf die *guten Mächte* anficht. Es sind die Tage des alten Jahres, und insofern stehen sie unter dem zeitlichen Vorbehalt »noch«. Aber werden sie sich nicht ins neue Jahr hinein fortsetzen? Und hält ihnen die eben ausgesprochene Gewissheit stand? In den Psalmen entspricht den Vertrauensbekenntnissen die Bitte, oft die klagende Bitte, und so bricht die Rede auch hier in den Hilferuf um: *Ach Herr, gib unsern aufgeschreckten Seelen / das Heil, für das Du uns geschaffen hast.* Du hast uns doch für das Heil geschaffen – das ist die stärkste Begründung, mit der die Bitte dringlich gemacht werden kann.[32] Zugleich erinnert diese Formulierung daran, dass der Glaube, wenn er das Heil ergreift, damit der diesseitigen Welt nicht den Rücken zukehrt.[33] Hier klingt schon die Kehre von Strophe 4 an.

Strophe 3

Gottes Heil ist nicht mit Glückhaben zu verwechseln. Es schließt die Wendung zum Schlimmeren nicht aus. Darum setzt die Strophe noch nicht adversativ, mit einem gegenläufigen Doch ein, sondern konzessiv, einräumend, im Sinne von ›selbst wenn‹: *Und reichst Du uns den schweren Kelch, den bittern/ des Leids, gefüllt bis an den letzten Rand [...].* Mit

29. Cantate Domino, Kassel 1974, Nr. 48.
30. In: News of Hymnody (Editor: Robin A. Leaver), Issue No. 4, October 1982, 5, und Nr, 6, April 1983, 7.
31. Vgl. das Lied »By gracious powers« in »Hymnbook 1982« (Episcopal Church), »The United Methodist Hymnal« und »The New Century Hymnal« (United Church of Christ).
32. In den Nachkriegsdrucken hieß es noch: »für das Du uns bereitet hast«. In Cantate Domino wurde daraus: »das du für uns bereitet hast«.
33. Vgl. A. Schönherr, Die letzte Strophe, FS Gerhard Heintze, 203.

einem Doch am Anfang hätte die dritte Strophe auch schon die letzte sein können. Das Gedicht hätte dann recht traditionell geschlossen. Aber das Doch hat einen späteren Platz und eröffnet einen anderen Horizont.

In den theologischen Reflexionen des gefangenen Bonhoeffer zur weltlichen Interpretation des Evangeliums hat das Bild des Menschen Jesus, der seiner Verhaftung entgegengeht und im Garten Gethsemane einsam um das Ja zum Todeskelch ringt, einen einzigartigen Platz.[34] Der Jesus zugemutete Kelch geht auch an denen nicht vorüber, die Jesus nachfolgen. *Christen stehen bei Gott in seinen Leiden,* hieß es im Gedicht »Christen und Heiden«. Jetzt wird dieser Bekenntnissatz in persönliches Verhalten überführt. Sollte Gott *den schweren Kelch, den bittern des Leids* auch uns reichen, wie er ihn Jesus gereicht hat, *so nehmen wir ihn dankbar ohne Zittern/ aus Deiner guten und geliebten Hand.* Erstaunlich, dass der Autor auch mit einer solchen Aussage bei *wir* bleibt. Von den Brautbriefen her gelesen meint das Wir: Dietrich mit Maria. In den auf Trost und Ermunterung bedachten Briefen Dietrichs an Maria stehen ja auch Sätze, die einen Abschied vom Bild der gemeinsamen Zukunft nicht ausschließen. Aber Dietrich hatte sich immer, in diesen Briefen und in anderen Konfessionen, zu Gottes *Hand* bekannt.[35] »Meine geliebte Maria, laß uns nie an dem irre werden, was uns widerfährt; es kommt alles aus guten, guten Händen.«[36] Im Gedicht werden diese Hände zu der einen *guten und geliebten Hand.* Das ist keine trotzige Märtyrersprache. Es ist aber auch nicht die Sprache schmerzlichen Verzichts[37] oder einer von der Welt nicht mehr berührten Leidensbereitschaft. In diese Verse ist die Gewissheit eingeflossen ist, Gott werde die Bitte, *unsern aufgeschreckten Seelen das Heil* zuzuwenden, in jedem Fall erhören, auch im schlimmen Fall. Die Erhörung des Gebetes steht und fällt nicht mit der Abwendung des Übels.

Strophe 4

Allerdings ist die aufs Diesseitige gerichtete Hoffnung der Betenden ebenfalls im Recht. Sie liegt nicht unter dem Niveau von Bonhoeffers Frömmigkeit. Im Gegenteil: Ohne diese Hoffnung hätte das Christsein

---

34. Vgl. VIII, 535 und 542.
35. Vgl. W. Krötke, »Gottes Hand und Führung«.
36. Brautbriefe, 202.
37. Man beachte den Kontrast dieser Formulierung zum tragischen Ton, in dem Gottfried Benn den »dunklen Trank«, den »Becher Nichts« beschwört. Vgl. die oben auf S. 33-40 besprochene Predigt Bonhoeffers von 1932.

seinen irdischen Geschmack verloren, und Dankbarkeit und Verantwortung für die Welt, in die Gott doch selbst eingekehrt ist, ständen auf wankendem Grund. So nimmt das Gedicht mit dem jetzt erst adversativen Stropheneinsatz eine für Bonhoeffer höchst charakteristische Wende: *Doch willst du uns noch einmal Freude schenken [...]*. Mit Bonhoeffers Formel gesprochen: Durch den Blick auf das Letzte wird das Vorletzte nicht entwertet. Das Vorletzte schützt das Letzte vor dem Missverständnis, in irdischen Dingen irrelevant zu sein. Der jetzt noch Gefangene hält sich bereit, mit den Seinen *noch einmal* den prallen Reichtum des Daseins zu empfangen. Die dann zur Vergangenheit gewordenen Leiden werden nicht einfach verschwunden sein. Sie bleiben im Gedenken gegenwärtig und machen mit allem Neuen zusammen die Ganzheit der wiedererlangten irdischen Existenz aus. Aber der Dank dafür, die Einkehr in Gottes Güte, schließt auch die Umkehr ein: *und dann gehört dir unser Leben ganz.* Hier trifft sich Bonhoeffers letztes Gedicht mit seinem ersten: *Vergangenes kehrt dir zurück/ als deines Lebens lebendigstes Stück/ durch Dank und durch Reue.*

Strophen 5 und 6

Mit diesen Strophen wendet sich Bonhoeffer wieder der Weihnacht 1944 zu. Und hier lebt alles wieder auf, was den Briefwechsel mit Maria gerade zwölf Monate zuvor erfüllt hatte. »Man liest die Briefe hier bis man sie auswendig kann!« (VIII, 611) Das ist zwar erst im Januar 1945 geschrieben, im letzten Brief an die Eltern aus dem Gefängnis der Prinz-Albrecht-Straße. Aber so galt es natürlich schon in Tegel, und erst recht von den Briefen Marias, die in der Advents- und Weihnachtszeit 1943 angekommen waren. Der damalige briefliche Austausch von Erinnerungen und Stimmungen, Gefühlen und Gedanken muss Bonhoeffer an den Dezemberabenden 1944, als er »Von guten Mächten« schrieb, in allen Einzelheiten gegenwärtig gewesen sein. Nur so erklärt sich die auffällige Wiederkehr und die vorsichtige Abwandlung und Weiterführung der Motive von damals.[38] Das aber bedeutet: Maria von Wedemeyer hat am letzten Gedicht ihres Verlobten mitgeschrieben!

Die Motive der Korrespondenz aus der vorjährigen Weihnachtszeit füllen die Strophen 5 und 6, sie klingen aber auch noch in die Schlussstrophe hinein. Hier eine Reihe von Stichworten: *wieder zusammen führen, Kerzen, Stille, Nacht, Dunkelheit, Stimmen und Klänge, Engel, die Toten, die Gefallenen, ihr ewiges Weihnachten bei Gott, Geborgenheit, un-*

---

38. Vgl. den Überblick und Deutungsversuch in J. Henkys, Über Dietrich Bonhoeffers Gedichte aus der Haft, 18-23.

sichtbare Grüße, gute und tröstende Kräfte. Sie stammen mehrheitlich aus Marias Briefen.

Den dringlichen Weihnachtswunsch des Gedichtes *führ, wenn es sein kann, wieder uns zusammen* hatte Dietrich im Brief vom 1. Dezember 1943 vorformuliert. Der sich im Gedicht anschließende Vers *Wir wissen es, Dein Licht scheint in der Nacht* scheint hart daneben zu stehen. Relativiert er den eben ausgesprochenen Wunsch? Eine ähnliche Formulierung taucht in Bonhoeffers Briefen aus der Weihnachtszeit des Vorjahres nicht auf. Natürlich muss sie nicht eigens erklärt werden. Einem Theologen fließt sie ja auch ohne speziellen Anlass in die Feder. Dennoch bleibt Folgendes zu erwägen: Maria hatte im Kriegsjahr 1943 zwei geliebte Menschen verloren. Ihr Vater und ihr Bruder waren in Russland gefallen. In ihrem nächtlichen Brief nach Anbruch des 25. Dezember, als sie vom Kerzenschein, von der tiefen dunklen Nacht und von den Stimmen und Klängen des Heiligen Abends schrieb, konnte sie ihre Toten nicht übergehen. So fuhr sie fort (wir haben es anmerkungsweise schon einmal zitiert): »Und noch eins: *weißt* Du, dass die Toten die Nacht suchen, um zu den Lebenden zu sprechen. *Weißt* Du, dass sie wirklich Engel geworden sind, dass das gar kein Kleinkinderglaube ist; ich *weiß* es ganz sicher und Du musst es auch *wissen.*«[39] Nun, das war nicht die theologische Welt eines Dietrich Bonhoeffer. Und doch hatte auch er in seinem Heiligabendbrief (den Maria natürlich erst wesentlich später erhielt) von der Verbundenheit mit den Toten gesprochen: »[...] Dazu darf ich wissen, dass in diesen Abendstunden eine große Zahl meiner ehemaligen Schüler von allen Fronten her an mich denken und die mehr als dreißig von ihnen, die gefallen sind und das ewige Weihnachten bei Gott feiern, sind über unser Erkennen und Verstehen hinaus mit uns und mit der ganz Kirche Christi verbunden.«[40] Marias Vorstellung allerdings, dass die Toten »Engel geworden sind« und dass sie »die Nacht suchen, um zu den Lebenden zu sprechen«, lag ihm fern. Wie mit Marias Überzeugung umgehen, es handele sich nicht um »Kleinkinderglauben«? Wie das eigene Wissen, das Maria herausfordert (»weißt du?«), mit ihrem Wissen (»Ich weiß es ganz sicher«) ins Verhältnis setzen? *Wir wissen es, Dein Licht scheint in der Nacht.* Das ist, ein Jahr später, zugleich Bestätigung und Weiterführung, wie denn auch die Verknüpfung der Engel des Kinderliedes aus Humperdincks Oper mit den »guten Mächten«[41] bestätigt und weiterführt, was Maria im Jahr zuvor geschrieben hatte.

Wenn sich die Stille nun tief um uns breitet – Bonhoeffer lässt ein Lied

39. Brautbriefe, 104. Hervorhebungen von mir.
40. Ebd., 103.
41. Ebd., 208.

anklingen, das ihm aus seinem Gesangbuch vertraut war: »Zions Stille soll sich breiten/ um mein Sorgen, meine Pein;/ denn die Stimmen Gottes läuten/ Frieden, ewgen Frieden ein.«[42] Die Stille ist der Raum für ausgesendeten und empfangenen Klang: *so laß uns hören jenen vollen Klang [...].* In ihrem schon zitierten Nachtbrief hatte Maria geschrieben: »Jetzt, da all der Jubel, die Freude, der Kerzenschein und auch die Unruhe und der Lärm des Tages vorbei sind und es still geworden ist, drinnen und draußen, da werden andere Stimmen wach. Stimmen und Klänge werden hörbar, die der Alltag schweigen macht.«[43] Welche Stimmen, welche Klänge? Sie kommen aus der Welt, *die unsichtbar sich um uns weitet.* Nach dem nizänischen Glaubensbekenntnis gehört auch diese Welt zur Schöpfung.[44] Unsichtbar tun »Engel« ihren irdischen und himmlischen Dienst. Die Bittenden in Strophe 6 wollen *all Deiner Kinder hohen Lobgesang* hören. Ist es das Lob der Engel vor Gottes Thron? Aber der Ausdruck ›all Deine Kinder‹ lässt eher daran denken, dass die jetzt noch bedrängten Glaubenden an der Gemeinschaft des Gotteslobes mit den schon vollendeten Glaubenden teilhaben möchten, die ihnen vorausgegangen sind. Bonhoeffer zählt zu ihnen auch seine Schüler, die vielen im Krieg umgekommenen jungen Pfarrer aus der Bekennenden Kirche.[45] Und Maria von Wedemeyer soll auch ihren Vater und Bruder dazu zählen. Sie alle feiern »das ewige Weihnachten bei Gott«. Sie gehören zur oberen Schar, wie man früher gern sagte. Sie »sind über unser Erkennen und Verstehen hinaus mit uns und mit der ganzen Kirche Christi verbunden«.

Strophe 7

Jetzt ändert sich die Sprechrichtung. Die Beziehung Ich – Ihr in Strophe 1 stand für die dialogische Ebene der Seelsorge, die Beziehung Wir – Du in den Strophen 2-6 für die dialogische Ebene des Gebets. In der letzten Strophe heißt es dagegen: Wir – Gott. Die Aussage ist noch persönlich, aber sie hat keinen bestimmten Adressaten mehr. Persönliches Bekennen mündet in ein allgemein gefasstes Bekenntnis ein. Dabei will Bonhoeffer die Leser gerade hier mit nichts Ungewöhnlichem befremden. Im Gegenteil: Die Reime *Morgen – geborgen* und *mag – Tag* sind ganz geläufig, und mit der Sequenz *Abend – Morgen – neuer Tag* wird

---

42. Rudolf Kögel, EGBP Nr. 128.
43. Brautbriefe, 104. Maria schrieb »Schweigen«.
44. S. o. zum Lied von Gottfried Arnold.
45. Vgl. seine Nachrufe in den Rundbriefen an die noch Lebenden, etwa XVI, 224-227.

nur das schon Vertraute befestigt: Gott ist immer bei uns.[46] Was da kommen mag, erwarten wir getrost. Wir sind von guten Mächten geborgen.

Im Sommer 1932, bei der zweiten Predigt des jungen Studentenpfarrers über den Anfang von Kolosser 3[47], nimmt er das Textstichwort »verborgen« (»euer Leben ist verborgen mit Christo in Gott«) zum Anlass, um sich scharf gegen die Erwartung des traditionellen Kirchenchristentums abzugrenzen. Man predigt und glaubt es so: »Trachtet nach dem, was droben ist, denn euer Leben ist in Gott *geborgen*. Das ist [es] doch eigentlich, was wir am Sonntag gern hören möchten: Die ganze Fülle, den ganzen Reichtum unseres Lebens bringen wir mit in die Kirche. Und hier sollte der Priester seines Amtes walten, sollte segnen und weihen, sollte über den Tiefen und Höhen unserer Tage [...] das eine erlösende Wort sprechen: daß es alles aufgehoben und geborgen sei in Gott, dem Schöpfer der Welt.« Doch draußen in der Welt weht ein anderer Wind, herrscht eine andere Wahrheit, und die Geborgenheitswünsche erweisen sich als weltflüchtige Illusion. (Wieder, wie in der ersten Predigt über diesen Text, klingt das Oratorium von Gottfried Benn an.) Mit einer »falschen Gottgeborgenheit« kann man nicht bestehen. Aber die Bibel selbst redet ja auch gar nicht so, sondern unbekümmert um jeden Protest gegen Unverständlichkeit sagt sie: »[...] ihr seid gestorben und euer Leben ist *ver*borgen mit Christus in Gott«.[48]

Die theologische Polemik aus Bonhoeffers barthianischer Zeit hat im Haftgedicht keinen Platz mehr. Auch in den Brautbriefen begegnet *geborgen* ungebrochen positiv.[49] Die Zeilen *Von guten Mächten wunderbar geborgen/ erwarten wir getrost, was kommen mag* wollen weder in ihrer Offenheit noch in ihrer Allgemeinheit problematisiert werden. Freilich, dieses Allgemeine und vermeintlich Zeitlose ist erst in der Schlussrede da, und nach der berühmten Denkfigur Bonhoeffers ist auch hier das »Letzte« nicht ohne das »Vorletzte« zu haben, »die letzte Strophe« nicht ohne die früheren Strophen. »Für sich allein genommen gibt sie eine moderne Gottvertrautheit wieder, eine Auffassung, die Bonhoeffer ›billige Gnade‹ nennen würde.«[50] Doch wird diese Sicht niemandem aufgedrängt. Am Ende des Gedankenweges findet ein inmitten tödlicher Bedrohung festgehaltener unglaublicher Glaube den reinen, einfachen Ausdruck, der seither zahllose Leser angerührt hat.[51]

46. Vor Bekanntwerden der Originalhandschrift hieß es: *mit* uns. »Gott mit uns« befördert ein arges Missverständnis.

47. Die erste Predigt haben wir o. S. 33-40 besprochen.

48. XI, 447. Hervorhebungen von mir.

49. Vgl. Brautbriefe, 102, 103, 110.

50. A. Schönherr, Die letzte Strophe, 201.

51. Der Abschnitt »Gedankenweg und Strophenfolge« ist eine Überarbeitung

Über Rezeption – oder: Mitgift aus der Tiefe

Woran es liegt, dass ein poetisch gestalteter Text ›Erfolg‹ hat (in unserem Falle besonders die letzte Strophe), lässt sich in bestimmten Grenzen durch formale und inhaltlich Analyse ergründen. In den beiden vorigen Abschnitten kann man einiges dazu zu finden. Ein anderer Weg ist die empirisch angelegte Untersuchung sprachlicher, sozialer und psychologischer, ggf. auch musikalischer Faktoren, die die Rezeption begünstigen, jedenfalls nicht behindern.[52] Für ein solches Vorhaben wäre *Von guten Mächten wunderbar geborgen* zweifellos ein lohnendes Objekt.

In diesem Buch wurde nach Bonhoeffers Gedichten vor allem um ihres Autors willen gefragt. Wir haben seine Texte zwar nur als bereits rezipierte und sind, lesend, fragend und darstellend, natürlich auch selber Rezipienten. Doch ihre Rezeption, die Art also, in der sie empfangen werden, in der sie wirken und auch neue Züge hinzugewinnen, ist nicht unser Hauptgegenstand. Nur anhangsweise folgt sogleich noch ein Abschnitt über den Wandel des letzten Gedichtes zum Lied. Zuvor aber die Frage: Was hat Bonhoeffer selbst über die menschlichen Bedingungen gesagt, unter denen gesprochenes geistliches Wort angenommen und wirksam werden kann? Wir beschränken uns auf die früher schon berührte Passage über die kirchliche Sprache im Brief an Ruth Roberta Stahlberg.[53]

»Das Wort, das aus einem langen Schweigen heraus ans Licht tritt, wiegt schwerer als dasselbe Wort im Munde des Geschwätzigen.« (XVI, 23) Das heißt: Lexische und semantische Identität vorausgesetzt, ist »dasselbe Wort« nichtidentisch, wenn es von zwei Menschen gesprochen wird, die zwar die gleiche Intention haben mögen, aber als Personen ganz verschiedener Art sind. Geht es um das Gewicht des Wortes, entscheidet ein Persönlichkeitsfaktor mit. Die Hörenden nehmen die Redenden auch als Person wahr. Sie hören bei der einen Person gleichsam das lange Schweigen mit, bei der andern aber die durch Reden überdeckte Furcht, nichts zu sagen zu haben.

Dietrich Bonhoeffer war sein Leben lang mit der Frage beschäftigt, ob und wie er den Tod bestehen könne. Daran erinnert sein Schüler Werner Koch, als er erzählt: »Als ich Dietrich im Januar 1939 nach meiner Entlassung aus dem Konzentrationslager Sachsenhausen besuchte, hat er mich nach sehr bestimmten Dingen, die ich dort erlebte, gefragt:

---

und Erweiterung des gleichnamigen Abschnitts aus J. Henkys, Von guten Mächten (Geistliches Wunderhorn, 456-459).
52. Vgl. B. Martini, Sprache und Rezeption des Kirchenliedes.
53. XVI, 23 f. Vgl. o. S. 62-66.

Dies mit einer Präzision und Intensität, wie es kein anderer vor ihm oder nach ihm getan hat. Nach jeder Antwort, die ich ihm gab, verfiel er in manchmal minutenlanges Schweigen, um dann erneut mit einer bohrenden Frage einzusetzen. Bei jedem neuen Schweigen spürte ich, wie etwas in ihm arbeitete. Ohne Zweifel dachte er daran, wie er selbst solchen täglichen Umgang mit dem Tod bestehen würde.«[54] Koch folgert für einen bestimmten Haftbrief Bonhoeffers an Bethge: Was »im Angesicht des Todes niedergeschrieben worden ist, hat [...] sein sehr besonders Gewicht.« Wir können ergänzen: Das lange Schweigen, das Werner Koch bei Bonhoeffer erlebt hat und das auch Bonhoeffer selbst, nicht allzu lange danach, in seinem Brief an R. R. Stahlberg als Kriterium herausstellte – dieses Schweigen bewirkt, dass die Worte, wenn sie die Hörenden erreichen, schwerer wiegen als dieselben oder ähnliche Worte, die einen leichteren Weg genommen haben.

Bonhoeffer im gleichen Brief an späterer Stelle; »[...] es kommt eben darauf an, aus welcher Tiefe sie kommen und in welcher Umgebung sie stehen.« (XVI, 24) Was meint er mit »Tiefe«? Der Tiefenpsychologie hat er immer misstraut, so können wir die Tiefe der unbewussten Konfliktbearbeitung ausschließen. Näher liegt die Tiefe einer persönlich verpflichtenden Wahrheit und, damit verbunden, die Tiefe der individuellen Erfahrung und der eigenen Lebensgeschichte. Ausdrücklich auf »Geistliches« bezieht Bonhoeffer sich, wenn er Ruth Roberta Stahlberg an die Bücher von Georges Bernanos erinnert: »Wenn dort die Pfarrer sprechen, hat ihr Wort Gewicht. Das liegt daran, dass sie nicht aus irgendeiner sprachlichen Überlegung oder Beobachtung, sondern ganz einfach aus dem täglichen persönlichen Umgang mit dem gekreuzigten Christus kommen. Das ist die Tiefe, aus der ein Wort kommen muß, wenn es wiegen will. [...] Aber wer von uns lebt in dieser Sammlung?« (XVI, 25) Solche Tiefe bereichert die Worte der Redenden durch eine Mitgift, die sich bemerkbar macht, ohne dass sie eigens hervorgekehrt wird.

Neben der Herkunftstiefe der Worte nennt Bonhoeffer nun aber auch ihre »Umgebung«. Tiefe wird vertikal und individuell erfahren, Umgebung horizontal und sozial. Damit ist ein den Worten jeweils angemessenes Umfeld im Blick, ihre Platzierung dort, wo sie auch ankommen können. Die Worte sind jedenfalls nicht immer und nicht überall am Platze. Wer redet, entscheidet auch darüber, ob er mit dem, was er zu sagen hat, überhaupt vernommen werden kann, oder ob er umgekehrt nur der Entwertung seiner Worte Vorschub leistet.[55] Zeit, Milieu

54. W. Koch, Der Freund, in: Wie eine Flaschenpost, 55.
55. Vgl. etwa IV, 180, wo Bonhoeffer das Bildwort Jesu von den Perlen aufnimmt, die nicht den Säuen vorgeworfen werden sollen.

und Situation wollen recht eingeschätzt werden. Die eigenen Worte brauchen eine Umgebung, in der wahrnehmbar wird, woher sie kommen und was sie mit sich führen.

Ein Autor redet schriftlich. Er ist für die Rezeption seines Werkes nur sehr bedingt zuständig. Bonhoeffer hat versucht, »Von guten Mächten« zum Medium der Seelsorge für die Seinen zu machen. Eine Verwendung der Strophen darüber hinaus war kaum seine Absicht, keinesfalls seine erste. Dass sie ihren eigenen Weg gemacht haben, lag an jener Mitgift, die seiner Planung doppelt entzogen war: Schon als Redender verfügte er nicht darüber, als Schreibender erst recht nicht. Die Verbreitung seines Gedichtes, insbesondere der letzten Strophe, ist unter den geistlichen Texten der Gegenwart wohl ohne Beispiel. Sie ruft die Verantwortung Anderer auf den Plan, die für das Vermächtnis des Autors eintreten. Als Distribuenten und Interpreten sollten sie dafür Sorge tragen, dass die Empfindlichkeit dieses Textes gegen Umgebungen, die ihn entwerten, wenigstens annähernd verstanden und berücksichtigt wird.[56]

Vom Gedicht zum Lied

Ich habe früher die Meinung vertreten, Bonhoeffer habe bei »Von guten Mächten« keinesfalls an ein Lied gedacht. Gegen einen solchen Gedanken spreche der private Charakter der Dichtung, aber auch der Umstand, dass das von ihm verwendete Strophenmuster in der Kirchenliedtradition, die ihm vertraut war, überhaupt nicht vorkommt. Er hätte also für seinen Text gar keine Melodie gewusst.[57] Inzwischen kann ich es nicht mehr ausschließen, dass der Gedanke an ein Lied Bonhoeffer wenigstens gestreift hat.

Zu werten sind die folgenden Beobachtungen: a) Unter den zehn Gefängnisgedichten Bonhoeffers ist nur eines ohne Überschrift, eben »Von guten Mächten«. Viele Kirchenlieder haben zwar ursprünglich einen Titel gehabt, aber mit der Aufnahme in das Gesangbuch und mit der Einordnung in eine Rubrik ist er verschwunden. Wer das Gesangbuch in die Hand nimmt, hat es mit überschriftslosen Texten zu tun. b) Bonhoeffer hat jede Strophe beziffert. So hielt er es zuvor nur bei »Christen und Heiden«. Kam es ihm darauf an, die drei aus freien Versen gefügten

56. Diesem Anliegen gilt Albrecht Schönherrs Beitrag »Die letzte Strophe«.
57. J. Henkys, Gefängnisgedichte, 68 f. Mein Aufsatz »Dietrich Bonhoeffers letztes Gedicht auf dem Weg in das Gesangbuch«, zuerst in der Festschrift für Gerhard Krause (1982) erschienen und dann in mein Büchlein über die Gefängnisgedichte übernommen (1986), ist für diesen ganzen Abschnitt zu vergleichen.

Strophen als Schritte in einer streng konstruierten Gesamtkomposition hervorzuheben? Das Gedicht zeigt sich so jedenfalls umso deutlicher als Triptychon. Auch bei »Von guten Mächten« entscheidet natürlich die Gedankenfolge. Aber die sieben Strophen, deren metrische Regel nie durchbrochen wird, sind doch nicht so durchkonstruiert wie die drei von »Christen und Heiden«. Ihre Bezifferung lässt sich am besten vom Vorbild des Gesangbuchs her verstehen. Dort muss ja jede Einzelstrophe angesagt und aufgesucht werden können. c) Das von Bonhoeffer gewählte Strophenmuster hat in seinem Gesangbuch zwar kein direktes Vorbild, aber doch ein verborgenes: Gottfried Arnolds »So führst du doch recht selig, Herr, die Deinen«, das Lied also, das er ganz besonders liebte und das er seiner Braut zur Lektüre empfahl,[58] besteht aus achtzeiligen Strophen, deren jeweils erste Hälfte genau dem Metrum entspricht, das wir in seinem letzten Gedicht vor uns haben. Es ist gar nicht denkbar, dass Bonhoeffer das Lied von Gottfried Arnold meditiert und gelernt hätte, ohne auch tief in dessen Form einzutauchen.

Bonhoeffer wählte für seine Gedichtstrophen die Vier-Verszeilen-Form »aus jambischen Fünfhebern mit weiblich/männlich wechselnden Kadenzen im Kreuzreim«. Es ist die häufigste Strophenform der deutschen Lyrik des 20. Jahrhunderts.[59] Erst mit Stefan George und Rainer Maria Rilke in weiten Gebrauch gekommen, dient sie sehr unterschiedlichen Inhalten und Stimmungen. Ein bezeichnendes Beispiel aus Bonhoeffers Umfeld ist das oben mitgeteilte Gedicht von Winfried Krause. Unsere Aufmerksamkeit verdienen auch Jochen Kleppers (zu Lebzeiten unveröffentlicht gebliebene) Königsgedichte. Das dritte etwa endet mit dieser Strophe: *Wo Kreuze sind, hast du dich, Gott, gebunden./ Den Fahnen und den Kränzen bist du fern./ Wo Buße ist, dort bist du schon gefunden,/ und über solchem Lande steht dein Stern.*[60] Im deutschen Kirchenlied war dieser Typ zwar schon im 16. Jahrhundert aufgetaucht, übernommen aus dem Französischen für zwei Lieder des Genfer Psalters.[61] Aber er hat sich nicht über den reformierten Liedpsalter hinaus verbreitet und auch nicht auf die allgemeine Lyrik eingewirkt. Etwas anders steht es mit dem Genfer Psalmlied 27. Der vierzeilige Text des Aufgesangs folgt dem metrischen Muster, das uns hier interessiert (11.10.11.10 jambisch, Reimstellung abab). Der Text des Abgesangs umfasst ebenfalls vier Zeilen, die aber alle zehnsilbig sind und also ›männlich‹ enden (10.10.10.10 jambisch, Reimstellung cddc). Dieses Psalmlied mit seiner mixolydischen Melodie (Genf 1551) wurde das

58. Vgl. o. S. 267.
59. H. J. Frank, Handbuch der deutschen Strophenformen, 321.
60. J. Klepper, »Ziel der Zeit«, 41.
61. Psalmen 12 und 110, traditionelles Silbenkürzel 11.10.11.10 jambisch.

So führst du doch recht se-lig, Herr, die Dei-
Wie könn-test du es bö-se mit uns mei-

nen, ja se-lig und doch mei-stens wun-der-lich.
nen, da dei-ne Treu nicht kann ver-leug-nen sich?

Die We-ge sind oft krumm und doch ge - rad,

dar - auf du läßt die Kin-der zu dir gehn;

da pflegt es wun-der-selt-sam aus - zu - sehn;

doch tri - um - phiert zu-letzt dein ho - her Rat.

Abb. 3: Melodie Genf 1551 mit G. Arnold, So führst du doch, EGBP, Nr. 230

Vorbild für Gottfried Arnolds großes Lied über die seltsamen Wege der
Führung Gottes. Der Aufgesang lässt sich zwar vom Abgesang nicht
einfach abtrennen, ist aber doch eine recht geschlossene melodische
Einheit. Unterlegt man einmal versuchsweise Bonhoeffers erste Strophe, so kommt heraus, dass Textsinn und Melodieakzente sehr gut zu-
sammenstimmen.

Zahlreiche Komponisten haben Bonhoeffers »Von guten Mächten«
vertont. Inzwischen gibt es vermutlich mehr als 50 Melodien. Sie sind
auf Einzelblättern, in Liederheften und in offiziellen Gesangbüchern
erschienen. Vertonungen gehören zur Rezeption des Gedichtes. Die
musikalische Verbreitung lässt sich ebenso wenig steuern wie die text-
liche, und wenn die eben mitgeteilten Beobachtungen zutreffen, könnten sich die Komponisten auch darauf berufen, dass Bonhoeffer selbst
sich ihrem Vorhaben nicht in den Weg stellt. Was zählt, ist allein die

Qualität der Vertonung.[62] Eine andere Frage ist, ob »Von guten Mächten« sich auch für gottesdienstliches Singen eignet und in ein Gesangbuch gehört. So setzten es die meisten Komponisten voraus und sind dadurch zu Bonhoeffers Wegbereitern im Gesangbuch geworden. Nach einer Phase der Unsicherheit haben sich viele Gesangbuchkommissionen im In- und Ausland positiv entschieden, und die Gemeinden, jedenfalls im deutschen Sprachbereich, geben ihnen singend Recht.

Die erste veröffentlichte Vertonung stammt von Otto Abel (1905-1977), Kantor in Berlin und zeitweilig Landeskirchenmusikdirektor der Evangelischen Kirche in Berlin-Brandenburg. Sein Kollege Theophil Rothenberg (1912-2004) hat mir einst mündlich berichtet, er habe Abel zu dieser Vertonung angeregt. Anlass war Rothenbergs Beobachtung, dass bei den wöchentlichen Treffen von evangelischen Jugendgruppen (»Jungen Gemeinden«) im damaligen Ostberlin zum Abschluss oft *Von guten Mächten wunderbar geborgen*, Bonhoeffers letzte Strophe, gebetet worden sei, auswendig gesprochen von einem Jungen oder einem Mädchen. Die anderen Strophen seien gar nicht bekannt gewesen. Weil Th. Rothenberg damals aber gerade an der Herausgabe eines mehrstimmigen Jugendliederbuches arbeitete, habe er Abel um Melodie und Satz gebeten. Das neue Lied erschien 1959 in Ostberlin.[63] Der Untertitel von Rothenbergs dreiteiliger Sammlung ist hier eigens hervorzuheben: »Ein Liederbuch junger Christen für Singstimmen und Instrumente«. Die Jungen Gemeinden in der DDR waren 1952/53 durch eine scharfe Kampagne der »Freien Deutschen Jugend« und der kommunistisch gegängelten staatlichen Behörden diskriminiert, bedroht und in ihrer Arbeit beeinträchtigt worden. Auch wenn der größte Druck dann nachließ, hatten sie mit der Erfahrung weiterzuleben, dass »junge Christen« in diesem Staat benachteiligt waren. Das war, mit Bonhoeffer zu sprechen, die »Umgebung«, in der sie bestimmten geistlichen Worten das ihnen eigene Gewicht abspüren konnten!

Otto Abel hatte es also nur mit der letzten Strophe zu tun. Er schrieb eine dorische Melodie, komponierte einen Satz für drei gleiche Stimmen und fasste die Zeilen 3 und 4 in Wiederholungszeichen ein. Das war für diesen kurzen Gesang auch angemessen. So bürgerte er sich auf dem Gebiet der DDR rasch bei evangelischen Singkreisen und Kirchenchören ein. Als man später auch weitere und schließlich alle Strophen singen wollte, entfiel die Wiederholung, so auch im Stammteil des Evangelischen Gesangbuchs von 1993.[64] Dort ist Bonhoeffers Gedicht

62. Zu einigen Maßstäben für die Beurteilung s. J. Henkys, Gefängnisgedichte, 88.
63. Th. Rothenberg (Hg.), Die singende Schar III, 233.
64. EG, Nr. 65.

mit der Melodie von Otto Abel und einem vierstimmigen Satz der Rubrik »Jahreswende« zugeordnet. Aber bevor es dazu gekommen war, standen auch andere Lösungen zur Prüfung an. Als scharfe Konkurrentin zu Abels Melodie blieb am Ende nur die im Sechs-Achtel-Takt notierte Komposition von Siegfried Fietz (1970) übrig, ein Beispiel aus dem Sacro-Pop. Begleitung des Gesangs ist unerlässlich. Die mehrfach vorgesehenen Fünf-Achtel-Pausen an Zeilenenden dienen der instrumentalen Modulation durch Gitarrenschlag oder Band. Das wichtigste Merkmal dieser Version ist aber der Refrain. Nachdem einige Liedfassungen, die mehr bieten wollten als nur die 7. Strophe, mit anderen Textkürzungen und unterschiedlichen Anordnungen der Strophen laboriert hatten, trat Fietz mit einer neuen Lösung hervor: Er gab der 7. Strophe eine eigene Chorusmelodie und machte sie zum Refrain, in den jede Einzelstrophe (von 1 bis 6 oder in Auswahl) textlich und musikalisch einmündet. Der Schluss des Gedichts wird auf kürzestem Weg erreicht und dominiert von da an auch alles Folgende. Diese Fassung wurde so beliebt, dass mehrere Gliedkirchen der EKD, die die Komposition von Siegfried Fietz im Stammteil des gemeinsamen Gesangbuches vermissten, sie zusätzlich zu EG 65 in ihren jeweiligen Regionalteil aufnahmen – z. B. das Evangelische Gesangbuch für Rheinland, Westfalen und Lippe als Nr. 652. So kann man zwischen zwei Versionen des Bonhoeffer-Liedes wählen, und es zeigt sich, dass der Fassung von Fietz sehr häufig der Vorrang gegeben wird – keineswegs nur von Jugendlichen.

Theologische Interpretation des Gedichtes führt zu dem Urteil: Das ist kein guter Brauch. Soll »Von guten Mächten« überhaupt gesungen werden, dann ist der singenden Gemeinde der *ganze* Weg von Strophe 1 zu Strophe 7 zuzumuten.[65] Das Hin und Her zwischen den Einzelstrophen (1-6) und diesem Refrain (7) zerreißt den Gedankengang und verkürzt den Glaubensweg. Die Singepraxis setzt sich über Bonhoeffers Intention hinweg.

Aber ist das nicht schon mit dem Angebot einer solchen Melodie passiert? Bedient sich diese Musik nicht des Textes, statt dass sie ihrerseits dem Text dient? Damit ist ein Fragenkreis berührt, in dem »Von guten Mächten« nur ein Einzelfall unter vielen anderen ist, historischen und gegenwärtigen, und in dem die Theologie sich davor hüten muss, Parteigängerin einer elitären Minderheit zu werden. In der Tat: Die Re-

---

65. Oder das Gesangbuch bietet Str. 1-7 als Lesetext an, mit dem ausdrücklichen Hinweis auf Bonhoeffers Biographie, während für den Gesang nur Str. 7 vorgesehen ist, mit Rückverweis auf die Herkunft aus diesem besonderen Gedicht. Das war die Entscheidung der Kommission für das Gesangbuch der Evangelisch-reformierten Kirchen der deutschsprachigen Schweiz (1998). Vgl. dort die Nummern 550 und 353.

zeption ermäßigt anfängliche Ansprüche, aber doch besonders dann, wenn diese in einer neuen Situation mehr zu blockieren als zu animieren scheinen. Und damit zeigt die Rezeption ein Missverhältnis an (hier: Bonhoeffer und die Durchschnittsmenschen von heute), an dessen Auflösung gerade den Theologen sehr gelegen sein müsste.

Am Ende ein Erlebnis. Im Jahr 2000 fand der VIII. Internationale Bonhoeffer-Kongress in Berlin statt. Im Beiprogramm zu den vielen wissenschaftlichen Vorträgen[66] gab es auch ein Treffen in der Justizvollzugsanstalt Berlin-Tegel. Die Teilnehmer sollten die Möglichkeit haben, etwas vom Gefängniskomplex hinter dem großen Tor zu sehen und in der Gefängniskirche, die Bonhoeffer selbst nie betreten hat, einen Vortrag über seine Haftzeit zu hören, und zwar zusammen mit zumeist jungen Strafgefangenen. Die Anstaltsleitung hatte genehmigt, dass bei diesem Ereignis auch die Häftlingsrockband auftreten dürfe, und die nutzte das denn auch weidlich aus. Am Ende wurde »Von guten Mächten« gesungen – selbstverständlich mit Rockbandbegleitung und in der Version von Siegfried Fietz. Ich habe das Lied noch nie so beteiligt singen hören wie an jenem Nachmittag in Tegel. In dieser »Umgebung« (XVI, 24) taten Text und Melodie ihren Dienst.

66. Chr. Gremmels und W. Huber (Hg.), Religion im Erbe. Dietrich Bonhoeffer und die Zukunftsfähigkeit des Christentums.

Anhang

Abkürzungen

(Quellen und Literatur)

BRB	Bonhoeffer Rundbrief. Mitteilungen der Internationalen Bonhoeffergesellschaft, Sektion Bundesrepublik Deutschland
DB	Eberhard Bethge, Dietrich Bonhoeffer. Theologe – Christ – Zeitgenosse
DBW	Dietrich Bonhoeffer Werke
EG	Evangelisches Gesangbuch. Stammausgabe der Evangelischen Kirche in Deutschland
EGBP	Evangelisches Gesangbuch für Brandenburg und Pommern
ENL	Ein neues Lied
EKG	Evangelisches Kirchengesangbuch
FS	Festschrift
NL	Nachlass Dietrich Bonhoeffer
PAM	Dietrich Bonhoeffer, Predigten – Andachten – Meditationen
TRE	Theologische Realenzyklopädie
RGG	Die Religion in Geschichte und Gegenwart
WE	Widerstand und Ergebung
WEN	Widerstand und Ergebung. Neuausgabe

Zeittafel mit zugeordneten DBW-Bänden

Die Zeittafel berücksichtigt vor allem Daten, die für den Gang der Darstellung in diesem Buch wichtig sind. Parallel läuft ein Überblick über die biographische Zuordnung der DBW-Bände. Deren genaue Titel sind dem Quellenverzeichnis zu entnehmen. Die Bände I-VIII in Spalte 2 enthalten die Bücher, die Bonhoeffer selbst veröffentlicht hat (I-V) oder die aus seinem Nachlass zusammengestellt wurden (VI-VIII). Die Bände IX-XVI in Spalte 3 versammeln Briefe, Aufsätze, Vorlesungen, Predigten usw. in lebensgeschichtlicher Folge.

Daten	Selbständige Bücher	Briefe, Aufsätze usw.
1906 (4.2.) geb. in Breslau 1913-23 Gymnasiast in Berlin 1923-27 Theologiestudium in Tübingen und Berlin 1927 Promotion		DBW IX: Jugend und Studium 1918-1927
1928-29 Vikar in Barcelona 1930 Habilitation 1930-31 Stipendiat in den USA	Sanctorum Communio (1930) DBW I	DBW X: Barcelona, Berlin, Amerika 1928-1931
1931 Beginn der ökumenischen Arbeit und der Lehrtätigkeit als Privatdozent in Berlin 1931-1933 Studentenpfarrer	Akt und Sein (1931) DBW II	DBW XI: Ökumene, Universität, Pfarramt 1931-1932
1933 Teilnahme am Kirchenkampf	Schöpfung und Fall (1933) DBW III	DBW XII: Berlin 1932-1933
1933-35 Pfarrer in London 1934 (28.8.) Rede in Fanø		DBW XIII: London 1933-1935
1935-37 Leiter des BK-Predigerseminars Finkenwalde 1935 Erste Begegnung mit Eberhard Bethge Begegnungen mit Ruth v. Kleist-Retzow und ihren Enkelkindern 1935/36 Tagebuch Trentepohl über den 2. Kurs in Finkenwalde 1936 Vortrag während der Berliner Olympiade Entzug der Lehrbefugnis an der Berliner Friedr.-Wilhelm-Univers.	Nachfolge (1937) DBW IV	DBW XIV: Illegale Theologenausbildung: Finkenwalde 1935-1937

Daten	Selbständige Bücher	Briefe, Aufsätze usw.
1937-40 Leiter der BK-Sammelvikariate in Vorpommern 1938 Aufenthaltsverbot für Berlin 1938 Mitwisser des Umsturzplanes 1939 Reise in die USA	Gemeinsames Leben (1939) Das Gebetbuch der Bibel (1940) DBW V	DBW XV: Illegale Theologenausbildung: Sammelvikariate 1937-1940
1940 Auflösung d. Sammelvikariate 1940-1943 Arbeit an der »Ethik«, Teilnahme an der Umsturzplanung 1940 Redeverbot 1941 Veröffentlichungsverbot 1941 Freistellung vom Militärdienst 1941-43 Konspirat. Auslandsreisen 1941 Trauerfeier für Hans-Friedrich v. Kleist-Retzow 1943 (13. 1.) Verlobung 1943 (5. 4.)Verhaftung	Ethik DBW VI	DBW XVI: Konspiration und Haft 1940-1945
1943-44 Militär-Untersuchungsgefängnis Tegel 1944 (20. 7.) Attentat gescheitert 1944 (1. 10.) Fluchtplan aufgegeben 1944 (8. 10.) Kellergefängnis RSHA 1944 (19. 12.) Letzter Brief an Maria 1945 (9. 4.) Im KZ Flossenbürg ermordet	Fragmente aus Tegel DBW VII Widerstand und Ergebung DBW VIII	

Quellen

A. Archivalien

Staatsbibliothek zu Berlin, Stiftung Preußischer Kulturbesitz: Nachlass Dietrich
Bonhoeffer
Privatbesitz Albrecht Schönherr: Nachlass Hilde Enterlein

B. Gesamtausgabe: Dietrich Bonhoeffer Werke

Dietrich Bonhoeffer Werke, hg. von Eberhard Bethge, Ernst Feil, Christian Grem-
mels, Wolfgang Huber, Hans Pfeifer, Albrecht Schönherr, Heinz Eduard Tödt,
Ilse Tödt, Erster bis Siebzehnter Band, München bzw. Gütersloh 1986-1999
Sanctorum Communio, hg. von Joachim von Soosten, München 1986 [I]
Akt und Sein, hg. von Hans-Richard Reuter, München 1988 [II]
Schöpfung und Fall, hg. von Martin Rüter und Ilse Tödt, München 1989 [III]
Nachfolge, hg. von Martin Kuske und Ilse Tödt, München 1989 [IV]
Gemeinsames Leben. Das Gebetbuch der Bibel, hg. von Gerhard Ludwig Müller
und Albrecht Schönherr, München 1987 [V]
Ethik, hg. von Ilse Tödt, Heinz Eduard Tödt, Ernst Feil und Clifford Green, Mün-
chen 1992 [VI]
Fragmente aus Tegel, hg. von Renate Bethge und Ilse Tödt, Gütersloh 1994 [VII]
Widerstand und Ergebung, hg. von Christian Gremmels, Eberhard Bethge und
Renate Bethge in Zusammenarbeit mit Ilse Tödt, Gütersloh 1998 [VIII]
Jugend und Studium. 1918-1927, hg. von Hans Pfeifer in Zusammenarbeit mit
Clifford Green und Carl-Jürgen Kaltenborn, München 1986 [IX]
Barcelona, Berlin, Amerika. 1928-1931, hg. von Reinhart Staats und Hans-Chris-
toph von Hase in Zusammenarbeit mit Holger Roggelin und Matthias Wün-
sche, München 1991 [X]
Ökumene, Universität, Pfarramt. 1931-1932, hg. von Eberhard Amelung und
Christoph Strohm, Gütersloh 1994 [XI]
Berlin. 1932-1933, hg. von Carsten Nicolaisen und Ernst-Albert Scharffenorth,
Gütersloh 1997 [XII]
London. 1933-1935, hg. von Hans Goedeking, Martin Heimbucher und Hans-
Walter Schleicher, Gütersloh 1994 [XIII]
Illegale Theologenausbildung: Finkenwalde 1935-1937, hg. von Otto Dudzus und
Jürgen Henkys in Zusammenarbeit mit Sabine Bobert-Stützel, Dirk Schulz und
Ilse Tödt, Gütersloh 1996 [XIV]
Illegale Theologenausbildung: Sammelvikariate 1937-1940, hg. von Dirk Schulz,
Gütersloh 1998 [XV]
Konspiration und Haft. 1940-1945, hg. von Jørgen Glenthøj, Ulrich Kabitz und
Wolf Krötke, Gütersloh 1996 [XVI]

Register und Ergänzungen, hg. von Herbert Anzinger und Hans Pfeifer unter Mitarbeit von Waltraud Anzinger und Ilse Tödt. Nachwort von Wolfgang Huber, Gütersloh 1999 [XVII]

C. Dietrich Bonhoeffers Schriften in Einzel- und Sammelausgaben (sofern in diesem Buch zitiert oder erwähnt)

Auf dem Wege zur Freiheit. Gedichte aus Tegel, hg. von Eberhard Bethge, Berlin 1946
Dietrich und Klaus Bonhoeffer: Auf dem Wege zur Freiheit. Gedichte und Briefe aus der Haft, hg. von Eberhard Bethge, 2. erweiterte Auflage Berlin 1947
Ethik, zusammengestellt und hg. von Eberhard Bethge, München 1949
Widerstand und Ergebung. Briefe und Aufzeichnungen aus der Haft, hg. von Eberhard Bethge, München 1952, Neuausgabe München 1970
Letters and Papers from Prison. The Enlarged Edition, ed. by Eberhard Bethge, New York 1979
Gesammelte Schriften. Band I-VI, hg. von Eberhard Bethge, München 1958-1974
Fragmente aus Tegel. Drama und Roman, hg. von Renate und Eberhard Bethge, München 1978
Bonhoeffer Auswahl Band I-IV, hg. von Otto Dudzus, Gütersloh [3]1982
Predigten – Auslegungen – Meditationen, hg. von Otto Dudzus, Band I-II, München 1984-1985
Dietrich Bonhoeffer Lesebuch, hg. von Otto Dudzus, München 1985
Zettelnotizen für eine »Ethik«, Ergänzungsband zu DBW VI, hg. Von Ilse Tödt, Gütersloh 1993

Literatur

Autoren und Herausgeber sind nur mit solchen Schriften aufgenommen, auf die auch die Fußnoten verweisen. Einige Herausgeberarbeiten erscheinen mit ihrem alphabetisch eingeordneten Titel. Der hinzugefügte Herausgeberverweis ermöglicht das Auffinden der kompletten bibliographischen Angabe.

Agende für die Evangelische Landeskirche. Vom Evangelischen Ober-Kirchenrat veranstaltete Handausgabe für die kirchlichen Handlungen, Berlin 1895
Anderson, Dorothea, geb. Vibrans/*Anderson,* Gerhard/*Bethge,* Eberhard/*Vibrans,* Elfriede (Hg.): Briefe im Kirchenkampf 1933-1942 von Gerhard Vibrans, aus seinem Familien- und Freundeskreis und von Dietrich Bonhoeffer, DBW-Ergänzungsband, Gütersloh 1995
Arndt, Erwin: Deutsche Verslehre, Berlin 1960
Axmacher, Elke: O Haupt voll Blut und Wunden, in: *Hahn,* G./*Henkys,* J. (Hg.), Liederkunde zum Evangelischen Gesangbuch, H. 10, Göttingen 2004, 40-49
Bachmann, J. F.: Paulus Gerhardts geistliche Lieder. Historisch-kritische Ausgabe, Berlin 1877
Becker, Hansjakob u. a. (Hg.): Geistliches Wunderhorn. Große deutsche Kirchenlieder. Herausgegeben, vorgestellt und erläutert von Hansjakob Becker, Ansgar Franz, Jürgen Henkys, Hermann Kurzke, Christa Reich, Alex Stock, München ²2003
Bethge, Eberhard: Dietrich Bonhoeffer. Theologe – Christ – Zeitgenosse Eine Biographie München ⁸2004
Bethge, Eberhard u. a. (Hg.): Dietrich Bonhoeffer. Sein Leben in Bildern und Texten, München 1986
Bethge, Eberhard: Zur Textgestalt des Gedichts »Von guten Mächten«, BRB Nr. 28, November 1988, 5-6
Bethge, Eberhard: In Zitz gab es keine Juden. Erinnerungen aus meinen ersten vierzig Jahren, München 1989
Bethge, Eberhard: Predigt zu Dietrich Bonhoeffers Gedicht »Jona« (15. 1. 1989). Jona 1,5-9;11-15a, in: R. Rieß (Hg.), Wenn der Dornbusch brennt. Beiträge zum Pfarrerberuf, zur Praxis geistlichen Lebens und zum Weg der Kirche (FS Dieter Voll), München 1989, 175-182
Bethge, Eberhard: Mein Freund Dietrich Bonhoeffer, in: Theologie und Freundschaft, 1994, 13-28
Bethge, Eberhard: Der Freund Dietrich Bonhoeffer und sein theologisches Konzept von Freundschaft, in: Theologie und Freundschaft, 29-50
Beuerle, Herbert (Hg.): Sing mit IV. 98 Lieder – Kanons – Texte, Gelnhausen 1973
Bismarck, Ruth-Alice von/*Kabitz,* Ulrich (Hg.): Brautbriefe Zelle 92. Dietrich Bonhoeffer – Maria von Wedemeyer. Mit einem Nachwort von Eberhard Bethge, München 1992
Bobert-Stützel, Sabine: Liebt ein Freund mehr als ein Bruder? Zur Problematik der

Verhältnisbestimmung von Bruderschaft und Freundschaft bei Dietrich Bonhoeffer unter pastoraltheologischem Aspekt, in: Theologie und Freundschaft, 89-109

Braak, Ivo: Poetik in Stichworten. Literaturwissenschaftliche Grundbegriffe, Unterägeri [7]1990

Brautbriefe, s. *Bismarck*, Ruth-Alice von/*Kabitz*, Ulrich (Hg.)

Büchmann, Georg (Hg.): Geflügelte Worte. Der Zitatenschatz des deutschen Volkes, fortgesetzt von Alter-tornow u. a., 31. Auflage durchgesehen von Werner Rust, Berlin 1970

Cantate Domino, s. *World Council of Churches*

Dietrich Bonhoeffer. Sein Leben in Bildern und Texten, s. *Bethge*, E. u. a. (Hg.)

Dietrich Bonhoeffer. Von guten Mächten. Gebete und Gedichte, s. *Hampe*, J. Chr.

Dilthey, Wilhelm: Das Erlebnis und die Dichtung. Lessing – Goethe – Novalis – Hölderlin. Vier Aufsätze, Leipzig 1906

Dilthey, Wilhelm: Von deutscher Dichtung und Musik. Aus den Studien des deutschen Geistes, Stuttgart/Berlin [2]1931

Dudzus, Otto: Dem Rad in die Speichen fallen, in: *Zimmermann*, W.-D. (Hg.), Begegnungen mit Dietrich Bonhoeffer 66-75

Dudzus, Otto:»Wer ist Jesus Christus für uns heute?« Dietrich Bonhoeffers Versuch einer Antwort durch 20 Jahre Verkündigung, in: Dietrich Bonhoeffer, Predigten – Auslegungen – Meditationen 1925-1945, hg. von Otto Dudzus, Erster Band 1925-1935, München 1984, 11-93

Ein neues Lied, s. Evangelischer Reichsverband ...

Evangelischer Erwachsenenkatechismus, s. *Jentsch, W.*

Evangelischer Reichsverband weiblicher Jugend (Hg.), Ein neues Lied. Ein Liederbuch für die evangelische weibliche Jugend, Berlin-Dahlem [2]1933

Feil, Ernst: Die Theologie Dietrich Bonhoeffers. Hermeneutik – Christologie – Weltverständnis, München/Mainz [2]1971 ([5]1996).

Feil, Ernst: Freundschaft – ein Thema der Theologie?, in: Theologie und Freundschaft, 110-135

Fischer, Margret: Bonhoeffer. Christ im Widerstand. Zeitgeschichte im Religionsunterricht mit Beispielen für das exemplarische Lehren und Lernen, Hamburg 1967

Flesch-Thebesius, Marlies: Die Münchner Verabredung. Gertrud Staewens»Judenhilfe«, in: Dietrich Bonhoeffer Jahrbuch 2003, Gütersloh 2003, 107-117

Flesch-Thebesius, Marlies: Zu den Außenseitern gestellt. Die Geschichte der Gertrud Staewen (1894-1987), Berlin 2004

Frank, Horst J.: Handbuch der deutschen Strophenformen, Tübingen und Basel [2]1993

Geistliches Wunderhorn, s. *Becker*, H. u. a. (Hg.)

Gremmels, Christian/*Huber*, Wolfgang (Hg.): Theologie und Freundschaft. Wechselwirkungen: Eberhard Bethge und Dietrich Bonhoeffer, Gütersloh 1994

Gremmels, Christian /*Grosse*, Heinrich W.: Dietrich Bonhoeffer. Der Weg in den Widerstand. Mit Beiträgen von Renate Bethge, Eberhard Bethge, Gaetano Latmiral und Albrecht Schönherr, Gütersloh 1996

Gremmels, Christian/ *Huber*, Wolfgang (Hg.): Religion im Erbe. Dietrich Bonhoeffer und die Zukunftsfähigkeit des Christentums, Gütersloh 2002

Hahn, Gerhard/*Henkys*, Jürgen (Hg.), Liederkunde zum Evangelischen Gesangbuch. Ausgabe in Einzelheften, Göttingen 2000 ff.

Hammelsbeck, Oskar: Mit Bonhoeffer im Gespräch, in: *Zimmermann*, W.-D. (Hg.), Begegnungen mit Dietrich Bonhoeffer, 142-153

Hampe, Johann Christoph: Dietrich Bonhoeffer. Von guten Mächten. Gebete und Gedichte. Interpretiert von Johann Christoph Hampe, München 1976

Haushofer, Albrecht: Moabiter Sonette, Berlin ⁴1953 (Nachwort: Rainer Hildebrandt)

Held, Heinz Joachim: Meine Begegnungen mit Dietrich Bonhoeffer. Autobiographische Notizen und theologische Impulse (Als Ganzes bisher ungedruckt. Unter dem Haupttitel auszugsweise veröffentlicht in BRB Nr. 75, November 2004, 45-56)

Harpprecht, Klaus: Harald Poelchau. Ein Leben im Widerstand, Reinbek 2004

Hartmann, Nicolai: Ethik, Berlin/Leipzig ³1949

Henkys, Jürgen; Dietrich Bonhoeffers Gefängnisgedichte. Beiträge zu ihrer Interpretation, Berlin und München 1986

Henkys, Jürgen: Dietrich Bonhoeffer, in: *Möller*, Chr. (Hg.), Geschichte der Seelsorge in Einzelporträts, Band 3, Göttingen 1996, 233-247

Henkys, Jürgen: Singender und gesungener Glaube. Hymnologische Beiträge in neuer Folge, Göttingen 1999

Henkys, Jürgen: Über Dietrich Bonhoeffers Gedichte aus der Haft. Erinnerung an Bekanntes – Hinweis auf Neues, BRB Nr. 66, Oktober 2001, 10-29

Henkys, Jürgen: Die schriftlichen Fassungen von Bonhoeffers Fanø-Rede. Ein Exkurs zum Problem des Matthias-Claudius-Zitats, BRB Nr. 73, März 2004, 23-26

Huber, Wolfgang: Freiheit als Form der Liebe. Die Aktualität christlicher Freiheit in den gesellschaftlichen Herausforderungen unserer Zeit, in: Chr. *Gremmels*, Chr./ *Huber*, W. (Hg.), Religion im Erbe. Dietrich Bonhoeffer und die Zukunftsfähigkeit des Christentums, Gütersloh 2002, 17-36

Hummel, Karl-Joseph/*Strohm*, Christoph (Hg.): Zeugen einer besseren Welt. Christliche Märtyrer des 20. Jahrhunderts, Leipzig 2000

Jentsch, Werner/*Jetter*, Hartmut/*Kießig*, Manfred/*Reller*, Hort (Hg.): Evangelischer Erwachsenenkatechismus. Kursbuch des Glaubens. Im Auftrag der Katechismuskommission der Vereinigten Evangelisch-Lutherischen Kirche Deutschlands, Gütersloh 1975

Keßler, Nicola: Schreiben, um zu überleben. Studien zur Gefangenenliteratur. Mit einem Geleitwort von Martin Walser und einem Vorwort von Helmut H. Koch, Mönchengladbach 2001

Klein, Uta/*Koch*, Helmut H. (Hg.): Gefangenenliteratur. Sprechen – Schreiben – Lesen in deutschen Gefängnissen, Hagen 1988

Klepper, Jochen: Kyrie. Geistliche Lieder, Berlin-Steglitz 1938

Klepper, Jochen: »Ziel der Zeit«. Die gesammelten Gedichte, Witten und Berlin 1962

Koch, Werner: Der Freund, in: Wie eine Flaschenpost, 54-69

Krause, Gerhard: Art. Bonhoeffer, Dietrich, TRE VII, Berlin/New York 1981, 55-66

Krötke, Wolf: »Gottes Hand und Führung«. Zu einem unübersehbaren Merkmal der Rede Dietrich Bonhoeffers von Gott in der Zeit des Widerstandes, BRB Nr. 70, Februar 2003, 22-41

Latmiral, Gaetano: Erinnerungen eines Mithäftlings in Tegel, in: Wie eine Flaschenpost, 92-94

Leibholz-Bonhoeffer, Sabine: vergangen erlebt überwunden. Schicksale der Familie Bonhoeffer, Göttingen 1976

Leube, Bernhard: »Menschen gehen zu Gott in ihrer Not«. Ein anderes Gedicht Dietrich Bonhoeffers als Kirchenlied, in: Kirchenmusik als Erbe und Auftrag. FS zum 50jährigen Bestehen der Hochschule für Kirchenmusik Esslingen, hg. von Helmut Völkl, o. O. [Stuttgart], Carus-Verlag 1995, 165-183

Liederbuch der DCSV, s. Tübinger Liederbuch-Kommission

Martini, Britta: Sprache und Rezeption des Kirchenliedes. Analyse und Interviews zu einem Tauflied aus dem Evangelischen Gesangbuch, Göttingen 2002

Meuß, Gisela: Arkandisziplin und Weltlichkeit bei Dietrich Bonhoeffer, in: E. Bethge (Hg.), Die mündige Welt III, München 1960, 68-115

Meyer, Dietrich (Hg.): Nachlaß Dietrich Bonhoeffer. Ein Verzeichnis. Archiv – Sammlung – Bibliothek. Erstellt von Dietrich Meyer in Zusammenarbeit mit Eberhard Bethge, München 1978

Moll, Michael: Lyrik in einer entmenschlichten Welt. Interpretationsversuche zu deutschsprachigen Gedichten aus nationalsozialistischen Gefängnissen, Ghettos und KZ's, Frankfurt (Main) 1988

Möller, Christian (Hg.): Kirchenlied und Gesangbuch. Quellen zu ihrer Geschichte, Tübingen 2000

Müller, Hanfried: Von der Kirche zur Welt. Ein Beitrag zu der Beziehung des Wortes Gottes auf die societas in Dietrich Bonhoeffers theologischer Entwicklung, Leipzig ²1966

Müller, Hanfried: Stationen auf dem Wege zur Freiheit, in: Christian Gremmels/ Ilse Tödt (Hg.), Die Präsenz des verdrängten Gottes. Glaube, Religionslosigkeit und Weltverantwortung nach Dietrich Bonhoeffer (= Internationales Bonhoeffer Forum. Forschung und Praxis 7), München 1987, 145-165

Nachlaß Dietrich Bonhoeffer, s. *Meyer,* D. (Hg.).

Otto, Walter F.: Die Götter Griechenlands. Das Bild des Göttlichen im Spiegel des griechischen Geistes, Frankfurt/Main ³1947 (unveränderter Text der 2. Aufl. von 1934)

Pangritz, Andreas: Dietrich Bonhoeffers Forderung einer Arkandisziplin – eine unerledigte Anfrage an Kirche und Theologie, Köln 1988

Pangritz, Andreas: Polyphonie des Lebens. Zu Dietrich Bonhoeffers »Theologie der Musik«, Berlin (1994) ²2000

Paulus Gerhardts geistliche Lieder, s. *Bachmann,* J. F.

Pejsa, Jane: Mit dem Mut einer Frau. Ruth von Kleist-Retzow. Matriarchin im Widerstand, Moers 1996.

Pfeifer, Hans: Die Bedeutung der Jugendbewegung für Dietrich Bonhoeffer, in: Dietrich Bonhoeffer Jahrbuch 2003, 74-92

Poelchau, Harald: Die letzten Stunden. Erinnerungen eines Gefängnispfarrers aufgezeichnet von Graf Alexander Stenbock-Fermor, Berlin 1949

Reich, Christa: Singend schweigen – schweigend singen, in: meditation 30 (2004), H. 2, 35-38

Riethmüller, Otto. Sein Reich kommt. Feier für Sing- und Sprechchor, Berlin-Dahlem 1931

Riethmüller, Otto (Hg.): Wehr und Waffen. Lieder der kämpfenden Kirche, Berlin-Dahlem 1935

Rößler, Martin: Liedermacher im Gesangbuch. Liedgeschichte in Lebensbildern, Stuttgart 2001

Rothenberg, Theophil (Hg.): Die singende Schar. Ein Liederbuch junger Christen für Singstimmen und Instrumente. Band III, Berlin 1959

Rothuizen, Gerard Th.: Kornblume und Ährenfeld. Freundschaft und Ethik, in: Wie eine Flaschenpost, 70-91

Rürup, Reinhard (Hg.): Topographie des Terrors. Gestapo, SS und Reichssicherheitshauptamt auf dem »Prinz-Albrecht-Gelände«. Eine Dokumentation, Berlin 1987

Sandvoß, Hans Rainer: Widerstand in Pankow und Reinickendorf (= Heft 6 der Schriftenreihe über den Widerstand in Berlin 1933-1945, Herausgeber: Gedenkstätte Deutscher Widerstand), o. O. [Berlin] 1992

Schlingensiepen, Ferdinand: Der Tod des Lehrers, in: Ernst Feil/Ilse Tödt (Hg.), Konsequenzen. Dietrich Bonhoeffers Kirchenverständnis heute (= Internationales Bonhoeffer Forum. Forschung und Praxis 3), München 1980, 223-243

Schlingensiepen, Ferdinand: Im Augenblick der Wahrheit. Glaube und Tat im Leben Dietrich Bonhoeffers, München 1985

Schlingensiepen, Ferdinand: Könntet Ihr mir bitte etwas Fontane schicken? Bonhoeffer und die Literatur des 19. Jahrhunderts (Vortrag bei der Jahrestagung 2002 der Bonhoeffer-Gesellschaft in Eisenach, unveröffentlicht)

Schlingensiepen, Ferdinand: Dietrich Bonhoeffers Experimente mit der freien Schriftstellerei, BRB Nr. 72, Oktober 2003, 19-38

Schminck-Gustavus, Christoph U.: Der ›Prozeß‹ gegen Dietrich Bonhoeffer und die Freilassung seiner Mörder, Bonn 1995

Schneider, Reinhold: Gedichte. Auswahl und Nachwort von Christoph Perels, suhrkamp taschenbuch 1418, Frankfurt am Main 1981

Scholz, Wilhelm von: Die Ballade. Menschen und Mächte – Schicksale und Taten, Berlin 1942.

Schönherr, Albrecht: Dietrich Bonhoeffer, in: Klaus Scholder/Dieter Kleinmann, Protestantische Profile. Lebensbilder aus fünf Jahrhunderten, Königstein/Ts. 1983, 397-411

Schönherr, Albrecht: »Nächtliche Stimmen«. Gedenkrede in Buchenwald am 30. März 1985, in: Ders., Abenteuer der Nachfolge. Reden und Aufsätze 1978-1988, Berlin 1988, 226-231

Schönherr, Albrecht (Hg.): Lass es uns trotzdem miteinander versuchen. Brautbriefe aus der Zeit des Kirchenkampfes 1935-1936. Hilde Enterlein – Albrecht Schönherr. Mit einer Einleitung von Otto Dudzus, Gütersloh 1997

Schönherr, Albrecht, Die letzte Strophe, In: Gott dem Herrn Dank sagen, FS Gerhard Heintze, Wuppertal 2002, 201-205. Wiederabdruck BRB Nr. 75, November 2004, 62-68

Smend, Julius: Handagende zu dem Kirchenbuche für evangelische Gemeinden. Predigtgottesdienst – Handlungen – Krankenbesuch, Gütersloh ⁴1929

Sölle, Dorothee: Die Hinreise. Zur religiösen Erfahrung. Texte und Überlegungen, Stuttgart 1975

Staats, Reinhart/*Wünsche,* Matthias (Hg.): Dietrich Bonhoeffers Abschied von der Berliner »Wintertheologie« – Neue Funde aus seiner Spanienkorrespondenz 1928, Zeitschrift für neuere Theologiegeschichte 1 (1994), 179-200.

Stier, Alfred: Kirchliches Singen, Berlin 1953

Strohm, Christoph: Dietrich Bonhoeffer (1906-1945), in: *Hummel,* K.-J./*Strohm,* Chr. (Hg.), Zeugen einer besseren Welt, 320-338

Stöver, Rolf: Die guten Mächte, in: Eckart 19 (1943), 27 f.

Theologie und Freundschaft, s. *Gremmels,* Christian und *Huber,* Wolfgang (Hg.)

Tödt, Heinz Eduard (Hg.) in Zusammenarbeit mit Hans Pfeifer, Ferdinand Schlingensiepen und Ilse Tödt: Wie eine Flaschenpost. Ökumenische Briefe und Beiträge für Eberhard Bethge, München 1979

Tödt, Heinz Eduard: Komplizen, Opfer und Gegner des Hitlerregimes. Zur »inneren Geschichte« von protestantischer Theologie und Kirche im »Dritten Reich«, hg. von Jörg Dinger und Dirk Schulz, Gütersloh 1997

Tödt, Ilse: Kann der Vater Freund sein? Einblicke in ein Zwiegespräch. Maria von Wedemeyer und Dietrich Bonhoeffer, RBR Nr. 68, Juni 2002, 25-41

Trentepohl, Friedrich: Finkenwalder Tagebuch. Übertragung stenografischer Notizen [...] aus meinen Amtskalendern 1935 und 1936 über meine Zeit in dem von Dietrich Bonhoeffer geleiteten Predigerseminar der Bekennenden Kirche. 2. Kurs, vom 4.11.35-15.3.36, Vervielfältigung Oldenburg 1989

Tübinger Liederbuch-Kommission der D.C.S.V. in Verbindung mit Paul Sturm (Hg.). Liederbuch der Deutschen Christlichen Studentenvereinigung, o.O. 1927

Vogel, Heinrich: Zwölf neue Kirchenlieder, Bad Freienwalde 1930

Vogel, Heinrich, Die Krisis des Schönen. Ein Umweg zur Grundfrage der menschlichen Existenz, Berlin o.J. [1931]

Vogel, Heinrich: Psalmen, München 1937

Vogel, Heinrich: Psalmen. Neue Folge, München 1938

Vogel, Heinrich: Rühmung. Psalmen und Kirchenlieder, Berlin 1948

Wedemeyer-Weller, Maria von: The Other Letters from Prison, in: *Bonhoeffer,* Dietrich, Letters and Papers from Prison. The Enlarged Edition, ed. by Eberhard Bethge, New York 1979, 412-419

Weiland, J. Sperna: Ein paar Gedanken über Freiheit, in: Wie eine Flaschenpost, 95-102

Wie eine Flaschenpost, s. *Tödt,* Heinz Eduard 1979

Weizsäcker, Carl Friedrich von: Die Zeit drängt, München 1986

Wind, Renate: Maria von Wedemeyer (1924-1977). Teil 1 »Wer leistet sich heute noch eine wirkliche Sehnsucht?«, BRB Nr. 75, November 2004, 13-26; Teil 2, ebd. Nr. 76, 2005

World Council of Churches (Hg.): Cantate Domino. An ecumenical hymnbook, new edition, Kassel u.a. 1974

Zerner, Ruth: Regression und Kreativität. Ein Nachwort, in: Dietrich Bonhoeffer, Fragmente aus Tegel. Drama und Roman, hg. von Renate und Eberhard Bethge, München 1978, 181-216

Zimmermann, Wolf-Dieter (Hg.): Begegnungen mit Dietrich Bonhoeffer. Ein Almanach, München ²1965

Zimmermann, Wolf-Dieter: Wir nannten ihn Bruder Bonhoeffer. Einblicke in ein hoffnungsvolles Leben, Berlin 1995